中国法院国际商事审判案例精要系列

LIBRARY OF ANNOTATED INTERNATIONAL COMMERCIAL CASES FROM CHINESE COURTS

最高人民法院
“一带一路”国际商事审判案例精要

（中英文版）

ANNOTATED INTERNATIONAL COMMERCIAL CASES
FROM THE SUPREME PEOPLE'S COURT
CURATED FOR THEIR RELEVANCE TO THE BELT AND ROAD INITIATIVE

(CHINESE-ENGLISH EDITION)

最高人民法院民事审判第四庭
最高人民法院涉外法治人才协同培养创新（西安交通大学）基地
主编

法律出版社
LAW PRESS · CHINA
北京

图书在版编目（CIP）数据

最高人民法院"一带一路"国际商事审判案例精要 ：汉、英 / 最高人民法院民事审判第四庭，最高人民法院涉外法治人才协同培养创新（西安交通大学）基地主编. 北京 ：法律出版社，2024（2025.7 重印）. -- （中国法院国际商事审判案例精要系列）. -- ISBN 978-7-5197-9498-9

Ⅰ. D997.4

中国国家版本馆 CIP 数据核字第 2024D1E564 号

最高人民法院"一带一路"国际商事审判案例精要（中英文版）
ZUIGAO RENMIN FAYUAN "YIDAIYILU" GUOJI SHANGSHI SHENPAN ANLI JINGYAO（ZHONG-YINGWEN BAN）

最高人民法院民事审判第四庭
最高人民法院涉外法治人才协同培养创新（西安交通大学）基地 主编

策划编辑 朱 峰
责任编辑 韩泓宇 苗 婕 马秋婧
装帧设计 贾丹丹

出版发行 法律出版社
编辑统筹 辞书·融出版编辑部 法律翻译与出版研发中心
责任校对 裴 黎 金 姗
责任印制 吕亚莉
经　　销 新华书店

开本 710 毫米×1000 毫米 1/16
印张 45.5 **字数** 606 千
版本 2024 年 9 月第 1 版
印次 2025 年 7 月第 3 次印刷
印刷 北京建宏印刷有限公司

地址：北京市丰台区莲花池西里 7 号（100073）
网址：www.lawpress.com.cn
投稿邮箱：info@lawpress.com.cn
举报盗版邮箱：jbwq@lawpress.com.cn
销售电话：010-83938349
客服电话：010-83938350
咨询电话：010-63939796

书号：ISBN 978-7-5197-9498-9
定价：228.00 元

最高人民法院
“一带一路”国际商事审判案例精要

——（中英文版）——

编辑委员会

序　言

2013 年，习近平主席提出人类命运共同体理念；同年 9 月和 10 月，先后提出共建“丝绸之路经济带”和“21 世纪海上丝绸之路”。共建“一带一路”倡议，创造性地传承弘扬古丝绸之路这一人类历史文明发展成果，并赋予其新的时代精神和人文内涵，为构建人类命运共同体提供了实践平台。

10 余年来，在各方的共同努力下，共建“一带一路”从中国倡议走向国际实践，从理念转化为行动，从愿景转变为现实，从谋篇布局的“大写意”到精耕细作的“工笔画”，取得了实打实、沉甸甸的成就，成为深受欢迎的国际公共产品和国际合作平台。

共建“一带一路”离不开法治的保障作用。中国法院坚持以高质量司法服务保障共建“一带一路”高质量发展，持续深化与“一带一路”共建国家的司法交流合作，致力于为国际商事争端解决提供“中国方案”。2013 年以来，最高人民法院共发布涉外商事海事司法解释 35 个、规范性文件 12 个、指导性案例 18 件、典型案例 191 件。各级人民法院在涉外商事海事审判和国际仲裁司法审查实践中，依法行使管辖权，善意履行条约义务，尊重国际惯例，准确适用准据法规定，审理了一批具有典型示范意义的案件，依法平等保护中外当事人合法权益，有力阐释了我国涉外法治理念、主张和成功实践。目前，共有 36 个案例被联合国国际贸易法委员会法规判例法数据库收录。中国司法案例已经成为丰富国际法实践的重要来源，为服务保障高水平对外开放，推动构建更加公正、合理、透明的国际经贸规则体系，维护多边贸易体制和国际法治秩序作出了重要贡献。

相对于抽象的法条，鲜活的案例可以将法条生动化，达到以案释法的效果。涉外商事海事审判是展示中国法治形象、讲好中国法治故事、传播中国法治声音的重要平台。党的十八大以来，人民法院坚持依法平等保护中外当事人合法权益，审理了一批具有国际影响力和规则引领力的案件，为服务保障高水平对外开放，促进营造市场化、法治化、国际化一流营商环境，推动建设相互尊重、公平正义、合作共赢的新型国际关系发挥了重要作用。

最高人民法院将业已发布的涉外商事海事指导性案例、涉“一带一路”建设典型案例、适用国际条约和国际惯例典型案例、域外法查明典型案例、海事典型案例等予以汇编，并从入库案例以及各级法院发布或报送的案例中精选一批有裁判规则意义的涉外商事海事案例，形成“中国法院国际商事审判案例精要系列”中英文双语版丛书。丛书共分六卷，第一卷系最高人民法院“一带一路”国际商事审判案例精要，第二至第六卷分别为法院适用《纽约公约》案例、海事案例、国际货物买卖合同案例、信用证和保函案例、法院查明和适用域外法案例等。这些案例不仅厘清了国际商事交易各方的权利义务关系，为跨国商事纠纷的有效解决提供了规则依据，而且通过查明和适用国际条约、国际惯例以及外国法律等，明确了复杂交易行为的法律效果，为跨国商事主体提供了可预期的行为指引。

该套丛书是由最高人民法院主编的涉外审判领域首套同时面向国际国内出版的案例精要丛书，由民事审判第四庭和相关大学研究基地组织人员共同编写，还特别邀请最高人民法院国际商事专家委员以及学界和实务界的专家针对每个案例撰写了精彩的评析意见，用“以案说法”的形式生动展示了我国司法服务保障高水平对外开放的成果，有力体现了中国法院始终以开放的姿态面向世界，始终恪守国际条约义务、维护以国际法为基础的国际秩序，始终把立足本国国情、坚持自身特色同吸收各国司法文明成果有机结合起来的司法立场，对于统筹推进国内法治和涉外法治，积极宣介我国涉外法治成就，助力营造我国市场化、法治化、国际化一流营商环境具有重要意义。

“一带一路”已走过黄金十年，高质量共建又将开启新征程。中国法院愿与各国司法机关一道，持续深化交流合作，互鉴制度规则，广泛凝聚司法共识，充分发挥司法在解决国际商事争端中的作用，共同守护各国人民对公正繁荣的真诚愿望，共同为世界法治文明进步注入新的活力，携手为推动建设开放型世界经济、构建人类命运共同体作出更大贡献！

编辑委员会

2024 年 8 月

Foreword

In 2013, Chinese President Xi Jinping proposed the vision of a global community of shared future; in September and October that year, he raised the initiatives of joining with others to build a Silk Road Economic Belt and a 21st Century Maritime Silk Road (Belt and Road Initiative or BRI). The Belt and Road Initiative is a creative development that takes on and carries forward the spirit of the ancient silk routes—two of the great achievements in human history and civilization. It enriches the ancient spirit with the zeitgeist and culture of the new era, and provides a platform for building a global community of shared future.

Since its launch over 10 years ago, thanks to the combined efforts of all parties, cooperation under the BRI framework has expanded beyond the borders of China to become an international effort. It has evolved from ideas into actions, from a vision into reality, and from a general framework into concrete projects. It has been welcomed by the international community both as a public good and a cooperation platform, and has achieved solid results.

The rule of law plays an essential role in the Belt and Road cooperation. Chinese courts have been committed to providing high-quality judicial services to support the B&R. They have continuously deepened judicial exchanges and cooperation with B&R countries, striving to provide "Chinese solutions" for resolving international commercial disputes. Since 2013, the Supreme People's Court has issued 35 judicial interpretations on foreign-related commercial and maritime matters, 12 normative documents, 18 guiding cases, and 191 typical cases. Courts at various levels have exercised jurisdiction according to law in foreign-related commercial and maritime trials, as well as in the judicial review of international arbitration. They have fulfilled treaty obligations in good faith, adhered to international practices, accurately applied governing laws, and adjudicated cases with significant precedential value. In doing so, they have equally protected the legitimate rights and interests of both Chinese and foreign parties, effectively demonstrating China's approach to the rule of law in foreign-related matters. To date, 36 cases have been included in the United Nations Commission on International Trade Law (UNCITRAL) CLOUT Documents Database. Chinese judicial cases have become an important source of international legal practice, making crucial contributions to advancing high-level openness, developing a more just, reasonable, and transparent legal system for international economy and trade, and upholding the multilateral trading system and international rule of law.

Compared with implicit legal provisions, adjudicated cases can illustrate and clarify these rules, achieving the goal of interpreting the law through practical examples. Foreign-related commercial and maritime trials serve as an important platform for showcasing China's rule of law, telling China's story in developing the rule of law, and spreading China's voice on global legal development. Since the 18th National Congress of the Communist Party of China, the people's courts have consistently protected the legitimate rights and interests of both Chinese and foreign parties per law, handling numerous internationally influential cases. These efforts have played a crucial role in supporting high-level opening-up, creating a top-tier business environment that is market-oriented, law-based, and internationalized, and fostering the construction of new international relations based on mutual respect, fairness, justice, and win-win cooperation.

The Supreme People's Court has compiled the previously issued foreign-related guiding cases, typical cases related to the B&R, cases involving the application of international treaties and practices, cases on ascertaining foreign law, and typical maritime cases into a bilingual (Chinese-English) series titled *Library of Annotated International Commercial Cases from Chinese Courts*. The series is divided into six volumes. The first volume is *Annotated International Commercial Cases from the Supreme People's Court: Curated for Their Relevance to the Belt and Road Initiative*. The rest five volumes are *Annotated Cases on the Application of the New York Convention from Chinese Courts*, *Annotated Maritime Cases from Chinese Courts*, *Annotated Cases on Contracts for International Sales of Goods from Chinese Courts*, *Annotated Cases on Letters of Credit and Guarantees from Chinese Courts*, and *Annotated Cases on the Ascertainment and Application of Foreign Law from Chinese Courts*. Those cases not only clarify the rights and obligations of the parties to international commercial transactions and provide a basis of rules for the effective resolution of transnational commercial disputes, but also clarify the legal effects of complex transactional behavior through the identification and application of international treaties, international practices and foreign laws, providing predictable behavioral guidelines for transnational commercial subjects.

This series is the first collection of annotated cases in the field of foreign-related commercial adjudication, published for both international and domestic readers, and edited under the guidance of the Supreme People's Court. The series was compiled by personnel from the Fourth Civil Division and related academic research bases, with the special contributions from members of the International Commercial Expert Committee of the Supreme People's Court, as well as other leading scholars and practitioners. Each case is accompanied by an expert commentary, vividly demonstrating the achievements of China's judicial services in supporting high-level opening-up through the "case-based approach to elaborating the law". This reflects the commitment of Chinese courts to maintaining an open stance towards the world, abiding by international treaty obligations, upholding the international law-based international order, and weaving the fabric of China's judicial ethos with the rich tapestry of global legal achievements. This effort is of great significance for advancing both domestic and foreign-related rule of law, highlighting China's achievements in this field, and helping to create a top-tier business environment that is market-oriented, law-based, and internationalized.

The Belt and Road Initiative has now completed its first decade, and a new chapter of high-quality development has begun. The Chinese courts are committed to collaborating with judicial bodies from other countries to continuously deepen exchanges and cooperation, learn from each other's systems and rules, and build broad judicial consensus. We aim to fully utilize the role of the judiciary in resolving international commercial disputes, safeguard the common aspirations of all peoples for justice and prosperity, and inject new vitality into global legal progress. Together, we will work towards promoting an open world economy and building a community with a shared future for mankind.

Editorial Committee

August 2024

目　　录

第一编　国际货物买卖与航空运输合同纠纷案例

第二编 信用证纠纷案例

第三编 保函纠纷案例

第六编 海上货物运输合同及其他海事纠纷案例

Contents

Part Ⅰ Disputes over Contracts for International Sales of Goods and Contracts for International Carriage of Goods by Air

CASE 10

CASE 11

CASE 12

CASE 13

CASE 14

Part Ⅳ Disputes over Other Types of Contracts, Property Rights, and Tort

CASE 15

CASE 16

CASE 17

CASE 18

CASE 19

CASE 20

CASE 21

Part V Disputes Related to Companies

Part Ⅵ Disputes over Maritime Transport Contracts and Other Maritime Disputes

最高人民法院
“一带一路”国际商事审判案例精要

第一编

国际货物买卖与航空运输合同纠纷案例

案 例 1

中某(新加坡)有限公司
与
德国蒂某冶金产品有限责任公司
国际货物买卖合同纠纷案*

【基本案情】

2008 年 4 月 11 日，中某(新加坡)有限公司(以下简称中某新加坡公司)与德国蒂某冶金产品有限责任公司(以下简称德国蒂某公司)签订了购买石油焦的采购合同，中某新加坡公司按约支付了全部货款，但德国蒂某公司交付的石油焦 HGI 指数仅为 32。中某新加坡公司认为德国蒂某公司构成根本违约，请求判令解除合同，德国蒂某公司返还货款并赔偿损失。

江苏省高级人民法院一审认为，根据《联合国国际货物销售合同公约》(以下简称《销售公约》)有关规定，德国蒂某公司提供的石油焦 HGI 指数远低于合同约定标准，这导致石油焦难以在国内市场销售，签订买卖合同时的预期目的无法实现，故德国蒂某公司的行为构成根本违约。判决支持中某新加坡公司的诉讼请求。德国蒂某公司向最高人民法院提出上诉。

---

* 【一审案号】江苏省高级人民法院(2009)苏民三初字第 0004 号。
【二审案号】最高人民法院(2013)民四终字第 35 号。

【裁判结果】

最高人民法院审理认为，案涉国际货物买卖合同纠纷的双方当事人营业地分别位于新加坡和德国，而该两国均为《销售公约》缔约国，且当事人未排除该公约的适用，因此本案审理首先适用该公约。对于审理案件中涉及的公约没有规定的问题，如合同效力问题、所有权转移问题，应当适用当事人选择的美国法律。根据《销售公约》的规定，德国蒂某公司交付的货物与合同约定不符，构成违约，但中某新加坡公司能够以合理价格予以转售货物，不构成公约规定的根本违约情形。据此，最高人民法院于2014年6月30日作出终审判决，撤销原判，改判德国蒂某公司承担部分货款及堆存费损失。

【典型意义】

该案准确适用国际条约，并对于国际条约没有调整的事项，最高人民法院依法支持当事人选择的准据法。该案明确了适用《销售公约》认定根本违约的标准，增强了我国司法实践中公约适用的统一性、稳定性和可预见性，有力保障了国际贸易的有序进行。

【专家评析】*

本案主要涉及国际货物买卖合同履行过程中因货物缺陷而引起的合同解除和损害赔偿问题。

最高人民法院在本案判决中的一些法律推理和适用具有创造性，其裁判理念和方法具有典型性和指导性。本案不但被列入最高人民法院的指导性案例和“一带一路”典型案例，也被联合国贸易法委员会秘书处编写的《〈联合国国际货物销售合同公约〉判例法摘要汇编》(2016年版，以下简称

* 撰写人：左海聪，对外经济贸易大学二级教授、博士研究生导师，涉外法治研究院首席专家。

《贸法会判例法摘要汇编》）多次引用，作为《销售公约》第 1 条、第 7 条、第 25 条、第 74 条解释和适用的典型案例。

最高人民法院在该案中的创造性裁判理念和方法主要体现在法律适用、根本违约认定和损害赔偿额确定三个方面。

一、延续优良传统，正确适用国际公约和外国法

本案双方当事人在法律适用上存在争议。上诉人（一审被告）德国蒂某公司认为：关于本案的准据法，根据采购合同约定以及我国的冲突规范，应适用美国纽约州法律。此外，《销售公约》也应适用于本案，《销售公约》的解释、美国《统一商法典》以及商业惯例等同样适用于本案，《贸法会判例法摘要汇编》也是审理本案的依据。一审法院认定只有《销售公约》适用于本案是错误的。

在应该适用《销售公约》而合同当事人选择缔约国法律为准据法时，对于如何适用《销售公约》，各国法院的做法有些差异。德国法院一般认为，如果合同选择德国法，则《销售公约》作为德国法的一部分应优先适用且排除国内法的适用。美国法院通常会将《销售公约》视为自执行条约而直接适用。中国法院一般依据《销售公约》第 1 条第 1 款第 1 项将《销售公约》作为准据法直接适用，同时对公约未作规定的事项适用该缔约国法律。例如，在上诉人美国联某企业有限公司诉被上诉人中国山东省某总公司烟台公司购销合同纠纷案［1998（经终字）第 358 号］中，最高人民法院认定，由于双方当事人的营业地位于中国和美国，而中国和美国均为《销售公约》的缔约国，该纠纷应适用公约，对上诉人关于应依据最密切联系原则确认美国法为准据法的主张不予支持。

本案双方当事人在合同中约定，合同应当根据美国纽约州当时有效的法律订立、管辖和解释。最高人民法院认可一审法院的解释和适用，认为这一法律选择条款有效。考虑到当事人双方营业地分别位于德国和新加坡，而德国和新加坡均为《销售公约》缔约国，且双方当事人并没有明确排除该公约的适用。因此，依据《销售公约》第 1 条第 1 款第 1 项的规定，本案的准据法应为《销售公约》，在涉及《销售公约》没有规定的问题上，应当选择适用当事人在采购合同中约定的美国纽约州法律。

在销售合同效力问题上，最高人民法院援引《销售公约》第4条，认定《销售公约》对于合同效力问题未作规定，进而认为应该适用合同约定的美国纽约州法律的规定。法院经查明和适用美国纽约州的法律，认定本案的采购合同有效。

这种以《销售公约》作为准据法、以当事人选择的缔约国法律作为补充适用法律的做法，将法律适用中的不同事项分割开来，既尊重当事人的意思自治，又履行了我国加入《销售公约》所承担的义务，是一种先进的法律适用理念和方法，彰显了中国法官的司法智慧。

《销售公约》是目前世界范围内适用频次最高的国际公约。《销售公约》的广泛适用为国际货物买卖合同提供了统一的法律，为国际货物买卖交易提供了法律保障和可预见性。中国法院对《销售公约》的适用一直持积极态度。《销售公约》的适用，扩大了《销售公约》的影响力，也降低了国际货物买卖当事人的交易成本，提高了交易的可预见性和法律保障。

二、参照外国判例，准确认定违约方行为不构成根本违约

本案中违约方的违约行为是否构成根本违约是双方当事人的争议焦点之一。一审法院支持被上诉人(一审原告)中某新加坡公司的主张，认为根本违约成立，原告可以行使解约权。上诉人就此提起上诉。

《销售公约》第25条对根本违约的构成要件作了规定，即如果一方当事人的违约使另一方当事人蒙受损害以致实质上剥夺了他依据合同可以得到的东西，即构成根本违约。违约方可以其在订约时无法预见而且一个理性的人在相同情形下也无法预见该损失为由进行抗辩。由于《销售公约》采用了“实质剥夺”的表达，只表明了损害需要达到一定严重程度，但究竟何种情形、何种损害可以构成根本违约，需要法庭依据案件的具体情形作出判断。一审法院认为，一审被告(上诉人)交付的货物规格低于合同所约定规格的下限，构成根本违约。

最高人民法院认为，上诉人关于将《贸法会判例法摘要汇编》作为判案依据的主张虽然不能成立，但判例摘要可以作为法院理解和适用相关规则的参考。关于交付货物存在缺陷是否构成根本违约，在本案之前《贸法会判例法摘要汇编》有两个判例可供借鉴。第一个判例是德国最高法院1996年审理的一个案件(判例171)。该案中，荷兰卖方提供的硝酸钴不符合合同约定，不是英国产的而是南非产的，质量较差。德国买方宣布解除合同。德国最高法院认为，在卖方已经交付货物的情况下，买方仅以货物质量较差、原产地不符合合同约定为由解除合同理由不足，而且买方不能证明南非产的货物不能在德国或外国销售，因而根本违约不能成立，买方也无权解除合同。第二个判例是瑞士联邦高等上诉法院1998年审理的一个案件(判例248)。该案中，德国卖方交付的冻肉太肥，含水率太高，其价值比合同规定的质量低了25.5%，瑞士买方主张根本违约成立。瑞士法院认为，成立根本违约进而解除合同是买方可以主张的最严厉的救济方式，通常只在异常情形下使用。本案中的情形不能视为根本违约，因为买方仍能以较低的价格转售或以其他方式进行加工。

最高人民法院据此综合考量上述判例对《销售公约》中关于根本违约条款的理解，认为买方在不存在不合理麻烦的情况下，能使用货物或转售货物甚至打些折扣，质量不符并不构成根本违约。被上诉人将货物成功转售，而且没有低于当时的合理价格。最高人民法院由此确认，本案上诉人交付货物与合同不符，构成违约，但这种类型的违约不构成根本违约，因而被上诉人也没有解除合同的权利，从而令人信服地解决了本案的主要争议焦点问题。

《销售公约》第7条规定，解释公约时应考虑本公约的国际性质以及促进其适用的统一，这为各国缔约国法院和仲裁机构设定了统一解释《销售公约》的义务。由于各国法院均在本国司法体系下对《销售公约》进行解释和适用，没有共同的上诉法院，实践中要实现《销售公约》的统一解释和适用，只有依赖各国法院相互参照和借鉴对方的判决，《贸法会判例法摘要汇编》为各国法院相互参照判决提供了有益的参考资料。本案中，最高人民法院通过参照外国法院的判决，解释和适用《销售公约》的相关条款，既参照了其他国家法院的司法智慧，又履行了促进《销售公约》的统一解释的义务，具有十分重要的意义，为中国法院今后参照外国法院判例进行法律解释和促进《销售公约》的统一适用提供了范例。

三、核清事实、分清责任，准确决定违约的损害赔偿数额

本案中违约的损害赔偿计算问题也是一个争议焦点。上诉人主张被上诉人的损失是由货物价格下降造成的，与货物质量无关。被上诉人主张，货物损失是由于上诉人交付货物有严重瑕疵，使被上诉人难以找到下一买家造成的。一审法院支持了被上诉人的主张，判决上诉人承担赔付所有损害赔偿的责任。最高人民法院认真核实事实，确认被上诉人的损失部分是由上诉人的货物质量问题造成的，部分是由货物价格下降造成的，从而改判上诉人只承担由货物质量问题造成的部分的损害赔偿。

损害赔偿是《销售公约》规定的主要救济方式，损害赔偿额往往是诉讼当事人最为重视的诉讼结果。《销售公约》第 74 条规定，一方当事人违反合同应付的损害赔偿额，应与另一方当事人因其违约而遭受的包括利润在内的损失金额相等。这一规定从字面上看，似乎并没有对损失是由双因或多因造成时如何计算损失额作出规定。但事实上从第 74 条规定中可以推断，不是由一方当事人违约所造成的损失，该当事人对此不承担赔偿责任。最高人民法院查明双因造成损害的事实，判决违约方承担部分损失的法律推理，符合公约第 74 条的规定，是一种有效解释，也是裁判理念和方法上的一种创新。

综合而言，最高人民法院的上述判决在法律适用问题上运用新方法，在根本违约认定问题上开放借鉴外国判例，在损害赔偿问题上对关键词进行有效的演进性解释，是国际货物买卖领域适用《销售公约》的里程碑式的判决，不仅对中国法院和仲裁机构今后审理类似案件具有指导意义，对外国法院和仲裁机构审理类似案件也具有参考借鉴价值。

案例2

西班牙EC公司 与 南通麦某医疗用品有限公司 国际货物买卖合同纠纷案*

【基本案情】

2017年2月9日，西班牙EC公司与南通麦某医疗用品有限公司(以下简称麦某公司)签订买卖合同，约定EC公司向麦某公司购买漂白纱布。而后，EC公司主张麦某公司交付的货物不符合合同约定，致使合同目的不能实现，诉讼请求解除买卖合同、返还货款并赔偿预期利润损失。EC公司在案件审理中选择适用《销售公约》。

【裁判结果】

江苏省南通市中级人民法院审理认为，本案当事人营业地分别位于中国和西班牙，两国均是公约缔约国，双方在合同中并未明确排除适用《销售公约》，故本案应适用《销售公约》解决争议。案涉纱布的质量问题不属于重大质量瑕疵，该纱布依然具有使用价值，能够使用或转售，麦某公司并未达到根本违约的程度，EC公司无权宣告整个合同无效。此外，EC公

* 【一审案号】江苏省南通市中级人民法院(2019)苏06民初429号。

司在2017年10月18日就已知晓货物不符合合同约定，但并未向麦某公司发出宣告合同无效的声明，直至2019年6月18日起诉时才提出该请求，已超出合理期间，丧失了宣告整个合同无效的权利。因麦某公司仅交付85%的货物，双方即因质量争议提起诉讼，合同约定的剩余15%的部分已无法履行，故在EC公司的诉讼请求范围内依法确认合同中尚未履行的15%部分无效。EC公司提出的索赔额应是对自身直接损失及可得利益充分评估的结果，但其在合同履行中也存在一定过错，间接造成了损失的扩大。故参考索赔金额，结合双方过错程度、案涉货物的可利用价值等因素，确定麦某公司向EC公司赔偿3万美元。据此，判令麦某公司赔偿EC公司经济损失3万美元，对EC公司其他诉请不予支持。一审判决后，双方均未上诉，并已履行完毕。

【典型意义】

《销售公约》规定的宣告合同无效制度实质等同我国法律的合同解除制度。该案属于中国企业与"一带一路"共建国家企业之间产生的国际货物买卖合同纠纷案，准确理解和适用了公约宣告合同无效制度。一方面，对于根本违约情形以及合同解除权行使的合理期间予以准确认定，不允许宣告合同全部无效，体现了公约基于诚信原则于第49条第2款规定的解约权限制性规定；另一方面，根据合同货物分批交付的特点，允许宣告合同部分无效，即予以部分解除，并由违约方赔偿守约方相应的经济损失，较好展现了人民法院依法维护国际货物买卖秩序，平等保护中外当事人合法权益的职能作用。

【专家评析】*

EC公司与麦某公司签订国际货物买卖合同，约定EC公司向麦某公司

* 撰写人：黄进，武汉大学人文社会科学资深教授，中国法学会副会长、中国国际法学会会长、中国国际私法学会会长，最高人民法院国际商事专家委员会专家委员。

购买漂白纱布，出口至EC公司在阿尔及利亚的客户。货物到达阿尔及利亚后，EC公司申请第三方机构进行检验，发现涉案货物存在质量瑕疵。EC公司的终端客户也提出了质量异议，并要求赔偿损失。EC公司起诉主张麦某公司构成“根本违约”，请求解除涉案合同，麦某公司返还货款并赔偿预期利润损失。

一、本案涉及的核心法律问题

本案涉及的核心法律问题是《销售公约》的宣告合同无效制度中根本违反合同的界定与适用。

一方面，根据《销售公约》第49条第1款的规定，卖方不履行其在合同或本公约中的任何义务，等于根本违反合同时，买方可以宣告合同无效。因此，此处判断的关键在于何谓“根本违反合同”。

《销售公约》第25条规定，一方当事人违反合同的结果，如使另一方当事人蒙受损害，以至于实际上剥夺了其根据合同规定有权期待得到的东西，即为根本违反合同，除非违反合同一方并不预知而且一个同等资格、通情达理的人处于相同情况中也没有理由预知会发生这种结果。简言之，《销售公约》规定的根本违反合同的标准，需要同时满足违约事实、重大损害后果、可预见性三项要件。

在本案中，法院在认定被告违约的同时指出，涉案纱布的质量问题不属于重大质量缺陷，该纱布依然具有使用价值，能够使用或转售，最终用户也没有提出产品无法使用而要求退货。结合原告及其最终客户的实际情形，被告的违约行为并未达到根本违约的程度。此外，结合被告配合检测以及案外人出具的纱布检测报告等事实来看，可以认为其并不预知原告所主张的事实。因此，涉案国际货物买卖合同因不满足重大损害后果这一要件，不应当被宣告合同全部无效。

另一方面，本案还涉及《销售公约》第49条第2款规定的情形之一，即如果卖方已交付货物，买方就丧失宣告合同无效的权利，除非对于迟延交货以外的任何违反合同事情，买方在已知道或理应知道这种违反合同后一段合理时间内这样做。

《销售公约》并未对"合理时间"作出具体规定。在本案中，原告于2017年10月18日即知晓货物不符合同约定，但并未向被告发出宣告合同无效的声明，直至2019年6月18日起诉时才提出该请求，已超出了合理期间，丧失了宣告整个合同无效的权利。因被告仅交付85%的货物，双方即因质量争议提起诉讼，合同的剩余15%部分已无法履行，故在原告的诉讼请求范围内依法确认合同尚未履行的15%部分无效。

结合上述，审理本案的法院准确理解和灵活适用了《销售公约》中的宣告合同无效制度。一方面，准确认定根本违约情形以及合同解除权行使的合理期间，不允许随意宣告合同全部无效，体现了《销售公约》基于诚信原则规定的合同解约权限制性原则；另一方面，根据合同货物分批交付的特点，对公约规定的违约情形，允许宣告合同部分无效，即予以部分解除，并由被告向原告赔偿相应经济损失。

二、本案的重要意义

首先，在本案审理中，法院基于中国法律关于适用国际公约有关规定，直接适用了《销售公约》的相关规定来处理案件。在我国司法实践中，关于我国缔结或者参加的国际条约的适用分两类情形：一类是直接适用，另一类是间接适用或转化适用。在民商事领域，我国缔结或者参加的国际条约通常是可以直接适用的，但知识产权领域的国际条约已经转化或者需要转化为国内法律的除外。2023年12月28日，最高人民法院发布了《关于审理涉外民商事案件适用国际条约和国际惯例若干问题的解释》，进一步明确了人民法院在涉外民商事案件中适用国际条约和国际惯例的相关规则，彰显了在涉外民商事审判中加强国际法研究和运用的重要性。

其次，在本案审理中，法院融会贯通了《销售公约》规定的宣告合同无效制度和我国法律中的合同解除制度。我国在合同法制定过程中借鉴了《销售公约》的根本违约制度，于《中华人民共和国合同法》(以下简称《合同法》)第94条第4项[1]规定，当事人一方迟延履行债务或者有其他违约行为只是不能实现合同目的的，当事人可以解除合同。《销售公约》规定的宣告合同无效制度实质上等同于我国法律中的合同解除制度。我国根本违约的认定也与公约规定保持一致，采取结果主义，并将根本违约作为法定解除权的情形之一，这也有助于我国法院深入理解并准确适用国际公约裁判案件。

最后，在本案审理过程中，法院准确解释和适用了《销售公约》关于根本违约等相关规定。国际贸易市场风险较大，合同履行过程中的不稳定因素多，合同履行争议较为常见，是国际货物买卖的特点之一。若赋予一方过多解除合同的权利，容易导致国际货物贸易风险增多，社会资源浪费。为了鼓励国际货物贸易，维护交易稳定和安全，《销售公约》规定的“根本违约”须满足三项要件，限制当事人因为货物细微瑕疵要求而解除合同。本案中，法院综合考虑《贸法会判例法摘要汇编》以及其他国家相关裁判，认定货物虽然存在瑕疵，但不构成公约规定的“根本违约”。这符合公约稳定国际贸易的立法意图和商业逻辑，有利于维护国际经贸往来秩序。

---

① 现为《民法典》第563条第1款第4项。

案例 3

朗某(武汉)注塑系统有限公司
与
天某(中国)有限公司武汉分公司
航空货物运输合同纠纷案*

【基本案情】

2010年11月22日，朗某(武汉)注塑系统有限公司(以下简称朗某公司)就委托办理国际航空快件运输事宜，与天某(中国)有限公司武汉分公司(以下简称天某国际分公司)签订国际航空快件运输协议，协议包括TNT运输及其他服务条款等三个附录文件。2011年3月至8月，朗某公司多次委托天某国际分公司以快递方式向在法国的收货人运送货物。同年8月30日，天某国际分公司提取了朗某公司托运的5件商品，其中9月13日运抵法国里昂的4件商品被法国收货方签收。9月23日，天某国际分公司以电子邮件方式通知收货人及朗某公司，失踪的1件商品已找到并将于当日到达法国里昂。收货人回复电子邮件，表示拒绝接收。此后，该件货物从法国通过海运方式运回中国并最终交付给朗某公司。朗某公司提起诉讼，请求确认合同解除，由天某国际分公司赔偿违约损失。天某国际分公司反诉朗某公司支付拖欠运费及利息。

* 【一审案号】湖北省武汉市中级人民法院(2012)鄂武汉中民商外初字第00012号。

【裁判结果】

湖北省武汉市中级人民法院审理认为，天某国际分公司以航空方式实施了货物的跨国运输行为，其出具的运单项下对应多件货物，上述货物在运输过程中均可视为独立物，因此每一件货物均可视为存在一个独立的运输合同关系。涉案1件货物滞后10余日方运抵法国，且法国收货方拒收。而本案争议发生前，双方已发生持续的航空货物运输服务交易的实际履行期限最长未超过10日。鉴于航空运输方式的快捷性以及先前交易形成的运输期限预期，天某国际分公司的运输迟延行为构成根本违约。TNT运输及其他服务条款约定的承运人免责条款，因违反《统一国际航空运输某些规则的公约》(以下简称《蒙特利尔公约》)的规定而无效，天某国际分公司应就其运输迟延造成的损失在公约法定限额内承担赔偿责任。据此，判决确认所涉迟延货物的运输合同解除，天某国际分公司赔偿朗某公司损失，朗某公司向天某国际分公司支付运费及相应利息。双方均未上诉，该判决于2014年7月22日生效。

【典型意义】

该案对明晰国际航空运输合同纠纷的裁判规则、规范国际航空物流权责关系具有示范意义。一方面明确了以航空方式实施的跨国货物运输中，运输迟延导致收货人拒绝接受交付可构成承运人的根本违约，托运人可行使部分解除权，有权解除相关运输合同；另一方面明确了航空货物运输合同旨在免除公约规定的承运人责任或者降低责任限额的约定，因违反《蒙特利尔公约》的规定无效，承运人应当在公约限额内向托运人承担赔偿责任。

【专家评析】*

本案为湖北省武汉市中级人民法院经合并审理的两个独立涉外民事诉讼案件。本诉为朗某公司诉天某国际分公司、天某国际公司航空货物运输延误索赔与确认合同解除之诉(以下简称本诉)。反诉为天某国际分公司诉朗某公司国际航空货物运输合同项下的运费欠付索赔及其引发的违约责任之诉(以下简称反诉)。

一、涉外性的判断

(一)本诉的涉外性判断

根据《最高人民法院关于适用〈中华人民共和国涉外民事关系法律适用法〉若干问题的解释(一)》(以下简称《涉外民事关系法律适用法解释(一)》)第1条第4项的规定，若产生、变更或者消灭民事关系的法律事实发生在中华人民共和国领域外，则案件具有涉外性。本诉中，朗某公司主张天某国际分公司履行合同违约的事实发生在中国领域外，其请求确认解除合同所依据的法律事实亦主要发生于中国领域外，因此本诉对中国法院而言系涉外案件。

(二)反诉的涉外性判断

根据《涉外民事关系法律适用法解释(一)》第1条第3项的规定，若案涉标的物在中华人民共和国领域外，则案件具有涉外性。反诉中，因朗某公司与天某国际分公司的4份运输合同项下的标的物处于中国领域外，因此该反诉对中国法院而言系涉外案件。

二、涉外民事关系的定性

《中华人民共和国涉外民事关系法律适用法》(以下简称《涉外民事关系

---

* 撰写人：王瀚，西北政法大学涉外法治研究中心执行主任、教授、首席专家，中国国际私法学会副会长，最高人民法院国际商事专家委员会专家委员。
周亚光，西北政法大学国际法学院副教授。

法律适用法》)第 8 条规定："涉外民事关系的定性，适用法院地法律。"因此，本案应根据中国法定性。在中国法下，无论是本诉还是反诉，本案法官均根据中华人民共和国最高人民法院《民事案件案由规定》(法〔2011〕42号)的精神，将本诉与反诉分别定性为"具有涉外因素的航空货物运输合同纠纷"。

同时，法官根据本诉原告与反诉原告的诉讼请求，将案件焦点归纳为"承运人延误责任""确认合同解除""运费欠付及其引发的违约责任"三个涉外法律问题，继而明确每个问题各自所应适用的裁判依据。

三、管辖权的确定

(一)《蒙特利尔公约》司法管辖权规则的中国立场

根据《蒙特利尔公约》第 33 条第 1 款的规定，损害赔偿诉讼必须在一个当事国的领土内，由原告选择，向承运人住所地、主要营业地或者订立合同营业地的法院，或者向目的地法院提起。但是，对于该条所指的"法院"到底是地理意义上的法院还是国别意义上的法院，不同国家的理解有所不同。英美法系国家认为，该条是对案件管辖权在国家之间的分配，并不涉及在缔约国的级别管辖问题。与之相反，法国等部分大陆法系国家则认为，公约同时解决了国际管辖与国内管辖两个层面的管辖权分配。本案法官指出，本案系由武汉市武昌区人民法院向武汉市中级人民法院移送管辖的案件。根据《中华人民共和国民事诉讼法》(以下简称《民事诉讼法》)的规定，移送管辖是指受理案件的人民法院发现受理的案件不属于本院管辖而将案件移送到有管辖权的人民法院审理。此外，根据《民事诉讼法》关于涉外一审案件级别管辖的规定，本案原则上应由中级人民法院管辖。可见，本案法官认为《蒙特利尔公约》下的司法管辖权规则仅是案件在不同国家法院间的分配规则。至于地域管辖、级别管辖以及审判集中管辖等问题，则属于《蒙特利尔公约》第 33 条第 4 款所指的诉讼程序问题，应适用受理案件的法院的法律具体规定。

(二)对本诉的管辖权

1. 对承运人货物运输延误责任的管辖权

《民事诉讼法》(2017年)第260条规定:"中华人民共和国缔结或者参加的国际条约同本法有不同规定的,适用该国际条约的规定,但中华人民共和国声明保留的条款除外。"承运人货物运输延误责任系《蒙特利尔公约》的调整事项,因而中国法院应根据《蒙特利尔公约》的司法管辖权分配规则,判定其对本诉中的承运人延误责任问题是否具有管辖权。本案的司法管辖权规则应优先适用《蒙特利尔公约》。根据《蒙特利尔公约》第33条的规定,本诉中的托运人朗某公司有权向承运人天某国际分公司的住所地、主要营业地或订立合同的营业地的法院及目的地点的法院起诉。由于天某国际分公司的住所地、主营业地均在中国,因此中国法院根据本诉原告基于《蒙特利尔公约》的选择而对承运人延误责任问题具有管辖权。

2. 对托运人确认合同解除之诉的管辖权

根据《民事诉讼法》第34条的规定,合同当事方可书面协议选择与案件有实质性联系的法院作为争议解决法院。朗某公司与天某国际分公司签订的国际航空快件运输协议第6条中约定:"由于本协议的履行所产生的争议应当适用中国法律并由甲方所在地有管辖权的人民法院管辖。"因本案审理法院(武汉市中级人民法院)既是本诉被告天某国际分公司住所地有管辖权的人民法院(属人管辖权),又是双方协议约定的有管辖权的人民法院(协议管辖权),故本案审理法院对本诉中的该问题享有管辖权。

(三)对反诉的管辖权

承运人向托运人的运费欠付索赔及其引发的违约责任问题并非《蒙特利尔公约》的调整事项,因此本案法官应根据《民事诉讼法》的规定判定中国法院对反诉是否具有管辖权。与前述本诉相同,本案审理法院根据中国法规定的属人管辖权与协议管辖权规则对反诉享有管辖权。此外,即使中国法院对反诉在独立诉讼中无管辖权,也可根据中国法有关牵连管辖规则对反诉在合并审理程序中享有管辖权。

四、法律适用

(一)《蒙特利尔公约》对承运人延误责任问题的适用

本诉与反诉中的当事人的国籍尽管均为中国国籍，但案涉运输的出发地、目的地分别处于《蒙特利尔公约》已生效的缔约国(中国与法国)领域内，属于《蒙特利尔公约》第1条所指的国际航空运输。根据《涉外民事关系法律适用法解释(一)》第4条的规定，涉外民事关系的法律适用涉及适用国际条约的，人民法院应当根据《中华人民共和国民法通则》(以下简称《民法通则》)第142条第2款等法律规定适用。《民法通则》第142条第2款规定："中华人民共和国缔结或者参加的国际条约同中华人民共和国的民事法律有不同规定的，适用国际条约的规定，但中华人民共和国声明保留的条款除外。"因此，对于本诉中朗某公司请求天某国际分公司承担的承运人延误责任问题，法院适用《蒙特利尔公约》。

1.《蒙特利尔公约》强制性规则的适用

《蒙特利尔公约》第47条规定："任何旨在免除本章规定的缔约承运人或者实际承运人责任或者降低适用于本章的责任限额的合同条款，均属无效，但是，此种条款的无效，不影响整个合同的效力，该合同仍受本章规定的约束。"在本诉中，天某国际分公司在相关格式合同中采取了规避公约的适用以及减轻公约项下承运人责任承担的约定，本案法官认为《蒙特利尔公约》第47条的规定具有强制性，不得经由当事人通过意思自治排除适用。

2.《蒙特利尔公约》承运人责任限制规则的适用

根据《蒙特利尔公约》第29条的规定，无论货运损害赔偿的根据为何，其均只能依照该公约规定的条件和责任限额提起。法院根据公约有关承运人货物运输延误责任及其限制规则，认为托运人已经因为承运人的延误而发生损失，且承运人并未满足《蒙特利尔公约》第19条规定的"为了避免损失的发生，已经采取一切可合理要求的措施或者不可能采取此种措施"抗辩的法定条件，因此应承担延误责任。值得说明的是，《蒙特利尔公约》第 19 条所指的“合理措施”是针对避免因延误引起的损失而言的，而非航空运输中延误的事实。同时，法院严格适用了承运人延误责任限制规则，在责任限额内支持了本诉原告的延误损失赔偿请求。

(二)中国法作为协议准据法对合同的适用

1. 本诉中确认合同解除问题的法律适用

在本诉中，原告朗某公司提出确认合同解除之诉。由于本诉中的合同系国际航空货物运输合同，而《蒙特利尔公约》并不调整合同解除问题，因此该问题应根据法院地的冲突法规则确定准据法。根据《涉外民事关系法律适用法》第 41 条的规定，当事人可以协议选择合同适用的法律。本诉当事人在一审中均认可本诉纠纷在无国际公约可适用的情况下应适用中国法律，因此本案准据法为中国法。本案法官根据《合同法》第 94 条①有关合同法定解除的规定，部分支持了本诉原告确认合同解除的诉讼请求。本案法官认为，本诉被告并没有将本诉涉案 1 件商品在合理期限内运到指定地点，也无证据证明本诉原告改变了履行方式、认可了履行完成的法律后果，因此该份运输合同并未履行完毕，本诉被告的运输迟延行为对该份合同而言已经构成根本违约，故本诉原告享有法定解除权。但同时，其他 4 件商品的运输合同与本诉涉案合同相互独立且这 4 件商品已及时运输完毕，因此本诉原告对该 4 份运输合同无解除权。

本案法官对本诉原告提出的承运人延误责任与确认合同解除两个诉讼请求，遵循条约优先的原则，分别适用了《蒙特利尔公约》与作为合同协议准据法的中国法予以处理。

2. 反诉中运费欠付索赔及其引发的违约责任问题的法律适用

在反诉中，由于承运人天某国际分公司向托运人朗某公司主张的运费欠付索赔及其引发的违约责任问题并非《蒙特利尔公约》的调整范围，因此，法官同样通过冲突规则确定了中国法作为相关问题的准据法。本案法

---

① 现为《民法典》第 562 条。

官认为，根据《合同法》第107条与第109条的规定①，反诉原告已完成对4件托运商品的航空运输义务，因此其有权向反诉被告要求继续履行合同项下的运费给付义务并承担赔偿利息损失的违约责任。

五、结论

本案的本诉与反诉分别涉及国际航空货物承运人延误责任问题、国际合同解除问题和托运人运费欠付违约责任问题，本案法官对不同法律性质的索赔分别采用适用国际统一私法条约与冲突法的方法处理，清晰地展示了中国法院关于国际航空运输索赔的司法逻辑。一方面，本案法官充分尊重国际条约的优先适用性，并准确适用了《蒙特利尔公约》司法管辖权规则与法律适用规则；另一方面，就国际运输合同的解除、承运人向托运人的运费及利息索赔问题，本案法官根据中国的冲突法规则确定准据法，充分尊重了当事人对准据法的协议选择。

① 现为《民法典》第577条和第579条。

案例 4

日本某保险(中国)有限公司上海分公司等与罗某物流(大连)有限公司深圳分公司等保险人代位求偿权纠纷案*

【基本案情】

罗某物流(大连)有限公司深圳分公司(以下简称罗某深圳分公司)与中某国际集成电路制造(深圳)有限公司(以下简称中某公司)签订物流服务承揽协议，罗某公司针对案涉两台机器设备的运输签发两份不可转让的空运单，承运人均为中华航空公司。案涉设备空运至深圳机场后，在机场货站存放期间遭受雨淋。2016 年 11 月 28 日，中某公司至深圳机场提货，发现设备外包装受潮破损，于次日向罗某公司发送索赔通知书。日本某保险(中国)有限公司上海分公司(以下简称日本某保险上海分公司)、太某保险上海分公司、中某保险上海分公司三家保险公司根据其与中某公司签订的保险合同，向中某公司支付了赔偿款 117 万美元，并分别于 2018 年 7 月 24

* 【一审案号】广东省深圳前海合作区人民法院(2020)粤 0391 民初 4178 号。
【二审案号】广东省深圳市中级人民法院(2021)粤 03 民终 30373 号。

日、9月30日，2019年11月27日向罗某公司发送索赔函，于2020年5月28日提起本案代位求偿权诉讼，要求罗某深圳分公司、罗某公司支付赔偿款。罗某深圳分公司、罗某公司答辩称《蒙特利尔公约》规定的两年诉讼时效为不变期间即除斥期间，三家保险公司提起本案起诉已超过两年诉讼时效，应驳回其诉讼请求。一审法院判决驳回三家保险公司的诉讼请求。三家保险公司提起上诉。

【裁判结果】

广东省深圳市中级人民法院审理认为，《蒙特利尔公约》的解释应当遵循《维也纳条约法公约》规定的条约解释规则，依其用语按上下文并参照条约目的及宗旨所具有的通常意义作出善意解释。《蒙特利尔公约》第35条系有关诉讼时效的规定，该条未对诉讼时效的中止、中断作出规定，其第2款指出两年诉讼时效期间的计算方法依照案件受理法院的法律确定，故本案中该公约第35条规定的两年诉讼时效应适用我国法律有关诉讼时效中止、中断的规定。同时，《蒙特利尔公约》将保护国际航空消费者的利益作为立约重要目的，适用法院地法有关诉讼时效中止、中断的规则更有利于此立约目的，也不违背该公约第35条的制定意图。本案诉讼时效因中某公司、三家保险公司向罗某深圳分公司、罗某公司提出索赔构成中断，三家保险公司提起本案诉讼未超过两年诉讼时效，遂改判罗某深圳分公司在《蒙特利尔公约》规定的限额内向三家保险公司支付赔偿款，罗某公司对此承担补充清偿责任。

【典型意义】

该案争议焦点在于《蒙特利尔公约》第35条规定的两年期间是不变期间还是诉讼时效期间的规定，对此各国司法实践的认定不尽一致。二审判决根据《维也纳条约法公约》的规定解释《蒙特利尔公约》条文，根据《蒙特利尔公约》第35条上下文并参照该公约之目的及宗旨，认定该条规定的两年期间为诉讼时效，应当适用法院地法有关诉讼时效中断的规定，从而认定原告起诉未超过诉讼时效，体现出我国法院恪守条约义务，致力于实现公约目的及宗旨的司法立场，对于类案处理具有重要的指导意义。

【专家评析】*

本案涉及1999年《蒙特利尔公约》的适用及其解释问题。

本案争议的焦点是争议各方关于《蒙特利尔公约》第35条规则的定性和理解。案涉两个被上诉人及本案第三人均主张公约第35条的规定属于索赔人主张实体权利的期间，而不是诉讼时效，超出此期间没有提出索赔请求即丧失索赔权利；并且该条规定的案件受理地法律是计算两年期间的法律规则，不能扩张解释为法院地诉讼时效中断的法律规则。案涉三个上诉人对此则持相反主张。

一、本案争议的定性和法律适用

(一)本案争议的性质

本案上诉人日本某保险上海分公司、太某保险上海分公司、中某保险上海分公司(以下统称上诉人)依据与案涉第三人之一的中某公司订立的保险合同和货物运输保险预约保险单，按约定比例向其履行了保险赔付，根据权益转移书取得代位求偿权，即取得了中某公司依据其与被上诉人签订的物流承揽服务合同所享有的权利，向被上诉人代位行使求偿权。《中华人民共和国保险法》(2015年)第60条第1款规定：“因第三者对保险标的的损害而造成保险事故的，保险人自向被保险人赔偿保险金之日起，在赔偿金范围内代位行使被保险人对第三者请求赔偿的权利。”中某公司与被上诉人签订了物流承揽服务合同，由被上诉人签发运送机器设备的两张“航空货物运输”分运单，托运人为英特尔转售公司，收货人为中某公司，协议约定由被上诉人通过空运将货物从美国运送到深圳交付给中某公

* 撰写人：王瀚，西北政法大学涉外法治研究中心执行主任、教授、首席专家，中国国际私法学会副会长，最高人民法院国际商事专家委员会专家委员。

司，据此双方成立了国际航空货物运输合同关系，上诉人为缔约承运人，中某公司为收货人。本案航空运输的起运地为美国，目的地为中国，涉案货物通过国际航空运输运送至中国深圳。案涉第三人之一深圳机场货站公司是被上诉人作为缔约承运人的代理人，因其未能妥善实施货物运达航空站点的防止雨淋和防潮措施，导致货物全损。上诉人向中某公司履行保险赔付后取得代位求偿权，保险法律关系已经终止。上诉人行使代位求偿权，基于物流承揽服务合同和航空货运单向被上诉人提出索赔引发的争议，在性质上应当属于国际航空货物运输争议。二审判决对本案也认定为是上诉人行使保险代位求偿权引起的国际航空货物运输争议。

（二）本案适用的法律

案涉国际航空货物运输的起运地为美国，目的地为中国，案发时中国和美国均为1999年《蒙特利尔公约》的缔约国，我国批准公约时未作条约保留，根据公约第1条适用范围的规定，本案航空运输争议符合公约规则适用的条件。《中华人民共和国民用航空法》第184条第1款规定："中华人民共和国缔结或者参加的国际条约同本法有不同规定的，适用国际条约的规定；但是，中华人民共和国声明保留的条款除外。"据此，《蒙特利尔公约》是审理本案适用的法律，在本案审理中可以直接适用。

为排除国际航空运输争议中的法律冲突，增强公约规则在缔约国之间统一执行和实施的效力，公约在航空运输承运人责任方面作出了强制适用的规定，以排除当事人通过合同约定减损航空承运人的责任。《蒙特利尔公约》第26条规定："任何旨在免除本公约规定的承运人责任或者降低本公约规定的责任限额的条款，均属无效，但是，此种条款的无效，不影响整个合同的效力，该合同仍受本公约规定的约束。"该公约第29条规定："在旅客、行李和货物运输中，有关损害赔偿的诉讼，不论其根据如何，是根据本公约、根据合同、根据侵权，还是其他任何理由，只能依照本公约规定的条件和责任限额提起，但是不妨碍确定谁有权提起诉讼以及他们各自的权利。在任何此类诉讼中，均不得判给惩罚性、惩戒性或者任何其他非补偿性的损害赔偿。”

二、《蒙特利尔公约》第35条在本案适用的解释

《蒙特利尔公约》第35条规定：“一、自航空器到达目的地点之日、应当到达目的地点之日或者运输终止之日起两年期间内未提起诉讼的，丧失对损害赔偿的权利。二、上述期间的计算方法，依照案件受理法院的法律确定。”

本案争议的焦点是：首先，2016年11月29日中某公司向上诉人发送索赔通知书，上诉人分别于2018年7月24日、9月30日和2019年11月27日三次向被上诉人发送索赔函，上诉人向被上诉人发出索赔函是否产生诉讼时效中断的法律效果，以及上诉人行使代位求偿权于2020年5月28日向一审法院提起诉讼是否超过了该公约第35条规定的两年期间。这涉及二审法院和案涉当事人对该公约第35条规定的两年期间的定性认识，即公约规定的两年期间是行使损害赔偿实体权利的期间还是诉讼时效。其次，公约规定的两年“期间的计算方法依照案件受理法院的法律确定”，是否包括受理案件法院地法中的时效中断的法律规则。本案核心争议在于判定上诉人三次向被上诉人发送索赔通知是否构成诉讼时效中断。二审法院对该公约第35条如何作出解释，这直接影响二审法院对上诉人起诉的合法性判定和案件处理的方式及结果。

本案一审法院和二审法院都依据我国加入的《维也纳条约法公约》的条约解释规则作为解释依据，在《蒙特利尔公约》第35条规则解释的方法上也都参考了公约缔约案文形成时缔约国的立场、缔约案文的规则表述以及该条规定的上下文义理解。但是二审法院作出了与一审法院完全不同的解释，即根据《维也纳条约法公约》的善意解释原则，结合《蒙特利尔公约》缔约宗旨和该公约第35条的立法结构和表述方法作出“从宽解释”。二审法院主张公约第35条规定应属于诉讼时效规则。首先，《蒙特利尔公约》官方文本第35条标题为“诉讼时效”，遵循文义解释原则，该条第2款“上述期间的计算方法”应当属于两年诉讼时效期间的计算方法，案件受理法院的法律自然包括法院地的诉讼时效中断的有关规定。其次，《蒙特利尔公约》确立了航空消费者保护原则，成为确立国际航空运输承运人责任制度的立法依据。公约立法宗旨在于“确保国际航空运输消费者利益的重要性，以及在恢复性赔偿原则的基础上提供公平赔偿的必要性”。据此，二审法院认为，适用法院地有关诉讼时效中断的规定符合公约立法宗旨和立法意图，有利于保护上诉人的正当利益。二审法院对该公约第35条的解释契合公约立法原旨，确认上诉人代位求偿权行使合法有效，也维护了保险合同法律关系的稳定。

三、条约的善意解释与法院地法的适用

(一)善意解释条约与国际条约规则在司法裁判中的精准适用

《维也纳条约法公约》确立了条约善意解释的原则，该公约第31条第1款规定：“条约应以其用语按其上下文并参照条约之目的及宗旨所具有之通常意义，善意解释之。”管辖法院遵循条约善意解释原则，在司法裁判活动中准确把握和领会所适用国际条约的立法目的和宗旨，是准确适用国际条约规则和恪守条约义务，作出公正判决的重要法律手段，是彰显人民法院适用国际条约司法裁判国际公信力的重要实践。

关于《蒙特利尔公约》第35条的性质及其在司法裁判实践中的解释，历来存在争议，包括该条规定在性质上是属于权利时效还是诉讼时效，是程序法问题还是实体法问题等。在1929年《华沙公约》实施的较长一段时间里，出于平衡航空承运人与航空消费者的利益和稳定航空运输秩序的考虑，限制当事人援用法院地诉讼时效法规来延长诉讼索赔权的期限一度成为许多缔约国法院的普遍实践，倾向于对公约规定的索赔期间采取严格解释的做法，将公约规定的两年期间视为损害赔偿实体权利行使的期间，而不是诉讼时效，两年期间不允许延长。公约规定的案件受理法院的法律仅涉及期间计算的方法，不包括诉讼时效中断的法规。这种对公约索赔期间规则作出保守和机械解释的实践存在很大的局限性，一方面未顾及国际航空运输索赔案件处理的复杂性，另一方面也限制了航空消费者诉讼索赔权利的行使，影响了国际航空运输服务市场的拓展。20 世纪 70 年代开始，无论大陆法系国家还是普通法系国家的法院都出现了从宽解释公约索赔期间的实践和做法，《蒙特利尔公约》明确了保护消费者利益的立法原则，也为从宽解释该公约第 35 条提供了依据。二审法院对公约第 35 条采取从宽解释，确认诉讼时效中断的事实成立，支持上诉人行使代位求偿的诉讼权利是值得肯定的。

(二)《蒙特利尔公约》规则下法院地法的适用问题

在国际私法实践中，诉讼程序适用法院地法是一项公认的原则。由于各国诉讼程序制度和规则差异性很大，难以达成妥协一致的规则，《蒙特利尔公约》遂将赔偿金计算的方式、索赔期间计算方法等程序事项统一规定由受理案件的法院地法律支配。该公约第 35 条第 2 款规定："上述期间的计算方法，依照案件受理法院的法律确定。"本案审理时适用的《中华人民共和国民法总则》第 195 条规定："有下列情形之一的，诉讼时效中断，从中断、有关程序终结时起，诉讼时效期间重新计算：(一)权利人向义务人提出履行请求；(二)义务人同意履行义务；(三)权利人提出诉讼请求或者申请仲裁；(四)与提出诉讼或者申请仲裁具有同等效力的其他情形。"据此，二审法院认定本案诉讼时效中断的事实成立，诉讼时效期间依法应重新计算，上诉人在 2020 年 5 月 28 日向一审法院提起诉讼没有超过两年诉讼时效。

本案二审法院对适用国际条约作出的解释有理有据，方法可靠，对所适用的公约条款作出了合理的并且符合公约立法宗旨的解释，在司法裁判中实现了公约立法目的，保护了航空消费者利益，是人民法院在涉外民商事司法裁判中准确适用国际条约的经典案例。

案例 5

波兰 IN 股份有限公司
与
广东澳某铝业有限公司
国际货物买卖合同纠纷案*

【基本案情】

2006 年 8 月 10 日和 2010 年 6 月 10 日，波兰 IN 股份有限公司(以下简称 IN 公司)作为买方、广东澳某铝业有限公司(以下简称澳某公司)作为卖方，签订了两份铝型材供货合同，由澳某公司向 IN 公司出售铝合金挤压型材。2010 年 10 月 21 日，双方召开协调会，IN 公司同意解除双方于 2010 年 6 月 10 日签订的合同，暂时终止双方的合作关系，同意不再生产就上述合同向澳某公司发出的订单约 90 吨货物。2011 年 12 月 19 日，IN 公司以澳某公司为被告提起诉讼，请求宣告铝型材供货合同无效并由澳某公司赔偿损失。2012 年 3 月 19 日，澳某公司以 IN 公司为被告提起诉讼，请求 IN 公司赔偿铝型材加工费及铝型材回炉处理损失，支付已经收货但未付的货款。

【裁判结果】

广东省佛山市中级人民法院审理认为，无论是按照《销售公约》的规定

* 【一审案号】广东省佛山市中级人民法院(2012)佛中法民四初字第 4、64 号。

还是按照案涉合同的约定，澳某公司均应先履行供货义务，IN 公司在付款条件成就后再向澳某公司付款。澳某公司没有履行关于供货的先义务，构成违约。双方当事人协议终止合同后，IN 公司不得以根本违约致合同无效为由请求澳某公司赔偿损失，但可以主张违约赔偿责任。故判决澳某公司向 IN 公司赔偿利润损失、模具费、法律服务费，返还保证金。IN 公司向澳某公司支付货款。

【典型意义】

该案是中国企业与“一带一路”共建国家企业之间发生的国际货物买卖合同纠纷。一审法院根据《销售公约》的规定，正确认定合同权利义务，厘清双方各自权责，并对涉及双方交易习惯和合同文本中不同法律术语的解释作了准确的认定。双方均撤回上诉，服从一审判决。该案提醒企业要注意遵守契约精神，防范商业及法律风险。

【专家评析】*

本案审理主要围绕国际货物买卖合同中买卖双方权利义务的认定展开，争议焦点集中在如何认定合同违约方及其违约责任。

一、优先适用国际公约

在跨国纠纷中，法律适用是首先要解决的问题。国际货物买卖合同的双方当事人营业地所在国如系《销售公约》的缔约国，则其间因货物买卖而引发的纠纷应自动并优先适用该国际公约的规定。虽然如此，若双方当事人在合同中或诉讼过程中共同排除适用该国际公约，那么，法院也应尊重当事人的共同选择，不适用该国际公约审理纠纷。本案中，双方营业地分别位于中国与波兰，中国与波兰均是《销售公约》的缔约国，且案涉铝型材供货合同的双方当事人没有排除上述国际公约的适用，故该案应优先适用

* 撰写人：张月姣，清华大学《国际争端解决研究》主编，教授，最高人民法院国际商事专家委员会专家委员。

《销售公约》。值得注意的是，根据《销售公约》第 4 条的规定，该国际公约对合同效力、货物所有权等问题不予调整。在审理该案过程中，人民法院主动向当事人释明并征询其对于该国际公约未调整部分的法律适用意见。IN 公司和澳某公司均明确应由中国法律调整该国际公约不涉及的事项，故该案除适用《销售公约》之外，在合同效力、货物所有权方面适用中国法律。

《销售公约》与中国合同法对部分法律行为的表述和解释有所不同。IN 公司在该案中提出关于解除合同的诉讼请求，然而，中国法意义上的“解除合同”在《销售公约》中没有完全对应一致的表述，该国际公约接近概念是“宣告合同无效”。为符合适用国际公约的要求，人民法院准确引导该案当事人依据《销售公约》的具体规定明晰诉讼请求，以显示中国法院适用国际公约的全面性和准确性。

二、正确解释合同条款

双方当事人对案涉铝型材供货合同中“deposit”一词的解释各持己见。上述合同约定，合同条款以英文版本为准。据此，对争议的合同条款理解应当按照英文文本及英语语境来解释。《元照英美法词典》将“deposit”一词解释为保证金、定金，合同一方当事人向另一方当事人支付的用以保证合同履行的金钱，如未能履行合同义务，该笔金钱则予没收。案涉铝型材供货合同本身、合同当事人的履约行为并未体现双倍定金罚则。可见，IN 公司和澳某公司在合同中约定的“deposit”不具有双倍定金罚则的法律后果。

在国际货物贸易中，买卖双方通常会选择国际通用语言来订立合同并翻译成各方用语版本。交易双方对合同文本理解一般会约定以某一种语言为解释标准，在该种语言的语境下解释合同条款从而确定权利义务。从外文条款到中文条款，翻译文本根据中国法律可能会产生不同于外文文义的解释。这种情况屡见不鲜。当事人在订立合同时就应主动审查不同翻译合同文本间的异同，尤其是涉及法律概念时应考虑不同法律语境下的权利义务内涵差别以及语义的涵摄问题，尽可能提前消除歧义或差别。正如该案，对于合同条款的解释，最高人民法院追本溯源，结合合同约定以及当事人的履约表现，以文义解释的方式对合同关键字眼作出正确解释。此举既体现了人民法院尊重合同当事人意思自治，又展示了人民法院解决国际公约与中国法律适用和衔接难题的智慧。

三、综合认定违约行为

澳某公司认为因IN公司拒绝支付其中一笔货款，其因而享有先履行抗辩权，足以对抗IN公司的违约主张。对于该争议问题，人民法院依据合同约定、公约体例、交易习惯综合认定合同当事人是否构成违约。其中，根据《销售公约》的条文体例设计，“卖方的义务”一章设置在“买方的义务”一章之前，从《维也纳条约法公约》所倡导的体系解释的角度出发，《销售公约》重视双务合同中卖方义务的履行，体现着买卖合同的本质。所以，在合同双方未有明确约定或约定不明的情况下，人民法院根据上述体例设计并结合双方的交易习惯认定违约方并判定其应承担的违约责任，体现了法院对公约的理解和适用的准确性。同时，面对买方主张根本违约意欲解除合同的诉求，法院亦充分把握了《销售公约》尽可能维护合同有效性的立法旨意，减少对根本违约的任意适用，强调当事人可以在合同和公约项下行使违约救济并请求赔偿权利，实现了在维护合同有效的同时保障当事人合法权益的目的。

国际公约的体例设计隐含着立法者的本意与价值取向。本案中，人民法院以此为依据，结合双方当事人其他合同履行情况确定违约责任，充分体现了我国法院对国际公约的尊重。自《民法典》颁布实施以来，原《民法通则》对有关国际公约和国际惯例适用的规定未能得以延续，致使人民法院在审理有关案件时面临着法律适用空白，对我国进一步对外开放和推动国际贸易造成一定影响。最高人民法院2023年12月发布的《关于审理涉外民商事案件适用国际条约和国际惯例若干问题的解释》再次明确了国际公约和国际惯例的优先适用性，及时准确地解决了涉外审判中的现实问题。

本案的作出恰恰也体现了这一规则导向，进一步增强了境内外当事人对中国法院涉外审判的信心，为中国法院解释和适用国际公约积累了有益经验。

本案展现了在新的环境下中国法院对国际公约予以合理、创新的解释，赋予其新的生命力，体现了人民法院平等保护中外当事人的决心。本案从商事习惯、法律及语言习惯等差异提醒中国企业在对外贸易时应注意防范相关违约风险，展现出中国法院为深入推进“一带一路”建设，打造法治化、国际化营商环境提供有力司法服务与保障。

第 二 编

信用证纠纷案例

案例 6

中国某银行股份有限公司广州荔湾支行
与
广东蓝某能源发展有限公司等
信用证开证纠纷案*

【基本案情】

中国某银行股份有限公司广州荔湾支行(以下简称某行荔湾支行)与广东蓝某能源发展有限公司(以下简称蓝某能源公司)于2011年12月签订了贸易融资额度合同及关于开立信用证的特别约定等相关附件，约定该行向蓝某能源公司提供不超过5.5亿元的贸易融资额度，包括开立等值额度的远期信用证。粤某电力等担保人签订了保证合同等。2012年11月，蓝某能源公司向某行荔湾支行申请开立8592万元的远期信用证。为开立信用证，蓝某能源公司向某行荔湾支行出具了信托收据，并签订了保证金质押合同。信托收据确认自收据出具之日起，某行荔湾支行即取得上述信用证项下所涉单据和货物的所有权，某行荔湾支行为委托人和受益人，蓝某能源公司为信托货物的受托人。信用证开立后，蓝某能源公司进口了164,998吨煤炭。某行荔湾支行承兑了信用证并付款人民币84,867,952.27

* 【一审案号】广东省广州市中级人民法院(2013)穗中法金民初字第158号。
【二审案号】广东省高级人民法院(2014)粤高法民二终字第45号。
【再审案号】最高人民法院(2015)民提字第126号。

元。某行荔湾支行履行开证和付款义务后，取得了包括本案所涉提单在内的全套单据。蓝某能源公司因经营状况恶化而未能付款赎单，故某行荔湾支行在本案审理过程中仍持有提单及相关单据。提单项下的煤炭因其他纠纷被广西防城港市港口区人民法院查封。某行荔湾支行向广东省广州市中级人民法院提起本案诉讼，请求判令蓝某能源公司清偿信用证项下本金人民币 84, 867, 952. 27 元及利息；确认信用证项下 164, 998 吨煤炭属某行荔湾支行所有，并对处置提单项下煤炭所获价款有优先受偿权；粤某电力等担保人承担担保责任。

【裁判结果】

广东省广州市中级人民法院一审判决支持某行荔湾支行关于蓝某能源公司还本付息以及担保人承担相应担保责任的诉请，但以信托收据及提单交付不能对抗第三人为由，驳回某行荔湾支行关于请求确认煤炭所有权以及优先受偿权的诉讼请求。某行荔湾支行不服一审判决关于驳回所有权及优先受偿权诉请的判项，提起上诉。广东省高级人民法院二审判决驳回上诉，维持一审判决。某行荔湾支行不服二审判决，向最高人民法院申请再审，最高人民法院提审本案。

最高人民法院再审认为，提单具有债权凭证和所有权凭证双重属性，但并不意味着谁持有提单谁就当然对提单项下货物享有所有权。对于提单持有人而言，其能否取得物权以及取得何种物权取决于当事人之间的合同约定。某行荔湾支行履行了开证及付款义务并取得信用证项下的提单，但是由于当事人之间没有移转货物所有权的意思表示，故不能认为某行荔湾支行取得提单即取得提单项下货物的所有权。信托收据内容是以让与提单项下货物所有权来提供担保，让与担保因不符合物权法定原则不能产生物权效力，而让与担保明显区别于动产质押或权利质押，故信托收据亦不应作为认定设立提单权利质押的合同依据。由于关于开立信用证的特别约定中约定蓝某能源公司违约时，某行荔湾支行享有担保权利并有权处分信用证项下单据及货物。因此，根据合同整体解释以及信用证交易的特点，表明当事人关于担保权利和处分权的真实意思表示包括设定提单质押的权利。本案符合权利质押设立所须具备的书面质押合同和物权公示两项要件，某行荔湾支行作为提单持有人，享有提单权利质权。据此，最高人民法院于2015年10月19日作出再审判决，改判确认某行荔湾支行对案涉信用证项下提单对应货物处置所得价款享有优先受偿权。

【典型意义】

该案是一起具有涉外因素的远期跟单信用证开证纠纷，争议焦点是提单持有人的权利性质。在通过跟单信用证进行国际货物买卖的交易中，因付款而合法持有提单的开证行对提单项下货物享有何种权利，司法实践中对该问题一直缺乏定论。该案判决对提单的法律属性、信托收据的法律意义以及提单持有人享有何种权利等疑难复杂问题作出了清晰的解答，对于统一该领域的法律适用具有重要指导意义。首先，该案判决明确了跟单信用证对应的提单具有债权凭证和所有权凭证双重属性，提单持有人的具体权利取决于提单流转所依据的原因法律关系，由此澄清了长期困扰司法实践的提单凭证法律属性之争。其次，本案判决将涉案贸易融资额度合同、关于开立信用证的特别约定及信托收据等作为一个整体，通过合同体系解释，结合跟单信用证的基本机制和惯例，探究当事人的真实意思表示，从而认定开证行对提单享有质权，切实尊重当事人意思自治，依法保护开证行的优先受偿权。在“一带一路”建设过程中，跟单信用证作为国际商业交易的“生命血液”发挥着保障交易安全和资金融通的重要功能。该判决通过统一裁判规则，定分止争，完善了跟单信用证交易和保障制度，有效避免了因规则缺位而给国际贸易造成的困扰，充分体现了严格公正司法的精神。

【专家评析】*

本案再审申请人某行荔湾支行提出的诉讼请求可以概括为：第一，债务人蓝某能源公司清偿信用证垫付款本金及利息；第二，对跟单信用证项下的16万余吨煤主张所有权及优先受偿权；第三，要求债务人的担保人承担连带清偿责任；第四，担保人承担每日5‰的违约金责任。一审法院支持了第一项和第三项诉讼请求，驳回其他诉讼请求；二审法院维持原判。最高人民法院第一巡回法庭再审，增加支持了第二项诉请中的优先受偿权。由此可见，某行荔湾支行究竟对跟单信用证项下的16万余吨煤享有何种权利，是本案的核心问题。

某行荔湾支行对跟单信用证项下16万余吨煤炭提出的所有权主张，在一审、二审及再审中均未得到支持，而优先受偿权的主张则在三次审理中得到两种不同的判决。鉴于篇幅，本文仅拟就某行荔湾支行是否对跟单信用证项下16万余吨煤炭享有优先受偿权的问题谈点看法。

一、优先受偿权认定的总体思路

在大陆法系物权债权二元划分的财产权体系下，对某物主张优先受偿权，即表明此权利不是普通债权而是物权，因为债权具有平等性，某一债权人不能仅凭借其债权便主张优先于其他债权人受偿的权利。对于16万余吨煤炭这样的动产而言，某行荔湾支行所有权的主张已经被驳回，主张用益物权也不可能，那么仅剩下担保物权可以进行主张，尤其是质权。所以，某行荔湾支行对此批煤炭是否享有优先受偿权，主要看其对煤炭是否享有质权。

《中华人民共和国物权法》(以下简称《物权法》)第208条第1款规定：“为担保债务的履行，债务人或者第三人将其动产出质给债权人占有的，债务人不履行到期债务或者发生当事人约定的实现质权的情形，债权

---

* 撰写人：王利明，中国人民大学法学院教授，最高人民法院国际商事专家委员会专家委员。孟强，北京理工大学法学院副教授。

人有权就该动产优先受偿。”[①]动产质押的设定属于担保物权设定的典型形态，应当采取合同加公示的方式。所以债权人要想取得质权，须满足两个基本条件：一是当事人必须订立书面的质押合同，二是出质人必须交付质物、移转占有，满足物权变动的公示要件。本案中，再审判决在审查这两个要件时，首先确认某行荔湾支行持有提单，具备了提单权利质押设立的公示要件；然后将审查的重点放在第一个要件，即双方是否具有设立质权的意思表示，或者说合同依据。

二、《信托收据》的性质认定

再审判决首先针对某行荔湾支行提出的信托收据具有质押合同性质的主张进行了分析，认为：“信托收据所载内容虽然体现了以提单及提单项下货物担保某行荔湾支行债权的意思表示，但该意思表示是以让与提单项下货物所有权来提供担保，明显区别于动产质押或权利质押，不应作为认定设立提单权利质押的合同依据。”2012 年 11 月 2 日，蓝某能源公司向某行荔湾支行出具了信托收据，其中约定：“某行荔湾支行与蓝某能源公司之间成立信托法律关系，某行荔湾支行作为委托人与受益人，自信托收据出具之日起取得上述文件及其代表货物的所有权；蓝某能源公司作为受托人，有权处理包括前述文件及其代表的货物在内的信托财产。”信托是指委托人基于信任而将一定的财产权转让或设定给受托人，使受托人为了受益人的利益或特定的目的而对此财产权进行管理和处分。信托的发起人是委托人，信托的有效设立都必须伴随财产权的移转或设立，即委托人将自己的财产权移转给受托人，或者在自己的财产权之上为受托人创设某种财产权。而本案中，某行荔湾支行与蓝某能源公司之间的“信托”关系则与一般的信托关系大相径庭，因为其信托关系的发起人与信托财产的最初权利人是受托人而不是委托人。《中华人民共和国信托法》第 2 条明确规定：“本法所称信托，是指委托人基于对受托人的信任，将其财产权委托给受

---

① 现为《民法典》第 425 条。

托人，由受托人按委托人的意愿以自己的名义，为受益人的利益或者特定目的，进行管理或者处分的行为。"信托是委托人将自己的财产移转给受托人进行管理处分，而本案中却是蓝某能源公司先进口了煤炭，然后再向某行荔湾支行出具信托收据，约定双方成立信托关系，且某行荔湾支行是委托人、蓝某能源公司是受托人，信托财产就是该批煤炭。信托法律关系如此倒置，便会产生信托是否有效设立的疑问。如果确定某行荔湾支行为委托人且以该批煤炭为信托财产，则要求委托人在信托成立前对信托财产具有移转处分的权利。本案中，该批煤炭并不是某行荔湾支行的财产，而是蓝某能源公司进口的货物。所以，并不存在某行荔湾支行作为委托人将该批煤炭的所有权移转给受托人蓝某能源公司的事实，信托难谓有效成立。

此外，依照信托收据的约定，在信托关系成立后，"某行荔湾支行作为委托人与受益人取得上述文件及其代表货物的所有权"，这更是与信托制度的基本要求相背离。因为信托关系成立后，委托人就淡出信托法律关系，更不能再享有信托财产的所有权，最多是在自益信托中以受益人身份享有信托受益权。委托人的财产交由受托人管理处分，并由受益人从中受益，是信托制度的基本特征。否则，想设立信托却又不愿移转信托财产所有权，信托便沦为一句空话，根本无法运转。只有财产权的移转或创设，受托人才能对这些财产权进行管理处分，才能将由此产生的收益交给受益人。

因此，本案中某行荔湾支行与蓝某能源公司之间的信托关系并不成立，某行荔湾支行不能仅凭信托收据对该批煤炭主张所有权，也不能主张信托受益权。再审判决认为信托收据"不应作为认定设立提单权利质押的合同依据"，无疑是正确的。

三、质权设定的合同解释

再审法官注意到某行荔湾支行与蓝某能源公司于2011年12月5日签订的贸易融资额度合同有一个名为关于开立信用证的特别约定的附件，作为贸易融资额度合同不可分割的一部分。这一关于开立信用证的特别约定第9条关于“违约责任”第2款约定：“甲方(蓝某能源公司)违约或发生《贸易融资额度合同》中约定的可能危及乙方(某行荔湾支行)债权的情形之一的，乙方有权行使下述一项或几项权利：(一)如果乙方垫款的，自垫款之日起，乙方有权按逾期贷款利率计收逾期利息，逾期贷款利率由双方在办理单笔业务时具体约定；(二)对于甲方应付款项，乙方有权从甲方在乙方开立的保证金账户直接划收或从甲方在中国某银行系统开立的其他账户划收，或从甲方其他应收账款中划收；(三)处分信用证项下单据及/或货物；(四)行使担保权利；(五)要求甲方追加保证金或乙方认可的其他担保；(六)《贸易融资额度合同》约定的乙方救济措施；(七)法律许可的其他措施。”

应该说，这一约定的内容十分广泛，对债权人某行荔湾支行的权益保护极为有利。因为在这一款中，约定了债权人在债务人违约时享有收取逾期利息、从保证金账户直接划款、处分信用证项下货物、行使担保权利、要求追加担保等各项权利。其实质就是在发生债务人违约时，穷尽可能的方法来保障债权人的利益。在这一条款的效力未被司法否认时，依照这一条款的约定，债权人某行荔湾支行有权对信用证项下的货物行使担保权利，而结合该批货物的性质，其对应的担保权利只能是质权。

再审判决通过详细的分析和论证，进一步细化了质权的种类，即“综合合同约定以及案件事实，可以认为其指的就是提单权利质押”。跟单信用证的本质，就是以提单等信用证项下的单据来担保开证行债权的实现。在债权人某行荔湾支行依法取得提单后，依照双方合同的约定便对跟单信用证项下16万余吨煤炭享有质权，对此不仅具有合同依据，也以交付提单的形式完成了权利质权设立的公示。

四、物权冲突的解决建议

再审判决在认定债权人某行荔湾支行对跟单信用证项下16万余吨煤炭享有权利的性质时，还进一步提供了物权冲突的解决方案。本案中，涉案提单项下的煤炭于2012年12月运抵港口后，2013年4月，北海某集团有限公司以蓝某能源公司拖欠其码头堆场费为由向北海海事法院申请诉前财产保全，北海海事法院依申请查封了案涉提单项的煤炭。此处表明该批煤炭之上，同时存在某行荔湾支行的权利质权和北海某集团有限公司的留置权。这两种物权发生了冲突，北海海事法院的查封对某行荔湾支行权利的行使构成了障碍，在此必须进行解决，否则还会有后续纠纷。

对于担保物权之间的冲突，《物权法》第239条规定："同一动产上已设立抵押权或者质权，该动产又被留置的，留置权人优先受偿。"[①]由于该批货物价值较大，而港口码头堆场费一般不会太高，所以仍有妥善处理两种担保物权的余地和基础。再审判决在认定某行荔湾支行享有提单质权的同时，提供了权利冲突的解决路径，即"某行荔湾支行可以依据本判决向执行法院请求参加执行分配，其提单质权如果与其他债权人对提单项下货物所可能享有的留置权、动产质权等权利产生冲突的，可在执行分配程序中依法予以解决"。让某行荔湾支行参与到执行分配中，在留置权人位于第一位优先受偿后，某行荔湾支行便可以对剩余的财产进行优先受偿，这样既能够解决权利冲突、法院查封的矛盾，又能够最大限度保护担保权人的合法权益。

五、小结

总之，通过对这份长达52页判决书中一个焦点问题的分析，窥一斑而知全豹，再审判决中所蕴含的法官深厚的法学素养、条分缕析的解释学功底、目光从法律规范与生活事实间的来回穿梭观察、对于纠纷彻底解决的关切都展露无遗。这样的判决做到了事实认定清楚、法律适用准确、说理充分有力、结论合法合理，是一份非常优秀的判决。

① 现为《民法典》第456条。

案例 7

栖霞市绿某果蔬有限公司
与
某银行股份有限公司北京市分行
信用证转让纠纷案*

【基本案情】

2007年6月7日，某银行股份有限公司北京市分行(以下简称某银行北京分行)收到经由乌克兰A银行以SWIFT格式转递的可转让信用证，显示开证行是位于斯洛伐克的B贸易储蓄委员会，开证申请人是塞浦路斯塔某有限公司，受益人为倍某公司，转让行和通知行为某银行北京分行。同日，某银行北京分行向受益人倍某公司通知了该信用证，倍某公司向某银行北京分行申请以栖霞市绿某果蔬有限公司(以下简称绿某公司)为第二受益人转让该信用证，并指定某银行山东省栖霞支行为通知行。2007年6月14日，某银行北京分行按照倍某公司的指示转让了该信用证，并以SWIFT格式发送转让信用证电文。绿某公司从某银行山东省栖霞支行接收的转让信用证通知书所标明的开证行为乌克兰A银行。绿某公司交单后未收到信用证项下款项，经联系与查询，发现开证行是位于斯洛伐克境内的B贸易

* 【一审案号】北京市第二中级人民法院(2011)二中民初字第1812号。
【二审案号】北京市高级人民法院(2012)高民终字第939号。
【再审审查案号】最高人民法院(2013)民申字第1296号。

储蓄委员会，并非一家银行，遂以信用证通知信息错误使绿某公司信赖涉案信用证为银行开立并导致损失为由，向北京市第二中级人民法院提起本案诉讼，请求判令某银行北京分行赔偿绿某公司损失人民币 6,790,344 元及利息损失、退税损失人民币 246,606.06 元。

【裁判结果】

北京市第二中级人民法院一审认为，某银行北京分行对开证行名称通知错误，存在过失，这是导致绿某公司产生损失的原因之一，但并非造成绿某公司损失的唯一原因。据此，判决某银行北京分行对绿某公司人民币 340 万元损失及按银行同期存款利率计算的利息损失承担赔偿责任，驳回绿某公司其他诉讼请求。绿某公司和某银行北京分行均不服一审判决，向北京市高级人民法院提出上诉。北京市高级人民法院二审认为，某银行北京分行对开证行名称出现的通知错误存在重大过失，本案没有依据证明绿某公司在接到转让信用证通知前已明确知晓开证行名称，绿某公司的损失与某银行北京分行在转递信用证中的通知错误存在因果关系，某银行北京分行应依法承担赔偿责任，改判某银行北京分行给付绿某公司人民币 6,749,265.85 元及按银行同期存款利率计算的利息损失，并驳回绿某公司的其他诉讼请求。绿某公司不服二审判决，向最高人民法院申请再审，主张因其未收到货款，只好向银行贷款，故产生贷款利息损失，同时还有出口退税款损失。二审判决未支持上述两项损失赔偿请求属于认定事实缺乏证据证明及适用法律确有错误。

最高人民法院经审查认为，本案所涉信用证约定适用的国际商会《跟单信用证统一惯例》(UCP500)对中介银行就其错误通知行为应当承担何种责任没有作出具体规定。原判决适用《民法通则》第 106 条[①]第 2 款过错侵权的规定，并无不当。某银行北京分行的过错行为，导致绿某公司错误信赖开证人是一家信用良好的银行而接受信用证并遭受损失，某银行北京分

① 现为《民法典》第 1165 条第 1 款。

行应当根据过错程度承担相应的赔偿责任。信用证是独立于基础合同的单据交易，因而信用证当事人违反义务所应承担的责任范围应当仅限于信用证项下的直接损失。绿某公司主张的贷款利息损失和出口退税损失是基础合同如能履行可以避免的支出以及可以获得的利益，不属于信用证项下的直接损失，不是信用证当事人应当预见的损失范围，与信用证当事人违反义务的过错行为之间不具有相当因果关系，故不应在信用证关系中得到赔偿。据此，最高人民法院裁定驳回绿某公司的再审申请。

【典型意义】

该案系涉“一带一路”共建国家的信用证转让纠纷，在中国法律以及国际惯例对中介行错误通知的责任范围均没有明确规定，且中介行与受益人之间又没有合同关系的情况下，依据侵权损害赔偿原则，确定中介行负有准确通知信息的义务以及违反义务须承担相应损害赔偿责任，对于保障信用证交易秩序安全无疑具有重要的意义。首先，该案裁定指出信用证关系中的各有关当事人处理的仅是单据，不是与单据有关的货物、服务或其他行为。因此，判断中介行过错行为所致损失的唯一法律依据必须是信用证本身，而不能根据基础合同计算损失，清晰地揭示了信用证独立性原则的内涵。其次，该案裁定在明确银行义务的同时，运用可预见性原则，确定赔偿损失范围不超过信用证项下未付款金额及利息，保证了赔偿责任范围的可预期性，具有统一裁判规则、填补法律空白的重要作用，对今后共建“一带一路”中发生的类似信用证纠纷案件有很强的借鉴意义。

【专家评析】*

本案所涉信用证为可转让信用证，信用证的通知行某银行北京分行也

* 撰写人：高祥，中国政法大学比较法学研究院教授、博士研究生导师，最高人民法院国际商事专家委员会专家委员。
王金根，法学博士，泉州师范学院陈守仁商学院副教授。

是信用证的转让行。本案的损失来自某银行北京分行的通知行为，同时也是信用证的转让行为。但由于错误通知和错误转让的性质与责任并无不同，加上法院是从错误通知的角度进行判决。本案评论将主要围绕信用证通知行的责任以及与此相关的赔偿问题展开。

一、信用证通知行的准确通知义务

涉案信用证约定适用 1993 年版的《跟单信用证统一惯例》(Uniform Customs and Practice for Documentary Credits)，即国际商会第 500 号出版物。UCP500 第 7 条 a 款对通知行的义务规定如下：“信用证可经另一家银行(‘通知证’)通知受益人，而通知行无须承担责任。如通知行决定通知信用证，它应合理审慎地核验所通知信用证的表面真实性。如通知行决定不通知信用证，它必须不延误地告知开证行。”

据此，UCP500 仅规定了通知行的“合理审慎地核验所通知信用证的表面真实性”义务，而未规定通知行是否应承担准确通知义务。但没有规定并不等于通知行不承担此义务。对此，国际商会在 UCP600 第 9 条 b 款中明确规定：“通知行通知信用证或修改的行为表示其已确信信用证或修改的表面真实性，而且其通知准确地反映了其收到的信用证或修改的条款。”基于保护开证行与受益人利益及保障信用证付款确定性价值目标的实现，我们认为通知行在 UCP500 下同样对受益人应当承担准确通知的义务。

在本案中，通知行通知信用证时，将位于斯洛伐克的开证人“B 贸易储蓄委员会”错误地通知为“乌克兰 A 银行”，明显违反了其承担的准确通知信用证的义务。

二、信用证通知行错误通知的责任

UCP 的性质决定了其并不会规定通知行违反准确通知义务时的责任。事实上，在信用证实务中，几乎所有的信用证都会涉及通知。但由于信用证的通知业务比较简单直接，通知行一般都会尽职尽责，所以，国内外有关信用证通知问题的纠纷案件也不多。鉴于此，除美国《统一商法典》第五篇之外，包括我国在内的世界各国少有在国内信用证立法中对此进行明文规定。因此，本案具有非常重要的实践指导意义。

因为UCP500没有规定通知行错误通知的责任，通知行与受益人之间又没有合同关系，所以本案法院依据我国《民法通则》第106条第2款“公民、法人由于过错侵害国家的、集体的财产，侵害他人财产、人身的，应当承担民事责任”一般侵权责任的规定，认定通知行是否应承担错误通知的侵权责任及其带来的后果。法院认为，因为通知行的错误通知行为使受益人误认为开证人是一家信用良好的银行而接受信用证，并因此遭受未能全额收回信用证项下款项的损失，通知行的错误通知及受益人的损失之间具有因果关系。因此，法院判决通知行应根据其过错程度对受益人的损失承担相应的损害赔偿责任。基于信用证的独立性原则，法院认为，通知行应承担的责任范围仅限于信用证项下的直接损失，不应包括受益人基础合同下所遭受的损失。

三、错误通知责任具体范围的认定

独立性原则是信用证机制得以存在和发挥其作用之基石，是信用证法最为神圣的原则。根据独立性原则，信用证是独立于基础合同的单据交易，信用证交易中各有关银行处理的仅是单据，而不是与单据有关的货物、服务或其他行为。自然，其逻辑结果便是，信用证下通知行违反准确通知义务所应承担的责任范围应仅限于受益人在信用证项下的损失，而不应包括受益人在基础合同下所遭受的损失。本案中，受益人在信用证项下的损失为开证人依据信用证应付的款项及其延期付款利息。至于受益人索赔的贷款利息损失和出口退税损失，则是“基础合同如能履行可以避免的支出以及可以获得的利益，均不属于信用证项下的损失”。法院判决认为，通知行无须赔偿基础合同下的损失，非常正确。

除受独立性原则限制外，通知行对受益人的错误通知的赔偿责任范围还受侵权责任法上的因果关系的限制。假如有证据表明受益人事先知悉通知行通知的信用证的错误，如申请人已预先将拟开立的信用证条款发给受益人确认等，则通知行无须赔偿受益人的损失，因为通知错误与损失之间缺乏相当因果关系。在本案中，法院确认没有证据证明受益人在接到信用证通知前已明确知晓开证人名称，从而不认为受益人的损失与通知行的错误通知之间没有因果关系。

同理，如果受益人被开证行拒付的根本原因是受益人所提交的单据存在其他非因错误通知而造成的不符点，说明受益人所遭受的损失和通知行的错误通知之间缺乏相当因果关系，通知行也无须赔偿受益人损失。但在本案中，法院确认，受益人在信用证下已提交了相符单据，受益人之所以未能收到信用证项下的款项，直接原因是开证人违反其相符交单的付款义务。但正是因为通知行的错误通知行为，导致受益人错误信赖开证人是一家信用良好的银行。因而通知行的错误通知与受益人的损失存在明显的因果关系。

当然，通知行的错误通知行为是否为导致受益人遭受损失的唯一原因，一审和二审判决并不完全一致，因而有进一步探讨的空间。在再审申请人没有提供充分证据证明原判决认定基本事实错误的情况下，再审审查裁定未再作进一步详细分析，符合《民事诉讼法》的规定。同时，我们认为，信用证通知行提供的只是中间服务，收费不高，若法律让其承担的赔偿责任过重，会损害中间行参与信用证交易的积极性，从而损害信用证制度的运行。因此，在认定通知行错误通知行为与受益人损失的因果关系以及赔偿范围和额度时，应当考虑与此相关的所有因素。

值得指出的是，毕竟通知行并非开证行，其在信用证下并不承担相符交单的付款义务。自然，即使通知行应对受益人承担因错误通知而导致的损害赔偿责任，除非通知行对错误通知之信用证作出了保兑，该赔偿责任不应理解为信用证下的支付责任，而应是受益人因信用证错误通知而遭受的实际损失。如果开证行最终同意支付信用证项下的款项，则受益人可能并未遭受任何损失，抑或仅只是迟延利息损失以及与开证行、申请人往来电讯费用损失。显然，通知行于此情形下当然无须对受益人赔偿信用证项下的本金。而且，受益人应承担及时联系申请人放弃“不符点”甚至及时转售单据等减轻损失的义务，否则通知行可以就受益人的与有过失主张减轻其赔偿责任。但通知行不得主张其仅在受益人起诉开证行不当拒付无效果的情况下才承担补充赔偿责任。本案中，鉴于受益人已经将单据交付给了开证人，受益人就损失之发生已经无从通过转卖单据等合理方式减轻损失，从而通知行无法以受益人与有过失为由主张减免责任。当然，通知行赔偿受益人损失后，便可取得受益人的法律地位，在信用证下追究开证人不当拒付损害赔偿责任，甚至是在基础合同下追究买方违约损害赔偿责任。

总之，本案法院基于民法侵权责任规定认定通知行应就其错误通知对受益人承担责任，且赔偿范围应受信用证独立性原则与相当因果关系限制，从而确定通知行对信用证之外的损失无须承担赔偿责任，赔偿损失范围不超过信用证项下未付款金额及利息，保证了通知行错误通知赔偿责任范围的可预期性，具有统一裁判规则、填补法律空白的重要作用，对今后“一带一路”建设中发生的类似信用证纠纷案件有很强的借鉴意义。

案例 8

江苏普某有限公司
与
某银行(中国)有限公司上海分行等
信用证欺诈纠纷案*

【基本案情】

传某公司委托江苏普某有限公司(以下简称普某公司)代理进口棉花。同日,普某公司与诚某公司签订买卖合同,约定诚某公司向普某公司出售原棉,付款方式为见票付款信用证,通知行为某银行(中国)有限公司上海分行(以下简称东某银行)。经普某公司申请,甲银行开立了信用证。2013 年 5 月 30 日,东某银行向诚某公司发出付款通知书。同日,诚某公司向东某银行递交交单委托指示,在“其他指示栏”注明“担保一切不符点”。诚某公司提交的信用证项下提单没有其载明的托运人的背书,仅有诚某公司的签章背书。普某公司收到甲银行转交的单据后承付,并委托第三方办理提货手续,但被告知提单项下货物已被提走。2015 年 2 月 12 日,传某公司法定代表人、诚某公司代表人陈某被判处信用证诈骗罪。普某公司提起本案诉讼,请求判令终止支付甲银行开立信用证项下款项。一审、二审

* 【一审案号】武汉海事法院(2013)武海法商字第 01201 号。
【二审案号】湖北省高级人民法院(2019)鄂民终 828 号。
【再审审查案号】最高人民法院(2020)最高法民申 2937 号。

判决认为东某银行的议付不属于善意议付，依据普某公司诉请判令终止支付案涉信用证项下款项。东某银行申请再审。

【裁判结果】

最高人民法院再审审查认为，根据《最高人民法院关于审理信用证纠纷案件若干问题的规定》(以下简称《信用证规定》)第 10 条第 1 款第 4 项的规定，议付行善意地进行议付是信用证欺诈止付的例外情形。关于议付行为是否善意，应综合考虑议付行在议付之前是否参与或知晓欺诈，其是否尽到审单义务。根据国际商会《跟单信用证统一惯例》(UCP600)第 14 条的规定，议付行应在相符交单的情况下办理议付，其具有独立的审单义务。因此，东某银行关于开证行接受了案涉提单背书的瑕疵，其议付系善意的主张不能成立。对于如何审核指示提单，国际商会《关于审核跟单信用证项下单据的国际标准银行实务》(ISBP)第 E13a 要求，指示提单必须经托运人背书。这是一项长期存在的银行业惯例。诚某公司向东某银行提交的指示提单均仅有诚某公司的背书，而没有托运人或托运人代理人的背书，不符合案涉信用证关于相应提单应为“指示提单、空白背书并注明运费预付”的要求，属于单证不相符。东某银行对于单据的审查未尽到一般注意义务，其要求受益人在交单委托指示中填写“担保一切不符点”即予以议付，其议付行为不属于善意议付行为，故裁定驳回东某银行的再审申请。

【典型意义】

信用证制度通过降低交易风险，促进了“一带一路”共建国家之间的贸易发展。该案通过明晰议付行的议付行为是否善意，进一步明确了《信用证规定》第 10 条第 1 款规定的信用证欺诈止付的例外情形之具体适用。一是明确了议付行负有独立审单责任。根据 UCP600 的规定，信用证交易项下的开证行、保兑行、议付行均有独立审核单据的责任。《信用证规定》明确开证行有独立审查单据的义务，但并不因此免除议付行独立审核单据的责任。二是明确了应当如何审核提单的不符点，即要严格依据案涉信用证要求及其所适用UCP600和已经成为行业惯例的银行标准实务规定的审单标准要求审核提单。三是确立了银行议付行为是否善意的裁判尺度。议付行审单应当尽到专业银行应尽的审慎义务。该案对促进信用证制度健康发展从而助力"一带一路"建设具有典型意义。

【专家评析】*

本案是一起典型的"走单走票不走货"、名为贸易实为融资的信用证欺诈案件。其主要涉及以下两个问题：(1)议付人的审单义务；(2)欺诈例外规则下议付人"善意"的认定问题。

一、议付人的审单义务

信用证是单据交易。严格相符原则是信用证的基本原则。根据该原则，信用证项下的任何付款请求人都必须提交表面上与信用证条款相符的单据，否则即使它完全地履行了基础合同项下的所有义务，也可能得不到信用证下的付款。从付款银行的角度讲，参与信用证项下付款的任何银行都必须审单。比如，议付行在向受益人议付时，没有审单或者没有认真审单，在单证不符的情况下付款，在其议付后向开证人求偿时，可能被开证人以单证不符拒付。

UCP600对议付人的审单义务有明确规定。其第14条a款规定："按指定行事的指定银行、保兑行(如果有的话)及开证行须审核交单，并仅基于单据本身确定其是否在表面上构成相符交单。"这里的指定银行主要是指议付行。UCP600第2条在关于议付的定义中也规定："议付指指定银行在相符交单下，在其应获偿付的银行工作日当天或之前向受益人预付或者同意预付款项，从而购买汇票(其付款人为指定银行以外的其他银行)及/或单据的行为。"这里的相符交单意味着议付人也必须审单，经审单确定

* 撰写人：高祥，中国政法大学比较法学研究院教授、博士研究生导师，最高人民法院国际商事专家委员会专家委员。

单证相符后才能议付。

《信用证规定》第 7 条第 1 款、第 2 款规定："开证行有独立审查单据的权利和义务，有权自行作出单据与信用证条款、单据与单据之间是否在表面上相符的决定，并自行决定接受或者拒绝接受单据与信用证条款、单据与单据之间的不符点……开证申请人决定是否接受不符点，并不影响开证行最终决定是否接受不符点。"这里没有规定议付行的审单义务，不等于说议付行没有审单义务。

《信用证规定》解决的是起草时司法实践中出现的问题。《信用证规定》之所以作出上述规定，是因为当时我国不少开证行在收到受益人的单据后交给申请人去审，导致出现很多开证行认为单证相符但申请人认定不符而诉诸法院的信用证纠纷案件。为了正确处理这些案件，基于信用证是开证人开给受益人的独立付款承诺的信用证的基本原理，《信用证规定》第 7 条作了上述规定。当时，还有不少开证人认为单据相符而申请人的担保人却认为单证不符的案件。为了正确处理这些案件，同样基于信用证是开证人开给受益人的独立付款承诺的基本原理，《信用证规定》第 16 条规定："保证人以开证行或者开证申请人接受不符点未征得其同意为由请求免除保证责任的，人民法院不予支持。保证合同另有约定的除外。"

因此，东某银行认为开证行具有最终审单义务，而其作为议付行无须认真审单，既与 UCP600 的相关规定相悖，也与《信用证规定》不符，是完全错误的。

二、欺诈例外规则下议付人"善意"的认定

对于信用证欺诈例外规则下"善意"的认定，《信用证规定》第 10 条第 1 款第 4 项规定："人民法院认定存在信用证欺诈的，应当裁定中止支付或者判决终止支付信用证项下款项，但有下列情形之一的除外：(四) 议付行善意地进行了议付。"这里的"善意"是指基于诚信原则，议付人在议付时，不知也不应知道受益人欺诈。这里不要求议付人明知受益人欺诈，而是只要觉察到受益人有任何不正常的可能的欺诈行为，就不应当议付。这是议付人在信用证交易中的角色所决定的。在信用证交易中，经常有议付人参与议付，但其参与是一种权利而不是一种义务，因此议付人的参与是自愿的。如果议付人发现受益人的交单或其他环节者涉嫌欺诈，其就应当避免参与该信用证纠纷，远离纠纷，否则就可能卷入不必要的信用证纠纷，使自己受损，令欺诈者得逞。

信用证欺诈例外规则下“善意”认定的标准，因不同当事人在信用证交易中所扮演的角色的不同而不同。部分国家法律对此作出较为详细的规定。例如，美国《统一商法典》第5-109(a)(1)条规定：“开证人应兑付该提示，如果下列人请求兑付：(i)未注意到伪造或实质性欺诈的已经支付了对价的善意指定人；(ii)已经保兑的善意保兑人。”其中，(i)中规定的“指定人”主要是指议付人。议付人的“善意”要求其在基于诚信原则的正常的商业交易中，“未注意到伪造或实质性欺诈”。也就是说，在基于诚信原则的正常的商业交易中，只要有欺诈的蛛丝马迹，议付人就不要参与其中。而(ii)是对保兑人“善意”的认定标准，不要求“未注意到伪造或实质性欺诈”。在信用证交易中，保兑人与开证人一样，对受益人有付款义务。如果保兑人也像议付人一样，一注意到欺诈的迹象就拒付，那就可能被受益人起诉。此时，保兑人就得举证证明受益人是否欺诈，这一方面比较困难，另一方面背离了信用证的单据交易原则。在保兑人不能证明受益人欺诈的情况下，它不仅不得不付款，还会损害其信誉，这也破坏了信用证的快速付款机制。但对于议付人来说就没有这个问题，因为它没有必须向受益人付款的义务，如果其拒绝议付，没有任何人可以强制其付款。

在本案中，基于东某银行的下列行为，很难认定其付款是“善意”的。第一，作为议付行，东某银行在审单中发现任何欺诈的可能性，均应停止议付。而东某银行在发现明显的单据问题后，却要求受益人在交单委托指示注明“担保一切不符点”，继续支付。第二，东某银行自称在本案中是叙做福费廷，而任何做福费廷的银行都应当知道福费廷付款是没有追索权的，但东某银行却在本案中要求陈某在交单委托指示注明“担保一切不符点"，而且要求其福费廷具有追索权。第三，最为明显的是在本案交易中，东某银行的龚某敏参与甚至设计了案涉信用证的全部开立和付款过程，其明知陈某同为诚某公司和传某公司的法定代表人和实际控制人，作为一名贸易融资人员，不仅应当"注意到"欺诈的存在，而且甚至可以说是明知欺诈而给予议付、放款。

本案在判定议付行是否"善意"的过程中，分析和明确了《信用证规定》第10条第1款规定的信用证欺诈例外情形之具体适用，明确了议付行的审单责任，确立了议付人"善意"标准，进一步细化了我国法下的信用证欺诈例外规则，对促进信用证制度健康发展，助力"一带一路"建设具有典型意义。

第三编

保函纠纷案例

案 例 9

现某重工有限公司
与
中国某银行股份有限公司浙江省分行
独立保函索赔纠纷案*

【基本案情】

现某重工有限公司(以下简称现某公司)系在韩国注册成立的公司，其与浙江中某公司签订柴油发电机组供货合同，约定浙江中某公司向中国某银行股份有限公司浙江省分行(以下简称某银行浙江分行)申请开立不可撤销见索即付保函即独立保函，作为基础交易的付款方式。某银行浙江分行向现某公司开立的独立保函载明，现某公司索赔时需提交“凭指示的标注运费到付通知人为申请人的清洁海运提单副本”。后浙江中某公司未能按期付款，现某公司向某银行浙江分行索赔并提交记名提单副本被拒。现某公司向浙江省杭州市中级人民法院提起诉讼，请求某银行浙江分行偿付独立保函项下款项 6, 648, 010 美元和滞纳金。某银行浙江分行答辩称，现某公司依据独立保函作出的索赔系无效索赔，某银行浙江分行已依约发出拒付电文，并指出三个不符点，请求驳回现某公司的诉讼请求。

---

* 【一审案号】浙江省杭州市中级人民法院(2014)浙杭商外初字第 60 号。
【二审案号】浙江省高级人民法院(2016)浙民终 157 号。

【裁判结果】

浙江省杭州市中级人民法院一审认为，案涉保函约定适用国际商会《见索即付保函统一规则》(URDG758)(2010 年修订本)，该约定有效。根据该规则的规定，在保函条款和条件明确清晰的情况下，担保人仅须考虑单据与保函条款条件是否表面相符即可，基础合同的履行情况不是审单时应考虑的因素。因案涉单据与保函条款之间有不符点，某银行浙江分行多次拒付均合规有效，据此判决驳回现某公司诉讼请求。现某公司不服一审判决，提起上诉。

浙江省高级人民法院二审认为，独立保函作为开立银行与受益人之间具有法律约束力的合同，一旦受益人接受保函条款或根据保函条款向开立银行提出索赔，即表明受益人自愿接受保函的全部条款并受其约束。某银行浙江分行开立的保函明确列明了单据条件，受益人现某公司接受保函时并未提出异议，其索赔时即应提供与该保函条款和条件相符的全部单据。根据独立保函载明的审单标准即《见索即付保函统一规则》第 2 条的规定，开立人在审单时应当适用表面相符、严格相符的原则。现某公司提交的记名提单副本与案涉保函所要求的指示提单副本在提单类型上显著不同，两者在国际贸易和海上运输中存在差异，某银行浙江分行以存在不符点为由拒付款项符合保函约定。现某公司以基础合同的履行主张其提交单据和保函要求的单据并无区别，违背了独立保函的单据交易原则和表面相符原则，故该院判决驳回上诉，维持原判。

【典型意义】

独立保函具有交易担保、资信确认、融资支持等重要功能，已经成为中国企业“走出去”和“一带一路”建设过程中必不可少的常见金融担保工具。人民法院在审理独立保函索赔案件中，充分尊重并且适用当事人约定的国际交易规则，对准确界定当事人权利义务，保障独立保函交易秩序至关重要。该案独立保函载明适用国际商会《见索即付保函统一规则》，一审、二审法院均以该规则为依据调整当事人之间的权利义务关系，适用严格相符、表面相符原则，基于交单本身，审查单据是否严格遵循保函的条款和条件，从而认定了不符点的存在，展示了中国法院准确适用国际规则的能力。该案判决明确指出不能依据基础合同的履行情况得出表面相符的结论，体现了对独立保函的单据交易原则和独立性原则的充分尊重，平等保护了中外当事人的合法权益，有力保障了独立保函的交易秩序。该案也反映出中国银行业了解并运用国际金融交易规则保护自身权益以及切实防范金融风险的重要性。

【专家评析】*

独立保函在各个领域被广泛使用，其索赔常常仅要求索赔书或索赔书随附违约声明，对单据要求比较简单，构成相符交单的争议不多。本案保函约定适用URDG758，保函条款规定受益人现某公司在索偿时，须提交的单据包括“凭指示的标注运费到付通知人为申请人的清洁海运提单副本”。现某公司提交的提单副本显示收货人为申请人，通知人为申请人。由此引发本案的争议焦点之一：某银行浙江分行据以拒付的不符点是否成立。

现某公司认为就副本提单而言，是否凭指示或者显示收货人为申请人没有实际意义且没有区别。但独立保函的开立人某银行浙江分行则认为，现某公司的交单不符合保函本身的条件和条款的规定。浙江省高级人民法院认为，根据独立保函载明的审单标准即URDG758第19条的规定，开立人在独立保函单据审查过程中应当适用表面相符、严格相符的原则，而不采用镜像相符或实质相符原则。因此，某银行浙江分行应审查现某公司提交的单据与保函条款和条件是否表面上相符。而现某公司提交的

* 撰写人：朱宏生，中国民生银行交易银行部产品专家。
高祥，中国政法大学比较法学研究院教授、博士研究生导师，最高人民法院国际商事专家委员会专家委员。

记名提单副本与保函所要求的指示提单副本在提单类型上已显著不同，两者在国际贸易和海上运输中的差异显而易见，某银行浙江分行据此认为现某公司提交的单据存在不符点并无不当。本案法院判决准确适用URDG758有关保函的审单标准，与国际主流观点和司法实践中适用的审单标准一致。

一、URDG758下的审单标准的正确适用

URDG758第19条规定：“a. 担保人应仅基于交单本身确定其是否表面上构成相符交单。b. 保函所要求的单据的内容应结合该单据本身、保函和本规则进行审核。单据的内容无需与该单据的其他内容、其他要求的单据或保函中的内容等同一致，但不得矛盾。”URDG758第2条规定：“‘相符索赔’，指满足‘相符交单’要求的索赔”；“保函项下的‘相符交单’，指所提交单据及其内容首先与该保函条款和条件相符，其次与该保函条款和条件一致的本规则有关内容相符，最后在保函及本规则均无相关规定的情况下，与见索即付保函国际标准实务相符”。

上述规定首先明确了担保人应仅基于交单本身确定其是否表面上构成相符交单。其次，为确定交单是否相符，担保人必须根据URDG758第2条相符交单定义中规定的三项标准，按照其在定义中出现的顺序对交单进行审核。因此，审查是否为相符交单，首先是审查单据是否与保函条款相符。

在本案中，保函条款明确要求受益人在索赔时提交“凭指示的标注运费到付通知人为申请人的清洁海运提单副本”，而受益人提交的提单副本显示收货人为申请人，为记名提单。提单的抬头，即提单上收货人(Consignee)一栏的填写是提单上的关键信息之一，对提单的定性起关键作用。提单有记名提单与指示提单之分，二者在法律与商业功能上区别明显。记名提单明确指出收货人的名称，只有该收货人或其指定的代理人才能提取货物，缺乏流通性。指示提单在收货人一栏记载凭指示交货，该类提单可通过背书转让具有流通性。本案保函要求受益人在索赔时提交的是指示提单的副本，而现某公司向某银行浙江分行索赔时提交却是记名提单副本，明显与保函条款不符。现某公司认为就副本提单而言，提单是否凭指示或者显示收货人为申请人没有实际意义且没有区别，背离了严格相符原则。本案法院准确适用了 URDG758 关于审单标准的规定，展示了中国法院准确适用国际规则的态度与能力。

二、国际主流观点和司法实践中的独立保函的审单标准

审单标准是所有单据交易都必须面对的关键问题。学术界和司法实践逐渐发展出一系列审单标准的理论，包括镜像标准、严格相符标准、实质相符标准以及中间标准等。严格相符原则已经成为主流标准。所谓严格相符原则，即受益人向银行提交单据请求付款时，这些单据从表面上看必须严格符合信用证或独立保函的要求，银行才予付款；银行有权拒付没有严格符合信用证或保函要求的单据。对独立保函而言，因独立保函的主要功能在于担保，且独立保函要求的单据往往非常简单，有人主张独立保函的单据审核标准应该比信用证宽松。事实上，独立保函的审单标准与信用证的审单标准是一致的，也是严格相符原则，是在跟单信用证的审单原则的基础上总结和发展来的法律原则。这种观点得到国际著名的信用证与独立保函专家的支持。Georges Affaki 及 Roy Goode 在其所著《国际商会见索即付保函统一规则 758 指南》中明确说明："和 UCP 项下一样，虽然与保函条款严格相符的原则在 URDG 中没有被明确规定，但该原则适用于在 URDG 项下的交单。如果单据没有与保函严格一致，则交单是不相符交单，即便不符点没有实际意义并且所提供的单据同样有效。" Raymond Jack 在其《跟单信用证》(第 4 版) 中分析英国判例后认为："对我来说，我会恭敬地质疑在履约保函领域更少需要严格相符原则的观点。" John Dolan 在其《信用证法律》一书中总结道："绝大多数案例选择遵循严格相符原则且一丝不苟地执行信用证条款，该选择得到 1995 年美国商法典的背书。"①

① John F. Dolan, *The Law of Letters of Credit: Commercial and Standby Credits*, 4th Edition, LexisNexis, p. 6-15, Volume 1 (2017).

严格相符的审单原则被明确规定在美国《统一商法典》第五编(1995 年版)中。该法典第 5-108 条明确规定:"开证人应当兑付与信用证条款表面严格相符的单据提示……开证人将拒绝兑付并非与信用证条款表面严格相符的单据提示。"在美国,独立保函被称为备用信用证,因此,这里的严格相符的信用证的审单标准也就是美国的独立保函的审单标准。

我国《信用证规定》虽然没有在文字上采用严格相符的表述,但最高人民法院在对该司法解释的说明中明确了我国采用严格相符标准而非实质相符标准。独立保函司法解释采用与信用证司法解释同样的立场。

信用证、备用证和独立保函作为独立承诺均应采用严格相符原则。独立承诺的迅捷付款机制要求审单员必须在审单时限内作出单据是否相符的决定。为了确保实务的确定性,无法要求审单员对单据与信用证或见索即付保函是否实质相符在短时间内作出判断,也不应苛求审单员具备这样的知识。采用实质相符原则的法院损害了独立承诺的迅捷付款机制,降低了独立承诺的有效性且会导致使用包括见索即付保函在内的独立承诺的所有人成本增加。之所以坚持严格相符原则,是因为背离该原则而要求审单员判断不符点会导致审单的弹性和不确定性,进而伤害独立承诺的商业效用。

本案中,保函要求副本提单显示指示性抬头,而受益人提交的副本提单显示为记名抬头,按严格相符原则,受益人提交的提单副本是不符合保函条款要求的。受益人认为就副本提单而言,提单是否凭指示或者显示收货人为申请人没有实际意义且没有区别,背离了严格相符原则。本案法院认为担保人在独立保函单据审查过程中应当适用严格相符的原则,而不采用实质相符原则,显示了我国法院采用与国际司法实践主流审单标准一致的立场。

案 例 10

安徽省外某建设(集团)有限公司 与 东某置业房地产有限公司 保函欺诈纠纷案*

【基本案情】

2010年1月16日，东某置业房地产有限公司(以下简称东某置业公司)作为开发方，与作为承包方的安徽省外某建设(集团)有限公司(以下简称外某集团公司)、作为施工方的安徽外某建设中美洲有限公司(以下简称外某中美洲公司)在哥斯达黎加共和国圣何塞市签订了哥斯达黎加湖畔某项目施工合同，约定承包方为综合商住楼施工。外某集团公司于2010年5月26日向中国某银行股份有限公司安徽省分行(以下简称某行安徽分行)提出申请，并以哥斯达黎加银行作为转开行，向作为受益人的东某置业公司开立履约保函，保证事项为哥斯达黎加湖畔某项目。2010年5月28日，哥斯达黎加银行开立履约保函，担保人为某行安徽分行，委托人为外某集团公司，受益人为东某置业公司，担保金额为2,008,000美元，有效期至2011年10月12日，后延期至2012年2月12日。保函说明：无条件

---

* 【一审案号】安徽省合肥市中级人民法院(2012)合民四初字第00005号。
【二审案号】安徽省高级人民法院(2014)皖民二终字第00389号。
【再审案号】最高人民法院(2017)最高法民再134号。

的、不可撤销的、必须的、见索即付的保函。执行此保函需要受益人给哥斯达黎加银行中央办公室外贸部提交一式两份的证明文件，指明执行此保函的理由。另外，由受益人出具公证过的声明指出通知外某中美洲公司因为违约而产生此请求的日期，并附上保函证明原件和已经出具过的修改件。某行安徽分行同时向哥斯达黎加银行开具编号为3414××××000289的反担保函，承诺自收到哥斯达黎加银行通知后20日内支付保函项下的款项。反担保函是“无条件的、不可撤销的、随时要求支付的”，并约定“遵守国际商会出版的458号《见索即付保函统一规则》”。

施工合同履行过程中，2012年1月23日，两位建筑师出具项目工程检验报告。该报告认定了施工项目存在“施工不良”“品质低劣”且需要修改或修理的情形。2012年2月7日，外某中美洲公司以东某置业公司为被申请人向哥斯达黎加建筑师和工程师联合协会争议解决中心提交仲裁请求，认为东某置业公司拖欠应支付之已完成施工量的工程款及相应利息，请求解除合同并裁决东某置业公司赔偿损失。2月8日，东某置业公司向哥斯达黎加银行提交索赔声明、违约通知书、违约声明、项目工程检验报告等保函兑付文件，要求执行保函。2月10日，哥斯达黎加银行向某行安徽分行发出电文，称东某置业公司提出索赔，要求支付G0××××5号银行保函项下款项，哥斯达黎加银行进而要求某行安徽分行须于2012年2月16日前支付上述款项。2月12日，应外某中美洲公司申请，哥斯达黎加共和国行政诉讼法院第二法庭下达临时保护措施禁令，裁定哥斯达黎加银行暂停执行G0××××5号履约保函。

2月23日，外某集团公司向安徽省合肥市中级人民法院提起保函欺诈纠纷诉讼，同时申请中止支付G0××××5号保函、3414××××000289号保函项下款项。一审法院裁定中止支付G0××××5号保函及3414××××000289号保函项下款项，并于2月28日向某行安徽分行送达了上述裁定。2月29日，某行安徽分行向哥斯达黎加银行发送电文告知其一审法院已作出的裁定事由，并于当日向哥斯达黎加银行寄送了上述裁定书的复印件，哥斯达黎加银行于3月5日收到上述裁定书复印件。

3月6日，哥斯达黎加共和国行政诉讼法院第二法庭判决外某中美洲公司申请预防性措施败诉，解除了临时保护措施禁令。3月20日，应哥斯达黎加银行的要求，某行安徽分行延长了3414××××000289号保函的有效期。3月21日，哥斯达黎加银行向东某置业公司支付了G0××××5号保函项下款项。

2013年7月9日，哥斯达黎加建筑师和工程师联合协会作出仲裁裁决，认定东某置业公司在履行合同过程中严重违约，并裁决终止施工合同，东某置业公司向外某中美洲公司支付1—18号工程进度款共计800,058.45美元及利息；因第19号工程未获得开发商验收，相关工程款请求未予支持；因G0××××5号保函项下款项已经支付，不支持外某中美洲公司退还保函的请求。

【裁判结果】

安徽省合肥市中级人民法院于2014年4月9日作出一审判决认定，东某置业公司针对G0××××5号履约保函的索赔行为构成欺诈，某行安徽分行终止向哥斯达黎加银行支付编号为3414××××000289的银行保函项下款项，驳回外某集团公司的其他诉讼请求。东某置业公司不服一审判决，提起上诉。安徽省高级人民法院于2015年3月19日作出判决，驳回上诉，维持原判。东某置业公司不服二审判决，向最高人民法院申请再审。最高人民法院于2017年12月14日作出判决，撤销安徽省高级人民法院二审判决和安徽省合肥市中级人民法院一审判决，驳回外某集团公司的诉讼请求。

最高人民法院认为，首先，关于本案涉及的独立保函欺诈案件的识别依据、管辖权以及法律适用问题。本案争议的当事方东某置业公司及哥斯达黎加银行的经常居所地位于我国领域外，本案系涉外商事纠纷。根据《涉外民事关系法律适用法》第8条“涉外民事关系的定性，适用法院地法”的规定。外某集团公司以保函欺诈为由向一审法院提起诉讼，本案性质为保函欺诈纠纷。被请求止付的独立反担保函由某行安徽分行开具，该分行所在地应当认定为外某集团公司主张的侵权结果发生地。一审法院作为侵权行为地法院对本案具有管辖权。因涉案保函载明适用《见索即付保函统一规则》，应当认定上述规则的内容构成争议保函的组成部分。根据《涉外民事关系法律适用法》第 44 条“侵权责任，适用侵权行为地法律”的规定，《见索即付保函统一规则》未予涉及的保函欺诈之认定标准应适用中华人民共和国法律。我国没有加入《联合国独立保证与备用信用证公约》，本案当事人亦未约定适用上述公约或将公约有关内容作为国际交易规则订入保函，依据意思自治原则，《联合国独立保证与备用信用证公约》不应适用。

根据最高人民法院《关于贯彻执行〈中华人民共和国民法通则〉若干问题的意见(试行)》[①]第 68 条的规定，欺诈主要表现为虚构事实与隐瞒真相。根据再审查明的事实，哥斯达黎加银行开立编号为 G0××××5 的履约保函，该履约保函明确规定了实现保函需要提交的文件。外某集团公司主张东某置业公司的行为构成独立保函项下的欺诈，应当提交证据证明东某置业公司在实现独立保函时具有下列行为之一：(1)为索赔提交内容虚假或者伪造的单据；(2)索赔请求完全没有事实基础和可信依据。本案中，保函担保的是施工质量和其他违约行为。因此，受益人只需提交能够证明存在施工质量问题的初步证据，即可满足保函实现所要求的“说明执行保函理由的证明文件”。本案基础合同履行过程中，东某置业公司的两名项目监理人员于 2012 年 1 月 23 日出具项目工程检验报告。该报告认定了施工项目存在“施工不良”“品质低劣”且需要修改或修理的情形，该项目工程检验报告构成证明存在施工质量问题的初步证据。

本案当事方在施工合同中以及在保函项下并未明确约定实现保函时应向哥斯达黎加银行提交项目工程检验报告。因此，东某置业公司有权自主

---

① 现已废止。

选择向哥斯达黎加银行提交“证明执行保函理由”之证明文件的类型，其是否向哥斯达黎加银行提交该报告不影响其保函项下权利的实现。另外，施工合同以及保函亦未规定上述报告须由 AIA 国际建筑师事务所或者具有美国建筑师协会国际会员身份的人员出具。外某集团公司对发包方的两名项目监理人员身份是明知的，在二人出具项目工程检验报告并领取工程款项时对其监理身份是认可的。外某集团公司仅仅以自身认可的足以证明监理身份的证据反证监理人员出具的项目工程检验报告虚假，逻辑上无法自洽。因外某集团公司未能提供其他证据证明东某置业公司实现案涉保函完全没有事实基础或者提交虚假或伪造的文件，东某置业公司据此向哥斯达黎加银行申请实现保函权利具有事实依据。

其次，本案中，保函担保的事项是施工质量和其他违约行为，而受益人未支付工程款项的违约事实与工程质量出现问题不存在逻辑上的因果关系。东某置业公司作为受益人，其自身在基础合同履行中存在的违约情形，并不必然构成独立保函项下的欺诈性索款。虽然哥斯达黎加建筑师和工程师联合协会作出仲裁裁决，认定东某置业公司在履行合同过程中违约，但上述仲裁程序于 2012 年 2 月 7 日由外某集团公司发动，东某置业公司并未提出反请求，2013 年 7 月 9 日作出的仲裁裁决仅针对外某集团公司的请求事项认定东某置业公司违约，但并未认定外某集团公司因对方违约行为的存在而免除付款或者赔偿责任。因此，不能依据上述仲裁裁决的内容认定东某置业公司构成《最高人民法院关于审理独立保函纠纷案件若干问题的规定》(以下简称《独立保函规定》)第 12 条第 3 项规定的保函欺诈。

最后，外某集团公司以保函欺诈为由提起本案诉讼，应当举证证明哥斯达黎加银行明知东某置业公司存在独立保函欺诈情形仍然违反诚信原则予以付款，进而以受益人身份在见索即付独立反担保函项下提出索款请求并构成反担保函项下的欺诈性索款。现外某集团公司不仅不能证明哥斯达黎加银行向东某置业公司支付独立保函项下款项存在欺诈，亦没有举证证明哥斯达黎加银行在独立反担保函项下存在欺诈性索款情形，其主张止付独立反担保函项下款项没有事实依据。

【典型意义】

该案重申了独立保函欺诈认定中的有限审查原则，并对有限审查在案件中的具体实现进行了界定，即对基础交易的审查范围应当限于受益人是否明知基础合同的相对人并不存在基础合同项下的违约事实或者不存在其他导致独立保函付款的事实。该案还全面论述了欺诈的认定与排除标准、独立反担保函欺诈认定中的双重权利滥用标准等诸多重要实践问题，并对国际私法领域的识别、独立保函及欺诈认定的准据法确定、外国判决在域内民事诉讼程序中的证据效力、外国仲裁裁决裁项与保函欺诈认定条件的判断等涉外民事法律争议中常见的实践问题进行了细致阐述，对独立保函欺诈纠纷案件的审理具有较强的示范和指导意义。正确审理独立保函欺诈纠纷，对于增强我国银行及非银行金融机构在“一带一路”建设和“走出去”中的法治竞争力，推动我国开放型经济新体制的持续健康发展，以及市场化、法治化、国际化一流营商环境建设均具有重大意义。

【专家评析】*

本案主要涉及国际工程承包领域中独立保函欺诈的审查与认定问题。

本案的典型性和指导意义体现在案件的事实方面，呈现了一个教科书式的国际工程承包领域独立保函的交易模式：作为开发商和受益人的东某置业公司与作为承包商和申请人的外某集团公司及其子公司外某中美洲公司(以下统称外某集团)之间签订了一份基础合同，即本案中的施工合同，规定外某集团为东某置业公司承建位于哥斯达黎加共和国圣何塞市的哥斯达黎加湖畔某项目，并为东某置业公司提供独立保函，以“保证施工期间材料的使用质量和耐性，赔偿或补偿造成的损失，和/或承包商未履

* 撰写人：高祥，中国政法大学比较法学研究院教授、博士研究生导师，最高人民法院国际商事专家委员会专家委员。

行义务的偿付”。作为开立人的哥斯达黎加银行开立了以东某置业公司为受益人的编号为 G0××××5 的履约保函；作为独立反担保开立人的某行安徽分行开立了以哥斯达黎加银行为受益人的编号为 3414××××000289 的独立反担保函，以保证哥斯达黎加银行在支付 G0××××5 号保函后可以得到及时偿付。双方在施工合同的履行中发生纠纷。

一、在审理独立保函欺诈案件过程中，如何对基础交易进行审查

本案的争议焦点是受益人东某置业公司提出保函索赔是否构成欺诈。鉴于双方当事人均主张对方在基础合同履行中存在违约行为，均依据基础交易主张权利，法院在审理时必须判断受益人的付款请求是否具有基础合同项下的事实基础。最高人民法院认为，人民法院在审理独立保函及与独立保函相关的反担保案件时，对基础交易的审查应当坚持有限原则和必要原则，审查的范围应当限于受益人是否明知基础合同的相对人并不存在基础合同项下的违约事实或者不存在其他导致独立保函付款的事实。否则，对基础合同的审查将会动摇独立保函“见索即付”的制度价值。也就是说，最高人民法院认为在处理此类案件时，不应对基础合同的履行进行全面审查。

这是一个具有创新性的程序性宣示，充分表明了最高人民法院处理保函的欺诈例外案件的态度和对独立保函独立性的尊重，尽可能少地干预独立保函的付款问题。在独立保函交易中，受益人之所以要求申请人提供独立保函，就是为了有效约束并督促申请人按照基础合同的要求保质保量按时履行合同义务，一旦申请人出现违约，受益人就可以请求开立人支付独立保函项下的款项，使其能够迅速获得救济，或者在接下来的纠纷解决中处于占有独立保函项下款项的优势地位。此时，如果申请人利用欺诈例外制度提起诉讼，而法院对基础合同的履行展开全面审查，势必会拖延程序，使受益人得不到快速付款，使独立保函失去其本来的商业价值。事实上，很多案例表明，一旦出现独立保函欺诈例外诉讼或仲裁，虽然无论是法院还是仲裁庭均明白独立保函的商业机制与价值，然而案件审理一般都会花费比较长的时间。比如本案，仅就国内程序而言，外某集团于2012年2月23日提起保函欺诈纠纷诉讼，一审法院于2014年4月9日才作出判决，一共花费两年多的时间。如果再加上上诉和再审的时间，案件直到2017年12月14日才结束，前后一共花费近6年时间，使独立保函“见索即付”的制度价值丧失殆尽。因此，最高人民法院的这一创新性宣示对中国法院审理独立保函欺诈例外案件起到了良好的示范作用与程序性指导作用。

二、独立保函的受益人本身违约，其请求付款是否构成欺诈

在本案纠纷发生后，外某集团于2012年2月7日以东某置业公司严重违约为由向建工联中心提出仲裁，建工联中心于2013年7月9日裁决，受益人东某置业公司在基础合同的履行过程中严重违约，得向申请人外某集团支付工程款800,058.45美元及相应利息，同时终止施工合同。在这种情况下，东某置业公司作为“严重违约”的独立保函的受益人，还有无权利请求独立保函的开立人哥斯达黎加银行支付独立保函项下的款项？或者说，此时请求独立保函项下的付款是否构成欺诈或者滥用权利？

最高人民法院认为，保函担保的事项是施工质量和其他违约行为，而受益人未支付工程款项的违约事实与工程质量出现问题不存在逻辑上的因果关系，东某置业公司作为受益人，其自身在基础合同履行中存在的违约情形，并不必然构成独立保函项下的欺诈性索款。最高人民法院的这一观点值得肯定，这是由独立保函的性质与商业功能决定的。独立保函是一种“先付款，后争议”(pay first, argue later)的交易工具。在独立保函项下，如果开立人付款后申请人认为自己没有违约或者受益人得到的款项太多，他可以根据基础合同，请求受益人退回不应获得的款项。独立保函的申请人和开立人都必须明白独立保函的这一特点。就受益人而言，并非一旦得到独立保函项下的付款就可以一走了之。如果受益人获得了不应获得的款项或者独立保函项下的款项还不足以弥补对方违约给自己造成的损失，他应当根据基础合同解决，多退少补。在国际建筑工程承包合同中，开发商之所以要求承包商提供独立保函，就是为了有效约束外国承包商按照承包合同要求保质保量按时完成工程项目，一旦承包商出现不履约或者不适当履约的情形，开发商就可以请求开立人或担保人支付独立保函下的款项。基于独立保函的独立性与单据性原则和交易特征，只要开发商在请求付款时能够提交与独立保函相符的单据，担保人就应按照独立保函条款的规定付款。独立保函的使用是双方通过谈判所达成的合意被规定在了双方的合同中，因而不能因为发生基础合同项下的违约纠纷，就认为受益人无权请求独立保函付款，就改变其“先付款，后争议”的性质。这种违约纠纷当然包括一方违约或双方违约。因此，不能因为受益人自身违约，甚至有本案所谓“严重违约”的情形发生，就认定受益人在滥用请求权构成独立保函欺诈，就失去了独立保函项下的付款请求权。

当然，独立保函的这种独立性与“先付款，后争议”机制并不是绝对的。为了防止极少数受益人利用独立保函的独立性特征而滥用请求权，法律规定了独立保函的欺诈例外制度。为了保护独立保函的商业适用性，使欺诈例外制度不被过多使用，无论是司法实践还是法律规定，都对欺诈例外制度中的欺诈程度提出很高的要求。只有在受益人的付款请求“绝对没有事实依据”[①]，或者有证据清楚地表明“根据索款要求和佐证单据中所述依据，并不应作出付款”[②]，或者“受益人确认基础交易债务已得到完全履行”[③]等极端情况下，欺诈例外才能被适用。

本案显然不属于上述极端情况。本案中，基础合同规定独立保函的目的是“保证施工期间材料的使用质量和耐性，赔偿或补偿造成的损失，和/或承包商未履行义务的偿付”，即保函担保的是施工质量和其他违约行为。受益人在请求付款时提交了与保函条款规定相符的单据，其中包括两名项目监理人员于 2012 年 1 月 23 日出具的项目工程检验报告，认定施工

① 美国《统一商法典》第 5—109 条官方评论。

② 《联合国独立担保与备用信用证公约》第 19 条第 1 款第 2 项之规定。

③ 《独立保函规定》第 12 条第 4 项之规定。

项目存在施工不良、品质低劣的问题，需要修改或修理，说明受益人的付款请求并非“绝对没有事实依据”。

三、在独立保函存在欺诈的情况下，应当如何处理独立反担保函

这是几乎所有涉外独立保函欺诈案件必须面对的问题。最高人民法院认为，基于独立保函的特点，即使存在受益人在独立保函项下的欺诈性索款情形，亦不能推定担保行在独立反担保函项下构成欺诈性索款。只有担保行明知受益人系欺诈性索款且违反诚实信用原则付款，并向反担保行主张独立反担保函项下款项时，才能认定担保行构成独立反担保函项下的欺诈性索款。本案中，外某集团以保函欺诈为由提起诉讼，其应当举证证明哥斯达黎加银行明知东某置业公司存在独立保函欺诈情形，仍然违反诚信原则予以付款，进而以受益人身份在见索即付独立反担保函项下提出索款请求，并构成反担保函项下的欺诈性索款。事实上，外某集团不仅不能证明哥斯达黎加银行向东某置业公司支付独立保函项下款项存在欺诈，更没有证明哥斯达黎加银行在独立反担保函项下存在欺诈性索款。因此，其主张止付独立反担保函项下款项没有事实依据。

最高人民法院就此问题的观点非常正确，因为本案所涉G0××××5号履约保函与3414××××000289号独立反担保函虽然联系紧密，但根据独立保函的独立性原则，二者是相互独立的，①在履约保函下存在欺诈，不等于独立反担保函下也存在欺诈。一般来说，在类似本案所涉履约保函情况下，仅有承包商指控保函开立人的付款是不诚信的或者说存在欺诈是不够的，因为开立人对受益人承担的是主要付款责任，不能仅因为承包商指控受益人欺诈就不付款。除非开立人自己不愿意付款，否则开立人只有在被止付的情况下才不会付款。另外，基于独立性原则，除非有证据证明担保人也存在欺诈，否则即使受益人欺诈，也不能止付独立反担保函。不过本案有一个事实值得注意，即哥斯达黎加银行在向东某置业公司付款时，已经知道中国一审法院已经发出了中止支付令，其于此时付款是有一定风险

① 参见本案适用的URDG458号第2条第2款和第3款，URDG758号第5条。

的。就本案结果而言，在承包商外某集团无法证明开发商东某置业公司在履约保函下的付款请求存在欺诈的情况下，无须讨论哥斯达黎加银行的付款是否善意的问题。

从本案的判决结果可以看出，最高人民法院在适用欺诈例外时采用了非常严格的标准，体现了其维护独立保函的独立性和商业适用性的价值取向，既有利于提高国际社会对中国银行业界出具的独立保函的接受程度，也有利于维护和促进独立保函交易的稳定性。

案例 11

江苏太某锅炉股份有限公司
与
卡某托工程有限公司、
中国某行股份有限公司无锡分行
保函欺诈纠纷案*

【基本案情】

江苏太某锅炉股份有限公司(以下简称太某公司)与卡某托工程有限公司(以下简称卡某托公司)协议完成一项发电机组建设工程，双方合同明确约定如修改合同必须采用合同修正案形式，会议纪要、传真等不能产生合同变更的效力。如果太某公司违约，卡某托公司可以索付见索即付保函。后卡某托公司以太某公司违约为由要求保函出具方中国某行股份有限公司无锡分行兑付保函。太某公司提起诉讼，称双方已经通过会议纪要修改了合同，卡某托公司索付保函行为不符合合同约定，构成欺诈，请求止付保函。江苏省无锡市中级人民法院一审判决驳回太某公司诉讼请求，太某公司提起上诉。

---

* 【一审案号】江苏省无锡市中级人民法院(2011)锡商外初字第0023号。
【二审案号】江苏省高级人民法院(2013)苏商外终字第0006号。

【裁判结果】

江苏省高级人民法院审理认为，法院审查基础合同仅限于受益人是否存在明知基础交易债务人不存在违约事实或其他付款到期事实仍然滥用索赔权恶意索赔的情形。未按合同约定的形式和程序作出修改合同的会议纪要不产生变更合同的效力。在基础合同中保函条款约定的性质、支付条件等存在争议的情形下，受益人按银行出具保函时的条件提出索付，不构成保函欺诈，应按“先赔付，后争议”规则兑付保函。江苏省高级人民法院于 2014 年 5 月 27 日作出终审判决，维持一审判决。

【典型意义】

人民法院在该案判决中，充分尊重当事人约定适用的国际交易惯例，按照国际商会关于见索即付保函“先赔付，后争议”的处理规则予以裁判，严格把握保函欺诈标准，保障受益人依据保函迅速得到偿付的合法权利，维护了国际金融秩序。该案为美国 2014 年 9 月《跟单信用证杂志》重点介绍。同时，该案也反映出中国企业在“走出去”过程中，必须充分了解国际金融结算及担保工具的特点，不严格按照合同履行将产生巨大的法律风险。

【专家评析】*

本案主要涉及独立保函下基础合同欺诈的认定，以及基础合同的修改对保函欺诈认定的影响问题。

一、独立保函下基础合同欺诈的认定

在此问题上，江苏省高级人民法院认为，人民法院在审查独立保函基

* 撰写人：高祥，中国政法大学比较法学研究院教授、博士研究生导师，最高人民法院国际商事专家委员会专家委员。
郭瑶，法学博士，对外经济贸易大学法学院博士后研究人员。

础合同欺诈时，不应全面审理基础交易关系，但可就基础合同与保函相关的内容以及履行情况进行必要的、有限的审查。有限审查的范围，应仅限于受益人是否明知基础交易债务人并不存在违约事实或其他付款到期事实还滥用索赔权恶意索赔。如果申请人能够充分、清楚地证明其已经全面履行了基础交易的债务，受益人的付款请求可以被明确无误地认定为欺诈性索赔的，才能认定为保函欺诈。基础交易的履行存在争议并不能成为认定构成欺诈的理由。对于双方存在争议较大而且需要由对基础合同有管辖权的司法或仲裁机构裁决予以确定的事实，应充分尊重独立保函规则所作出的“先赔付，后争议”商业安排。本案中，在太某公司未能提供证据证明其已按基础合同全部履行了义务的情形下，卡某托公司基于太某公司的违约行为，依其对基础合同索赔条款的理解，按照预付款保函的要求，提出索赔全部金额的行为不能认定构成欺诈。

本案的判决结果与理由既符合保函所引用的规则，也符合独立保函的基本原理，充分体现了我国人民法院对独立保函与基础交易合同的关系正确认识，对独立保函的独立性原则的坚定维护，对中外当事人的平等对待，对独立保函国际规则的充分尊重。作为我国首例明确强调独立保函“先赔付，后争议”性质的判决，对中国乃至其他法院审理类似案件具有重要的指导和参考意义。

本案一审判决于2012年11月8日作出，二审判决于2014年5月27日作出，均在《独立保函规定》公布之前。事实上，《独立保函规定》及其之后判决的案件，在独立保函下基础合同欺诈的认定问题上，均采用了与本案类似的立场。

《独立保函规定》第12条规定了三种基础交易欺诈的具体情形：(1)受益人与保函申请人或其他人串通，虚构基础交易的；(2)法院判决或仲裁裁决认定基础交易债务人没有付款或赔偿责任的；(3)受益人确认基础交易债务已得到完全履行或者确认独立保函载明的付款到期事件并未发生的。也就是说，当基础交易是虚构的或合同已经完全履行，受益人在基础交易中并不存在原本被担保的实质性权利。此时，受益人行使付款请求权就违背了独立担保的担保目的——担保基础合同的实现，从而构成权利滥用。这一规定类似于美国《统一商法典》第五编(1995 年版)对信用证实质性欺诈的规定。美国《统一商法典》的官方解释指出，实质性欺诈的成立，必须建立在受益人付款权利主张已无实质性依据的基础之上。

在中某新能源开发有限公司与保定天某保变电气股份有限公司独立保函纠纷[①]中，主合同经国际商会国际仲裁院的裁决被确认效力终止，导致从合同的目的无法实现，因此申请人拒绝续开保函。受益人明知这一情况，却仍以申请人违约为由提出付款请求。在此情形下，法院认定，该保函项下原本所依托的基础权利关系已不复存在，受益人向银行提出的付款请求构成对付款请求权的滥用。也就是说，当基础合同终止，申请人与受益人之间已不存在法律上的关系时，受益人提出付款请求权，则构成保函欺诈。

但是，如果法院判决或仲裁裁决认定基础交易的债务人尚存在履约或其他责任，则受益人有权凭单据要求担保人付款。在广西某电力建设集团有限公司、中国某市政建设集团有限公司等信用证欺诈案[②]中，虽然仲裁裁决认定基础合同已经解除，但基础合同解除的主要过错在于申请人，申请人对受益人仍然负有赔偿责任。故法院认为受益人凭单据要求担保人付款的行为不构成权利滥用。

二、基础合同的修改对保函欺诈认定的影响

在实践中，独立保函约定的单据往往只有或者包括违约声明，这使保函的付款难免与基础合同产生关联，特别是在法院核实受益人的付款请求是否与实际情况相吻合时，涉及对基础合同的审查。如果经审查，合同修改有效，付款请求与修改后的合同不符，则受益人的付款请求是否构成保函欺诈？从法理上看，基于独立性原则，除非独立保函的付款条件也因基

① 河北省保定市中级人民法院(2018)冀 06 民终 4480 号民事判决书。

② 广西壮族自治区高级人民法院(2020)桂民终 802 号民事判决书。

础合同的修改而修改，否则基础合同的改变不应当对独立保函产生影响，担保人的付款仅取决于受益人提交的单据是否符合保函的约定。回到本案，事实上，即使6.15会议纪要修改有效，但会议纪要只是新增了申请人的义务，并未全部免除申请人在基础合同下的义务，而且从案件事实来看，太某公司并没有履行会议纪要中约定的义务，构成违约，受益人向担保人提出付款请求有合理依据，并不构成滥用付款请求权。

案例 12

中国某第四工程局有限公司
与
中某国际工程股份有限公司
独立保函欺诈纠纷案*

【基本案情】

2013 年 10 月 2 日，中某国际工程股份有限公司(以下简称中某国际公司)与玻利维亚业主就蒙特罗—布洛布洛铁路 I 标段工程签订总承包合同。2014 年 4 月 4 日，中某国际公司与中国某第四工程局有限公司(以下简称中某四局公司)签订分包合同。经中某四局公司申请，某行铁路支行向中某国际公司开具了预付款保函。载明："我行保证，我行将在收到你方出具的申明乙方未能按照合同规定履行合同义务的书面索赔通知的 7 个工作日内，无条件偿还不超过人民币 66,315,000 元的全部款项。你方无须提交任何证明文件。本保函自开具之日生效，有效期至甲方扣完预付款之前……" 2015 年 11 月 3 日，玻利维亚业主解除总承包合同。同月，中某国际公司向某行铁路支行发出书面索赔通知书，某行铁路支行向中某四局公司发出催款通知书。中某四局公司起诉请求确认中某国际公司索兑预付款保函的行为构成欺诈并终止支付保函项下款项。

* 【一审案号】青海省高级人民法院(2015)青民二初字第 88 号。
【二审案号】最高人民法院(2019)最高法民终 349 号。

【裁判结果】

最高人民法院审理认为，案涉工程预付款是中某国际公司为中某四局公司启动案涉工程提供的融资，在未全部扣还的情况下，无论预付款是否已经全部用于案涉工程，均不影响中某国际公司行使索赔权。预付款保函未约定减额条款，其金额不能因中某四局公司的履约情况自动调整。中某国际公司作为受益人，无须证明其索赔金额即基础关系项下的应付金额，其全额索兑预付款保函不构成欺诈性索款。

【典型意义】

“一带一路”建设涉及大量中资企业在东道国承建基础设施的工程，具有建设周期长、合同金额大的特点。其中，预付款保函是保障承包工程顺利进行的重要金融工具。司法实践中，对于发生预付款保函载明的到期事件时，保函受益人是否仍然有权索兑以及保函受益人全额索兑是否属于滥用付款请求权进而构成欺诈性索款，存在理解不一致的情况。该案判决明确了在预付款保函没有明确记载减额条款时，受益人全额索兑预付款保函的行为不宜认定为滥用付款请求权，并对工程预付款性质、预付款保函的担保范围、预付款保函下欺诈例外等问题均作出了准确的认定，对于此类案件的办理具有重要的参考价值。

【专家评析】*

本案的争议焦点主要是基础合同下的减额条款未纳入独立保函条款，受益人提起全额索赔是否构成欺诈。青海省高级人民法院认为，受益人索赔表面相符，且有初步证据证明申请人在基础交易中违约，因此索赔

* 撰写人：高祥，中国政法大学比较法学研究院教授、博士研究生导师，最高人民法院国际商事专家委员会专家委员。
卢佳润，香港中文大学法律学院，博士研究生。

不构成欺诈。最高人民法院认为，独立保函索赔权受独立性和单据性原则保护，本案分包合同中的预付款减额和违约金限额的约定均属于基础交易范畴，未载入保函条款并单据化，因此不能减少保函可付金额，全额索赔亦不构成欺诈。我们仅围绕保函的减额与保函欺诈谈点看法。

一、独立保函的减额

独立保函的减额常见于预付款保函和履约保函。减额的好处在于，当保函减额条件成就时，无须受益人同意即可释放保函项下相应金额的担保责任。

URDG758 第 25 条 a 款和第 13 条规定了独立保函的减额规则。URDG758 第 25 条 a 款规定：“保函的可付金额应根据下列情况而相应减少：(1)保函项下已经支付的金额；(2)根据第 13 条所减少的金额；或者(3)受益人签署部分解除保函责任的文件所表明的金额。”URDG758 第 13 条规定：“保函可以约定在特定日期或发生特定事件时，保函金额根据保函有关条款减少或增加。只有在下列情况下该特定事件才视为已经发生：(1)当保函中规定的表明该事件发生的单据向担保人提交之时；或者(2)如果保函中没有规定该单据，则根据担保人自身记录或保函中指明的指数可以确定该事件发生之时。”根据上述规定，在独立保函下，减额需要满足两个基本条件：(1)须将减额条款规定在保函条款中；(2)须将保函条款单据化。在实务中，减额条款通常规定的明减额对应的单据有发票和运单等。

URDG758 的上述规定体现了保函的单据性原则，即开立人仅就索赔单据决定是否付款。若减额条款未予单据化，而仅规定保函金额随基础交易进度而减少，则保函的可付金额不随之减少。如果减额条款仅规定在基础合同中而未体现为保函条款，则不会减少开立人的付款义务。这是保函的独立性原则所决定的。

二、独立保函的减额与欺诈

在本案中，由于合同中约定的预付款减额和违约金限额均未载入保函条款，更未单据化，根据独立保函的独立性原则和单据化原则，无论预付款是否已经全部用于案涉工程，这都是基础合同问题，并不影响中某国际公司行使索赔权。中某国际公司作为受益人，无须证明其索赔金额即是基础关系项下的应付金额，其全额索兑预付款保函不构成欺诈性索款。但是，如果本案独立保函规定了减额条款，如果受益人的请求额度明显超过了保函减额后的数额，则就可能被法院认定为保函欺诈。

不过，在此问题上，有的法院持有不同观点。比如，在新加坡，在保函缺少减额条款的情况下，法院支持了基于基础交易的减额抗辩，并对保函予以止付。在 GHL Pte Ltd. v. Unitrack Building Construction①案中，申请人承包了受益人的工程，保函金额以基础合同金额 578. 14 万美元的 10%设定。后基础合同金额减少至 196. 14 万美元。在申请人违约后，受益人以保函全额索赔，法院以索赔显失公平(unconscionable)为由对保函金额全部止付。

在 Eltraco International Pte Ltd. v. CGH Development②案中，申请人承包了受益人的工程，保函金额为不超过 243. 88 万新元。保函未约定减额条款。由于申请人交付的工程存在缺陷，受益人以保函全额索赔。申请人认为受益人的索赔显失公平，保函金额远超修复缺陷所需金额，且受益人对申请人仍负有多项债务未清偿。受益人出具了第三方对修复缺陷的报价以证明索赔的合理性。两审法院均认为受益人的索赔不构成欺诈，因为申请人明显违约，但却均支持了申请人的减额诉求，对索赔超额部分进行止付。

在 Anwar Siraj & Another v. Teo Hee Lai Building Construction③案中，上述案例中的观点得到了修正。在该案中，申请人承包了受益人的工程，保函金额为 12 万美元。后申请人交付的工程存在缺陷，受益人提起全

① Singapore Supreme Court (High Court), [1999]4 SLR 604.
② Singapore Supreme Court (Court of Appeal), [2000]SGCA 51.
③ Singapore Supreme Court (Court of Appeal), [2002]SGCA 51.

额索赔。申请人主张索赔显失公平，因为受益人欠付申请人的工程款足以为受益人提供担保。受益人则主张第三方估算的缺陷整改费用超过了保函金额。法院拒绝止付，理由是“法院必须防止不必要地干扰双方自由订立的合同安排”。可以看出，虽然在该案中新加坡法院拒绝了申请人的止付请求，但其判决理由是合同自由原则，而不是独立保函上的独立性原则。

我们认为，相比新加坡法院的上述判决，最高人民法院在本案判决中严格遵循独立保函的独立性原则和单据化原则以及 URDG758 有关减额的规定，依独立保函是否记载减额条款来认定受益人全额索赔之正当性，明确了在保函没有明确记载减额条款时，受益人全额索兑保函的行为不构成滥用付款请求权，充分体现了我国法院在审理独立保函方面的专业水平，亦有利于我国法治与营商环境的进一步改善，有利于维护“一带一路”建设下我国银行和中资企业的信用。

案例13

中国某集团山东电力建设有限公司
与
印度某能源公司等
涉外保函欺诈纠纷案*

【基本案情】

中国某集团山东电力建设有限公司(以下简称山东某建)与印度某能源公司(以下简称能源公司)签订合同，约定山东某建作为承包商，在印度承建一座燃煤火电厂。根据山东某建的申请，银行开立了9份金额共计202,322,359美元的保函，并开立了相应的反担保函。合同履行过程中，能源公司以山东某建违约为由要求印度某银行班加罗尔分行支付保函项下的全部款项。印度某银行班加罗尔分行向能源公司支付了4份保函项下的款项。印度某银行上海分行按照印度某银行班加罗尔分行向其提出的索赔，支付了反担保函项下的相应款项。山东某建提起本案诉讼，请求终止支付案涉保函、反担保函项下的款项。

* 【一审案号】山东省高级人民法院(2014)鲁民四初字第6号。
【二审案号】最高人民法院(2019)最高法民终513号。

【裁判结果】

最高人民法院二审认为，山东某建以独立保函欺诈为由提起本案诉讼，其应当举证证明印度某银行班加罗尔分行、印度某银行上海分行明知能源公司存在独立保函欺诈情形仍然违反诚信原则予以付款，进而以受益人身份在见索即付独立反担保函项下提出索款请求。由于能源公司的索赔符合保函条款，印度某银行班加罗尔分行应承担见索即付的付款责任。至于付款当日是否有罢工情形、款项的支付方式是否符合能源公司索兑函的要求与判断该行付款行为是否善意没有关联。山东某建未能提交充分的证据证明印度某银行班加罗尔分行付款是非善意的，一审判决认定其为非善意付款缺乏事实和法律依据，应予纠正。反担保函为转开独立保函情形下用以保障追偿权的独立保函，在相符交单的条件成就时，就产生开立人的付款义务。因此，印度某银行上海分行在收到印度某银行班加罗尔分行的相符索赔时，即应承担付款义务，其也有权向浦某银行济南分行和某行山东省分行索赔。一审判决认定印度某银行上海分行非善意付款缺乏事实和法律依据，应予纠正。印度某银行班加罗尔分行和印度某银行上海分行上诉主张其构成善意付款，不应止付反担保函下款项的上诉理由成立，予以支持。改判驳回山东某建的诉讼请求。

【典型意义】

该案重申了独立保函“见索即付”的制度价值，人民法院对基础交易的审查坚持有限原则和必要原则。出具独立保函的银行只负责审查受益人提交的单据是否符合保函条款的规定并有权自行决定是否付款，担保函的付款义务不受基础交易项下抗辩权的影响。该案同时明确了反担保函项下“善意付款”的认定标准。该案裁判体现了对中外当事人的平等保护原则和我国良好的法治环境，对推动中国企业在“走出去”过程中加强法律意识、提升风险管控能力亦具有积极意义。

【专家评析】*

本案主要涉及人民法院在审理独立保函纠纷案件中经常遇到的两个问题：(1)付款请求人的欺诈的认定；(2)担保人的善意的认定。

一、付款请求人的欺诈的认定

本案的核心争议之一在于，能源公司的付款请求是否构成保函欺诈。《独立保函规定》第12条规定：“具有下列情形之一的，人民法院应当认定构成独立保函欺诈：(一)受益人与保函申请人或其他人串通，虚构基础交易的；(二)受益人提交的第三方单据系伪造或内容虚假的；(三)法院判决或仲裁裁决认定基础交易债务人没有付款或赔偿责任的；(四)受益人确认基础交易债务已得到完全履行或者确认独立保函载明的付款到期事件并未发生的；(五)受益人明知其没有付款请求权仍滥用该权利的其他情形。”也就是说，在中国法下，人民法院认定独立保函欺诈须严格审查案涉保函和受益人的付款请求是否存在上述情形。

在本案中，申请人山东某建指控受益人能源公司保函欺诈的主要理由是，受益人请求印度某银行班加罗尔分行支付的保函项下款项的数额与其有权要求申请人赔偿的数额不符。山东省高级人民法院认为能源公司未提交证据证明山东某建仍应向其返还预付款的数额，属于明知自己没有付款请求权的权利滥用。而最高人民法院则认为，独立保函属于单据交易，具有“见索即付”的制度价值和“先付款，后争议”的商业功能。独立保函的开立人只负责审查受益人提交的单据是否符合保函条款的规定并有权自行决定是否付款，其付款义务不受申请人与受益人之间基础交易项下抗辩权的影响。人民法院在此类案件中对基础交易的审查，应当坚持有限原则和必要原则。山东某建的主张超出了独立保函欺诈案件应当审查的范围。

---

* 撰写人：高祥，中国政法大学比较法学研究院教授、博士研究生导师，最高人民法院国际商事专家委员会专家委员。
刘斌，中国政法大学民商经济法学院副教授、博士研究生导师。

受益人的付款请求不构成独立保函欺诈。

最高人民法院在本案判决中坚持我国法院在保函欺诈案件中对基础交易审查的有限原则和必要原则。基于独立保函的独立性，独立保函开立人的义务被限制在单据审核范围内，不涉足基础交易。因此，独立性对单据性的作用可以归结为两个方面：其一，从正面而言，独立保函的担保人只有表面审核单据的义务，并且在单据相符时履行其独立保函项下的付款义务。其二，从反面而言，独立保函的担保人没有涉足基础交易的义务，法律也不应赋予其超越单据审核之外的其他权利或义务。因此，在司法裁判中，法院对基础交易的审查，亦应当始终坚持有限原则和必要原则，在判断各方当事人权利义务时，应当以独立保函本身为基石，不能以基础交易的违约情事改变独立保函项下的权利安排。

二、担保人的善意的认定

本案第二个核心争议是担保人印度某银行班加罗尔分行对保函项下的付款行为是否构成善意付款。山东省高级人民法院认为，2014 年 11 月 12 日，印度某银行班加罗尔分行向能源公司付款时，印度国家银行员工正在进行全国大罢工，因此认定印度某银行班加罗尔分行付款是非善意的。最高人民法院认为，由于能源公司的索赔符合保函条款，印度某银行班加罗尔分行应承担见索即付的付款责任；至于付款当日是否有罢工情形、款项的支付方式是否符合能源公司索兑函的要求与判断该行付款行为是否善意没有关联。因此，不能认为印度某银行班加罗尔分行是非善意的。

最高人民法院的认定无疑是正确、合理的。一般来说，在独立保函欺诈案件中，只有在确认受益人欺诈时，才需要审查付款人的付款是否是善意的，以便确定即使在欺诈存在的情况下是否应对善意的付款人进行保护。而在本案中，因为受益人没有欺诈，也就无须对付款人印度某银行班加罗尔分行的付款是否为善意进行审查。此时，付款人在收到受益人的付款请求后，只要单证一致，就必须付款。

假定需要对印度某银行班加罗尔分行的付款是否善意进行审查，因为该行在本案保函交易中是主保函的开立人，对受益人负有付款义务，所以只有其对保函下欺诈的情形是否明知才能构成恶意。因此，只是因为印度某银行班加罗尔分行付款当日印度银行员工处于罢工状况就认定其付款不是善意的，明显与法律规定和商业实践不符。

本案裁判体现了我国法院对独立保函欺诈案件中“善意”认定标准的精准掌握和对中外当事人的平等保护，彰显了我国良好的法治和营商环境，对推动中国企业在“走出去”过程中加强法律意识，提升风险管控能力亦具有积极意义。

案例 14

阿拉伯及法兰西某银行(香港)有限公司与中国某行股份有限公司河南省分行独立保函付款纠纷案*

【基本案情】

中国某行股份有限公司河南省分行(以下简称中国某行河南省分行)以阿拉伯及法兰西某银行(香港)有限公司(以下简称阿某银行)为受益人开具了反担保履约保函、反担保预付款保函。阿某银行根据中国某行河南省分行的指示向韩国某代出具了履约保函和预付款保函。2011 年 12 月 15 日，阿某银行向中国某行河南省分行提出索赔请求，称已经收到韩国某代与预付款保函相符的索赔请求。事实上，直到 12 月 19 日，阿某银行才收到韩国某代依据预付款保函提出的相符索赔。经韩国某代起诉，香港高等法院判令阿某银行向韩国某代付款。阿某银行遂依据反担保预付款保函提起本案诉讼，请求中国某行河南省分行支付该保函项下款项。

【裁判结果】

最高人民法院二审认为，如果反担保函受益人在尚未获得付款请求权

* 【一审案号】河南省高级人民法院(2014)豫法民三初字第 3 号。
【二审案号】最高人民法院(2018)最高法民终 880 号。

的情况下，通过隐瞒事实、虚假提交表面相符索赔请求等方式，向该保函的开立人提出付款请求，构成《独立保函规定》第 12 条第 5 项规定的“受益人明知其没有付款请求权仍滥用该权利”的欺诈情形。其最终实际向其所开立的保函受益人支付了款项，并不构成《最高人民法院关于审理独立保函纠纷案件若干问题的规定》第 14 条第 3 款规定的“善意付款”的情形。据此，改判驳回阿某银行的全部诉讼请求。

【典型意义】

在“一带一路”建设中，独立保函是当事人经常选择的一种工程履约担保方式，近年来人民法院受理的涉外独立保函纠纷案件呈上升趋势。该案详细阐释与澄清了涉外独立保函纠纷中，相符索赔、欺诈、善意付款的认定等存在的争议问题。在转开保函的情形下，反担保函的受益人经常同时具有独立保函开立人的身份。《独立保函规定》第 14 条第 3 款“善意付款”构成欺诈止付的例外情形的适用前提是独立保函受益人欺诈索赔并获得开立人付款，此时重点应判断是否存在“双重欺诈”。如开立人对受益人欺诈不知情而善意付款的，不构成“双重欺诈”，则应保护开立人利益，不予止付。对于不存在独立保函受益人欺诈索赔情形的，如该案反担保函受益人以“受益人”身份独立向反担保函的开立人请求付款的“单重欺诈”，则应适用该规定第 12 条的一般规则判断其是否构成欺诈索赔，没有第 14 条第 3 款的适用空间。该案正确认定《独立保函规定》第 12 条和第 14 条第 3 款之间的关系，对人民法院审理独立保函纠纷案件具有较强的指导意义和示范作用。

【专家评析】*

本案主要涉及独立保函交易中反担保函项下欺诈的认定问题。对此问

* 撰写人：高祥，中国政法大学比较法学研究院教授、博士研究生导师，最高人民法院国际商事专家委员会专家委员。

题的讨论，必须明确独立保函“欺诈例外”的基本内涵。

一、独立保函“欺诈例外”的基本内涵

独立保函“欺诈例外”是指如果发现交易存在欺诈，即使付款请求人所交单据与保函规定的条款和条件在表面上严格相符，付款也可能被开立人拒绝或者应保函申请人的请求而被法院禁止，除非付款请求人属于法律上应予保护的善意付款当事人。可以看出，适用独立保函“欺诈例外”必须同时具备的基本条件包括：(1)交易存在欺诈；(2)付款请求人不属于法律应予保护的善意付款当事人。这里的所谓“欺诈”和“例外”是指，如果发现保函交易存在“欺诈”，独立保函的独立性原则的适用将受到“例外”限制，基础交易将在一定的程度上被审查，以认定欺诈是否存在。

在我国，独立保函“欺诈例外”规则被规定在《独立保函规定》第12条和第14条第3款。其中，第12条是有关欺诈认定的规定：“具有下列情形之一的，人民法院应当认定构成独立保函欺诈：(一)受益人与保函申请人或其他人串通，虚构基础交易的；(二)受益人提交的第三方单据系伪造或内容虚假的；(三)法院判决或仲裁裁决认定基础交易债务人没有付款或赔偿责任的；(四)受益人确认基础交易债务已得到完全履行或者确认独立保函载明的付款到期事件并未发生的；(五)受益人明知其没有付款请求权仍滥用该权利的其他情形。”第14条第3款是有关保护善意付款当事人的规定：“开立人在依指示开立的独立保函项下已经善意付款的，对保障该开立人追偿权的独立保函，人民法院不得裁定止付。”

二、独立保函欺诈认定中的“双重欺诈”标准

一个典型的涉及反担保函的独立保函交易包含两份独立保函和四个当事人。两份独立保函是指主独立保函和反担保独立保函。四个当事人是指申请人、反担保独立保函的开立人、主独立保函的开立人、受益人。其中，主独立保函的开立人在两份独立保函中担任两个不同的角色：主保函下的开立人和反担保函下的受益人。

在一个典型的涉及反担保函的独立保函欺诈案件中，一般是受益人依主保函向主保函的开立人提出付款请求，主保函的开立人向反担保函的开立人提出反担保函项下的付款请求，申请人以主保函下的受益人欺诈为由，请求反担保人拒付或者法院止付。

在我国，人民法院在审理此类案件中，发展和采用了认定保函欺诈的"双重欺诈"标准。根据"双重欺诈"标准，保函欺诈的认定需要满足以下两个条件：(1)主保函下的受益人欺诈；(2)主保函开立人明知受益人欺诈仍向其付款。最高人民法院在安徽省某建设(集团)有限公司与东某置业房地产有限公司等保函欺诈纠纷案①等一系列独立保函欺诈案中均适用了"双重欺诈"的认定标准。在"双重欺诈"标准的适用中，既需要根据《独立保函规定》第 12 条审查保函交易是否存在欺诈，又要根据《独立保函规定》第 14 条第 3 款的规定审查是否存在需要保护的善意付款当事人。这里的善意付款当事人主要是主保函的开立人。如果主保函的开立人已经在不知道受益人欺诈的情况下付款，即使经审理认定受益人确实实施了欺诈，保函"欺诈例外"规则也不能适用，独立保函也不能被止付。这是独立保函本身的商业机制所决定的。如果主保函开立人在不知道受益人欺诈的背景下付款，而其作为反担保函的受益人的付款请求却因受益人的欺诈而被止付，使其付款得不到偿付，则没有人愿意冒险担任主保函的开立人，从而导致独立保函制度本身无法存续。

独立保函"欺诈例外"制度是独立保函下的一项非常复杂的制度，仍然处在发展阶段。我国法院采用的"双重欺诈"的独立保函欺诈认定标准，既打击了独立保函业务中的欺诈行为，又维护了独立保函的独立性原则和单据性原则，维护了独立保函的"先付款，后争议"的制度安排，是对独立保函法律制度发展的一大贡献。

三、"单重欺诈"标准及其法理基础

所谓"单重欺诈"标准，是指在独立保函欺诈案件中，只有一个当事人欺诈，也会适用"欺诈例外"规则，止付保函。具体来说，就是主保函

① 最高人民法院(2017)最高法民再 134 号民事判决书。

下的受益人没有欺诈，但其开立人作为反担保函下的受益人在向反担保函的开立人请求付款时存在欺诈，也会被认定为独立保函欺诈，导致独立反担保函被止付。这时，因为保函的开立人自己是欺诈者，也就没有认定其是否“善意”的问题。“单重欺诈”的认定标准发展和应用于本案。

在本案中，阿某银行是主保函的开立人，也是反担保函的受益人，在其于 2011 年 12 月 14 日以主保函的受益人韩国某代的交单不符而拒付的情况下，却于 2011 年 12 月 15 日向反担保函的开立人中国某行河南省分行请求付款，称其已收到受益人韩国某代的相符索赔。显而易见，阿某银行向中国某行河南省分行提出索赔时的声明的内容是不真实的，明显属于《独立保函规定》第 12 条第 5 款规定的“受益人明知其没有付款请求权仍滥用该权利的其他情形”。因此，最高人民法院认定阿某银行的付款请求构成欺诈性索款，予以止付。同时，虽然阿某银行依据香港高等法院的判决向韩国某代付款，但鉴于在本案中阿某银行属于自身欺诈，其付款不属于《独立保函规定》第 14 条第 3 款规定的“善意付款”，因而不能受到该款的保护。

独立保函“欺诈例外”规则的目的在于防止独立保函下的欺诈行为，防止欺诈者利用独立保函的独立性和单据性特征而获利，维护独立保函交易的正常秩序。因此，不管欺诈发生在哪个交易，也不管谁是欺诈者，无论是“双重欺诈”还是“单重欺诈”，只要交易存在欺诈，且没有无辜的善意付款人需要保护，“欺诈例外”规则就应被适用，独立保函下的款项就应被止付。

正常的商业交易规则建立在所有当事人都遵守诚实信用原则的基础上，任何欺诈都是不能容忍的。无论是“双重欺诈”标准还是“单重欺诈”标准，都是维护正常的商业交易秩序的基本要求。本案所适用的独立保函的“单重欺诈”认定标准是对独立保函“欺诈例外”规则适用的进一步完善和具体化，不仅对我国法院审理独立保函纠纷案件具有较强的指导意义和示范作用，而且对独立保函法律制度的进一步完善具有重要意义。

第四编

其他合同、物权及侵权纠纷案例

案例 15

渣某银行(中国)有限公司
与
张家口某石油化工有限公司
金融衍生品种交易纠纷案*

【基本案情】

2011 年 9 月 15 日，渣某银行(中国)有限公司(以下简称渣某银行)与张家口某石油化工有限公司(以下简称张家口石化公司)签订国际掉期及衍生品协会主协议(International Swaps and Derivatives Association Master Agreement 2002，简称 ISDA 主协议)。2014 年 2 月和 3 月，双方签订交易条款，约定就布伦特原油开展互换交易，张家口石化公司向渣某银行确认及承认：张家口石化公司已经基于自身的判断对是否订立交易以及交易是否合适或适当作了最终决定，且对于其认为需要取得其他咨询以协助其作出本决定的，其已经取得自身顾问的所有额外意见。此后，双方依约履行了 4 期互换交易。2014 年 5 月和 9 月，渣某银行与张家口石化公司的授权交易员齐某通话，就系争交易向张家口石化公司提示油价下跌风险。张家口石化公司均表示了解且希望按原约定 3 月交易条款执行。2014 年 11 月 11 日，张家口石化公司发函要求提前终止 2 月 18 日签署的“布伦特原油-

* 【一审案号】上海市浦东新区人民法院(2019)沪 0115 民初 25676 号。
【二审案号】上海金融法院(2020)沪 74 民终 533 号。

买入绩效互换”协议，否认2014年11月10日后互换交易的效力，并表示不再承担11月10日后的损失。2014年11月27日，渣某银行向张家口石化公司发出提前终止通知，指定2014年12月2日为主协议项下所有未完成交易的提前终止日。

2014年12月2日，渣某银行向5家市场交易商发送电子邮件，就系争交易提前终止所需的平仓成本发送询价函。次日，渣某银行向张家口石化公司发出提前终止金额计算报告，要求张家口石化公司支付提前终止款项，提前终止金额在本报告生效日起的第2个本地工作日到期，要求张家口石化公司在支付到期日支付以上提前终止款项加上到期应付的利息。

渣某银行因索赔未果提起本案诉讼，要求张家口石化公司向渣某银行支付互换交易项下欠付的提前终止款项1,328,560.97美元及利息等。

【裁判结果】

上海金融法院二审审理认为，衍生品交易是合同当事人对未来的不确定性进行博弈，在金融机构对产品交易结构、蕴含风险进行充分揭示的情况下，当事人应对交易过程中可能产生的收益或亏损有一定的预期，并在此基础上自主作出商业判断，由此订立的交易协议应系双方当事人真实意思表示。当事人要求终止交易符合协议约定构成该方之违约事件的，金融机构有权依据协议享有违约事件发生后提前终止的权利。ISDA主协议为场外衍生品交易提供了适用于国际市场的标准化合约，作为国际惯例和国内行业规则被广泛采用并为交易参与方所熟知。法院在对违约责任进行认定时，应以我国合同法为基本依据，同时充分考量ISDA主协议相关规定及金融衍生品交易的自身特性，并以诚实信用原则和商业合理性原则为基础，计算提前终止款项的相应市场公允价值。因此，判决张家口石化公司应支付渣某银行1,305,777.97美元。

【典型意义】

该案系因2014年国际石油价格暴跌，客户为止损提前解除合约而引发的违约纠纷。在案件审理中，法院充分遵循金融衍生品交易的自身特性和国际惯例，确认了提前终止净额结算条款的性质和效力，对类案裁判具有一定指引作用。该案的司法裁判也有助于促进金融衍生品交易市场特别是掉期交易市场的发展，推动国际金融机构在境内开展金融衍生品交易，在高质量共建“一带一路”中进一步推进上海国际金融中心建设和我国金融业对外开放。

【专家评析】*

本案涉及2002年版ISDA主协议及其后续交易确认书的违约责任承担问题。上海市浦东新区人民法院和上海金融法院分别作为一审和二审法院，在判决中充分体现了合同自愿原则和当事人意思自治原则，对国际通行的特殊行业合同条款进行了确认和详细解释，加强了金融交易的确定性和可预见性，提升了中国司法机关在国际商事纠纷中的公信力。

本评析首先阐述ISDA主协议及其后续交易确认书的性质及其相互关系。其次，张家口石化公司发函终止协议是否构成违约，并由此探讨渣某银行是否有权确定双方之间互换交易的提前终止日并要求张家口石化公司支付提前终止款项及其利息，并分析其依据。最后，对法院对终止净额结算条款的性质及款项计算方法进行评价。

一、ISDA主协议及其后续交易确认书的性质和相互关系

国际掉期和衍生工具协会(ISDA)发布的ISDA主协议是国际上最常用的场外(OTC)衍生品交易的主服务协议。该协议框架由主协议、附表、确认书、定义手册和信用支持文件组成。一旦主协议签署后，双方可以通过

---

* 撰写人：陈磊，杜伦大学法学院国际仲裁和中国法讲座教授，欧洲科学与艺术学院院士，最高人民法院国际商事专家委员会专家委员。

电话达成交易的主要商业条款并以书面确认来证明，而无须重新审视主协议中包含的基础条款。衍生品交易通常以口头或电子方式达成，合同在此时形成。交易条款的证据包含在确认书中(也称为交易建议书或合同通知)，通常是简短的信件、传真或电子邮件，旨在减少交易条款发生争议的可能性。

2002 年 ISDA 主协议第 1(c)条规定：“所有交易的达成均依赖于本主协议和所有确认书构成双方之间的单一协议……否则，双方不会达成任何交易。”这个单一协议概念是协议结构的核心部分，构成了基于净额结算保护的一部分。所有交易都是一个合同的事实增强了在违约时终止这些交易并得出单一应付净额的能力。

二、张家口石化公司发函终止协议是否构成违约

2011 年 9 月 15 日，渣某银行与张家口石化公司签订主协议及其附表，约定双方按照主协议的规定进行场外衍生品交易，并按确认书的具体内容履行付款或交付义务。2014 年 3 月 7 日，双方签订布伦特原油–买入绩效互换及对应的交易确认书，约定在 2014 年 8 月 1 日至 2015 年 2 月 28 日开展互换交易。2014 年 11 月 11 日，张家口石化公司出具关于终止布伦特原油–买入绩效互换的函，要求提前终止协议，否认 11 月10 日后的交易效力并表示不再承担损失。一审和二审法院均认定张家口石化公司发函终止协议构成违约。主协议第 5. a. (ii)条提供了合同依据，法律依据为《合同法》第 93 条第 2 款①。

2014 年 11 月 27 日，渣某银行向张家口石化公司发出提前终止通知，指定 2014 年 12 月 2 日为提前终止日。2014 年 12 月 3 日，渣某银行向张家口石化公司发出提前终止金额计算报告，要求支付提前终止款项及其利息。主协议第 6 条规定了提前终止权利及计算和净额结算程序。两级法院支持了渣某银行的主张，体现了对合同条款的尊重。

---

① 现为《民法典》第 562 条第 2 款。

三、终止净额结算条款的性质及计算

主协议采用“终止金额”这一概念，指在提前终止日期进入等效交易时产生的利润或损失。第 6. d. (i)条规定：“在缺乏书面确认的情况下，从确定终止金额所获得的报价或市场数据的来源，获取此类报价或市场数据的一方的记录将成为存在和准确性的决定性证据。”渣某银行按照商业惯例向多家机构发送询价函，计算提前终止金额。

张家口石化公司关于提前终止款项作为违约金应按照实际损失确定的抗辩被二审法院驳回。二审法院指出：“掉期交易中，交易双方对具体违约责任触发交易提前终止的合约安排实质上属于继续性合同的约定解除……而提前终止款项即为交易违约方在合同解除后对非违约方应承担的违约责任，也就是赔偿非违约方因交易提前解除而遭受之损失。”提前终止款项是对未实现交易及未来损失风险的合理预估，不构成违约金。法院的认定符合中国合同法的规定，强调了商业合理性和交易确定性。

金融衍生品合同是当事人对未来的不确定性进行博弈，在金融机构对产品交易结构、蕴含风险进行充分揭示的情况下，当事人应对交易过程中可能产生的收益或亏损有一定的预期，并在此基础上自主作出商业判断。在此认定基础上，二审法院继续指出，该项约定并不与中国合同法对可预见的履行利益规定抵触。①二审法院作出结论：“因此，若交易协议中实际采用了 ISDA 主协议的相关规定，则应当认为交易各参与方对协议中所列违约责任的承担具有一定的预期。”

该推理认定符合意思自治、履行利益保护和契约严守原则。首先，作为适用法的中国合同法，尽管在具体表述和具体行业的标准合同方面有技术差别或作为一般法不能和行业合同同等细致，但在合同约定解除原理和违约履行利益的保护方面是一致的。因此，违约人提出的与中国合同法相

① 《合同法》第 113 条第 1 款规定：“当事人一方不履行合同义务或者履行合同义务不符合约定，给对方造成损失的，损失赔偿额应当相当于因违约所造成的损失，包括合同履行后可以获得的利益，但不得超过违反合同一方订立合同时预见到或者应当预见到的因违反合同可能造成的损失。”该条款现为《民法典》第 584 条。

抵触的观点不应被采纳。其次，回归到期货交易类合同的特殊性，中国法院一贯秉持尊重商业合理性的司法态度，对合同项下的基础性交易进行类型化处理。例如，根据《最高人民法院关于适用〈中华人民共和国民法典〉合同编通则若干问题的解释》第 32 条的规定，情势变更原则通常不适用于市场属性活跃、价格长期波动较大的大宗商品以及股票、期货等风险投资型金融产品。最后，该判决不仅遵守了我国合同法有关违约责任的规定，还尊重了金融衍生品交易的行业惯例。随着中国金融市场的开放，认可净额结算将消除国际参与的主要障碍，促进更加流动和高效的资本市场的形成。这种做法可以促使相关合约方当事人恪守合同义务，推动金融衍生品市场的发展，创造良好的营商环境。

四、小结

中国的场外金融衍生品市场虽发展时间较短，但已逐步确立终止净额结算的行业惯例。中国期货业协会、中国证券业协会、中国证券投资基金业协会联合颁布了《中国证券期货市场场外衍生品交易主协议及补充协议》。中国银行间市场交易商协会(以下简称 NAFMII)颁布了《中国银行间市场金融衍生产品交易主协议》(NAFMII 主协议)以及配套文件。上述两份行业标准协议均借鉴 ISDA 主协议形成，并沿用了净额结算制度，包括终止净额结算。本案二审判决在 2020 年 10 月作出之后，我国于 2022 年 4 月制订了《中华人民共和国期货和衍生品法》(以下简称《期货和衍生品法》)，对净额结算进行了立法确认和责任明确。[①]从这个角度讲，二审法院的判决体现了对行业实践的尊重和对立法动态的前瞻性预见，有助于促进金融衍生品市场的发展和营商环境的改善。通过上述分析，本案判决不仅在法律上具有合理性，还在促进金融市场健康发展和增强国际公信力方面具有重要意义。

① 《期货和衍生品法》第 35 条规定：“依法采用主协议方式从事衍生品交易的，发生约定的情形时，可以依照协议约定终止交易，并按净额对协议项下的全部交易盈亏进行结算。依照前款规定进行的净额结算，不因交易任何一方依法进入破产程序而中止、无效或者撤销。”第 93 条规定：“期货结算机构作为中央对手方，是结算参与人共同对手方，进行净额结算，为期货交易提供集中履约保障。”

案例 16

英属维尔京群岛万某融资咨询私人有限公司、马来西亚叶某某与中某建材集团有限公司居间合同纠纷案*

【基本案情】

英属维尔京群岛注册成立的万某融资咨询私人有限公司(以下简称万某公司)、叶某某于2009年2月26日与中某建材集团有限公司(以下简称中某公司)签订融资服务及保密协议，约定叶某某和万某公司为中某公司募集资金引荐投资者，中某公司支付实际投资资金总额为9%的融资服务费，分两部分支付。其中4%于注资完成后的14日内以现金或汇款的方式支付，其余5%按照投资者的同等条款作为战略投资资金注入中某公司或指定上市主体。此后，万某公司、叶某某成功为中某公司引荐了投资者，但中某公司未支付报酬，引发纠纷。万某公司、叶某某向福建省高级人民法院提起本案诉讼，请求判令中某公司支付拖欠的融资服务费及其利息。

* 【一审案号】福建省高级人民法院(2012)闽民初字第67号。
【二审案号】最高人民法院(2014)民四终字第14号。

【裁判结果】

福建省高级人民法院一审判决部分支持了万某公司、叶某某的诉讼请求，酌情判令中某公司向万某公司、叶某某支付引入投资金额5%的报酬。万某公司、叶某某以及中某公司均不服，向最高人民法院提起上诉。

最高人民法院二审审理认为，本案系居间合同纠纷，一审法院根据当事人意思自治原则确定本案适用中华人民共和国法律审理是正确的。融资服务及保密协议是当事人之间的真实意思表示，并不违反中国法律的规定，一审法院认定该合同合法有效是正确的。万某公司、叶某某全面履行了合同义务，有权根据合同约定获得相应的报酬，即万某公司、叶某某可以从中某公司获得融资总金额9%的报酬。合同约定第二部分报酬5%的支付方式不是现金方式，事实上会涉及万某公司、叶某某作为中某公司或其指定的上市公司的投资者的问题，面临公司法上的障碍，难以实现，因此酌定与另4%报酬采取同样的方式支付。最高人民法院二审判决撤销一审判决，改判中某公司向万某公司、叶某某支付中某公司获得融资总金额9%的报酬，即人民币18,280,753元及其利息。

【典型意义】

该案对于合理保护居间人的报酬请求权具有重要意义。在共建“一带一路”过程中，居间人为投资者或者募集者提供居间服务，其报酬请求权应受法律保护。中国法院充分尊重当事人意思自治原则，根据合同约定确定居间报酬的金额，并根据实际情况适当调整居间报酬的支付方式，平等保护各方当事人的合法权益，维护交易秩序，有利于促进国际投资和国际交流。

【专家评析】*

本案争议的焦点问题是：案涉合同的性质是居间合同还是服务合同；

---

* 撰写人：杜焕芳，中国人民大学法学院教授、博士研究生导师，中国国际私法学会副会长。

万某公司、叶某某是否全面履行了合同义务；合同关于报酬的约定是否明确。福建省高级人民法院一审认为本案合同系居间合同，将融资协议第4条中的8项内容认定为主合同义务的附随义务，并认定万某公司、叶某某未适当、全面履行该附随义务，同时认为合同关于报酬的约定不够明确。因此，酌定中某公司向万某公司、叶某某支付融资总额5%的报酬，一审判决部分支持了万某公司、叶某某的诉讼请求。最高人民法院二审认为，融资协议是当事人之间的真实意思表示，并不违反中国法律的规定，一审法院认定该合同合法有效是正确的。万某公司、叶某某全面履行了合同义务，有权根据合同约定获得相应的报酬，即万某公司、叶某某可以从中某公司获得融资总金额9%的报酬。合同约定第二部分报酬5%的支付方式不是现金方式，面临公司法上的障碍而难以实现。因此，酌定与另4%报酬采取同样的方式支付。

一、案涉居间合同还是服务合同

本案中万某公司为外国法人，叶某某为马来西亚公民，故本案为涉外民商事案件。根据《涉外民事关系法律适用法》第41条的规定，“当事人可以协议选择合同适用的法律”，一审法院根据当事人意思自治原则确定本案适用中华人民共和国法律审理是正确的。在涉外民商事案件审理中，首先要解决案件的定性问题。根据《涉外民事关系法律适用法》第8条的规定，“涉外民事关系的定性，适用法院地法律”。根据双方当事人在融资协议中的前言约定，中某公司希望获得投资，万某公司、叶某某根据该协议约定的条件为中某公司引荐投资者。虽然融资协议第4条列举了万某公司、叶某某为中某公司提供全面的融资顾问服务包含9项内容，但双方合同的主要目的是由万某公司、叶某某为中某公司引荐潜在的投资者，从而促成万某公司、叶某某与投资人达成融资事宜，而万某公司、叶某某从中某公司获得相应报酬。万某公司、叶某某既不是融资交易的双方当事人的一方或者其代理人，也不直接参与融资双方当事人的谈判、商洽活动，其仅起到居间、中介作用。《合同法》第424条规定：“居间合同是居间人向委托人报告订立合同的机会或者提供订立合同的媒介服务，委托人支付报酬的合同。”①一审法院将本案的案由界定为居间合同纠纷是正确的。合同性质的认定不能仅凭合同名称确定，而应根据订立合同的目的、合同内容所涉法律关系进行全面理解和判定。本案所涉合同虽然名为服务协议，但实为居间合同，双方签署该协议的目的是希望万某公司、叶某某为中某公司引荐投资者，合同的主要义务是“介绍潜在投资者”。因此，本案的案由应为居间合同纠纷而非服务合同纠纷。

二、如何理解全面履行合同义务

《合同法》第60条规定：“当事人应当按照约定全面履行自己的义务。当事人应当遵循诚实信用原则，根据合同的性质、目的和交易习惯履行通知、协助、保密等义务。”②本案中，两审法院均认定，从万某公司、叶某某提供的证据来看，可以证明万某公司、叶某某在介绍、促成中某公司获得投资上起到了关键的作用，应认定万某公司、叶某某已经完成居间合同的主要义务。但对于融资协议中万某公司、叶某某所负的其他8项义务，一审法院认为应视为本居间合同项下的附随义务，万某公司、叶某某亦有责任加以适当履行。而万某公司、叶某某的举证尚不充分，因此认定万某公司、叶某某对于本案居间合同项下附随义务未予适当、全面的履行。二审法院认为，虽然融资协议第4条约定了9项内容，但这9项内容是为了成功引荐投资者这一合同目的而具体细化的若干事项，并非独立的合同义务，亦非合同法上规定的主合同义务的附随义务。从本案合同目的和融资协议第4条规定的合同义务来看，9项合同义务不是相互割裂的，“介绍潜在投资者”以外的8项义务既不是附随义务，也不是为实现合同目的的其他协助，而是提供全面的融资顾问服务的内容。万某公司、叶某某将投资者引荐给中某公司，并从中斡旋促成了投资者向中某公司指定上市主体的投资，应视为居间成功，是全面履行合同义务的表现。

① 现为《民法典》第961条。
② 现为《民法典》第509条。

三、如何确定合同约定的报酬

根据《合同法》第426条的规定，"居间人促成合同成立的，委托人应当按照约定支付报酬"。[1]双方在融资协议中约定将9%投资资金总额的"融资服务费"分两部分支付，一是4%部分，于注资完成后的14日内以现金或汇款的方式支付；二是其余金额，按照投资者的同等条款作为战略投资资金注入中某公司或指定上市主体。双方针对4%部分的约定是清晰、明确的，主要争议在第二部分。一审法院认为其余部分约定按投资者的同等条款作为战略投资资金注入相关实体的意思指向并不明确，在案证据亦无法明确所指内容，当事人就该部分报酬的约定属于约定不明确，故酌定万某公司、叶某某基于本案融资协议可以请求的报酬的比例为中某公司所获得实际投资总额的5%。二审法院认为，其中第二部分支付方式可以理解为另5%报酬并不以现金方式支付，而是作为万某公司、叶某某注入中某公司或其指定的上市主体的资金。由于该方式事实上会涉及万某公司、叶某某作为中某公司或其指定的上市公司的投资者的问题，面临公司法上的障碍，但并不影响万某公司、叶某某根据融资协议的约定获得融资总额9%的报酬。鉴于该5%部分的支付方式难以实现，该院酌定与另4%采取同样的现金方式支付。该条款仅是支付方式的约定，9%投资资金总额的"融资服务费"的报酬是确定的，二审法院酌定处理有其合理性。在共建"一带一路"过程中，居间人为投资者或者募集者提供居间服务，其报酬请求权应受法律保护。中国法院在法律适用和实体处理上充分尊重当事人意思自治原则，根据合同约定确定居间报酬的金额，并根据实际情况适当调整居间报酬的支付方式，有利于维护交易秩序，促进国际投融资和居间服务业发展。

---

① 现为《民法典》第963条。

案例 17

天某新能源控股有限公司
与
达某律师事务所
法律服务合同纠纷案*

【基本案情】

达某律师事务所与天某新能源控股有限公司(以下简称天某新能源公司)形成法律服务合同关系，由前者对后者的跨境股权交易提供法律服务。在该股权交易完成后，天某新能源公司认为目标公司在收购之前与他人签订的工程合同对目标公司有重大不利影响，达某律师事务所出具的错误或误导性的法律意见使其作出错误投资决策，遂提起本案诉讼，请求达某律师事务所赔偿损失人民币5亿元并退还已支付的律师费。本案中，达某律师事务所注册在美国，案涉法律服务合同所指向的跨境收购目标公司为美国上市公司，收购所涉资产的在建工程位于美国，主要收购交易文件适用美国法律，达某律师事务所需就案涉收购所涉及的美国证券法等法律提供法律意见。一审判决驳回天某新能源公司的诉讼请求。天某新能源公司提起上诉。

* 【一审案号】北京市高级人民法院(2014)高民(商)初字第04917号。
【二审案号】最高人民法院(2019)最高法民终318号。

【裁判结果】

最高人民法院二审审理认为，当事人未选择合同争议应适用的法律，本案应适用与合同有最密切联系的国家或者地区的法律。天某新能源公司系根据美国法院判例提出达某律师事务所未按照勤勉尽职的标准提供法律服务主张。达某律师事务所注册在美国，案涉法律服务合同所指向的跨境收购目标公司及主要资产位于美国，主要收购交易文件适用美国法律，达某律师事务所的主要义务系就案涉收购所涉及的美国证券法等法律提供法律意见。故美国法律最能体现案涉法律服务合同的本质特性，与案涉法律服务合同具有最密切联系，案涉合同应适用美国法律。达某律师事务所就案涉股权交易提供法律服务，与该交易密切相关的工程合同虽应列入其审查的范围，但对工程合同的审查仅限于合同是否存在阻碍股权交易完成或者对股权交易有重大不利影响的约定，不应将其审查义务扩展到工程合同本身是否公平合理，否则即要求达某律师事务所以法律风险提示的方式替代天某新能源公司独立作出商事风险判断。案涉股权交易的目标公司与案外人签订没有封顶价格的“成本加成合同”，本身并不具有非法性，仅系基于签约时的商业判断作出的选择。该类合同本身并不应认定为构成影响股权交易的法律风险。达某律师事务所针对股权交易目标公司对外交易合同作出“未载有‘控制权变更’条款，亦不存在其他对拟议交易的重大不利约定”的意见符合审慎合理的标准，并无不当。人民法院遂判决驳回天某新能源公司的诉讼请求。

【典型意义】

近年来，越来越多的中国企业走出国门，积极参与共建“一带一路”，拓展海外业务。由于法律制度的差异，一些中国企业在采取股权并购的方式实施境外投资时，会通过与当地律师事务所签订合同的方式寻求法律服务。该案的审理秉持平等保护中外当事人合法权益的原则，准确界定了法律服务合同的范围与商业风险的界限，彰显了我国良好的法治环境，同时对推动中国企业在“走出去”过程中加强法律意识，提升风险管控能力有积极意义。

【专家评析】*

本案主要涉及涉外法律服务合同的准据法、法律服务的范围以及律师的勤勉义务。

本案的主要争议点是：如何确定涉外法律服务合同的准据法；被告达某律师事务所是否依约提供了法律服务；原告天某新能源公司的损失是否与达某律师事务所提供的法律服务有关。原告主张适用中国法，并认为被告未按照勤勉尽责的标准提供法律服务，未向其提示工程合同中的法律风险进而导致了原告的损失。被告则主张适用美国法，认为其审查范围仅限于合同中与股权交易有关的内容，原告的损失系自身商业决策失误所致。以上分歧涉及如何理解“最密切联系原则”、跨境股权交易法律服务范围以及勤勉义务标准的适用。

一、涉外法律服务合同的准据法

本案被告系注册在美国的法人，涉案法律服务合同关系属于涉外民事关系，因此法院首先应当确定准据法。确定合同准据法通常遵循意思自治，但在当事方未作选择的情况下，“最密切联系原则”是各国通常采取的方法，我国也是如此。早在1985年《中华人民共和国涉外经济合同法》(以下简称《涉外经济合同法》)就于第5条规定合同当事人可以选择处理合同争议所适用的法律。当事人没有选择的，适用与合同有最密切联系的国家的法律。1986年的《民法通则》第145条沿袭了上述规定。1999年《合同法》实施后，《涉外经济合同法》废止。《合同法》第126条亦有相同规定。此后，2011年《涉外民事关系法律适用法》分八章规定了准据法等问题，于

* 撰写人：蔡从燕，复旦大学法学院教授。
黄钰，复旦大学法学院博士研究生。

第六章“债权”第41条规定“当事人可以协议选择合同适用的法律。当事人没有选择的，适用履行义务最能体现该合同特征的一方当事人经常居所地法律或者其他与该合同有最密切联系的法律”，并在第一章“一般规定”第2条规定“本法和其他法律对涉外民事关系法律适用没有规定的，适用与该涉外民事关系有最密切联系的法律”，将“最密切联系原则”上升为一般原则。

“最密切联系原则”的适用具有较大的灵活性，这导致许多案件中争议双方均适用此原则但对于何为准据法得出了不同的结论。为此，一些大陆法系国家提出“特征性履行方法”，旨在根据合同主要义务的履行来界定合同特征，进而从主要义务履行方角度确定准据法。根据《最高人民法院关于审理涉外民事或商事合同纠纷案件法律适用若干问题的规定》第5条第2款的规定，“特征性履行方法”是指“应根据合同的特殊性质，以及某一方当事人履行的义务最能体现合同的本质特性等因素，确定与合同有最密切联系的国家或者地区的法律作为合同的准据法”。该司法解释在《涉外民事关系法律适用法》实施后被废止，但判断“特征性履行方法”的思路仍为司法实践所运用。

本案中，原告主张根据聘任函等相关文件所示地址确定合同特性，认为被告是在中国境内向中国公司提供法律服务，因而应当适用中国法。然而，两审法院认为，这一主张不符合“特征性履行方法”的内涵。本案所涉合同是原告委托被告就一家美国公司的股权收购提供美国法律服务，特征性履行方是被告，与合同有最密切联系的也是美国法律。两审法院确定美国法为准据法，准确地把握了“最密切联系原则”和“特征性履行方法”的内涵。

二、跨境股权交易法律服务的范围

本案另一个核心争议点：达某律师事务所的法律服务范围是否涵盖相关工程合同的合同类型以及相应的法律风险？

本案中，聘任函载明了达某律师事务所提供法律服务的五项内容，均指向与股权收购直接相关的文书和事项。特别是天某新能源公司并未反对达某律师所经由邮件提出的法律服务范围的意见。事实上，原告不仅聘请了被告达某律师事务所，亦聘请了其他律所和会计师事务所评估投资项目的财税情况、可行性和法律风险。这表明原告清楚被告提供法律服务的特质，即仅限于与股权交易有关的美国证券法律事宜。工程合同虽与案涉股权交易相关，但并非法律服务合同直接之所指，因而要求达某律师所将审查范围扩大至工程合同涉及的所有法律风险并不合理。因此，两审法院认定“对工程合同的审查仅限于合同是否存在诸如‘控制权变更’条款等对案涉股权交易有重大不利影响的约定”。这充分尊重了当事方约定。

三、勤勉义务的标准

勤勉(due diligence)义务可追溯至罗马法上的勤谨注意义务，以所谓“善良家父”(bon père de famille)标准判断行为人是否存在过失，要求行为人以管理自身事务时所具有的勤勉程度去管理所负责的事务。由于服务合同的特殊性，合理界定勤勉义务的标准不仅可以确保服务接受方获得其预期的服务，也可以避免对服务提供方施加过度的义务，从而合理地平衡服务合同当事方的利益。

针对证券法律服务项下的勤勉义务，美国《1933 年证券法》第 11 条(b)款首先区分有专家意见支持的情形和没有专家意见支持的情形，进而对于勤勉义务分别设定了“合理调查”和“合理依赖”标准。该法第 11 条(c)款规定：“在决定什么构成合理的调查和合理的确信时，合理性的标准应该是：一个审慎的人在管理他自己的财产时所应有的标准。”也即“合理人”标准。本案涉及的是达某律师事务负责的、没有专家意见支持的情形，据此达某律师事务所提供服务必须达到“合理调查”标准。在美国证券法实践中，一方面，“合理调查”标准要求行为人恪尽职守，但并非完美无瑕的最高标准，而是一种本职业团体的平均水平。另一方面，“合理调查”的判定不存在统一的标准，而是必须考察发行人的业务类型、相关责任主体的地位和所交易证券的类型等进行综合判断。①

本案中，达某律师事务所受聘为天某新能源公司收购美国某上市公司股权提供法律服务。根据美国法，达某律师事务所具备为证券收购提供法律服务的相应资质和能力。达某律师事务所的审查应该按照一般股权收购尽职调查的范围进行。如前所述，美国某上市公司子公司签订的工程合同中的会计事项或商业风险不在本案所涉法律服务合同的范围内，因而达某律师事务不承担勤勉义务。此类会计事项或商业风险应由天某新能源公司自行或其委托的其他服务提供方判断。换言之，达某律师事务所不承担以法律风险提示的方式替代天某新能源公司独立作出商业判断的义务。这准确适用了美国法律有关勤勉义务的标准，还尊重了有关跨州法律服务的美国法律规定与实践。

本案判决对于涉外合同中的一系列重要问题——包括法律适用、合同义务的范围以及外国法的含义——都作出了精细的裁判阐述，其中对于“合理调查”标准的认定对后续我国证券司法实践具有重要参考意义。更重要的是，本案的审理表明了中国法官不仅能够准确理解，而且愿意积极适用外国法。这显示了中国法院的专业性与开放性，有助于中外当事方的合法权益在中国法院获得平等保护。本案的审理也具有重要的启示意义，即我国企业在开展对外经济活动时既要寻求法律支持以应对法律风险，也需要进行准确的商业判断以减少商业风险。

---

① 参见邢会强：《证券市场虚假陈述中的勤勉尽责标准与抗辩》，载《清华法学》2021年第5期。

案例 18

伯利兹籍居民张某某
与
谢某某、深圳澳某投资有限公司等
合同纠纷案*

【基本案情】

美某公司最初由达某公司和深圳澳某投资有限公司(以下简称澳某公司)分别持股 56.14%和 43.86%。根据 2013 年至 2014 年达某公司、澳某公司、美某公司等签署的一系列协议，张某某系达某公司、澳某公司、美某公司的实际控制人，达某公司及其关联公司将美某公司 100%股权变更登记至创某企业名下作为向创某企业融资的风险保障措施。后张某某、达某公司与澳某公司、谢某某等签订协议，约定澳某公司股权正式由谢某某等持有，并由澳某公司筹资用于回购登记在创某企业名下的美某公司 99%股权。还约定张某某和达某公司有权在澳某公司完成回购后 12 个月内向澳某公司购买美某公司 99%的股权以及购买的价款等。该协议签订后，澳某公司筹资回购了美某公司 99%股权并完成了工商变更登记。张某某认为，案涉协议约定的有关美某公司股权的交易安排系股权让与担保，其作为美某公司的实际控制人，请求确认登记在澳某公司名下的美某公司 99%

---

* 【一审案号】最高人民法院(2020)最高法商初 5 号。

股权系向谢某某提供的让与担保措施，并确认美某公司 43.86%的股权归其所有。达某公司另案起诉请求确认相关交易安排系让与担保并确认美某公司 55.14%的股权归其所有。

【裁判结果】

最高人民法院经审理认为，区分股权让与担保和股权转让，主要应从合同目的以及合同是否具有主从性特征来判断。案涉协议没有张某某、达某公司向澳某公司借款的约定，也没有就以美某公司 99%股权向澳某公司进行让与担保的约定，未体现让与担保的从属性特征。案涉协议有关张某某、达某公司可以在约定的期限内向澳某公司购买美某公司 99%股权的约定系相关各方达成的一种商业安排，不同于让与担保中采用的转让方应当在一定期限届满后回购所转让财产的约定。且根据案涉协议，澳某公司对美某公司的经营权仅在回购期内受到一定限制，并未约定对回购期满后澳某公司的股东权利进行任何限制，亦不同于股权让与担保常见的对受让方股东权利进行限制的约定。即便张某某原为美某公司的实际控制人，但未曾直接持有美某公司股权，张某某主张美某公司股权归其所有欠缺请求权基础。综上所述，判决驳回张某某的全部诉讼请求。

【典型意义】

该案是最高人民法院国际商事法庭审理的国际商事案件，涉及多份商事合同，相关交易安排参与主体众多，交易背景和交易设计复杂，争议所涉公司股权价值巨大。该案的裁判说理就如何识别股权让与担保和有回购条款的股权转让这一疑难法律问题提供了清晰的指引。在本案中，法院明确了判断交易安排是让与担保还是股权转让时，应综合考虑受让方的股东权利是否受到限制、是否享有完整的股东权利等因素，同时当事方在交易安排中真实意思也是区分股权让与担保私有回购条款的股权转让的重要因素。

【专家评析】*

本案是一起国际商事合同纠纷案件，主要涉及重复诉讼、主体适格性以及股权转让和让与担保的识别三个问题。

一、关于重复诉讼

根据《最高人民法院关于适用〈中华人民共和国民事诉讼法〉的解释》(以下简称《民事诉讼法解释》)第247条规定，当事人就已经提起诉讼的事项在诉讼过程中或者裁判生效后再次起诉，同时满足三项条件，即当事人相同、诉讼标的相同、诉讼请求相同或者后诉的诉讼请求实质上否定前诉裁判结果的，人民法院认定存在重复起诉。该三项条件缺一不可，人民法院不能简单地因后诉与前诉基础事实一致、诉讼请求相同即认定为重复起诉。

本案原告为张某某，诉讼请求为确认登记在澳某公司名下的美某公司43.86%股权归其所有。(2017)粤民初1号案(以下简称1号案)原告为达某公司，诉讼请求为确认澳某公司名下的美某公司55.14%股权归达某公司所有。两案的当事人、诉讼请求均不同，且相互不能替代或涵盖。故本案判决认定不构成重复诉讼。

二、关于主体适格性

主体适格，也称为正当当事人或者合格的当事人，是指对于特定的诉讼可以自己的名义成为当事人的资格。《民事诉讼法》第122条规定：“起诉必须符合下列条件：(一)原告是与本案有直接利害关系的公民、法人和其他组织；(二)有明确的被告；(三)有具体的诉讼请求和事实、理由；(四)属于人民法院受理民事诉讼的范围和受诉人民法院管辖。”需要注意的是，原告与被告的主体是否适格存在不同的判断标准。就原告而言，与

* 撰写人：单文华，西安交通大学首批文科资深教授、校长助理、法学院院长，教授、博士研究生导师，最高人民法院国际商事专家委员会专家委员。
冯昆，西安交通大学法学院博士研究生。

本案具有“直接利害关系”是其适格的判断标准。是否具有“直接利害关系”通常需要从利害关系（实体权利义务）和诉讼主体两个方面判断，具体可表现为原告与诉讼标的存在实体权利上的联系，且诉讼标的系由原告所享有、管理、处分的权益。而就被告而言，仅需满足“明确”标准即可。按照《民事诉讼法解释》第209条的规定，“原告提供被告的姓名或者名称、住所等信息具体明确，足以使被告与他人相区别的，可以认定为有明确的被告”。

本案原告张某某是案涉股权回购协议等的签署方，在协议中经常与达某公司作为一个整体承受相关权利义务，其以自己的名义依据案涉合同主张其民事权益受到侵害或与被告发生民事争议，应视为其原告主体适格。陈某是2013年9月26日项目合作协议的缔约方，两人同时还系案涉其他合同中的缔约方，故可以被列为被告。因此，本案裁定案涉当事人主体适格，也属妥当。

三、关于股权让与担保与股权转让的识别

案涉股权回购协议虽对数个商事交易进行了安排，本案争议的焦点主要在于对上述协议中股权变动性质的识别与认定。股权让与担保是指债务人或第三人（让与担保人）为担保债务人的债务，将公司股权转让给债权人（让与担保权人）。债务清偿后，股权转回让与担保人；债务未适当履行时，让与担保权人可以就该股权优先受偿。由于债务人会将股权形式上转移至债权人名下，因而在实践中往往会与股权转让相混淆。

实践中，股权让与担保与股权转让主要从以下两个方面进行区分：一方面，需要判断当事人之间是否存在债权债务关系。股权让与担保具有存在上的从属性，必须依附于主债权债务存在，这使股权让与担保较之股权转让有一个显著的区别，即存在主债权债务关系。另一方面，还需要判断当事人之间达成的股权变更协议究竟是转让股权还是股权让与担保的意思表示。具体可考虑：（1）合同条款中有无让与担保内容，是否体现合同的主从性特征。（2）合同条款中是否清晰、明确地对股权回购进行了安排。

(3)回购期满后股权受让方是否享有完整股东权利。

本案中，股权回购协议未就张某某、达某公司向谢某某民间借贷进行约定，亦未就美某公司99%股权向谢某某、澳某公司办理让与担保进行安排，更无条款体现合同的主从性特征。张某某、达某公司曾参与签订合作协议、项目合作协议及补充协议二，在约定股权持有方式时均使用"代持""风险保障措施"等表述，而张某某、达某公司在签订案涉股权回购协议中使用的是"正式""实际"持有，反映出张某某、达某公司在本案所涉复杂商事交易中意思表示的重大转变，其回购安排可谓清晰、明确。回购期满后，澳某公司已正式持有美某公司股权并享有完整股东权利。鉴于上述，本案判决认定张某某关于澳某公司所持有美某公司99%股权属于让与担保措施的主张不成立。

有关股权让与担保的问题，新修订的《中华人民共和国公司法》(以下简称《公司法》)并没有规定。《最高人民法院关于适用〈中华人民共和国民法典〉有关担保制度的解释》第68条就让与担保的认定及权利实现程序作出了一般规定，承认了让与担保的合法性及其物权效力。债务人或第三人与债权人约定以将财产形式转让的方式提供担保，若已完成权利变动公示，当债务人不履行到期债务时，债权人可以就担保财产折价或拍卖、变卖优先受偿，但不可以主张对担保财产享有所有权，当事人之间就债务人不履行到期债务，担保财产归债权人所有的约定无效；若权利变动未进行公示，则债权人不可主张就担保财产优先受偿。可见，本案判决与该解释的精神也是一致的。

本案涉及一系列商事合同，众多交易安排参与主体，且交易背景和交易设计复杂，争议所涉公司股权价值巨大，是一件较为复杂、难度较大的国际商事诉讼案件。本案合议庭在扎实的事实认定的基础上，对重复诉讼、主体适格性以及股权转让与股权让与担保识别等重要法律问题，抽丝剥茧、条分缕析，进行了专业、细致、深入的分析研判，确定了相应的裁判规则，亦为后续相关案件提供了引领示范。尤其是对于实践中存在较大争议的股权转让与股权让与担保的识别问题，本案明确的判断标准为最高人民法院后续审理的其他类似案件提供了重要指引。例如，最高人民法院在吉林省健某投资有限公司、广某投资控股集团有限公司等合同纠纷案[①]中，便援引了本案的裁判规则。在认定该案所涉的股权让与担保问题时，最高人民法院援引该案指出，"以股偿债与股权让与担保的主要区别，从债务人角度看是原有债务是否消灭；从债权人角度看，是债权人究竟取得了股权还是优先受偿权。让与担保的重要特征是债务人不履行债务时，债权人有权对其形式上受让但并不真正享有所有权的标的物主张依法变价处置，并就其价款优先受偿。不能仅以形式上是否约定回购条款来加以区分以股偿债与股权让与担保。在股权发生转移的情况下，现行法律并未限制当事人可以另行约定一定期限后回购股权，实践中股权转让后再回购的情形亦不乏先例"，表明本案在司法实践发挥了示范引领作用。

① 最高人民法院(2021)最高法民终523号民事判决书。

案例 19

重庆孚某汽车销售有限公司
与
重庆中某物流有限公司等
物权纠纷案*

【基本案情】

2019 年 2 月，重庆中某物流有限公司(以下简称中某公司)、某金融公司、英某公司签订铁路提单汽车进口业务合作协议，约定：英某公司从境外进口一批汽车，以铁路提单作为结算方式项下的单证及提货凭证。中某公司在境外接收进口货物并签发铁路提单。英某公司与重庆孚某汽车销售有限公司(以下简称孚某公司)签订 IMSA 车辆销售合同后，将经境外出口商和某金融公司背书的铁路提单正本 3 份交付给孚某公司。货物经中欧班列运抵目的地后，孚某公司持铁路提单向中某公司要求提货，并向中某公司出示了铁路提单正本以及提车证明原件。中某公司拒绝交货，孚某公司遂将其诉至法院，要求确认货物所有权并交付货物。

【裁判结果】

重庆自由贸易试验区人民法院审理认为，案涉铁路提单是签发人通过

* 【一审案号】重庆自由贸易试验区人民法院(2019)渝 0192 民初 10868 号。

协议及铁路提单作出的向不特定的铁路提单持有人交付货物的承诺。英某公司作为进口车辆的所有权人，与孚某公司约定交付铁路提单视为车辆交付，符合物权法关于指示交付的规定。由于铁路提单与提货请求权的对应关系，孚某公司受领铁路提单后，享有铁路提单项下车辆的提货请求权。据此，判决确认孚某公司享有铁路提单项下货物所有权；中某公司向孚某公司交付铁路提单项下货物。

【典型意义】

铁路运单及相应的运输交易是依托中欧班列推进“一带一路”建设国际陆上贸易产生的新商业模式，人民法院应当在不违反法律、行政法规强制性规定和社会公共利益的前提下，尊重当事人意思自治并依法保障交易安全。铁路运单尚不构成物权法规定的提单，其所代表的提货请求权之实现应取决于当事人的合同约定及运单本身的记载。该案中，各方约定缔约承运人签发案涉国际铁路运(提)单并明确持有人具有提货请求权，转让该单证应视为提货请求权的转让，属于特殊形式的指示交付。该案在现有法律框架下对铁路运单及其交易模式予以认可，是对中国(重庆)自由贸易试验区创新铁路运单及其配套规则的积极探索，有利于推动中欧班列国际陆上贸易规则的构建。

【专家评析】*

近年来，随着“一带一路”机制向纵深发展，中欧之间贸易量呈现持续增长趋势，中欧间巨大的货物贸易交往促使中欧班列的运输规模不断扩大，为“一带一路”建设提供了巨大的活力。作为一种重要运输方式，中欧班列对于“一带一路”建设发挥着不可替代的作用，中欧班列的长期平

* 撰写人：刘敬东，中国社会科学院国际法研究所研究员，博士研究生导师，最高人民法院国际商事专家委员会专家委员。
雷啸天，中国社会科学院大学博士研究生。

稳运行、运输规模的持续扩大需要相关法律规则的不断完善和优化。特别是因陆上贸易长途铁路运输耗时长的特点带来的贸易周期长、资金流转难、银行结算烦琐等问题凸显，这些问题需要新的法律规则加以解决。在这一实践背景下，仿照海运行业成熟的单证交易模式而创设的“铁路提单”概念及其规则应运而生。其目的在于使铁路运输单证获得物权凭证属性，让货物的实物流转与单证流转分离，利用单证流转便利性优势释放在途货物的转卖、融资能力，进一步激发中欧班列沿线国家间的贸易活力。

作为新兴的交易模式，现阶段行业内使用的铁路提单规则主要来自商事主体在合同中的约定，现有国际公约和我国国内法并未对铁路提单的法律性质作出直接规定。因此，铁路提单的效力和功能成为本案的主要法律争议焦点，也是公正解决本案纠纷的核心法律问题。

一、本案的难点：直接法律规则缺位

在国际公约方面，现行规范跨国铁路运输的国际公约主要包括《国际铁路货物联运协定》与《铁路货物运输国际公约》两项，中欧班列沿线国家分属此两公约的成员方。该铁运两公约均以铁路运单为必要单据，但铁路运单并不具备物权凭证的属性，不承担提货凭证的功能。而规制跨行业运输的《联合国国际货物多式联运公约》一方面由于一直未达到足够的成员方数迟迟未能生效，另一方面其主要规则也并不关涉铁路运输。此外，铁路提单相关实践尚未在行业内形成习惯或惯例，更未形成习惯国际法规则。就国内法而言，仅《民法典》第440条言明提单上可设置质权，却也并未明确“提单”的内涵，更无有关“铁路提单”的规定。因此，铁路提单制度并无现行国内法律法规的直接规制，作为由合同创制的新规则，铁路提单的合法性及功能需要从当事人意思自治的角度考察，从而为认定其法律效力创造条件。

二、本案的创新：对合同约定的合法性及效力的认定

海上运输作为最早创制“提单”概念的行业，已经在多项国际公约及行业组织规范下形成了稳定的海运提单及配套规则体系，《中华人民共和国海商法》(以下简称《海商法》)第71条也专门定义了海运提单的内涵。结合法律法规及最高人民法院第111号指导性案例中对提单性质的解释，海运提单已经被广泛认可为物权凭证，本身具备物权属性，对海运提单的交付等同于其项下货物的实物交付。本案中，人民法院基于意思自治原则，推动约定的铁路提单实现类似海运提单的功能，有效维护了当事人合法权益。

(一)对案涉铁路提单权利属性的认定

首先，审理该案的人民法院考察了双方就案涉铁路提单属性作出的合同约定。本案铁路提单汽车进口业务合作协议中各方约定：铁路提单为“区别于传统国际铁路联运运单及运输合同之单证”“系无争议地排他性提取货物的提货凭证”。然而，根据现行法律规定，这一合同安排很难使铁路提单获得物权凭证的属性，因为《民法典》第115条要求物权客体须由法律设定，仅基于合意的合同约定显然不能对抗物权法定的基本原则。人民法院认为，虽然不能通过合同设定物权，但合同安排可以理解为当事方对货物原所有人的提货请求权(民法上的返还原物请求权)作出约定：经背书的持单人可享有对该批货物的提货权。该约定基于当事方的意思自治作出，且并不违反法律、行政法规的强制性规定和社会公共利益，具备合法性。鉴于此，人民法院认为，案涉铁路提单因此承载了提货请求权的法律功能。

(二)对交付铁路提单行为性质的认定

海运提单具有物权属性，其交付自然等同于实物的交付，发生物权转移的法律效力。相比之下，铁路提单尚不具备物权属性，仅能承载提货请求权的功能。因此，对铁路提单的交付并不能等同于货物的交付，并不属于《民法典》第224条现实交付的场景。本案中，在明确铁路提单承载了提货请求权后，人民法院认为，交付铁路提单的行为可被理解为转移对货物的返还请求权，符合《民法典》第227条指示交付的情形。因此，该项权利应当受到法律的保护。

本案中，根据英某公司与孚某公司签订的买卖合同的约定，将交付铁路提单的行为视为车辆交付。在此次交易中，可认为卖方英某公司享有对货物的所有权，同时基于与中某公司的运输合同，使后者对货物实施直接占有，而前者享有对货物的返还原物请求权。通过与孚某公司订立买卖合同并交付承载提货请求权的铁路提单，英某公司将货物的返还原物请求权转移给了孚某公司。结合《民法典》第227条及相关司法解释的规定，出让人与受让人之间转让返还原物请求权的协议生效时，指示交付即告完成。因此，当英某公司将铁路提单交付给孚某公司时，应当认定其完成了合同项下货物的交付义务。

结合以上两点考量，人民法院认为，铁路提单上的提货请求权实现了从英某公司到孚某公司的转移，持有铁路提单的孚某公司理应享有合法的提货权。虽然由于缺乏直接适用的现行法律规则导致合同约定下的铁路提单不具备完全的物权属性，但指示交付的解释逻辑使铁路提单承载了可转移的提货请求权，实现了部分"物权凭证"的功能。人民法院对此案作出的最终判决在不违反法律强制性规定的前提下，充分尊重了当事人的意思自治，支持且肯定了商事主体的贸易创新模式，实现了法律效果和社会效果的有机统一。尤其应当肯定的是，该案判决理由澄清了铁路提单的性质和基本规则，形成了创新性的司法先例，有助于增强贸易主体继续使用铁路提单工具的信心，对推动构建中欧班列贸易规则构建具有十分重要的意义。

三、本案对铁路提单规则制定的意义

多年以来，从事中欧班列沿线贸易的商事主体和我国政府为探索具备物权凭证属性的铁路运输单证作出了卓越的努力。中国政府在2019年联合国国际贸易法委员会第52届会议上提出，应当解决铁路运单不具备物权凭证属性的问题，并建议创设适用于多种运输方式的"提单"工具。2021年国务院印发《关于推进自由贸易试验区贸易投资便利化改革创新若干措施的通知》(以下简称《通知》)，明确提出"探索铁路运输单证、联运单证实现物权凭证功能”，为未来铁路提单性质及规则的进一步探索指明了方向。商事主体在直接法律规则缺位的情况下，通过协商一致的合同安排使铁路提单发挥了“物权凭证”的部分功能——可转移的提货请求权，这对维护相关交易安全至关重要。但由于缺乏现行法律的直接赋权，基于合同安排的各项权利义务安排并不稳定，导致铁路提单的质押担保、结汇融资功能仍然受到很大限制。此外，提单配套规则如签发人资格、签发条件、签发对象、背书格式等问题很难通过个体的合同安排解决，甚至因背书规则不明确导致各方就提单背书瑕疵问题产生争议(本案当事方亦就背书问题产生争议)。因此，法律规则层面的制度保障必不可少。在国内法层面，应当遵照《通知》指示，按照司法实践→典型案例→司法解释→立法规范的步骤稳步推进铁路提单规则纳入我国法律体系，赋予其物权属性和职能。此外，正如中国政府在联合国国际贸易法委员会第52届会议上的提案所强调，铁路提单规则欲在中欧班列沿线跨国贸易中发挥作用，单靠一国立法无法解决问题，还需要相关各方制定形成新的国际规则。因此，中欧班列沿线各国应积极开展合作，共同商定铁路提单的国际规则，为中欧班列的稳定运行创造良好的法治环境，有效促进中欧贸易的持续增长，最终实现“一带一路”高质量发展成果惠及各方。从创制新的法律规则意义上讲，本案的裁判结果对于铁路提单国内法律规则及国际法律规则的未来发展具有重要推动作用。

案例 20

广东本某药业集团有限公司
与
意大利贝某大药厂
产品责任纠纷案*

【基本案情】

意大利贝某大药厂指定香港 A 公司在中国独家销售细菌溶解物“兰菌净”。2013 年 11 月，广东本某药业集团有限公司(以下简称本某公司)与 A 公司签订独家经销协议，从该公司进口“兰菌净”，在内地独家销售。2016 年 1 月，国家食品药品监督管理总局发布公告，要求停止进口“兰菌净”，并责令召回。因贝某大药厂未召回“兰菌净”，导致本某公司尚未销售的 234, 719 瓶库存产品无法处理。本某公司起诉要求贝某大药厂赔偿其库存产品的损失及利息等。

【裁判结果】

最高人民法院审理认为，本某公司与意大利贝某大药厂未成立合同关系，其不能向贝某大药厂主张合同权利。但贝某大药厂作为生产者，在负有召回义务的情况下，怠于采取召回措施，给本某公司造成了损失，系不

* 【一审案号】最高人民法院(2019)最高法商初 1 号。

作为方式的侵权应对本某公司承担侵权赔偿责任。故判决贝某大药厂向本某公司赔偿库存"兰菌净"的损失和利息、分销商退回"兰菌净"的损失和利息、库存的处理费用等。

【典型意义】

该案是最高人民法院第一国际商事法庭实体审理的"第一案"，也是其作出的首个国际商事判决。该案根据《最高人民法院关于设立国际商事法庭若干问题的规定》，实行一审终审制，判决一经作出即生效，以公正高效的争议解决优势极大满足了商事主体高效率解决纠纷的需求，并对国际商事法庭的运行和发展作出了有益的探索。

该案系因跨境销售的缺陷产品召回而引起的赔偿纠纷。针对境内销售商能否超越合同相对性原则，直接向境外生产商索赔这一法律问题，最高人民法院国际商事法庭首次明确了裁判规则，即确认境外生产商作为缺陷产品的最终责任主体，在其怠于履行产品召回责任的情况下，境内销售商可以在履行召回义务后，依据侵权责任法的规定向境外生产商直接主张侵权赔偿责任。该归责原则对今后类似纠纷案件的解决具有示范指导作用。

【专家评析】*

本案涉及缺陷产品跨境纠纷。

本某公司诉意大利贝某大药厂产品责任纠纷案是最高人民法院国际商事法庭实体审结的第一案，在国际上、社会上关注度很高，具有标杆地位和里程碑意义。本案通过判决的形式明确了境外生产商是产品召回的最终责任人，应当履行产品召回制度规定的义务，有力地维护了诚信经营、合法经营的市场秩序。

意大利制药公司贝某大药厂的产品通过中国香港中间商、中国内地的代理商本某公司在中国内地销售。后中国行政管理部门检查发现产品缺

* 撰写人：王利明，中国人民大学法学院教授，最高人民法院国际商事专家委员会专家委员。

陷，要求召回。本某公司因此遭受损失，起诉贝某大药厂承担赔偿责任。国际商事法庭经审理作出判决，对于此类境外产品在中国销售时发现缺陷后的处理，明确了以下四点具有指导意义的处理原则。

第一，境外生产商是缺陷产品召回的终极责任人，境内销售商是缺陷产品召回的协助义务人。《中华人民共和国侵权责任法》(以下简称《侵权责任法》)第46条规定，产品投入流通后发现存在缺陷的，生产者、销售者应当及时采取警示、召回等补救措施。未及时采取补救措施或者补救措施不力造成损害的，应当承担侵权责任。①根据《药品召回管理办法》第3条和第15条的规定，药品生产企业(包括进口药品的厂商)是药品召回的义务主体，进口单位负责在境内具体实施。缺陷产品通过层层召回最终要返还境外生产商进行处理，境外生产商作为产品的制造者是缺陷产品召回的最终义务主体。销售商在产品召回的制度设计中仅是一个中间环节，是连接消费者和生产商的纽带，法律规定销售商在产品召回中的义务旨在为消费者就缺陷产品主张权利增加便利。因此，境内销售商对缺陷产品的召回负有协助义务，但非最终义务人。

第二，境内销售商可以直接向境外生产商主张侵权赔偿责任。本案中缺陷产品的境内销售商本某公司与境外生产商贝某大药厂之间没有直接的买卖合同关系，其无权依据《合同法》向贝某大药厂主张违约赔偿责任。但是，本某公司已经履行协助召回义务，贝某大药厂作为缺陷产品召回的终极责任人怠于履行法定召回义务，给本某公司造成了损失，构成不作为侵权。根据《侵权责任法》第6条第1款②的规定，本某公司可直接向贝某大药厂主张侵权赔偿责任。

第三，损害赔偿责任应包括产品本身的损失。《中华人民共和国产品质量法》第41条第1款规定，因产品存在缺陷造成人身、缺陷产品以外的其他财产损害的，生产者应当承担赔偿责任。根据该规定，产品责任中的

① 现为《民法典》第1206条。
② 现为《民法典》第1165条。

损害仅限于人身、缺陷产品以外的其他财产损害。《侵权责任法》第41条规定，因产品存在缺陷造成他人损害的，生产者应当承担侵权责任。[①]《侵权责任法》的实施突破了产品责任法的责任限制，将损害赔偿范围扩大到缺陷产品自身的损失。从本案的情形看，对于代理商而言，其将协助召回的产品以及尚未售出的产品退回或销毁，均属于产品自身的损失，其主张生产商就此承担责任，合法合理。

第四，境内销售商越过交易前手，向境外生产商直接主张赔偿，赔偿范围应为境外生产商怠于履行法定召回义务对其造成的直接损失。其中产品自身损失应以进口价而非销售价为计算标准，即不应包括销售利润。侵权责任与合同责任的赔偿范围有严格的区分，依据《合同法》第113条[②]的规定，合同当事人可以向违约方主张可得利益损失；而在侵权关系中，被侵权人通常只能向侵权人主张赔偿实际损失，不应包括可得利益损失。本案中本某公司向贝某大药厂主张侵权责任，其可以主张赔偿的范围应为贝某大药厂怠于履行法定召回义务这一不作为侵权行为对其造成的直接损失，即按照药品的进口价向贝某大药厂主张赔偿损失，其对外的销售价包含了销售利润，不应得到支持。对于本某公司与其下级分销商纠纷而支出的案件受理费、诉讼保全费、律师费等费用，也不能以侵权之诉向境外生产商主张赔偿。

本案作为国际商事案件，涉及准据法的确定问题。本案经征得双方当事人同意，适用我国法律进行审理。本案的审理程序严格遵守《最高人民法院关于设立国际商事法庭若干问题的规定》和《最高人民法院国际商事法庭程序规则(试行)》的有关规定。与一般的民商事审判相比较，本案在审理中有三个独特、新颖、值得关注的特点：一是实行一审终审制，判决一经作出即发生效力，因为其属于最高人民法院审理的案件，当事人不得上诉，但可向最高人民法院本部申请再审；二是对于当事人提交的英文证据

① 现为《民法典》第1202条。
② 现为《民法典》第583条。

材料，征得对方当事人同意后，直接进行质证，无须翻译成中文；三是注重发挥国际商事专家委员会的作用，合议庭就有关问题咨询了多位国际商事专家委员，还征求了其他专家学者的意见。

本案的审理展现了最高人民法院国际商事法庭在国际商事纠纷处理上的能力和水平，本案判决为今后类似纠纷的解决明确了裁判规则，具有很强的指导意义。本案的高效审结充分实现了最高人民法院设立国际商事法庭的初衷，即通过及时、公正审理国际商事案件，平等保护中外当事人合法权益，营造稳定、公平、透明、可预期的法治化营商环境。最高人民法院国际商事法庭的高效优势满足了商界要求高效率解决纠纷的需求。

案例 21

富某(天津)融资租赁有限公司
与
德国致某会计师事务所股份有限公司
侵权责任纠纷案*

【基本案情】

富某(天津)融资租赁有限公司(以下简称富某公司)与中某建材于2012年签订两份融资租赁合同，中某卫浴、中某陶瓷作为担保人提供连带责任担保。富某公司向中某建材发放了1.88亿元人民币的融资款。但中某建材仅偿还部分款项，后该企业破产。德国中某是在德国上市的公司，其全资持股香港中某，香港中某全资持股中某卫浴和中某陶瓷，中某卫浴则全资持股中某建材。富某公司主张，中某建材申请贷款时的项目报告记载，中某建材及担保人均是德国中某下属核心企业，富某公司据此从德国证券市场网站下载了德国致某会计师事务所股份有限公司(以下简称致某公司)为德国中某出具的审计报告，并信赖、使用该审计报告包含的不实信息而作出贷款交易决策并进而遭受损失，诉请判令致某公司赔偿富某公司损失。

---

* 【一审案号】天津市高级人民法院(2018)津民初27号。
【二审案号】最高人民法院(2021)最高法民终575号。

【裁判结果】

最高人民法院二审审理认为，涉外审计侵权赔偿责任纠纷适用侵权行为地法，因侵权行为地包括侵权行为实施地和侵权结果发生地，一审判决适用侵权结果发生地法律即我国法律正确。会计师事务所不实审计报告侵权赔偿责任的实质是侵权法律逻辑与公共政策之间的平衡与协调，既要彰显侵权责任法的遏制和救济功能，又要避免正常市场风险分配机制扭曲，其关键点在于确定合理信赖或使用不实审计报告致损的“利害关系人”之范围。根据《最高人民法院关于审理涉及会计师事务所在审计业务活动中民事侵权赔偿案件的若干规定》(以下简称《审计侵权赔偿规定》)第2条的规定，因合理信赖或者使用会计师事务所不实报告而遭受损失的利害关系人只限于两类：一类是与被审计单位进行交易活动而遭受损失的主体；另一类是从事与被审计单位股票期权等有关的交易而遭受损失的主体。上述两类人员以外的第三人不属于法律保护的利害关系人，在我国侵权责任法等法律无其他规定的情况下，应当认定会计师事务所对其他第三人不负有法定注意义务。本案中，虽然致某公司审计报告中合并财务报表附注列明合并财务报表的公司包括中某建材，但中某建材并不是致某公司的审计对象，富某公司也未从事与致某公司审计对象德国中某股票期权等有关的交易，故富某公司不是致某公司审计报告侵权损害赔偿之诉的利害关系人。致某公司对富某公司不负有法定注意义务，其相应不具有违反法定注意义务之过错，不应承担侵权责任。据此，人民法院判决驳回富某公司诉讼请求。

【典型意义】

随着共建“一带一路”高质量发展，会计师事务所跨境业务量呈现增长态势，会计师事务所审计侵权责任问题也愈加受到关注。该案一方面阐明了涉外审计侵权赔偿责任纠纷的法律适用，明确可适用侵权结果发生地法，为中国法的域外适用明晰了法理基础；另一方面，通过阐明会计师事务所审计侵权赔偿责任以及注意义务的理论基础，对《审计侵权赔偿规定》第2条予以严格解释，明确人民法院无权在法律和司法解释规定之外扩大认定利害关系人的范围，较好平衡了专业侵权责任的救济功能与公共政策之间的关系，有助于形成稳定的市场预期，为同类案件的法律适用起了很好的示范效果，对我国企业“走出去”参与“一带一路”建设亦具有积极意义。

【专家评析】*

本案主要涉及会计师事务所审计涉外侵权问题，存在两项争议焦点：一是涉外审计侵权赔偿责任纠纷的法律适用；二是会计师事务所出具不实报告对第三人承担侵权责任的法理基础，即如何限定审计侵权赔偿责任诉讼“利害关系人”的范围。

一、涉外审计侵权赔偿责任纠纷的法律适用问题

确定适用的法律是解决涉外侵权纠纷的首要步骤。根据我国《涉外民事关系法律适用法》第44条的规定，侵权责任适用侵权行为地法律，但当事人有共同经常居所地的，适用共同经常居所地法律。侵权行为发生后，当事人协议选择适用法律的，按照其协议。本案中，原、被告并未就适用法律达成一致意见，且不存在共同经常居所地，因此应当适用侵权行为地法律。最高人民法院1988年印发的《关于贯彻执行〈中华人民共和国民法通则〉若干问题的意见（试行）》第187条将侵权行为地解释为侵权行为实施地和侵权结果发生地，尽管该意见已随着上位法《民法通则》的失效而不再具有法律效力，但目前司法实践中仍普遍认可这一解释。且本案中，最高人民法院在二审中再次确认了该解释。

本案中，富某公司诉求事由涉及涉外侵权，其诉称致某公司的侵权行

* 撰写人：刘晓红，上海政法学院校长、教授、博士研究生导师，最高人民法院国际商事专家委员会专家委员。

为导致富某公司不能收回融资款项，从而使其遭受债权损失，因此债权损失在我国领域内发生。对于侵权行为实施地(德国)和侵权结果发生地(中国)不重合的情形，应当由法院选择适用。在司法实践中，各国法院对如何确定侵权行为地持有不同的观点。如奥地利法院将侵权行为地解释为受害人遭受侮辱和影响最深的地方，该地往往与受害人的经常居住地相吻合。而德国采用了更普遍的原则，即在跨境侵权行为中，原则上适用侵权行为实施地法；若原告有特殊的要求，则可以适用侵权结果发生地法。也有学者认为，侵权行为实施地倾向于维护行为人的预期利益，侵权结果发生地则侧重于保护受害人的利益。

本案中，一审、二审法院对涉外审计侵权赔偿责任纠纷的法律适用问题的审理意见一致，认为应当适用侵权结果发生地法律，即中国法律。将侵权结果发生地作为连结点既符合最密切联系原则，也为案件的审理提供了便利，更为中国法的域外适用提供了参考价值。

二、确定被告应当适用的归责原则

原告诉请判令致某公司赔偿损失的前提是被告应对该损失负责。侵权责任归责原则是据以确定侵权民事责任由行为人承担的理由、标准或者最终决定性的重要因素。在一般过错侵权责任情形中，责任构成要件有四个方面：一是侵权人实施了侵权行为；二是侵权人实施行为有过错；三是被侵权人有损害；四是侵权行为与损害之间有因果关系。除一般过错责任原则外，我国《民法典》第 1165 条第 2 款和第 1166 条还规定了过错推定原则和无过错责任原则两类归责原则。前者指推定行为人有过错，其不能证明自己没有过错的，应当承担侵权责任；后者指行为人承担责任不以行为人有主观过错为要件，且该两类归责原则的适用均须有法律的明确规定。如我国《民法典》第 1170 条“共同危险行为责任”、第 1199 条“无民事行为能力人在教育机构受到损害的责任”、第 1254 条第 1 款“高空抛物侵权中直接侵权人的责任”、第 1255 条“堆放物致害责任”。

显然，本案中被告出具不实报告导致原告权益受损的行为不属于《民法典》中明文规定适用以上两项归责原则的条款，应当适用一般过错责任原则。根据过错原则构成的四要件，被告出具不实报告的行为符合“侵权人实施侵权行为”的要求。因此，本案问题的关键是被告出具报告的行为是否具有过错，且该过错与富某公司所受损失是否具有因果关系。

三、明确“利害关系人”的范围

本案中，富某公司与致某公司未签订合同，不存在合同关系，被告亦不存在违约的可能性。富某公司仅能以利益受损的第三人身份参与其中。若要判定被告致某公司对特定第三人即利害关系人承担法定的注意义务，需要确定富某公司是否在合理信赖或使用不实审计报告致损的“利害关系人”的范围中。

根据最高人民法院于2007年出台的《审计侵权赔偿规定》第2条第1款的规定，因合理信赖或者使用会计师事务所出具的不实报告，与被审计单位进行交易或者从事与被审计单位的股票、债券等有关的交易活动而遭受损失的自然人、法人或者其他组织，应认定为注册会计师法规定的利害关系人。对于该条款的理解，一审、二审法院存在不同意见，天津市高级人民法院将该款规定的“利害关系人”解释为“与会计师事务所没有合同关系，但有使用会计师事务所出具的审计报告的财务信息之可能，基于对审计报告的信赖进行决策的第三人”。根据该项解释，原告富某公司从德国证券市场网站下载了致某公司为德国中某出具的审计报告，并信赖、使用该审计报告包含的不实信息而作出贷款交易决策的行为，原告应当被界定为“利害关系人”。

最高人民法院认为该扩张解释超出了司法解释规定的“利害关系人”范围，缺乏法律依据，并予以纠正。在二审审理时，最高人民法院将“利害关系人”限定为两类：第一类是因合理信赖或者使用会计师事务所不实报告，与被审计单位进行交易活动而遭受损失的主体，即被审计单位的债权人；第二类是因合理信赖或者使用会计师事务所不实报告，从事与被审计单位股票、债券等有关的交易而遭受损失的主体，即证券市场上被审计单位的投资人。本案中，德国中某全资持股香港中某，香港中某又全资持股中某卫浴，中某卫浴则全资持股中某建材。但应明确，致某公司的审计对象为德国中某，富某公司既不是与德国中某进行交易的主体，也不是在证券市场上投资德国中某股票、债券等交易的主体，因此其不属于法律保护的利害关系人。人民法院无权在法律和司法解释规定之外，扩大认定利害关系人的范围并进而给予其侵权救济。

也正是因为原告富某公司不属于“利害关系人”的范畴，因而被告致某公司并不对其承担注意义务，并不满足一般过错责任构成要件二，即侵权人实施行为有过错。因此，被告无须承担过错责任。

本案的裁判中对《审计侵权赔偿规定》第 2 条因合理信赖或者使用会计师事务所不实报告而遭受损失的“利害关系人”范围作出了严格解释，将侵权救济框定在合理合法的界限内，是对我国《民法典》《注册会计师法》《公司法》以及相关司法解释的充分运用，符合我国司法价值取向。同时，本案也对今后审理涉及会计师事务所涉外侵权案件起到了一定的指导作用。

第 五 编

与公司有关争议案例

案 例 22

新加坡某环保科技集团有限公司
与
大某环保科技集团(福建)有限公司
股东出资纠纷案*

【基本案情】

大某环保科技集团(福建)有限公司(以下简称大某公司)是新加坡某环保科技集团有限公司(以下简称环保公司)在中国设立的外商独资企业，2008年6月30日，大某公司经批准注册资本增至人民币3.8亿元。大某公司于2012年4月27日以环保公司未足额缴纳出资为由提起诉讼，请求判令环保公司履行股东出资义务，缴付增资款4500万元。

福建省高级人民法院一审认为，环保公司未履行股东足额缴纳出资的法定义务，侵害了大某公司的法人财产权，大某公司有权要求环保公司履行出资义务，补足出资。据此，判令环保公司向大某公司缴纳出资款4500万元。环保公司向最高人民法院提出上诉。

【裁判结果】

2014年6月11日，最高人民法院公开开庭审理本案并作出当庭宣判。

* 【一审案号】福建省高级人民法院(2013)闽民初字第43号。
【二审案号】最高人民法院(2014)民四终字第20号。

最高人民法院二审审理认为，按照《涉外民事关系法律适用法》第14条第1款的规定，我国外商投资企业与其外国投资者之间的出资义务等事项，应当适用我国法律；外国投资者的司法管理人和清盘人的民事权利能力及民事行为能力等事项，应当适用该外国投资者登记地的法律。根据新加坡公司法的规定，在司法管理期间，公司董事基于公司法及公司章程而获得的权力及职责均由司法管理人行使及履行。因此，环保公司司法管理人作出的变更大某公司董事及法定代表人的任免决议有效。由于大某公司董事会未执行唯一股东环保公司的决议，造成了工商登记的法定代表人与股东任命的法定代表人不一致的情形，进而引发了争议。根据《公司法》的规定，工商登记的法定代表人对外具有公示效力，如涉及公司以外的第三人因公司代表权而产生的外部争议，应以工商登记为准；而对于公司与股东之间因法定代表人任免产生的内部争议，则应以有效的股东会任免决议为准，并在公司内部产生法定代表人变更的法律效果。本案起诉不能代表大某公司的真实意思，裁定撤销原判，驳回大某公司的起诉。

【典型意义】

该案对于平等保护中外投资者合法权益、保障股东选择管理者的权利、优化外商投资法治环境具有重要意义，被评为最高人民法院建院65周年重大案例之一。该案明确了外国公司的司法管理人及清盘人在中国境内民事权利能力和行为能力的认定规则，清晰界定了公司代表权争议的区分规则，增强了外商投资中国的信心。同时，该案是最高人民法院首次邀请外国驻华使节和境外媒体旁听庭审并当庭作出宣判的案件，彰显了我国公正高效的司法形象。

【专家评析】*

本案主要涉及外资企业法定代表人变更的问题。

---

* 撰写人：余劲松，中国人民大学法学院教授、博士研究生导师。
周一帆，中国人民大学法学院博士研究生。

本案的争议焦点主要是：双方当事人的诉讼代表权以及代理人的代理资格是否有效；大某公司提起本案诉讼的意思表示是否真实；工商登记的法定代表人与股东任命的法定代表人谁能代表大某公司的意志。福建省高级人民法院认为，大某公司是在中国注册的外商独资企业，是中国法人，在适用中国法律的前提下，应以工商登记的法定代表人及其意思表示为准。最高人民法院则认为工商登记的法定代表人具有公示效力，对涉及公司以外第三人因公司代表权而产生的外部争议，应以工商登记为准；而对于股东与公司之间因法定代表人任免产生的内部争议，则应以有效的股东会任免决议为准。二审判决意见之所以与一审判决意见不同，关键在于对《公司法》《涉外民事关系法律适用法》等有关法律的理解和适用上的差异。

一、公司属人法及其适用

本案首先涉及诉讼一方当事人环保公司的诉讼代表权是否有效，这便涉及法人属人法的适用问题，因为公司法人的民事权利和行为能力问题通常应依其属人法决定。

自然人与法人的权利能力与行为能力问题依属人法决定，这是国际上的普遍实践。法人是法律拟制的产物，其权利能力和行为能力是其属人法赋予的结果。至于法人属人法的确定，应当以法人登记地法还是以法人营业地法为标准，则视有关国家的规定而定。例如，1987 年《瑞士联邦国际私法》第 154 条第 1 款确定公司符合公告或符合登记规定的，可适用其成立国家的法律。但其第 2 款又规定，不符合前款规定条件的，适用公司实际管理中心所在地国家的法律。《涉外民事关系法律适用法》第 14 条规定："法人及其分支机构的民事权利能力、民事行为能力、组织机构、股东权利义务等事项，适用登记地法律。法人的主营业地与登记地不一致的，可以适用主营业地法律。法人的经常居所地，为其主营业地。"本案上诉人环保公司是在新加坡登记的公司，在该公司进入司法管理和清盘程序后，依据新加坡法律，司法管理人和清算人有权代表公司作出决定和进行诉讼。因此，在本案中，最高人民法院和福建省高级人民法院依据《涉外民事关系法律适用法》第 14 条的规定，适用新加坡法律确认环保公司的诉讼资格无疑是正确的。

二、法人属人法的适用范围——内部事务

本案的焦点问题在于，大某公司登记的法定代表人与股东会决议更换的法定代表人，谁是公司的真实意思代表者。一审法院认为应以公司登记为判断标准，二审法院则认为应以有效的股东会任免决议为准。这就涉及中国《公司法》有关条款的适用问题，特别是争议事项是属于公司内部事务还是外部事务的问题。

(一)公司的内部事务一般受公司成立地国法律的支配

公司内部事务或关系主要是指公司及其股东、董事、高级管理人员或代理人之间的关系。公司内部事务一般受公司成立地法的支配，这通常称为“内部事务理论”（internal affairs doctrine)，是公司法的支柱之一。至于公司内部事务包括哪些内容，各国规定不尽相同，一般包括以下事项：选举或任命董事和高管、通过章程、公司股份的发行、举行董事会和股东大会、表决方法、股东查阅公司记录的权利、公司章程修改和合并和重组与股份重新分类等。《涉外民事关系法律适用法》第 14 条明确提到了法人的组织机构、股东权利义务等事项。

公司内部事务理论本质上是法律选择问题。公司内部事务之所以适用公司成立地法，理由在于其符合法律选择所要考虑的某些重要因素。这些因素包括：(1)符合国际体制的需要，即有利于协调国家间关系，促进国际商业交往；(2)确定性、可预见性、结果的一致性；(3)保护当事人的合理预期；(4)易于确定和适用等。

对于公司来说，统一对待董事、高级管理人员和股东是一个重要目标，而这一目标只有使这些人对公司的权利和责任受某个单一的或独一无二的法律的约束才能实现。让涉及公司的组织结构或内部管理等公司内部事务受不同法律管辖是不切实际的，只有对公司内部事务适用单一的、持续和平等的法律，才可避免持续、相互依存的内部关系分裂，避免使公司面临相互矛盾的诉求，从而有助于当事人规划并增强确定性和可预测性。公司的股东、董事与高级管理人员通常会预期其对公司的权利和义务依成立国法律确定，这也有利于保护与公司有利益关系的当事方的合理期望。因此，在国际实践中，在没有明确可适用的相反的当地法的情况下，几乎总是采用公司注册地法律来确定公司内部事务问题。

此外，公司内部事务理论的适用原理还在于，尊重公司组织者、管理者和股东的法律选择。与其他法律领域中使用的更复杂的冲突分析不同，内部事务理论为公司及其投资者提供了一致的法律选择。企业在跨国经营时自由选择注册地并适用注册地法律是体现契约自由和意思自治的重要表现，而公司内部事项适用注册地法律是对此种意思自治的尊重和保障。

（二）对于公司法人的外部行为，则应由具体法律关系的准据法调整

公司的外部行为是公司开展对外活动作出的行为，包括订立合同（如购买原材料、融资）、侵权、转让财产等。这些事项是与公司之外的第三人发生法律关系，应由该法律关系所适用的法律进行调整。

（三）本案争议事项属于公司内部事务，应适用中国《公司法》的有关规定

大某公司是环保科技公司在中国境内依据中国法律登记设立的独资企业，其属人法是中国法律，大某公司与其唯一股东环保公司发生的出资纠纷属于公司的内部事务，应适用中国公司法解决。

根据《公司法》的规定，有限责任公司的股东会是公司的权力机构，有权选举和罢免董事会成员；公司董事会作为股东会的执行机关，有义务执行股东会的决议。在本案中，环保公司作为大某公司的唯一股东，有权任命和撤换大某公司的董事及法定代表人。由于环保公司依据新加坡法律进入司法管理程序和清盘程序，司法管理人和清算人作为公司的实际控制人有权作出变更大某公司法定代表人和董事的决议，大某公司董事会应当根

据唯一股东环保公司的决议，办理董事及法定代表人的变更登记。最高人民法院适用《公司法》关于公司治理制度规则所作出的判决意见，完全符合公司治理与股东权利保护的原理和公司法的规定。

三、公司登记的效力

根据《公司法》的规定，公司应当将其基本情况和重大事项依法向公司登记机关登记。公司的法定代表人依据公司章程的规定也应予以登记，法定代表人则应办理变更登记。登记具有公示效力，第三人根据登记事项所为的行为应当有效。公司变更法定代表人而没有登记变更的，不得对抗第三人。公司登记制度通过保护善意第三人对登记的信赖利益，维护交易的安全和迅捷。

然而，公司登记对公司的内部治理关系来说并不具有对抗效力，从《公司法》规定的公司治理制度来看，公司董事及法定代表人的任免权是由股东会行使的。公司董事及高级管理人员应该勤勉忠实地为公司服务。如果未能尽职，则股东会有权免职和撤换，并在公司内部产生变更的法律效果，不以登记为条件。如果以登记为由否定股东会关于撤换董事或法定代表人的决议的效力，则公司董事或法定代表人可能会通过拖延或不予办理登记，脱离股东会的约束，违背公司最高权力机构的意志而自行其是，而控股股东(在本案中为唯一股东)则会对其投资的公司失去控制权。显然，这样法律适用的结果违背了《公司法》的有关规定，也违背了国际通行的公司治理制度的精神，会导致公司股东会与董事(或法定传人)的关系的相互矛盾和混乱，既不利于公司治理，也不利于对股东权利的保护。因此，对于公司的内部事务而言，不能依公司登记决定其效力。最高人民法院关于股东与公司之间因法定代表人任免产生的内部争议，应以有效的股东会任免决议为准，而不应以工商登记为准的意见，是对中国《公司法》的正确理解和适用，把握了公司内部治理制度的核心精神。

该判决在关于公司属人法的适用、公司代表权、法定代表人的生效要件与工商登记的关系等方面确立了相应的裁判规则，对中国法院今后审理类似涉外民商事案件具有重要的指导意义。

案例 23

山东华某投资有限公司
与
新加坡 LK 公司
股权转让合同纠纷案*

【基本案情】

埃某公司原为外商独资企业，于 2010 年 9 月 14 日变更为中外合资经营企业，新加坡 LK 公司是合资方之一。2010 年 10 月，LK 公司与山东华某投资有限公司(以下简称华某公司)签订增资扩股协议，约定华某公司对埃某公司投资人民币 2000 万元，华某公司和 LK 公司增资扩股，并约定如果 LK 公司违反协议任何条款并使协议目的无法实现，华某公司有权终止协议并收回增资扩股投资款项。2010 年 12 月 6 日，双方又签订一份股权转让协议，约定：鉴于埃某公司将申请改制成立股份有限公司即目标公司，改制后华某公司占有目标公司股份 800 万股。在 2013 年 10 月 10 日后，华某公司有权向 LK 公司提出以原始出资额为限转让目标公司股权份额，LK 公司承诺无条件以自身名义或指定第三方收购华某公司提出的拟转让股份。2011 年 1 月 27 日，埃某公司的各方股东签订增资扩股协议，华某公司溢价认购埃某公司增资，并占 10%股权。华某公司有权在出

* 【一审案号】广东省珠海市中级人民法院(2014)珠中法民四初字第 16 号。
【二审案号】广东省高级人民法院(2015)粤高法民四终字第 224 号。

现合同约定情形时通知LK公司后终止本协议，并收回此次增资扩股的投资。该协议经主管部门批准后各方办理股权变更登记，华某公司持有埃某公司10.001%股权，LK公司拥有76.499%股权。华某公司以LK公司拒不依约履行增资义务，又不及时履行回购股份担保责任为由，向广东省珠海市中级人民法院提起诉讼，请求判令LK公司收购华某公司所持有的埃某公司股权并支付款项人民币2000万元及利息。

【裁判结果】

广东省珠海市中级人民法院一审认为，华某公司请求LK公司收购华某公司持有的埃某公司的股权缺乏事实和法律依据。据此，判决驳回华某公司的全部诉讼请求。华某公司不服一审判决，以双方协议性质实为股权投资估值调整协议，故其有权在融股公司不能按期上市时请求回购股权为由提出上诉。

广东省高级人民法院二审认为，股权转让协议的内容是附事实条件的股权转让，即只有在埃某公司改制成为股份有限公司后，华某公司才能将其所持有的埃某公司的股权转让给LK公司。该协议对将来发生事实的约定未违反中国法律和行政法规的强制性规定，依法应认定有效。股权投资估值调整协议是投资公司在向目标公司投资时为合理控制风险而拟定的估值调整条款。订约双方一般会约定在一个固定期限内要达成的经营目标，在该期限内如果企业不能完成经营目标，则一方应当向另一方进行支付或者补偿。但股权转让协议并没有将埃某公司改制成为股份有限公司作为双方预先设定的经营目标，且协议中也没有约定作为股东的LK公司在目标公司埃某公司无法完成股份制改造情况下应承担股权回购的责任。双方在履行协议过程中，既没有出现违约行为导致协议终止的情形，华某公司也已于2011年6月9日取得埃某公司的股权，故华某公司依据股权转让协议和增资扩股协议请求收回增资扩股投资款的理由缺乏事实和法律依据。据此，广东省高级人民法院判决驳回上诉，维持原判。

【典型意义】

该案是一宗中国国内公司通过股权转让形式对中外合资企业进行投资的案件，其典型意义在于判断当事人在合同中约定的股权回购条款的性质是否属于新型的投融资方式即股权投资估值调整协议，以及该种约定能否得到支持。该判决一方面肯定了股东之间为适应现代市场经济高度融资需求，有权自治约定股权投资估值调整的内容；另一方面明确股权投资估值调整的合意必须清晰地约定于合同中。针对该案股权转让协议没有设定经营目标也没有约定埃某公司无法完成股份制改造时由 LK 公司承担股权回购责任的情况，广东省高级人民法院认定双方真实意思表示是先将埃某公司改制成为股份有限公司，故股权转让协议性质为附未来事实条件的股权转让。在埃某公司改制成为股份有限公司这一条件未成就前，华某公司无权请求 LK 公司回购股权。该案判决运用文义解释方法，确定当事人的投资意思表示，并有效避免公司资本被随意抽回，维持了中外投资者合资关系的稳定性，依法保护了投资者权益，对于“一带一路”建设中新型投资方式的有序开展起到强有力的保障作用。

【专家评析】*

广东省高级人民法院 2015 年二审审结的华某公司与 LK 公司股权转让纠纷案是我国国内法院处理中外合资经营企业中外合营者之间股权转让纠纷的典型案例。本案的主要争议焦点为：中外当事人在合同中约定的股权回购条款的性质是否属于新型的资本市场中股权投资估值调整协议，以及该种约定应否得到支持。二审法院对一审法院的部分判断加以纠偏，对基本事实的认定及适用法律加以肯定，对处理结果加以维持，体现了我国法院对平等商事主体协商立约、意思自治的尊重，也是我国法院践行对中外

* 撰写人：丁丁，对外经贸大学法学院教授、博士研究生导师，最高人民法院国际商事专家委员会专家委员。

投资者一视同仁、平等保护原则的司法保障之举。

一、尊重当事人的意思自治，司法保障诚信履约

本案双方当事人分别为一家中外合资经营企业的中外投资者(合营者)，为实现股权转让，双方先后签署多个增资扩股协议、股权转让协议，对于多个合同的效力以及彼此之间的关系，双方的理解不同，出现争议。依据当时施行的《中华人民共和国中外合资经营企业法》《中华人民共和国中外合资经营企业法实施条例》《合同法》以及相关的司法解释，人民法院通过对比前述不同合同的内容，审慎认定合同效力及不同合同之间的关联性。对于尚未获得外商投资企业审批机关批准的合同以及对于合同约定内容没有违反法律、行政法规的强制性规定，且已得到行政审批机关审批通过的合同，根据最高人民法院《关于审理外商投资企业纠纷案件若干问题的规定(一)》第1条的规定，人民法院区别认定合同为未生效合同和已生效合同，不机械否定合同效力，注意处理好民商事审判与行政监管的关系。通过合同文义解释方法，人民法院比照不同合同文本，查明当事人的真实意思，探求真实法律关系，体现了司法机关对中外投资者自主协商合同、自愿转(受)让股权的尊重和保护。

对于合法生效的合同，中外投资者应遵约重诺，全面履行合同义务。我国司法机关通过辩证理解并准确把握契约自由、平等保护、诚实信用等民商事审判基本原则，尊重当事人意思自治的约定，包括对于合同履约条件的约定，以扎实的审判引导中外投资者诚信履约，切实维护中外投资者关系的稳定性和对合同目标的合理期待。

二、准确辨识合同性质，审慎归类

在本案中，华某公司认为，案涉纠纷性质上属于股权投资估值调整协议纠纷，原因在于案涉股权转让合同中约定有股权回购的内容。二审法院对本案合同性质的辨析体现了我国审判机关长期践行的辩证理解与准确把握民商事审判的基本原则，坚持逻辑与价值相一致的审判理念。

首先，对于实践中流行的股权投资估值调整条款，即俗称的“对赌协议”，二审法院明确其并不属于现行法律法规已经定性的某一类合同。因此，即使股权转让合同中约定有体现估值调整内容的条款，也不能据此将其归属于某类有名合同。

其次，对于股权投资估值调整条款，二审法院运用文义解释方法，准确提炼其特点，即股权投资估值调整协议表现为在资本市场中，为合理控制风险，投资方在向目标公司投资时与融资方拟定的估值调整内容。投融资双方一般会约定在一个固定期限内要达成的经营目标，包括完成上市和业绩指标，在该期限内，如果目标公司不能完成前述目标，则融资方应当向投资方进行支付或者补偿，包括采用回购股权的安排。如果达到前述目标，则由投资方对融资方加大投资或者给予补充或提供激励。

最后，在实践中，并非所有的股权转让协议都包含股权投资估值调整条款，或都以股权估值调整设计作为股权回购的条件。正如本案所呈现的情况，虽然合同中也有回购的约定，但中外双方并未设定固定期限达成的业绩目标或者上市目标的内容，而是以目标公司完成从有限公司转制为股份公司作为事实条件。因此，二审法院澄清了案涉股权转让合同所约定内容的前提条件是目标公司的注册资本金已经达到8000万元并且经过改制已经成为股份有限公司，在特定日期后，华某公司有权向LK公司以原始出资额为限转让所持目标公司的股权份额。法院据此认定，该份股权转让协议的内容是附未来事实条件的股权转让，只有在目标公司改制成为股份公司后，华某公司才能将其所持有的目标公司的股权转让给LK公司；而且，前述协议中也没有约定作为股东的LK公司在目标公司无法完成股份制改造情况下应承担股权回购的责任。二审法院进而认定，华某公司认为双方协议性质是一份股权投资估值调整协议缺乏事实依据，不应予以支持。

三、平等保护中外投资者，彰显了我国司法的国际公信力

外商投资是参与建设中国式现代化的重要力量，稳定和吸引外资需要构建市场化、法治化、国际化的营商环境。对于法治与高水平对外开放的关系，习近平总书记早已深刻指出：“法治同开放相伴而行，对外开放向前推进一步，涉外法治建设就要跟进一步。”①

高水平对外开放离不开良法善治。法治是最好的营商环境。妥善解决诸如本案中外投资者股权转让中的纠纷，平等保护中外投资者，是人民法院营造公平公正营商环境的责任与使命。

本案历经两审，生效判决网上发布，最终有效避免股东任性违约、随意撤回投资，维护了外商投资企业内中外投资者的稳定关系，以高质量审判彰显了我国司法的国际公信力和影响力。

① 李巍涛：《法治同开放相伴而行》，载《人民日报》2024年3月26日，第9版。

案 例 24

吉某投资有限公司
与
河南鹰某集团有限公司、张某义、张某
股权转让纠纷案*

【基本案情】

2012年7月，吉某投资有限公司(以下简称吉某公司)与河南鹰某集团有限公司(以下简称鹰某集团)及华某集团经批准设立了外商投资企业鹰某房地产公司。2016年3月，吉某公司与鹰某集团签署股权转让合同，约定：吉某公司将其持有的鹰某房地产公司40%的股权，以1亿元价格转让给鹰某集团，鹰某集团于2016年3月31日前支付给吉某公司。合同自各方签字或盖章之日起成立，自审批机关批准之日生效。2016年4月11日，平顶山商务局作出同意股权转让的批复。同日又发出通知书，由于鹰某房地产公司撤回申请，不再继续受理股权转让报批事项，故未作出批准证书。吉某公司据此提起诉讼，请求鹰某集团支付1亿元股权转让款。

* 【一审案号】河南省高级人民法院(2016)豫民初19号。
【二审案号】最高人民法院(2017)最高法民终651号。
【再审案号】最高人民法院(2018)最高法民申3151号。

【裁判结果】

最高人民法院审理认为，自 2016 年 10 月 1 日起，我国对外商投资准入特别管理措施以外的外商投资企业的设立、变更，已由行政审批制转为备案管理制。对不属于外资准入负面清单的外商投资企业的股权转让合同，不再将审批作为认定合同生效的要件。当事人关于“自审批机关批准之日起生效”的约定，亦不再具有限定合同生效条件的意义，应当认定合同有效。鹰某集团最迟付款履行期间已经届满，故判决鹰某集团向吉某公司支付股权转让款 1 亿元。

【典型意义】

我国外商投资管理体制自 2016 年 10 月 1 日起实施重大改革，将运行多年的全面审批制改为普遍备案制与负面清单下的审批制。如何认定备案的性质以及履行期限跨越新法实施日的外商投资企业合同的效力是司法实践中亟待解决的问题。该案的裁判规则指出，备案不再构成外商投资负面清单以外的外商投资企业合同的生效要件。相应地，未报批的该类外商投资企业股权转让合同亦为生效合同。该判决所确立的裁判规则对于指导外商投资企业纠纷的处理、保护外商投资者的合法权益具有重要意义。

【专家评析】*

本案主要涉及我国外商投资准入负面清单实施后的外资合同效力规则以及如何规范外商投资者权益的相关问题。

本案须注意对如下几个核心关键点的探讨研究。

一、关于本案应适用何国法律作为准据法的问题

准据法是国际私法中的一个特有概念，它是指经冲突规范指引用来确

* 撰写人：周汉民，法学教授、博士研究生导师，全国政协常委，上海公共外交协会会长，上海对外经贸大学法学院名誉院长，最高人民法院国际商事专家委员会专家委员。

定国际民事关系的当事人的权利义务关系的具体实体法规范。而上述定义中所提及的冲突规范，其是由国内法或国际条约规定的，指明某一涉外民商事法律关系应适用何种法律的规范。因此，它又叫法律适用规范或法律选择规范。根据学界的通说理论，准据法具有如下特点：(1)准据法必须是能够确定当事人的权利义务关系的实体法；(2)准据法必须是经冲突规范所指定的实体法；(3)准据法不是冲突规范逻辑结构的组成部分，它必须结合具体的案情事实才能确定；(4)准据法不是笼统的法律制度或法律体系，而是一项项具体的"法"，即具体的实体法规范或法律文件。

由于本案的主体之一吉某公司注册登记地在萨摩亚，故本案系中外合作经营企业合同履行过程中产生的涉外股权转让合同纠纷，其属于涉外民商事案件中的一种类型。根据《涉外民事关系法律适用法》第 2 条第 1 款的规定，"涉外民事关系适用的法律，依照本法确定。其他法律对涉外民事关系法律适用另有特别规定的，依照其规定"，同时根据《民法典》第 467 条第 2 款的规定(原《合同法》第 126 条第 2 款)，"在中华人民共和国境内履行的中外合资经营企业合同、中外合作经营企业合同、中外合作勘探开发自然资源合同，适用中华人民共和国法律"。因此，本案的准据法应适用中华人民共和国法律。

随着"一带一路"建设的不断推进，中外企业之间的交流合作日益频繁，外国企业"走进来"的步伐也越来越大。其中，关于中外合资经营企业合同纠纷与中外合作经营企业合同纠纷的发生比例持续提高。适用何国法律作为准据法来认定当事双方权利义务的法律关系，不但成为定分止争的重要依据，也是确保经营活动有序性与可预测性的重要参考指标。我国法律通过明确"在中华人民共和国境内履行的中外合资经营企业合同、中外合作经营企业合同……适用中华人民共和国法律"这一法定依据之后，人民法院既可以合法、合理的解决类似的涉外合同纠纷，又能最大限度地维护我国的法律体系的权威性，从而确立一个公平、公正、公开的涉外投资秩序。

二、关于本案所涉及的股权转让合同的效力问题

对于系争的股权转让合同的效力问题，以下分两个阶段来进行探讨。

第一个阶段是在2016年9月30日以前。根据《民法典》第502条第1款及第2款(原《合同法》第44条)“依法成立的合同，自成立时生效，但是法律另有规定或者当事人另有约定的除外。依照法律、行政法规的规定，合同应当办理批准等手续的，依照其规定”，《中华人民共和国中外合作经营企业法》(2000年修正)第10条“中外合作者的一方转让其在合作企业合同中的全部或者部分权利、义务的，必须经他方同意，并报审查批准机关批准”，以及《中华人民共和国中外合作经营企业法实施细则》第11条“合作企业协议、合同、章程自审查批准机关颁发批准证书之日起生效”，和最高人民法院《关于审理外商投资企业纠纷案件若干问题的规定(一)》第1条“当事人在外商投资企业设立、变更等过程中订立的合同，依法律、行政法规的规定应当经外商投资企业审批机关批准后才生效的，自批准之日起生效；未经批准的，人民法院应当认定该合同未生效”的规定，结合本案的相关证据，系争股权转让合同未经审批，合同的法定生效要件未满足。因此，2016年9月30日以前，该股权转让合同未生效。

第二个阶段是在2016年10月1日以后。根据《中华人民共和国中外合作经营企业法》(2016年修正)第25条“举办合作企业不涉及国家规定实施准入特别管理措施的，对本法第五条、第七条、第十条、第十二条第二款、第二十四条规定的审批事项，适用备案管理。国家规定的准入特别管理措施由国务院发布或者批准发布”的规定，同时根据商务部于2016年发布的《外商投资企业设立及变更备案管理暂行办法》第29条“本办法实施前商务主管部门已受理的外商投资企业设立及变更事项，未完成审批且属于备案范围的，审批程序终止，外商投资企业或其投资者应按照本办法办理备案手续”的规定，系争股权转让合同已由原来的行政审批事项转化为备案管理。故虽然该合同尚未备案，且相关方当事人声明不申请、不协助办理备案手续，但备案与否只是属于合同的履行问题，而不影响合同的生效问题。因此，2016 年 10 月 1 日以后，该股权转让合同生效。

《中华人民共和国立法法》(2023 年修正)第 104 条规定："法律、行政法规、地方性法规、自治条例和单行条例、规章不溯及既往，但为了更好地保护公民、法人和其他组织的权利和利益而作的特别规定除外。"我国立法在法律溯及力问题上采用"从旧兼有利"原则。在因法律修改而使合同效力要件不复存在的情形下，人民法院则应当适用新法而认定合同有效。一审和二审判决正是采用了这个原理，才最终认定系争股权转让合同自 2016 年 10 月 1 日起生效。

本案系争股权转让合同之所以会在 2016 年 10 月 1 日前后发生效力上的变化，是因为 2016 年 10 月 1 日以后，我国实行了外商投资准入特别管理措施，也即外商投资准入负面清单管理模式。所谓"负面清单管理模式"，通俗地说，就是指政府规定哪些经济领域不开放，除了清单上的禁区，其他行业、领域和经济活动都许可。"负面清单"相当于投资领域的"黑名单"，列明了企业不能投资的领域和产业。2016 年 10 月 1 日以后，外商投资准入负面清单以外的外商投资企业股权转让合同适用备案制。此项备案属于告知性备案，不再构成外商投资准入负面清单以外的外商投资企业合同的生效要件。相应地，未报批的该类外商投资企业股权转让合同亦为生效合同。同时，当事人关于股权转让合同"自审批机关批准之日起生效"的约定不再具有限定合同生效条件的意义。

目前，我国调整负面清单管理模式的法律规范主要有两类，一类是《自由贸易试验区外商投资准入特别管理措施(负面清单)》，另一类是全国《外商投资准入特别管理措施(负面清单)》。前者面向的是自由贸易试验区，后者面向的是全中国。负面清单包括禁止准入类和限制准入类。对禁止准入事项，市场主体不得进入，行政机关不予审批、核准，不得办理有关手续；对限制准入事项，或由市场主体提出申请，行政机关依法依规作出是否予以准入的决定，或由市场主体依照政府规定的准入条件和准入方式合规进入；对市场准入负面清单以外的行业、领域、业务等，各类市场主体皆可依法平等进入。

随着“一带一路”建设的不断推进，尤其随着2013年上海自贸区的挂牌成立，负面清单管理模式成为中国政府吸引外资、提高外商投资自由化水平而制定的一项重要政策。其以外资准入负面清单的形式明确政府发挥作用的职责边界，充分发挥市场在资源配置中的决定性作用。通过减少清单上的条目，中国不断放宽市场准入限制，促进国内外市场的融合，激发市场活力。这种模式的最大好处就是：一方面，可以让外资企业对照这个清单实行自检，对其中不符合要求的部分事先进行整改，从而提高外资进入的效率；另一方面，可以督促政府放权，对不必要的行政措施予以减免，从而增强企业的自主性和灵活性。

三、关于本案所涉及的外商投资者权益应如何进行规范的问题

外商投资者的权益规范涉及外商投资企业在华经营的各个方面，包括但不限于与其在设立、变更、履行、管理上所享有的各项合法权益相关的法律规范。

相较原来调整规范外商投资者权益的《中华人民共和国中外合作经营企业法》《中华人民共和国中外合资经营企业法》《中华人民共和国外资企业法》(以下简称“外资三法”)，于2019年颁布并于2020年起实施以取代“外资三法”的《中华人民共和国外商投资法》(以下简称《外商投资法》)不但是一部外资领域新的基础性法律，而且还是我国历史上第一个全面系统的外资立法，其为新形势下进一步扩大对外开放、积极有效利用外资提供了更加有力的制度保障，具有里程碑的意义。

《外商投资法》第2条第2款规定：“本法所称外商投资，是指外国的自然人、企业或者其他组织(以下简称外国投资者)直接或者间接在中国境内进行的投资活动，包括下列情形：(一)外国投资者单独或者与其他投资者共同在中国境内设立外商投资企业；(二)外国投资者取得中国境内企业的股份、股权、财产份额或者其他类似权益；(三)外国投资者单独或者与其他投资者共同在中国境内投资新建项目；(四)法律、行政法规或者国务院规定的其他方式的投资。”本案中所涉及的涉外股权转让问题，也恰恰是该法在调整外商投资企业日常经营活动时的一个重要内容。

《外商投资法》对外商投资企业的权益规范，包括了投资促进、投资保护、投资管理等各项内容。除了本文第二点中所提及的负面清单管理模式，该法还规定了如下各项规则，例如：确立准入前国民待遇原则；提高外商投资政策的透明度；保障外商投资企业平等参与市场竞争；加强外商投资服务；依法依规鼓励和引导外商投资；加强对外商投资企业的产权保护；强化对涉及外商投资规范性文件制定的约束；促使地方政府守约践诺；完善外商投资企业投诉工作机制；明确外商投资项目的核准、备案制度；建立国家外商投资信息报告制度；确立外商投资安全审查制度；等等。

可以说，《外商投资法》突出了积极扩大对外开放和促进外商投资的主基调，其坚持外商投资基础性法律的定位，坚持中国特色和国际规则相衔接，坚持内外资相一致，是贯彻落实党中央扩大对外开放、促进外商投资决策部署的重要举措。《外商投资法》不但对外商投资企业权益的正确规范指明了方向，也标志着我国迈进了强调以规则、规制、标准为主的制度型开放的崭新阶段。

综上所述，本案在确定何国法律为准据法、评定系争股权转让合同效力以及规范外商投资者相应权益方面，都确立了正确的裁判规则。虽然，本案在一审、二审的审理过程中及宣判之时，上述提及的部分法律法规尚未出台，但法治的基本价值观在本案中得到了清晰的体现。本案对中国法院今后审理类似的涉外民商事案件具有重要的指导意义。

第六编

海上货物运输合同及其他海事纠纷案例

案例 25

浙江隆某不锈钢有限公司
与
A. P. 穆某-马某有限公司
海上货物运输合同纠纷案*

【基本案情】

2014 年 6 月，浙江隆某不锈钢有限公司（以下简称隆某公司）由中国宁波港出口一批不锈钢无缝产品至斯里兰卡科伦坡港，货物报关价值为 366，918.97 美元。隆某公司通过货代向 A. P. 穆某-马某有限公司（以下简称马某公司）订舱，涉案货物于同年 6 月 28 日装载于 4 个集装箱内装船出运，出运时隆某公司要求做电放处理。2014 年 7 月 9 日，隆某公司通过货代向马某公司发邮件称，发现货物运错目的地要求改港或者退运。马某公司于同日回复，因货物距抵达目的港不足 2 日，无法安排改港，如需退运则需与目的港确认后回复。次日，隆某公司的货代询问货物退运是否可以原船带回，马某公司于当日回复“原船退回不具有操作性，货物在目的港卸货后，需要由现在的收货人在目的港清关后，再向当地海关申请退运。海关批准后，才可以安排退运事宜”。2014 年 7 月 10 日，隆某公司又提

* 【一审案号】宁波海事法院（2015）甬海法商初字第 534 号。
【二审案号】浙江省高级人民法院（2016）浙民终 222 号。
【再审案号】最高人民法院（2017）最高法民再 412 号。

出：“这个货要安排退运，就是因为清关清不了，所以才退回宁波的，有其他办法吗？”此后，马某公司再未回复邮件。

涉案货物于2014年7月12日前后到达目的港。马某公司应隆某公司的要求于2015年1月29日向其签发了编号603××××80的全套正本提单。根据提单记载，托运人为隆某公司，收货人及通知方均为V公司，起运港中国宁波，卸货港科伦坡。2015年5月19日，隆某公司向马某公司发邮件表示已按马某公司要求申请退运。马某公司随后告知隆某公司涉案货物已被拍卖。

【裁判结果】

宁波海事法院一审审理认为隆某公司因未采取自行提货等有效措施导致涉案货物被海关拍卖，相应货损风险应由该公司承担，故驳回隆某公司的诉讼请求。一审判决后，隆某公司提出上诉。浙江省高级人民法院判决撤销一审判决；马某公司于判决送达之日起10日内赔偿隆某公司货物损失183,459.49美元及利息。二审法院认为依据《合同法》第308条的规定[①]，隆某公司在马某公司交付货物前享有请求改港或退运的权利。在隆某公司提出退运要求后，马某公司既未明确拒绝安排退运，也未通知隆某公司自行处理，对涉案货损应承担相应的赔偿责任，酌定责任比例为50%。马某公司不服二审判决，向最高人民法院申请再审。最高人民法院作出判决：撤销二审判决，维持一审判决。

最高人民法院认为，《合同法》与《海商法》有关调整海上运输关系、船舶关系的规定属于普通法与特别法的关系。根据《海商法》第89条的规定，船舶在装货港开航前，托运人可以要求解除合同。本案中，隆某公司在涉案货物海上运输途中请求承运人退运或者改港，因《海商法》未就航程中托运人要求变更运输合同的权利进行规定，故本案可适用《合同法》第308条关于托运人要求变更运输合同权利的规定。基于特别法优先适用于

① 现为《民法典》第829条。

普通法的法律适用基本原则，《合同法》第308条规定的是一般运输合同，该条规定在适用于海上货物运输合同的情况下，应该受到海商法基本价值取向及强制性规定的限制。托运人依据《合同法》第308条主张变更运输合同的权利不得致使海上货物运输合同中各方当事人利益显失公平，也不得使承运人违反对其他托运人承担的安排合理航线等义务或剥夺承运人关于履行海上货物运输合同变更事项的相应抗辩权。

海上货物运输具有运输量大、航程预先拟定、航线相对固定等特殊性，托运人要求改港或者退运的请求有时不仅不易操作，还会妨碍承运人的正常营运或者给其他货物的托运人或收货人带来较大损害。在此情况下，如果要求承运人无条件服从托运人变更运输合同的请求，显失公平。为合理平衡海上货物运输合同中各方当事人利益，在托运人行使要求变更权利的同时，承运人也相应地享有一定的抗辩权利。如果变更运输合同难以实现或者将严重影响承运人的正常营运，承运人可以拒绝托运人改港或者退运的要求，但应当及时通知托运人不能执行的原因。如果承运人关于不能执行原因等抗辩成立，承运人未按照托运人退运或改港的指示执行则并无不当。

涉案货物采用的是国际班轮运输，载货船舶除运载隆某公司托运的4个集装箱外，还运载了其他货主托运的众多货物。涉案货物于2014年6月28日装船出运，于7月12日前后到达目的港。隆某公司于2014年7月9日才要求马某公司退运或者改港。马某公司在航程已过大半、距离到达目的港只有两三天的时间，以航程等原因无法安排改港、原船退回不具有操作性为抗辩事由，符合案件事实情况，该抗辩事由成立，马某公司未安排退运或者改港并无不当。

马某公司将涉案货物运至目的港后，因无人提货，将货物卸载至目的港码头符合《海商法》第86条的规定。马某公司于2014年7月9日通过邮件回复隆某公司距抵达目的港不足2日。隆某公司已了解货物到港的大体时间并明知涉案货物在目的港无人提货，但在长达8个月的时间里未采取措施处理涉案货物致其被海关拍卖。隆某公司虽主张马某公司未尽到谨慎管货义务，但并未举证证明马某公司存在管货不当的事实。隆某公司的该项主张缺乏依据。依据《海商法》第86条的规定，马某公司卸货后所产生的费用和风险应由收货人承担，马某公司作为承运人无须承担相应的风险。

【典型意义】

《合同法》第308条是否适用于海上货物运输合同，一直是理论研究与审判实务中争议很大的问题。本案再审判决围绕案件事实，依据合同法之公平原则，合理平衡海上货物运输合同各方当事人的利益，确定了《合同法》第308条适用于海上货物运输合同的一般规则，统一了相关纠纷的裁判尺度，为我国正在进行的《海商法》修订工作提供了司法实践经验。再审改判支持了外方当事人的抗辩，表明人民法院严格适用法律，平等保护中外当事人的合法权益，彰显了我国良好的法治环境和营商环境。

【专家评析】*

本案是我国第一起海上货物运输合同中涉及控制权纠纷的案件，极具典型意义。

本案承运人马某公司承运托运人隆某公司一批不锈钢产品，从宁波运至科隆坡，船到达目的地前两天左右，托运人要求改港或者退运，承运人回复称改港或者退运不具可操作性，托运人主张承运人未按其指示改港或退运，应承担违约责任。最高人民法院组成合议庭再审此案，准确适用法律，对此案件作出了公正判决。

一、隆某公司作为托运人有权向承运人发出改港或者退运的指示

《海商法》尚未引入货物控制权制度，《合同法》第308条虽未明确是控

* 撰写人：司玉琢，大连海事大学教授、博士研究生导师，最高人民法院国际商事专家委员会专家委员。

制权条款，但包含货物控制权的内容，在特别法《海商法》没有规定的情况下，托运人依据一般法《合同法》第308条之规定，主张变更卸货港或者退运货物是有法律依据的。再审合议庭认为："隆某公司在涉案货物海上运输途中请求承运人改港或者退运，因《海商法》未就航程中托运人请求变更运输合同的权利予以规定，故本案适用《合同法》的有关规定。依据《合同法》第308条的规定，在承运人将货物交付收货人之前，托运人享有请求变更运输合同的权利。"这一判决表明，在承运人责任期间内，根据《合同法》第308条规定，托运人享有变更运输合同的权利，可要求承运人变更交货港或者退运货物。

二、马某公司作为承运人不应无条件地执行托运人变更合同的指示

中国《合同法》仅设一个条款尚不能形成运输合同变更的完整制度，其中设定限制合同变更权的条件是制约托运人滥用此项权利的重要规定。根据国际班轮海上货物运输的实际情况，托运人在依据《合同法》第308条规定主张变更运输合同时，应不得致使海上货物运输的各利益方的利益显失公平，不得妨碍承运人履行对其他托运人应承担的合同义务，不得剥夺承运人对托运人主张合同变更权利的抗辩权。如果托运人发出的变更合同的指示不能合理执行，干扰了承运人的正常营运，承运人应有权拒绝执行。因为《合同法》"运输合同"一章没有规定合同变更权的限制性条件，再审合议庭适用《合同法》总则的一般规定，即公平原则，弥补《合同法》第308条规定的缺失。再审合议庭认为，托运人虽享有请求变更运输合同的权利，"但双方当事人仍要遵循《合同法》第5条规定的公平原则确定各方的权利和义务"。如果要求承运人无条件服从托运人变更运输合同的请求，则显失公平。为合理平衡海上货物运输合同中各方当事人的利益，托运人可以行使请求变更运输合同权利，承运人也应享有相应的抗辩权。如果变更运输合同难以实现或者将严重影响承运人正常营运，承运人可以拒绝托运人改港或者退运的请求，但应当及时通知托运人不能执行的原因。

三、马某公司无须赔偿隆某公司的货损

马某公司作为承运人拒绝执行隆某公司改港或返还货物的指示，于2014年7月13日将货物运抵目的港，这批货物在之后长达8个月的时间里，因隆某公司未曾提货而被海关拍卖。马某公司拒绝执行隆某公司改港或返还货物的指示的抗辩已经得到合议庭的支持。也就是说，马某公司拒绝执行隆某公司变更合同的指示并无过错。后来，货物发生的损失与承运人拒绝执行托运人变更合同的指示没有关联性，已转变为货物到港后无人提货的法律关系，即承运人对货物的处置权问题。《海商法》第86条规定：“在卸货港无人提取货物或者收货人迟延、拒绝提取货物的，船长可以将货物卸在仓库或者其他适当场所，由此产生的费用和风险由收货人承担。”再审合议庭认为，马某公司将涉案货物运至目的港后，因无人提货，将货物卸载至目的港码头符合前述法律规定。马某公司卸货后所产生的费用和风险应由收货人承担，马某公司作为承运人无须承担相应的风险。至此，这起运输合同纠纷案以托运人主张合同变更权开始，以承运人行使货物处置权告终。

四、本案的启示：准确适用法律是保证案件公正判决的基础

本案是一起具有涉外因素的海上货物运输合同纠纷案。双方当事人在诉讼中一致选择适用中华人民共和国法律，根据《涉外民事关系法律适用法》第3条的规定，再审合议庭适用中华人民共和国法律审理了本案。中国《海商法》作为调整海上运输关系、船舶关系的特别法，应优先适用于本案。《海商法》没有规定的，适用《合同法》等相关法律的规定。鉴于《海商法》对于运输合同的变更未作规定，合议庭适用《合同法》第308条“在承运人将货物交付收货人之前，托运人可以要求承运人中止运输、返还货物、变更到达地或者将货物交给其他收货人，但应当赔偿承运人因此受到的损失”有关货物控制权的规定。

为了保持海上运输法与贸易法的衔接，保护买卖合同的卖方，同时因应电子商务发展的需要，非海运的运输公约早已引入了有关货物控制权和控制方的专门规定,[①]涉及海运的《联合国全程或部分海上国际货物运输合同公约》(《鹿特丹规则》)也开始规定控制权和控制方。[②]由此可见，无论是海运还是非海运的国际货物运输公约都有关于货物控制权的规定。

控制权是指货物到达目的地之前请求变更收货人、货物交付地，以及其他不构成对运输合同变更的指示和修改此种指示的权利。《合同法》第308条规定的“中止运输、返还货物”已超出了通常货物控制权的范围，如果机械地执行“返还货物”的规定，将对海上货物运输的承运人产生不公。再审合议庭并没有以返还货物会对承运人不利、违反公平原则判决承运人胜诉，而是以《合同法》第308条没有规定托运人行使控制权的限制条件，即没有规定承运人对控制权的抗辩权，判决需要《合同法》第5条的公平原则作补充。这样判决既符合法律的规定，又合理地平衡了承托双方的利益。《鹿特丹规则》第10章就控制权的权利主体、控制权的范围、行使控制权的期间、行使控制权的限制条件、违反控制权规定的法律后果以及为行使控制权提供担保等作出全面完整的规定，这为未来中国《海商法》的完善提供了借鉴。

① 参见1999年《蒙特利尔公约》第12条,《国际公路货物运输合同公约》(CMR)第12条、第14—16条,《国际铁路货物运输合同统一规则》(CIM-COTIF)第18—22条以及《内河水道货物运输合同布达佩斯公约》(CMNI)第14—15条之规定。

② 参见《鹿特丹规则》第10章第50—56条之规定。

案 例 26

阿某有限公司申请设立海事赔偿责任限制基金案*

【基本案情】

韩国籍“艾依”轮的所有人为阿某有限公司，船舶总吨位为2030吨。2014年6月5日，“艾依”轮自秦皇岛开往天津港装货途中，在河北省昌黎县、乐亭县海域驶入养殖区域，造成了相关养殖户的养殖损失。其中，郭某武与刘某忠的养殖区相距约500米，涉案船舶航行时间约2分钟；刘某忠与李某国等人的养殖区相距约9000米，涉案船舶航行时间约30分钟。“艾依”轮在本案损害事故发生时使用英版1249号海图，该海图已标明本案损害事故发生的海域设置了养殖区，并划定了养殖区范围。涉案船舶为执行涉案航次所预先设定的航线穿越该养殖区。

阿某有限公司向天津海事法院提出申请称，其所属的“艾依”轮收到养殖损害索赔请求。对于该次事故所造成的非人身伤亡损失，阿某有限公司作为该轮的船舶所有人申请设立海事赔偿责任限制基金，责任限额为422510特别提款权及该款项自2014年6月5日起至基金设立之日止的利息。

---

* 【一审案号】天津海事法院(2014)津海法限字第1号。
【二审案号】天津市高级人民法院(2015)津高民四终字第10号。
【再审案号】最高人民法院(2015)民提字第151号。

众多养殖户作为利害关系人提出异议，认为阿某有限公司应当分别设立限制基金，而不能就整个航次设立一个限制基金。

天津海事法院于2014年11月10日作出民事裁定，准许阿某有限公司提出的设立海事赔偿责任限制基金的申请，海事赔偿责任限制基金数额为422510特别提款权及利息（利息自2014年6月5日起至基金设立之日止，按中国人民银行确定的金融机构同期一年期贷款基准利率计算），阿某有限公司应在裁定生效之日起3日内以人民币或法院认可的担保设立海事赔偿责任限制基金（基金的人民币数额按本裁定生效之日的特别提款权对人民币的换算办法计算）。逾期不设立基金的，按自动撤回申请处理。郭某武、刘某忠不服一审裁定，向天津市高级人民法院提起上诉。天津市高级人民法院于2015年1月19日作出民事裁定：驳回上诉，维持原裁定。郭某武、刘某忠、李某国、赵某军、齐某平、李某永、齐某奎不服二审裁定，申请再审。

【裁判结果】

最高人民法院于2015年8月10日作出民事裁定，提审本案，并于2015年9月29日作出民事裁定，撤销天津市高级人民法院和天津海事法院民事裁定，驳回阿某有限公司提出的设立海事赔偿责任限制基金的申请。最高人民法院认为，《海商法》第212条确立海事赔偿责任限制实行事故原则，即"一次事故，一个限额；多次事故，多个限额"。判断一次还是多次事故的关键是分析两次事故之间是否因同一原因所致。如果因同一原因发生多个事故，但原因链没有中断，则应认定为一个事故。如果原因链中断，有新的原因介入，则新的原因与新的事故构成新的因果关系，形成新的独立事故。就本案而言，涉案"艾侬"轮所使用的英版海图明确标注了养殖区范围，但船员却将航线设定到养殖区，本身存在重大过错。涉案船舶在预知所经临的海域可能存在大面积养殖区的情形下，应加强瞭望义务，保证航行安全，避免冲撞养殖区造成损失。阿某有限公司主张在整个事故发生过程中船员错误驶入的心理状态没有变化，原因链没有中断的理由不能成立。虽然两次事故的发生均因“同一性质的原因”，即船员疏忽驾驶，但并非基于“同一原因”，引起两次事故。依据“一次事故，一次限额”的原则，涉案船舶应分别针对两次事故设立不同的责任限制基金。一审、二审法院未能全面考察养殖区的位置及两次事故之间的因果关系及当事人的主观状态，作出涉案船舶仅造成一次事故，允许涉案船舶设立一个基金的认定错误，依法应予纠正。

【典型意义】

该案明确了《海商法》第212条确立海事赔偿限额实行“一次事故，一个限额；多次事故，多个限额”的原则。判断一次事故还是多次事故的关键是分析事故之间是否因同一原因所致。因同一原因发生多个事故，且原因链没有中断的，应认定为一次事故。如果原因链中断并再次发生事故，则应认定为形成新的独立事故。该裁判规则有利于有效维护因事故遭受损害的权利人的合法权益，规范海上航行秩序，也为申请设立海事赔偿责任限制基金案件的审理提供了指引，具有较强的示范和指导意义。

【专家评析】*

一、“事故制”的适用标准

(一)“一次事故，一个限额”

《海商法》第212条规定：本法第210条和第211条规定的赔偿限额，适用于特定场合发生的事故引起的，向船舶所有人、救助人本人和他们对其行为、过失负有责任的人员提出的请求的总额。这一规定在我国被称为“事故制”，即海事赔偿责任限额可被援引的情形是，“一次事故，一个限额；多次事故，多个限额”。

与“事故制”相对应的是“航次制”，是指船舶履行一个航次，确定

* 撰写人：夏元军，大连海事大学法学院副教授，海商法系主任。

一个赔偿限额供相关责任主体援引，而不管该航次中发生了多少次事故。显然，“航次制”更偏向于维护船舶所有人等海事赔偿责任限制主体的利益，但是，该制度在现代海事赔偿责任限制立法中已经少被采纳。

（二）“一次事故”的认定

“事故制”的核心是如何确定特定场合发生的事故，即“一次事故”的认定标准。对此，我国立法并没有明确规定。最高人民法院民事审判第四庭编写的《涉外商事海事审判实务问题解答(一)》第181条作出的解释是：“《海商法》第212条规定的‘特定场合发生的事故’是指在特定的时间和特定的地点因同一原因而发生的事故。同一航次中，基于不同的原因而发生的或者相互之间没有因果关系的数个事故，即使时间上相隔很短，也属于两个特定场合发生的事故，责任人须承担相当于两个责任限额的赔偿责任。”所以，判断“特定场合发生的事故”的关键在于分析导致事故的因果关系。如果因同一原因造成多个损害，并且原因链没有中断，则应认定为一次事故；如果原因链中断，有新的原因介入，并且新的原因与新的损害形成新的因果关系，则构成新的事故。

本案中，“艾侬”轮驶入郭某武的养殖区造成损害后，基于船舶运动的惯性和驾驶规律，继续进入500米外刘某忠的养殖区，造成第二次损害。两次损害的原因都是“艾侬”轮船员错误设定航线，疏于瞭望，属于同一原因，且原因链没有中断。所以，应当将两次损害及其原因认定为一次事故。“艾侬”轮驶离刘某忠的养殖区后，进入开阔海域，航行约9000米，大概半小时后进入李某国等人的养殖区，再次造成损害。此次损害的原因虽然与前次事故的原因性质相同，也属于船员驾驶疏忽，却不应看作第一次事故原因的自然延伸。因为，从“艾侬”轮驶出刘某忠的养殖区后到进入李某国等人的养殖区之前，“艾侬”轮船员有比较充裕的时间调整驾驶疏忽的心理状态，加强瞭望，但却没有做到。在此期间，第一次事故的原因链已经中断，“艾侬”轮船员后续的驾驶疏忽已经构成新的事故原因，该轮进入李某国等人的养殖区应算作第二次事故。可见，虽然两次事故的原因均属"同一性质"，但由于原因链的中断，它们却不能被当作"同一原因"。

二、设立海事赔偿责任限制基金程序的审查内容

(一)应予审查的内容

根据最高人民法院《关于适用〈中华人民共和国海事诉讼特别程序法〉若干问题的解释》(以下简称《〈海事诉讼特别程序法〉若干问题的解释》)第83条的规定，利害关系人依据《海事诉讼特别程序法》第106条的规定对申请人设立海事赔偿责任限制基金提出异议的，海事法院应当对设立基金申请人的主体资格、事故所涉及的债权性质和申请设立基金的数额进行审查。

所谓"申请人的主体资格"，是指申请人是否属于《海商法》第204条、第205条和第206条规定的有权援引海事赔偿限制的主体之一。本案中，阿某有限公司是肇事船舶——"艾侬"轮的船舶所有人。根据《海商法》第204条的规定，阿某有限公司作为船舶所有人，有权援引海事赔偿责任限制，其主体资格符合法律规定。

所谓"事故涉及的债权性质"，是指事故造成的损害赔偿请求是否属于《海商法》第207条规定的限制性债权。本案郭某武、刘某忠等利害关系人提出的损害赔偿请求，均因"艾侬"轮驶入其养殖区所致，属于《海商法》第207条第1款第1项规定的与船舶营运直接相关的财产损害赔偿请求。所以，本案事故涉及的债权性质亦符合法律规定。

所谓"申请设立基金的数额"，根据《海事诉讼特别程序法》第108条第3款的规定，为海事赔偿责任限额和自事故发生之日起至基金设立之日止的利息。本案中，"艾侬"轮总吨位为2030吨，根据《海商法》第210条第1款第2项的规定，其海事赔偿责任限额应为422510特别提款权。相应地，阿某有限公司申请设立基金的数额，为该限额加上自事故发生之日，即2014年6月5日起至基金设立之日止的利息。但是该限额仅适用于一次事故。因"艾侬"轮导致两次事故，其应分别设立责任限制基金。

（二）不予审查的内容

《〈海事诉讼特别程序法〉若干问题的解释》第 83 条规定的关于设立海事赔偿责任限制基金程序的审查内容，未包括《海商法》第 209 条规定的丧失海事赔偿责任限制的情形。换言之，申请人是否存在《海商法》第 209 条规定的丧失海事赔偿责任限制的情形，不属于设立海事赔偿责任限制基金程序的审查内容。本案一审、二审和再审法院均肯定了这一点，一致认为，异议人关于阿某有限公司在明知涉案海图标注了养殖区，其船舶仍然轻率地穿越养殖区并造成损害，故而无权限制其赔偿责任的异议涉及实体问题，不属于对设立基金申请进行审查的内容。

三、结论

本案涉及“事故制”的适用标准和设立海事赔偿责任限制基金程序的审查内容问题，本案法官分别适用《海商法》和《海事诉讼特别程序法》的相关规定进行裁判，观点明确、说理充分、结果恰当。一方面，本案法官运用因果关系理论，创造性地解释了“事故制”的适用标准，弥补了现行立法的不足；另一方面，本案法官基于司法解释的明确规定，严格区分海事赔偿责任限制制度的实体问题和程序问题，充分维护了设立海事赔偿责任限制基金程序的重要意义和特殊价值。

案例 27

交通运输部南海救助局
与
阿某投资公司、
香港安某有限公司上海代表处
海难救助合同纠纷案*

【基本案情】

阿某投资公司(以下简称投资公司)所属"加百利"轮系希腊籍油轮,载有卡宾达原油 54,580 吨。2011 年 8 月 12 日 5 时左右在琼州海峡北水道附近搁浅,船舶及船载货物处于危险状态,严重威胁海域环境安全。事故发生后,投资公司立即授权香港安某有限公司上海代表处(以下简称上海代表处)就"加百利"轮搁浅事宜向交通运输部南海救助局(以下简称南海救助局)发出紧急邮件,请南海救助局根据经验安排两艘拖轮进行救助,并表示同意南海救助局的报价。

南海救助局受投资公司委托提供救助、交通、守护等服务,但投资公司一直未付救助费用。南海救助局请求法院判令投资公司和上海代表处连带支付救助费用 7,240,998.24 元及利息。

---

* 【一审案号】广州海事法院(2012)广海法初字第 898 号。
【二审案号】广东省高级人民法院(2014)粤高法民四终字第 117 号。
【再审案号】最高人民法院(2016)最高法民再 61 号。

广州海事法院于2014年3月28日作出一审民事判决，要求投资公司向南海救助局支付救助报酬6,592,913.58元及利息，驳回南海救助局的其他诉讼请求。投资公司不服一审判决，提起上诉。广东省高级人民法院于2015年6月16日作出二审民事判决，撤销广州海事法院民事判决，要求投资公司向南海救助局支付救助报酬2,561,346.93元及利息，并驳回南海救助局的其他诉讼请求。南海救助局不服二审判决，申请再审。

【裁判结果】

最高人民法院于2016年7月7日作出再审民事判决，撤销广东省高级人民法院二审判决，维持广州海事法院初审判决。

最高人民法院认为，本案系海难救助合同纠纷。中国加入了《1989年国际救助公约》(以下简称《救助公约》)，《救助公约》所确立的宗旨在本案中应予遵循。因投资公司是希腊公司，"加百利"轮为希腊籍油轮，本案具有涉外因素。各方当事人在诉讼中一致选择适用中华人民共和国法律，根据《涉外民事关系法律适用法》第3条的规定，适用中华人民共和国法律对本案进行审理。我国《海商法》作为调整海上运输关系、船舶关系的特别法，应优先适用。《海商法》没有规定的，适用我国《合同法》等相关法律的规定。

海难救助是一项传统的国际海事法律制度，《救助公约》和《海商法》对此作了专门规定。《救助公约》第12条、《海商法》第179条规定了"无效果无报酬"的救助报酬支付原则，《救助公约》第13条、《海商法》第180条及第183条在该原则基础上进一步规定了报酬的评定标准与具体承担。上述条款是对当事人基于"无效果无报酬"原则确定救助报酬的海难救助合同的具体规定。与此同时，《救助公约》和《海商法》均允许当事人对救助报酬的确定另行约定。因此，在《救助公约》和《海商法》规定的"无效果无报酬"救助合同之外，还可以依当事人的约定形成雇佣救助合同。

根据本案查明的事实，投资公司与南海救助局经过充分磋商，明确约定无论救助是否成功，投资公司均应支付报酬，且“加百利”轮脱浅作业过程中如发生任何意外，南海救助局无须负责。依据该约定，南海救助局救助报酬的获得与否和救助是否有实际效果并无直接联系，而救助报酬的计算是以救助船舶每马力小时以及人工投入等事先约定的固定费率和费用作为依据，与获救财产的价值并无关联。因此，本案所涉救助合同不属于《救助公约》和《海商法》所规定的“无效果无报酬”救助合同，而属雇佣救助合同。

关于雇佣救助合同下的报酬支付条件及标准，《救助公约》和《海商法》并未作具体规定。一审、二审法院依据《海商法》第180条规定的相关因素对当事人在雇佣救助合同中约定的固定费率予以调整，属适用法律错误。本案应依据我国《合同法》的相关规定，对当事人的权利义务予以规范和确定。南海救助局以其与投资公司订立的合同为依据，要求投资公司全额支付约定的救助报酬并无不当。

综上所述，二审法院以一审判决确定的救助报酬数额为基数，依照《海商法》的规定，判令投资公司按照船舶获救价值占全部获救财产价值的比例支付救助报酬，适用法律和处理结果错误，应予纠正。一审判决适用法律错误，但鉴于一审判决对相关费率的调整是以当事人的合同约定为基础，南海救助局对此并未行使相关诉讼权利提出异议，一审判决结果可予维持。

【典型意义】

在国际国内对《救助公约》适用的某些关键性问题长期存在争议的情形下，最高人民法院通过对该案的审理，对该公约的宗旨和相关条款的理解适用阐明观点，并进而对我国《海商法》有关规定的准确适用作出了解释，为国际海事司法界处理同类案件提供了可资借鉴的案例，对于不断增强中国海事审判在国际社会的影响力，提高中国海事司法的国际地位具有重要意义。该案判决投资公司依照救助合同约定向南海救助局支付救助报酬的结果对大力倡导和鼓励海上救助，防范海洋污染，保护海上人命、财产和生态环境安全也具有重要意义和深远影响。

【专家评析】*

本案是最高人民法院审理的第一例雇佣救助合同争议案，是重要的指导性案例。

一、雇佣救助合同的性质

雇佣救助是中国的习惯称谓，指救助方依据被救助方的请求，无论救助成功与否，都按照约定的费率或者固定的费用收取报酬的救助行为。据此，雇佣救助合同有两个构成要件：一是救助报酬与救助效果无关；二是报酬费率或费用固定。这是中国救助市场普遍存在的救助方式，法律并没有雇佣救助的相关规定，完全遵循意思自治原则。最高人民法院在本案中查明的事实是，投资公司与南海救助局经过充分磋商，明确约定无论救助成功与否，投资公司均应支付报酬，且“加百利”轮脱浅作业过程中如发生任何意外，南海救助局无须负责。因此，最高人民法院认为本案所涉救助合同不属于《救助公约》和中国《海商法》所规定的“无效果无报酬”救助合同，而属雇佣救助合同。这一判决清晰地将雇佣救助合同与“无效果无报酬”救助合同区别开来，这是两种不同性质的救助合同。“无效果无报酬”救助合同是海商法特有的古老的海难救助法律制度，而根据合同构成要件，雇佣救助合同应属于海上服务合同。①

二、雇佣救助报酬的法律适用

“加百利”轮为希腊籍油轮，其船东——投资公司为希腊公司，该案具有涉外因素。由于各方当事人在庭审中均选择适用中华人民共和国法律，根据《涉外民事关系法律适用法》第3条的规定，应适用中华人民共和

---

* 撰写人：司玉琢，大连海事大学教授、博士研究生导师，最高人民法院国际商事专家委员会专家委员。

① 参见司玉琢、吴煦：《雇佣救助的法律属性及法律适用》，载《中国海商法研究》2016年第3期。

国法律作为处理该案实体争议的准据法。如果雇佣救助合同属于《海商法》第9章海难救助范畴，那么，作为调整海上运输关系、船舶关系的特别法，《海商法》应优先适用。当《海商法》的规定与我国参加的《救助公约》的规定不一致时，依据《涉外民事关系法律适用法解释(一)》第4条的规定，人民法院应当根据《海商法》第268条第1款的规定予以适用，即"中华人民共和国缔结或者参加的国际条约同本法有不同规定的，适用国际条约的规定；但是，中华人民共和国声明保留的条款除外"。这就是说，本案如果适用中国《海商法》，那么，凡是《海商法》规定与《救助公约》规定不一致之处，《救助公约》应优先适用。由于最高人民法院再审合议庭就该案雇佣救助合同的属性已认定为"不属于《救助公约》和《海商法》所规定的'无效果无报酬'救助合同"，而《海商法》和《救助公约》又没有就雇佣救助报酬作出具体规定。在此情况下，最高人民法院适用《合同法》的相关规定确定该案雇佣救助报酬支付问题，符合法律适用规则。广州海事法院(一审法院)、广东省高级人民法院(二审法院)依据《海商法》第180条规定的相关因素对当事人在雇佣救助合同中约定的固定费率予以调整，属适用法律错误。

三、雇佣救助报酬的承担

本案争议的核心最终落在雇佣救助报酬的承担上。"加百利"轮船东主张雇佣救助报酬也是救助报酬，应适用《海商法》第183条之规定，由船货双方按比例承担，而不是船东一方承担，故而这一争议又回到雇佣救助到底适用还是不适用《救助公约》《海商法》的问题上。如果按整体不适用《救助公约》《海商法》海难救助特殊法律制度的观点，根本无须考虑雇佣救助报酬适用《救助公约》《海商法》的问题，自然也就无须考虑《海商法》第183条的适用，而直接适用《合同法》相关规定，雇佣救助报酬只对合同双方产生约束力，对合同之外的第三方——货方没有约束力，即被救方履行雇佣救助合同义务，承担全部雇佣救助报酬后，可依据其与货方的合同约定进行分摊或追偿。但是，如果认为雇佣救助合同整体适用或者部分适用

《救助公约》《海商法》，这就需要具体分析《救助公约》或《海商法》的报酬比例分摊条款是否适用雇佣救助报酬。

《海商法》第 180 条是关于计算“无效果无报酬”海难救助报酬应考虑的 10 项因素，第 183 条是关于海难救助报酬应由船货双方按比例分摊的规定。这两条与《救助公约》第 13 条规定的内容是一致的。但是，《海商法》并没有明确第 180 条和第 183 条之间的关系，这是《海商法》的一个漏洞。[①]《救助公约》第 13 条规定的报酬与报酬分摊是有密切关联性的，《救助公约》第 13 条第 1 款是关于计算“无效果无报酬”海难救助报酬的标准（与《海商法》第 180 条内容一致），第 2 款接着规定，按照第 1 款确定的报酬应由船舶和其他财产利益方按其获救船舶和其他财产的价值比例进行支付。该条款关于按比例支付报酬的规定有一个明确限定——按照第 1 款确定的报酬，即依据“无效果无报酬”原则确定的报酬，而不是泛指任何报酬。如果割裂开来仅依据《海商法》第 183 条规定解释雇佣救助报酬也可以按比例分摊，显然与《救助公约》第 13 条的规定不一致。当发生《海商法》与中国参加的国际公约规定不一致时，国际公约应优先适用，适用《救助公约》第 13 条，雇佣救助报酬不是依据《救助公约》第 13 条第 1 款规定的标准确定的，而是救助方与被救方平等协商确定的固定费率，不存在被救方按比例分摊的抗辩权。对此，最高人民法院认为，《海商法》第 183 条应适用于“无效果无报酬”的救助合同，但案涉合同属于雇佣救助合同，南海救助局以其与投资公司订立的合同为依据，要求投资公司全额支付约定的救助报酬并无不当。

四、本案判决的法律意义

中国现有三大救捞局[②]，实践中，使用雇佣救助合同的比例远大于“无效果无报酬”救助合同的比例。如何使救助市场健康、有序发展，救

---

① 参见张文广：《“加百利”轮海难救助合同纠纷再审案判决评析》，载《法律适用》2016 年第 8 期。

② 中国三大救捞局分别为南海救捞局、上海救捞局和烟台救捞局。

助人知晓雇佣救助合同的性质、法律适用以及雇佣救助报酬的承担，直接关系救助人的利益。该案例的实践意义和理论价值在于：第一，雇佣救助费用(报酬)不属于“无效果无报酬”原则下的救助报酬，船舶优先权担保的救助报酬是指“无效果无报酬”原则下的救助报酬，雇佣救助费用不属于船舶优先权担保的债权；[①]第二，救助报酬应由被救船东与其他财产利益方按比例分摊，一定是基于“无效果无报酬”原则的救助报酬，而不是基于雇佣救助产生的固定费用(报酬)；第三，雇佣救助的救助人是否有权享受海事赔偿责任限制或者就雇佣救助费用主张共同海损，这已超出救助法律关系，应依据海事赔偿责任限制权利主体的规定[②]或者共同海损构成要件[③]判断。

本案一经落槌，在国内外救助实务界和海商法理论界产生很大反响，受到各界的好评。英国的《中国海商法案例汇编》(*Chinese Maritime and Commercial Law Reports*)对此作了专期报道。经过最高人民法院各审判业务庭和各高级人民法院层层筛选，后经评审委员会民主投票评审，在全国法院2016年生效的1670多万件案件中，本案被评选为“2016年推动法治进程十大案件”之一。中国虽不是判例法国家，但是该指导性案例不仅对司法实践有着重要的指导意义，对海事立法也有不可忽视的影响力。

---

① 参见《1993年船舶优先权和抵押权国际公约》第4条第1款第3项之规定。

② 参见《海商法》第204条之规定。

③ 参见《海商法》第193条之规定。

案例 28

哈某海运公司
与
上海申某化工有限公司、
日本德某海运株式会社
海上货物运输合同货损赔偿纠纷案*

【基本案情】

2008 年 8 月 23 日，涉案 1001.53 吨苯酚在西班牙维尔瓦港装船，承运人日本德某海运株式会社(以下简称德某公司)签发了清洁指示提单。上海申某化工有限公司(以下简称申某公司)经背书受让了该提单，并据此在卸货港青岛港提取了船载货物。因承运期间苯酚色度升高造成货损，申某公司提起诉讼，要求德某公司和实际承运人哈某海运公司连带赔偿货物损失人民币 8,347,849.57 元及其利息损失等。

青岛海事法院以货物修复费用计算货损赔偿额，判令德某公司、哈某海运公司连带赔偿申某公司货物损失人民币 3,715,676.30 元及利息；驳回申某公司的其他诉讼请求。山东省高级人民法院采用实际价值差额法，予以部分改判。哈某海运公司向最高人民法院申请再审。

* 【一审案号】青岛海事法院(2009)青海法海商初字第 277 号。
【二审案号】山东省高级人民法院(2011)鲁民四终字第 131 号。
【再审案号】最高人民法院(2013)民提字第 6 号。

【裁判结果】

最高人民法院于2013年12月6日作出再审判决认为，《海商法》第55条第1款和第2款规定："……货物损坏的赔偿额，按照货物受损前后实际价值的差额或者货物的修复费用计算。货物的实际价值，按照货物装船时的价值加保险费加运费计算。"本案不涉及修复费用，应以货物实际价值差额即货物受损前后的到岸价之差计算货损。《海商法》第55条排除了市价损失，故承运人对涉案苯酚的市价损失无赔偿责任。本案应采纳货物贬损率计算方法，即以目的港货物完好的市场价值减去受损货物的销售价值，再除以货物完好的市场价值，得出贬损率，再通过贬损率来计算货物因运输损坏造成的价值损失额。据此，撤销一审、二审判决，改判哈某海运公司、德某公司连带赔偿申某公司货物损失人民币2,055,837.30元及利息，并驳回申某公司的其他诉讼请求。

【典型意义】

该案是一起具有涉外因素的海上货物运输合同货损赔偿纠纷，当事人对适用我国《海商法》处理本案纠纷没有异议。根据《海商法》第55条的规定，承运人对责任期间货物损坏的赔偿额有两种计算方法：按照货物受损前后实际价值的差额或者货物的修复费用计算。一审判决以货物修复费用计算货损赔偿额。但根据查明的事实，该案受损货物并未实际修复。二审采用实际价值差额法，但未扣除因货物市价下跌造成的损失。再审判决采用货物贬损率的计算方式，认定涉案货物的赔偿额，排除了市场价格波动对货损赔偿额的影响，符合《海商法》的规定，也为海事司法实践所采纳。该案完善了货损赔偿额的计算规则，有效规范了国际航运秩序，对今后司法实践具有重要的指导意义。

【专家评析】*

本案为国际海上货物运输合同货损赔偿纠纷。

本案争议焦点主要在于如何确定涉案货损赔偿额。当事人对本案的主要争议焦点有：(1)涉案货物苯酚色度升高是否构成货损；(2)货损责任的承担；(3)货物损失数额的确定。一审、二审、再审法院均认为，涉案货物苯酚色度升高，超出合同约定标准，构成货损；承运人和实际承运人应对涉案苯酚货损承担连带赔偿责任。但上述三级法院对《海商法》第55条关于货损赔偿额计算方法的条文适用和理解存在分歧。一审青岛海事法院依据货物修复费用法计算货损赔偿额。二审山东省高级人民法院则认为，一审法院认定涉案苯酚修复费用存在不当，应采用实际价值差额法确定涉案货损赔偿额。最高人民法院再审认为，二审法院未采用一审法院的货物修复费用法认定涉案货损赔偿额并无不当，但并未扣除货物的市价损失有所不当，最终依据货物贬损率法计算涉案苯酚货损赔偿额。相较于一审和二审法院，再审法院的判决更具有合理性，依法保护了当事人的民事权益，也为当下和未来我国海事司法实践提供镜鉴。

一、国际海上货物运输货损赔偿数额计算的法律规定

我国《海商法》第2条第2款明确规定第四章“海上货物运输合同”仅适用于国际海上货物运输合同。涉案纠纷的装货港在西班牙，卸货港在中国青岛，因此涉案货物运输合同属于典型的国际海上货物运输合同。在参考借鉴相关国际海运条约基础上，我国《海商法》第55条第1款和第2款对海运货物损坏或灭失作出专门规定，即“货物灭失的赔偿额，按照货物的实际价值计算；货物损坏的赔偿额，按照货物受损前后实际价值的差额或者货物的修复费用计算。货物的实际价值，按照货物装船时的价值加保

---

* 撰写人：郭萍，中山大学法学院/涉外法治研究院教授、博士研究生导师，南方海洋科学与工程广东省实验室(珠海)特聘研究员。
严凌成，中山大学法学院博士研究生，南方海洋科学与工程广东省实验室(珠海)海洋战略与法律团队成员。

险费加运费计算。”根据该条第2款的规定，确定货物实际价值时应当减去因货物灭失或者损坏而少付或者免付的有关费用。

可以看出,《海商法》第55条对海上运输中发生的货物灭失、损坏不同情形分别规定了赔偿计算方法。其中，货损赔偿额的计算包括货物实际价值差额法和货物修复费用法两种方法。根据《海商法》第55条第2款的规定，货物实际价值是指“按照货物装船时的价值加保险费加运费计算”。即国际经贸中通称的CIF价格。

《海商法》有关货损赔偿额的计算方法区别于《民法典》第833条(原《合同法》第312条)的规定。根据《民法典》第833条的规定，货损赔偿额应当根据当事人约定数额确定，当事人没有约定或者约定不明确的，依据《民法典》第510条，可以由双方当事人通过补充协议确定，不能达成补充协议的，可以通过合同相关条款或者交易习惯确定。如果根据《民法典》第510条仍无法确定的，按照货物交付地或者应当交付地的市场价格计算，除非法律、行政法规对赔偿额的计算方法和赔偿限额另有规定。此外,《海商法》第55条的规定也不同于相关国际海运条约，例如被大多数航运国家和贸易国家所接受的1968年《海牙-维斯比规则》。《海牙-维斯比规则》第2条明确规定，货损赔偿数额应参照卸货地或应当卸货地当时的商品交换价格确定；无商品交换价格的，则依据当时当地的市场价格；无商品交换价格或市场价格的，参照相同品种和质量的货物价格确定。2008年《鹿特丹规则》第22条的规定类似于《海牙-维斯比规则》的内容。

《海商法》第55条的规定有别于国际海运货物公约或者我国民事法律规定的原因在于：一方面,《海商法》在20世纪80年代制定之时，中国尚没有成熟的商品交易所，也没有符合市场经济发展需要的市场价格。因此，立法者并未完全搬移相关国际海运货物公约的规定，而是采取更符合中国当时国情以及便于实践操作的计算方法。另一方面，以《民法典》为代表的相关民事法律的颁布时间晚于《海商法》，而国际海上运输过程相较国内运输具有较强的专业性、技术性及风险性，因而《海商法》参照相关国际海运公约作出有别于一般合同法的货损计算规定。尽管存在新法优于旧法的一般原则，但是民事法律允许其他法律、行政法规对赔偿额的计算方法和赔偿限额另行予以规定。因此，《海商法》作为民法的特别法，应当优先予以适用。

相较而言，《海商法》的特别规定需要明确实际价值是否包括我国民事法律以及相关国际海运公约所赋予索赔人有权主张间接损失、市价损失等事项，因而需要司法实践对此予以澄清。

二、货物实际价值确定的应然计算方法

从某种程度来讲，虽然本案一审法院和二审法院对于涉案苯酚色度升高是否构成货损以及货损责任承担两个争议问题的裁判思路有些不同，但其裁判结果基本上是一致的，即均认为本案苯酚色度升高构成货损，承运人和实际承运人应该向收货人承担货损赔偿责任。但是两审法院对关于涉案货损赔偿额的确定存在较大差异，这也是本案纠纷的核心问题。关于涉案货损赔偿额的确定问题，一审法院青岛海事法院和二审法院山东省高级人民法院分别适用货物修复费用法和实际价值差额法，而再审法院最高人民法院则适用货物贬损率法，使货损实际价值的计算更具有合理性和合法性。

首先，一审法院依据货物修复费用法确定本案货损赔偿额不合理。所谓货物修复费用法就是以货物损坏之后实际发生的修复费用为依据确定损失数额。根据本案证据及事实情况，并未实际发生修复费用。因此，一审法院采用货物修复费用法并仅依据货物索赔人提供的专家意见或专业公司提供的预测将会发生货物修复费用的书面说明作出判决不具有合理性。

其次，尽管二审法院未采纳一审法院的货损计算方法，但其依据实际价值差额法计算本案货损赔偿额也存在一定的不合理性。所谓实际价值差额法就是根据货物受损前、受损后的价格差异，确定货损赔偿数额。涉案货物自装船、经过海上运输直至抵达卸货港交付，收货地市场价格变动幅度比较明显。虽然二审法院依据实际价值差额法计算货损数额，然而其并未考虑海上运输时间过长引发的货物市场价格波动的事实，也未综合考虑市场价格因素，而仅以索赔人提供证据显示的低于市场价格的卖出交易价格确定货物受损后的实际价值，既不符合从事民事活动的主体应当遵循的公平原则，也不符合海商法中的船货利益平衡原则，使承运人、实际承运人在一定程度上承担了收货人本应承担的部分商业风险。

最后，本案最高人民法院适用货物贬损率法具有合理性和合法性。再审法院正确地认定了本案并未产生任何货损修复费用的基本事实，涉案纠纷不宜采用货物修复费用法的结论，同时对二审法院采取实际价值差额法中的不合理方面予以纠正。针对海上运输的货物抵达目的地的价格比较容易受当地市场波动影响的事实，明确指出《海商法》第 55 条中货物实际价值的计算不应当包括收货人通常应当承担的市场价格变化带来的商业风险的立法原意，进而创新性地提出货物贬损率法，即以目的港货物完好的市场价值减去受损货物的销售价值，除以货物的完好市场价值得出贬损率，再通过贬损率计算货物因海上运输造成损坏的损失赔偿额。因此，再审法院在本案中采用的货物贬损率法不仅正确理解和适用了《海商法》第 55 条有关货物实际价值的认定，而且考虑到海上货物运输的特殊性以及由此带来的商业风险，兼顾公平原则、违约赔偿之因果关系原则和合理预见原则。该判决有助于澄清法律规定不够明晰的现象，对中国法院今后审理类似的案件具有重要的指导意义。目前货物贬损率法已经被我国海事司法实践所采纳，这将有效维护国际航运秩序，助力我国国际经济贸易高质量发展。

案例 29

徐州天某金属资源有限公司
与
圣某航运股份公司、
东京某株式会社
海上货物运输合同纠纷案*

【基本案情】

2010 年 12 月 29 日，徐州天某金属资源有限公司（以下简称徐州天某公司）与 CJ 公司签订买卖合同，向其购买 5 万吨（加减 10%）散装印度尼西亚红土镍矿。2011 年 1 月 28 日，承运人圣某航运股份公司（以下简称圣某航运）和东京某株式会社（以下简称东京产业）共同所有的“海运漓江”（Maritime Lijiang）轮驶抵印度尼西亚北克纳韦港受载货物，因质疑货物水分过高而决定该轮自 2011 年 2 月 12 日起停留北克纳韦港锚地开舱晒货并取样检验。之后，该轮于 2011 年 3 月 27 日航行两日后于 3 月 29 日抵达菲律宾达沃港继续开舱晒货并检验，5 月 16 日驶离达沃港，于 5 月 23 日抵达目的港连云港。CJ 公司作为托运人取得承运人为涉案货物签发的全套正本清洁指示提单，徐州天某公司通过信用证付款方式取得了该套正本提

* 【一审案号】上海海事法院（2011）沪海法商初字第 753 号。
【二审案号】上海市高级人民法院（2013）沪高民四（海）终字第 24 号。
【再审审查案号】最高人民法院（2015）民申字第 1896 号。

单。徐州天某公司于 2011 年 6 月 28 日以承运人违反了不得绕航和速遣义务为由向上海海事法院起诉，请求判令承运人赔偿其货物市价下跌损失人民币 1414 万元及其利息。

【裁判结果】

上海海事法院一审认为承运人在装货港及达沃港采取停航、晒货、检验等行为不属于不合理绕航，不违反合理速遣义务，据此判决驳回徐州天某公司的诉讼请求。徐州天某公司不服，提起上诉。

上海市高级人民法院二审认为，“海运漓江”轮绕道达沃港停留属于不合理绕航，但徐州天某公司不能证明其货物转卖损失的客观性与合理性，遂判决驳回上诉，维持原判。双方当事人均不服二审判决，申请再审。

最高人民法院经审查认为：根据双方当事人的一致选择，本案纠纷应当适用中华人民共和国法律审理；中华人民共和国作为经修正的《1974 年国际海上人命安全公约》的缔约国，《国际海运固体散装货物规则》(以下简称《散货规则》)依据该公约成为强制性规则，于 2011 年 1 月 1 日对中国生效。根据《散货规则》的规定，托运人在装载前须向船长或其代表提供易流态化货物的水分含量、适运水分极限等适当信息的声明与测试证书，以便能够采取必要的措施对货物进行妥善积载和安全运输。易流态化货物除装载于专门建造或装有专用设备的船舶之上外，只有在实际含水量少于适运水分极限时方可装载运输。托运人和承运人提供的检验报告等证据均没有载明涉案货物中尺寸大于 7 毫米或者 6.7 毫米货物的适运水分极限和整批货物的适运水分极限，承运人在装货港判断货物不适合安全运输的理据相对充分，船舶航行至达沃港，属于合理绕航。二审判决认定构成不合理绕航虽有不当，但维持一审驳回徐州天某公司诉讼请求的处理结果并无不当。据此，裁定驳回双方当事人的再审申请。

【典型意义】

该案是发生在“一带一路”共建国家的海上货物运输合同纠纷案件。最高人民法院进行再审审查并作出裁定，具有以下典型意义。

第一，提出合理裁判标准，填补国际海事规则空白。最高人民法院合理解读《散货规则》的体系和相关条款的文意，从维护海运安全的价值取向出发，认定《散货规则》规定的TML系指整批货物的TML（而不仅是其中细小颗粒的TML），认定货物是否适运应当对比整批货物的含水量与整批货物的TML。在托运人没有提供检验报告载明整批货物的含水量与整批货物的TML情况下，承运人有合理依据判断货物不适合安全运输。

第二，为维护“一带一路”海上运输安全，发挥规范指导作用。镍矿石是易流态化散装固态货物，一旦其实际水分含量超过TML则很可能出现液态化，使船舶失去稳性导致船舶倾覆。运输此类货物存在一系列潜在的危险性和复杂性，包括托运人申报水分含量不实、检测取样不具代表性、检测后露天堆放和装运时下雨等因素，承运人有必要适当加强观察、检测和把关，一旦有合理依据怀疑货物运输安全性，应及时向托运人质疑并可拒绝装运。该案是近年来运载易流态化散装固体货物船舶及时预防倾覆事故的一个成功范例，最高人民法院在认定承运人有合理依据怀疑货物水分含量过高的基础上，支持其采取停航晒货等合理措施，体现了保障航运安全的价值取向。

【专家评析】*

本案是发生在“一带一路”共建国家之间的海上货物运输合同纠纷案件，主要涉及海上货物运输合同承运人的绕航问题。争议焦点是：承运人是否存在不合理绕航？解决这一争议焦点的关键在于，厘清判定承运人绕航行为是否合理的规则。若规则缺失，应如何填补该规则空白？本案的裁

* 撰写人：初北平，上海海事大学校长、二级教授、博士研究生导师。

判即合理填补了相关规则空白，而这正是本案作为涉"一带一路"建设典型案例的核心贡献所在。

对此，结合本案法律事实，分析如下。

一、维护"一带一路"海上运输安全需要填补《散货规则》空白

本案中，涉案船舶装载的是以细小颗粒与较大块货物混合的散装固体红土镍矿石。"一带一路"沿线印度尼西亚和菲律宾等东南亚地区是世界上镍矿石的主产区，近10年国际需求不断增长。而镍矿石是易流态化散装固态货物，一旦其实际水分含量超过TML则很可能出现液态化，使船舶失去稳性导致船舶倾覆。

本案中，海上货物运输合同双方当事人选择中国法为解决本案合同纠纷的准据法。该批涉案货物作为易流态化散装固态货物，其运输强制适用对我国生效的《散货规则》。不过，《散货规则》对单一细小颗粒的含水量与其TML对比有明确规定，但对于类似该案中细小颗粒与较大块货物混合的散装固体货物如何对比尚属空白，没有专门规定。

二、合理平衡"一带一路"海上运输合同当事人权益需要填补《散货规则》空白

绕航表现为履行海上货物运输合同项下约定航程时偏离了正常航线。我国《海商法》第49条规定承运人负有不得绕航义务。绕航区分为不合理绕航和合理绕航，承运人的义务是不得不合理绕航。

不合理绕航通常是承运人故意或者明知可能造成损失而轻率地作为或者不作为造成的，构成承运人对海上货物运输合同项下义务的违反，承运人将因此丧失承运人免责权利和赔偿责任限制权利。[①]

而基于海上航行的特殊性，有些绕航行为并不具有可责性甚至被立法鼓励，此即合理绕航。合理绕航不构成对运输合同的违反，承运人一般也不承担由于合理绕航而产生的货物灭失、损坏或者迟延交付的赔偿责任。

绕航行为是一种事实判断，判断承运人是否存在绕航事实，我国《海

---

① 参见我国《海商法》第59条。

商法》第49条第1款规定了三项标准：约定的或者习惯的或者地理上的航线。本案中，承托双方未约定航线，涉案船舶装货后在装货港锚地长时间停留，然后又绕道航行至不在习惯或地理航线上的就近港口(达沃港)并长时间停留，显然偏离了正常航线，构成绕航行为。

而绕航的合理性判断体现的是价值选择(如维护海上安全)。我国《海商法》第49条第2款对合理绕航作出规定，即“船舶在海上为救助或者企图救助人命或者财产而发生的绕航或者其他合理绕航”。[①]据此，合理绕航的判断标准有两个。

(1)因海上救助目的而发生的绕航。绕航是基于实施救助的需要而为，此处不以具体救助行为是否真正实施或救助行为有效为要件，救助的对象不局限于人命或财产[②]，体现了鼓励海上救助的立法价值取向。

(2)其他合理绕航。何谓其他合理绕航？该规定作为兜底条款，未明示“合理”的具体内涵。从公平角度分析，“合理”指向承托双方的利益平衡，即合理的绕航行为应符合双方的共同利益诉求，比如，因躲避海上武装冲突现场而偏离正常航线，该绕航符合双方航行安全利益，具有合理性；再如，若仅为了船方加燃油便利而绕航，显然不具有合理性。

在本案中，承运人绕航的事实没有争议，但要判断绕航是否具有合理性，关键是判断涉案船载货物(以细小颗粒与较大块货物混合的散装固体红土镍矿石)是否适合安全运输。若不适合安全运输，则绕航就是为了航行安全而为，具有合理性。若适合安全运输，则绕航就不存在正当的安全价值基础，是不合理的绕航。

判断散装固体红土镍矿石是否适于安全运输，要适用《散货规则》的规定。但《散货规则》对于诸如本案细小颗粒与较大块货物混合的散装固体货物运输的安全性标准并没有明确规定。

---

① 《海牙-维斯比规则》第4条第4款也有类似规定。

② 需要注意，在普通法下，仅单纯救助他船财产的目的而绕航不构成合理绕航。

三、合理填补《散货规则》空白

本案中，一审法院认为，应基于同类细小颗粒的含水量与同类细小颗粒的TML对比，并根据前者大于后者的检验结果判断该整批红土镍矿石货物不适于安全运输，据此认为承运人的绕航晾晒行为具有合理性。而二审法院持相反意见，据此认为承运人属于不合理绕航。

最高人民法院审查认为，《散货规则》规定的TML系指整批货物的TML(而不仅是其中细小颗粒的TML)，认定货物是否适运应当对比整批货物的含水量与整批货物的TML。最高人民法院进一步认为，在该案中，在托运人没有提供检验报告载明整批货物的含水量与整批货物的TML情况时，承运人有合理依据判断货物不适合安全运输，承运人的上述绕航行为因此有了合理性基础。

《散货规则》是在《1974年国际海上人命安全公约》的框架下，基于促进固体散装货物安全装载和运输的目的制定的，体现了维护海上安全的立法价值取向。本案中，最高人民法院从整体视角合理解读《散货规则》的体系和相关条款文意，认为《散货规则》规定的TML系指整批货物的TML(而不仅是其中细小颗粒的TML)，货物是否适运应当对比整批货物的含水量与整批货物的TML。这是对《散货规则》规定空白的合理填补，是对国际海事裁判规则的完善，有利于引导海上货物运输合同当事人(包括“一带一路”共建国家当事人)重视海上航行安全，契合维护海运安全的价值取向。

案例 30

A. P. 穆某-马某有限公司
与
上海蝉某携运物流有限公司深圳分公司、
上海蝉某携运物流有限公司
海上货物运输合同集装箱超期使用费纠纷案*

【基本案情】

2010 年 1 月，上海蝉某携运物流有限公司深圳分公司(以下简称蝉某深圳分公司)委托 A. P. 穆某-马某有限公司(以下简称马某公司)将 5 个集装箱货物从广东黄埔运到印度新德里。同年 2 月 23 日，货物运抵目的港，其后托运人不断变更收货人，但一直没有人提取货物。2011 年 2 月 21 日，集装箱货物被印度孟买新港海关拍卖。同年 2 月 28 日，海关签署了提货单，要求马某公司将货物交付买受人。2012 年 2 月 27 日，马某公司提起诉讼，请求判令蝉某深圳分公司和上海蝉某携运物流有限公司(以下简称蝉某公司)共同承担从 2010 年 3 月 1 日开始计算的集装箱超期使用费 8, 026, 425 卢比(按起诉当日汇率计算折合人民币 1, 029, 554. 51 元)。

---

* 【一审案号】广州海事法院(2012)广海法初字第 329 号。
【二审案号】广东省高级人民法院(2013)粤高法民四终字第 162 号。
【再审案号】最高人民法院(2015)民提字第 119 号。

【裁判结果】

本案经广州海事法院一审，广东省高级人民法院二审。两级法院均认为本案是海上货物运输合同纠纷，诉讼时效期间为1年，自权利人知道或者应当知道权利被侵害之日起计算。造成马某公司权利被侵害的原因是马某公司提供的集装箱被超期占用，该损害事实持续不间断发生，直至货物被海关拍卖后，集装箱超期使用所造成的损害才停止，费用数额才固定。故马某公司行使请求权的时效期间应从印度孟买新港海关向其发出交付货物通知之日，即2011年2月28日起算至2012年2月27日马某公司向一审法院提起诉讼，未超过1年的时效期间。因无人提货导致涉案集装箱被长期占用而不能及时投入运输生产，托运人蝉某深圳分公司应当承担赔偿责任，集装箱超期使用费以重新购置新的集装箱的价格为限。遂判决蝉某深圳分公司和蝉某公司共同向马某公司赔偿涉案5个集装箱超期使用费损失人民币150,000元。蝉某深圳分公司和蝉某公司向最高人民法院申请再审。最高人民法院裁定予以提审。

最高人民法院再审认为，涉案货物运抵目的港后，因蝉某深圳分公司指定的收货人没有提取货物，导致承运人马某公司为履行运输合同提供的集装箱被长期占用而无法投入正常周转，构成违约。马某公司有权根据海上货物运输合同关系就迟延履行归还集装箱的义务所造成的违约损失向托运人蝉某深圳分公司提出集装箱超期使用费的赔偿请求。依照最高人民法院《关于承运人就海上货物运输向托运人、收货人或提单持有人要求赔偿的请求权时效期间的批复》的规定，该请求的诉讼时效期间为1年，应从马某公司知道或者应当知道其权利被侵害之日起算。根据各方当事人的确认，托运人蝉某深圳分公司从2010年3月1日开始应当向马某公司支付集装箱超期使用费，马某公司请求给付集装箱超期使用费的权利已经产生，即马某公司从2010年3月1日起就知道或者应当知道其权利被侵害。蝉某深圳分公司于3月30日通过电子邮件承诺托运人将承担集装箱超期使用费，构成《海商法》第 267 条规定的时效中断情形。故本案时效应当从 2010 年 3 月 30 日起算，马某公司于 2012 年 2 月 27 日提起诉讼已经超过 1 年的诉讼时效，丧失了对该项请求的胜诉权。最高人民法院改判撤销一审、二审判决，驳回马某公司的诉讼请求。

【典型意义】

随着全球贸易增速的放缓，航运市场也经历了持续的低迷，导致了大量海事纠纷的产生，纠纷类型从传统的货损纠纷、海上保险纠纷等向上下游链条蔓延。其中，集装箱超期使用费纠纷近年来在海事案件中所占比例不断上升，其间出现的问题也不断增加，包括法律关系的界定、滞箱费的计算标准、诉讼时效的起算等。中国国内司法实践的标准一直不统一，国际上对该类纠纷的处理意见也不尽相同，导致相关航运企业在实务操作中无章可循。最高人民法院通过对该案的提审改判，对海上货物运输合同集装箱超期使用费纠纷的性质和诉讼时效问题作了明确认定。该案判决系涉外海事判决，引起了中外航运企业的广泛关注和高度重视。判决结果在依法保护航运企业就集装箱超期使用费提出的赔偿请求权利的同时，还明确了航运企业应当如何在法定诉讼时效期间及时向托运人或收货人主张权利，为中外航运企业积极采取法律手段、有效保障自身合法权益提供了法律支持，也为中国海事司法实践制定了统一的标准。

【专家评析】 *

本案是马某公司与蝉某公司之间因载货集装箱被超期使用而发生的海上货物运输合同纠纷。本案中的主要争议点集中在四个方面：(1) 当事方之间的法律关系应如何认定；(2) 承运人主张的集装箱超期使用费依何种标准计算；(3) 集装箱的超期使用费（滞箱费）可否从海关拍卖货物所得的款项中抵扣；(4) 马某公司的诉讼是否超过诉讼时效。由于近年来在海上

---

* 撰写人：傅廷中，清华大学法学院教授、博士研究生导师。

货物运输领域中此类争议渐趋增多，故本案的审理对我国的海事司法实践具有重要的指导意义。

一、关于当事人之间法律关系的认定

本案中，订舱单(亦称托运单)上所注明的承运人是马某公司，办理货物托运并将货物交付运输的一方则是蝉某公司在深圳的分公司，该公司在发给马某公司的货运指示中，明确请求马某公司为其签发提单，并且确认自己负有支付预付运费的义务，后来只是因其未能支付运费，提单才未能签发。按照《海商法》第42条确立的定义，本人或者委托他人以本人名义或者委托他人为本人将货物交给承运人运输的人，均属于托运人的范畴。从这个意义上说，蝉某深圳分公司与马某公司之间构成海上运输合同关系，至于后来在目的港发生的无人提货现象，则属于第三人不履行义务的性质。根据争议发生时适用的《合同法》第121条的规定，当事人一方因第三人的原因造成违约的，应当向对方承担违约责任。[①]鉴于蝉某深圳分公司不具有法人资格，没有独立的民事责任能力，其应与母公司(设在上海的蝉某公司)共同向马某公司承担责任。基于这样一种法律关系，广州海事法院、广东省高级人民法院和最高人民法院对当事人之间法律关系的认定都是正确的。

二、关于集装箱超期使用费的赔偿标准

在海上货物运输中，如果集装箱是由承运人提供的，则托运人或者收货人除应履行在目的港及时提取货物的基本义务之外，还负有向承运人及时归还集装箱的附随义务。本案中，由于在目的港无人提取货物，涉案的5个集装箱被长期占用，由此给马某公司造成了显而易见的经济损失。根据《合同法》第113条第1款的规定，当事人一方不履行合同义务或者履行合同义务不符合约定，给对方造成损失的，损失赔偿额应相当于因违约所造成的损失，包括合同履行后可以获得的利益，但不得超过违反合同的一

① 现为《民法典》第593条。

方在订立合同时预见到或者应当预见到的因违反合同可能造成的损失。①考虑当今条件下国际航运界的普遍做法，一审法院和二审法院采信了马某公司网站上公布的集装箱超期使用费的计算标准，对蝉某公司以双方未就赔偿标准达成合意为由而拒绝赔偿的主张则不予支持。与此同时，根据《合同法》中关于非违约方负有防止损失扩大的义务之规定，并结合《海商法》第87条赋予承运人为行使债权而留置货物的权利，以及第88条规定的在无人提货的情况下承运人可以申请法院拍卖货物的权利，二审法院在确定的赔偿额中扣减了因马某公司怠于行使权利而扩大的损失。由此可见，一审法院和二审法院对赔偿额的确定是正确的，也是准确的。

三、关于集装箱超期使用赔偿金与海关拍卖货物的抵免

在通常情况下，根据运输合同的规定，如果在目的港无人提取的货物系被承运人变卖或者由承运人申请法院拍卖，拍卖所得的价款当然可由承运人掌控并用以清偿债务，违约方也有权请求承运人将赔偿额从拍卖所得的价款中予以相应的抵充。然而，在本案中，孟买海关出具的函件中将涉案的5个集装箱货物表述为“逃税的中国货品”，由此可以推定，孟买海关实际上是根据海关法的规定，将涉案货物按照走私物品作了罚没处理，而对罚没物品的拍卖所得不可能允许马某公司领取。故蝉某公司主张的以海关拍卖货物所得款项冲抵集装箱超期使用费条件根本不具备，除非法律有例外规定。但是，由于蝉某公司不能证明印度的法律允许承运人有权取得此种拍卖款，故应承担举证不能的法律后果。据此可以认为，一审法院和二审法院对蝉某公司的主张不予支持是合理并合法的。

四、关于诉讼时效的起算点

本案中，由于双方当事人在合同中选择适用中国法律的规定，故应根据中国法律确定诉讼时效。我国《海商法》是民法的特别法，《海商法》第257条中为海上货物运输合同的请求规定了为期1年的短期诉讼时效，自

① 现为《民法典》第584条。

承运人交付或者应当交付货物之日起计算。至于承运人向托运人、收货人或提单持有人要求赔偿的请求权，虽然在《海商法》中没有明确规定，但是最高人民法院于1997年致山东省高级人民法院的批复中指出，在有关法律未予规定前，可比照适用《海商法》第257条第1款规定的1年诉讼时效，但应从权利人知道或者应当知道权利被侵害之日起计算。本案中，双方当事人对于适用1年诉讼时效的规定并无异议，但对于权利被侵害之日的理解不同。蝉某公司认为自集装箱的免租期届满后的次日起计算，马某公司的请求已经超过诉讼时效。然而，马某公司却认为，诉讼时效应从接到海关通知的次日起计算。按照此种理解，马某公司认为诉讼时效并未超过。

在一审和二审中，广州海事法院和广东省高级人民法院均支持了马某公司的主张，将孟买海关向马某公司发出拍卖货物的通知之日认定为承运人知晓权利被侵害之日。但是，再审程序中，最高人民法院根据法律的规定，并结合在目的港发生的实际情况，在认真分析客观事实的基础上支持了蝉某公司的主张，认为马某公司主张集装箱超期使用费的权利并不是从侵害行为终止之日才产生，费用数额是否确定也不影响其诉权的行使，故将诉讼时效的起算点界定为集装箱在目的港进入免租期(收费期)开始之日。显然，此种认定方法符合批复规定，真正体现了“以事实为根据，以法律为准绳”的办案方针。

综观本案审理的全过程可以看出，审理本案的各级法院均能平等地尊重中外当事方的诉讼权利，认真对待各方的利益诉求，在判决书中避免使用简单、机械、生硬的表述方式，得出的结论具有说服力。特别是在案件的再审阶段，最高人民法院既认定了再审申请人违约的性质，又确认了被申请人的请求确已超过诉讼时效的事实；既肯定了一审法院和二审法院对相关事实的认定依据，又指出其中存在的偏差，判决结果令人信服，使胜诉的一方明白胜诉的根据，败诉的一方知晓其败诉的原因。

放眼全球，随着贸易的发展、科技的进步和运输方式的变革，今后在国际运输领域还会不断地有新的情况出现，故典型案例的推介对于解决司法实践中出现的疑难问题具有重要的指导作用。从这个意义上说，本案的审理不仅彰显了司法公正的精神和理念，而且为各级司法机关处理新形势下发生的疑难案件提供了可资借鉴的宝贵经验。

案例 31

新某航运有限公司
与
深圳市鑫某国际物流有限公司、
大连凯某有限公司
海上货物运输合同纠纷案*

【基本案情】

2017年2月25日，中某大连公司代理新某航运有限公司(以下简称新某公司)签发提单，载明托运人深圳市鑫某国际物流有限公司(以下简称鑫某公司)，装货港中国大连，卸货港印度那瓦舍瓦，共6个集装箱。该提单下的货物于2017年3月23日在卸货港卸船，新某公司的卸货港代理向收货人发出提货通知。截至2019年12月5日，该提单下的集装箱货物仍堆存在码头，处于印度海关监管之下，无人提货。新某公司起诉请求鑫某公司返还集装箱或赔偿集装箱价值及利息，并连带支付滞箱费、堆存费、港杂费等费用及利息。

【裁判结果】

大连海事法院审理认为，新某公司主张本案适用提单约定的法律，鑫

* 【一审案号】大连海事法院(2018)辽72民初758号。

某公司提交的电放申请保函明确记载同意将提单中的所有条款(包括所有背面条款以及管辖权及法律适用条款)作为运输合同的一部分，鑫某公司与新某公司就法律适用达成了一致的意思表示。根据提单背面首要条款和法律适用条款的约定，本案应当适用提单背面条款第 27 条第 1 项约定的新加坡法律。根据委托查明的新加坡法律中与涉案争议相关的规定，判决：鑫某公司向新某公司支付滞箱费及利息、集装箱损失等。

【典型意义】

涉外案件审理中的核心程序问题在于如何确定适用的准据法，若准据法为域外法，则需要对该域外法的具体内容准确查明并正确适用。域外法的准确查明和正确适用对于依法处理涉外民商事案件具有重要意义。该案系根据当事人约定适用新加坡法律审理的海上货物运输合同纠纷，法院通过委托法律查明服务机构查明新加坡法律中与涉案纠纷相关的规定并准确予以适用，判定双方当事人责任。一审判决后，双方当事人均未上诉，体现了当事人对该案诉讼程序和判决结果的认可，实现了准确查明、适用外国法定分止争的良好效果，为加快构建并完善域外法查明及适用的法律机制提供了有益的经验。

【专家评析】*

一、准据法的确定

本案原告住所地为新加坡，卸货港在印度，依照《涉外民事关系法律适用法解释(一)》第 1 条第 1 项和第 4 项的规定，本案为涉外民事案件。本案的基础法律关系为国际海上货物运输合同关系。依照《海商法》第 269 条的规定，合同当事人可以选择合同适用的法律。提单为海上货物运输合同的证明，经查明，本案被告向原告代理公司提交的电放申请保函明确记载同意将提单中的所有条款(包括所有背面条款以及管辖权及法律适用条

* 撰写人：宋美娴，法学博士，大连海事大学法学院副教授。

款)作为运输合同的一部分。各方当事人对涉案两份提单的真实性没有异议，根据提单背面首要条款和法律适用条款的约定，本案法官认为应当适用提单背面条款约定的新加坡法律。根据委托查明的新加坡法律中与涉案争议相关的规定，法院通过委托法律查明服务机构查明新加坡法律中与涉案纠纷相关的规定并准确予以适用，判定托运人向承运人支付滞箱费及利息、集装箱损失等。

二、当事人法律关系的明确

涉案两份提单均记载托运人为被告鑫某公司，表明中某大连公司代表承运人新某公司签发的提单被鑫某公司接受，这两份提单作为鑫某公司与新某公司之间签订海上货物运输合同的凭证，能够证明作为托运人的鑫某公司与作为承运人的新某公司之间存在提单证明的海上货物运输合同关系，该合同关系依法成立并有效。凯某公司是货物实际托运人，与承运人之间没有运输合同关系。因此，法官对托运人鑫某公司是凯某公司的代理人的主张不予支持。

三、运输合同下收货义务与相关法律责任

依照查明的新加坡法律，承运人因卸货港无人提货依据提单提起合同之诉索赔损失时，合法的被告应根据提单所列缔约方即缔约托运人加以确定。提单记载的托运人鑫某公司为本案的适格被告。因此，法官没有支持鑫某公司提出的其不是收货人故新某公司无权向其索赔损失的主张。

四、滞箱费的计算

依照查明的新加坡法律，提单正面和背面条款约定并告知查询方式的承运人公布的费率标准有约束力，因此关于滞箱费的诉讼请求应按提单约定的公司主页 LINES. COSCOSHIPPING. COM 公布的费率。但是滞箱费的计算并非无限期的，其计算期间应依照查明的新加坡法律，在新加坡法没有先例的情况下，适用英国等普通法国家的判例。参照英国 MSC Mediterranean Shipping Company S. A. v. Cottonex Anstalt 案，滞箱费从提单约定的托运人的免费使用期(免费使用期从集装箱卸下货轮时起算)结束开始计算，到合同目的落空(托运人不能归还集装箱)或者托运人放弃履行合同(托运人不再履行归还集装箱义务)时结束，不能无限期计算。当托运人不能归还集装箱时，集装箱相当于被损坏，而应当进行赔偿；如果能够减少损失而不减少，相关当事人需要承担相应责任。

在确定新某公司已经知道收货人不能在合理期限内履行归还集装箱义务，此后托运人鑫某公司或收货人均未作出继续履行合同并按合同约定支付滞箱费的意思表示后，合同目的分别在 2017 年 5 月 25 日与 6 月 4 日落空，涉案两份提单的货物停止计算滞箱费。关于返还集装箱或赔偿集装箱价值的诉讼请求，依据 MSC Mediterranean Shipping Company S. A. v. Cottonex Anstalt 案上诉法院判决，本案有 6 个集装箱在判决时仍滞留在港由海关监管，视为托运人不能归还集装箱，集装箱相当于被损坏，而应当进行赔偿。法官另行调查了解到 2017 年 5 月购置同类新箱的市场价格，依次确定赔偿数额。

五、结论

涉外民商事审判适当赋予当事人查明外国法的责任，明确法院依职权适用外国法时负有查明外国法的主体责任。在确定本案适用的法律为新加坡法律后，本案法院主动查明外国法律，并且专业地、适当地适用新加坡法以及英国案例法来解决当事人的纠纷。

国际海上货物运输中，目的港无人提货主要有市场价格波动、买卖合同纠纷、运输货物本身质量等各种原因，为避免收货人进一步的损失而采取的非常消极行为。在集装箱运输中，收货人不及时收取货物，除潜在的运输合同运费损失外，承运人还会产生集装箱的堆存、保养维护等各种附加费用。鉴于海上货物运输涉及承运人、托运人、收货人或提单持有人等多方主体，法律关系错综复杂，关于准据法、提货义务主体、目的港费用承担等问题容易产生争议。

本案在确定卸货港无人提货的相关法律责任主体时，充分、准确地把握了普通法的合同相对性原则。本案在确定滞箱费的合理计算期间时，并未机械适用英国判例认定的集装箱超期使用时间计算方法，而是充分考虑了英国判例的具体案情和裁判结果，对于审理适用外国法律的案件具有类案参考价值。

案例 32

上海捷某国际货物运输代理有限公司
与
重庆市某工程(集团)股份有限公司
海上货运代理合同纠纷案*

【基本案情】

2014年11月12日，上海捷某国际货物运输代理有限公司(以下简称捷某货代公司)与重庆市某工程(集团)股份有限公司(以下简称重庆某公司)签订运输协议，约定由捷某货代公司代重庆某公司办理161台车辆设备的出运事宜，装货港为中国上海港，卸货港为也门荷台达港。货物运抵目的港顺利交货后，重庆某公司未能按约向捷某货代公司支付运输协议下的应付费用。2015年2月4日，重庆某公司向捷某货代公司出具付款承诺书，称由于也门局势不稳定和沙特国王突然离世，其无法在约定时间内从沙特项目基金收到工程预付款，故而拖欠捷某货代公司费用，并承诺将于2015年3月2日前付清所有拖欠费用。但此后并未支付。庭审中，重庆某公司以目的港所在国也门发生战乱为由，主张援引不可抗力免责。经查，涉案货物原本将用于重庆某公司在也门承接的阿姆兰—亚丁高速公路项目建设，该项目团队人员在2015年3月的也门撤侨事件中已撤回国

* 【一审案号】上海海事法院(2015)沪海法商初字第1668号。
【二审案号】上海市高级人民法院(2016)沪民终4号。

内，项目因此搁置。

【裁判结果】

上海海事法院审理认为，目的港所在国发生战乱，影响的是公路建设项目，重庆某公司的偿付能力因此受到波及，但其不能因为无法收到公路建设项目下的合同款项而免除向捷某货代公司承担的付款义务。故判决重庆某公司支付所拖欠的费用。二审维持原判。

【典型意义】

“一带一路”共建国家众多，政治、经济、民族、宗教、法律、文化、地理状况复杂各异。企业在“走出去”参与投资、合作、建设过程中，遭遇政局动荡、战乱、罢工、自然灾害等不可抗力事件或者其他不可预测的情势变更都在所难免，该案即是由此引发纠纷的一个典型事例。该案海上货物运输合同目的地也门是“一带一路”共建国家之一，所运送的货物系用于国内企业通过海外竞标承接的重大基础设施建设项目。纠纷的产生与也门局势突变存在关联，因此准确划分合同当事人在类似事件下的责任界限和风险负担对依法保障企业海外投资利益，鼓励和促进企业参与“一带一路”建设具有现实意义。该案判决明确了海上货运代理合同的委托人不能因其投资项目无法履行，而免除其在海上货运代理合同下对受托人应承担的合同义务，避免海外投资建设领域的意外风险向为之提供物流保障服务的航运产业链不当转嫁。该原则也同样适用于海上货物运输合同以及为海外投资项目提供诸如物资、融资等的其他相关合同的履行场合，可供今后处理类似涉“一带一路”案件借鉴。

【专家评析】*

重庆某公司与捷某货代公司的海上货运代理合同纠纷一案，经上海海

* 撰写人：徐国平，上海海事大学法学院教授、博士研究生导师。

事法院一审判决支持捷某货代公司要求重庆某公司支付拖欠的海运费、港杂费等的诉讼请求。上海市高级人民法院二审判决维持原判。

一、先履行抗辩权与不安抗辩权

《合同法》第 67 条、第 68 条①分别规定了先履行抗辩权、不安抗辩权。本案一审判决认定捷某货代公司作为先履行合同的一方，可以行使不安抗辩权。二审判决认定重庆某公司作为后履行合同的一方，有权行使先履行抗辩权。

(一)先履行抗辩权

在重庆某公司与捷某货代公司所签订的运输协议第 3 条“费用与结算”中约定，重庆某公司在收到捷某货代公司转来的提单、报关单原件及费用专用发票后的 30 个工作日内，向捷某货代公司全额付款。捷某货代公司向重庆某公司交付了案涉 17 份海关出口货物报关单中的 15 份，另有 2 份海关出口货物报关单原件没有交付。

根据《合同法》第 67 条的规定，当事人互负债务，有先后履行顺序，先履行一方未履行的，后履行一方有权拒绝其履行请求。先履行一方履行债务不符合约定的，后履行一方有权拒绝其相应的履行请求。当事人双方约定了捷某货代公司交付单证与重庆某公司付款的先后顺序。捷某货代公司作为先履行一方，未交付全部报关单原件，履行债务不符合合同约定，属于瑕疵履行的情形。重庆某公司作为后履行一方，仅有权拒绝支付与 2 份未交付报关单利益相应的运杂费。但本案中重庆某公司出具付款承诺书可视为变更了双方协议中约定的付款条件，其已不符合法律规定的援引先履行抗辩权的条件，理应依据付款承诺书按时、足额向捷某货代公司支付拖欠的费用。

(二)不安抗辩权

根据《合同法》第 68 条的规定，应当先履行债务的当事人有确切证据证明对方有下列情形之一的，可以中止履行：(1)经营状况严重恶化；

① 现为《民法典》第 526 条、第 527 条。

(2)转移财产、抽逃资金，以逃避债务；(3)丧失商业信誉；(4)有丧失或者可能丧失履行债务能力的其他情形。

不安抗辩权不同于先履行抗辩权和同时履行抗辩权。先履行抗辩权和同时履行抗辩权又称为给付拒绝权，其规范目的在于向对方施加压力。而行使不安抗辩权的先为给付一方在后履行一方没有或者可能没有能力履行债务的情况下，可中止履行债务，还可进而解除合同。本案为海上货物运输代理合同纠纷，捷某货代公司已完成重庆公路某公司委托的货物出运的相关事宜，涉案货物亦已顺利运抵目的港，且捷某货代公司将所有案涉提单交付给重庆某公司，已完成其受托的海上货物运输事务。捷某货代公司的债务已经基本履行完毕。捷某货代公司拒绝交付 2 份报关单的行为目的是施压对方履行债务，与《合同法》规定的不安抗辩权行使功能并不完全相符。

二、不可抗力免责

经法院查明，涉案货物原本将用于重庆某公司在也门承接的阿姆兰—亚丁高速公路项目建设。因也门共和国发生战乱，该项目团队人员在也门撤侨行动中撤回国内，项目因此搁置。重庆某公司辩称，其未全额支付案涉相关费用系因也门共和国发生战乱这一不可抗力导致，其无法收到在也门共和国的工程预付款，依法可以免责。两审法院对重庆某公司的该项抗辩意见均不予采纳。

法院认为，本案系海上货运代理合同纠纷，在捷某货代公司已经将重庆某公司委托办理出运的货物顺利运抵目的港后，并无证据表明存在导致重庆某公司无法向货运代理人支付货运代理合同项下费用的不可抗力情形。重庆某公司所述原因即便构成不可抗力，其所导致的后果也与本案海上货运代理合同项下重庆某公司的履约义务无关。

根据《合同法》第 117 条第 2 款的规定，不可抗力是指不能预见、不能避免并不能克服的客观情况。一般认为，不可抗力事件包括：(1)洪水、地震、海啸、火山爆发等自然灾害。(2)战争等社会异常事件。《合同法》

第117条第1款规定，因不可抗力不能履行合同的，根据不可抗力的影响，部分或者全部免除责任，但法律另有规定的除外。[①]《合同法》第118条规定，当事人一方因不可抗力不能履行合同的，应当及时通知对方，以减轻可能给对方造成的损失，并应当在合理期限内提供证明。[②]主张免责的债务人需证明：发生了不可抗力事件，因不可抗力事件不能履行合同。

大陆法通常认为，金钱之债不存在给付不能。不可抗力免责不适用于金钱之债发生履行不能的情形，仅可适用于金钱之债发生迟延履行的情形。

债务人因不可抗力不能履行合同，依据《合同法》第117条第1款规定可免除的责任是指违约责任，即因不可抗力导致债务人不能实现给付的，不构成违约。《合同法》第107条规定，当事人一方不履行合同义务或者履行合同义务不符合约定的，应当承担继续履行、采取补救措施或者赔偿损失等违约责任。[③]债务人因不可抗力被免除的是哪些违约责任？主流观点认为，不可抗力免责规范中所免除的仅限于债务人的损害赔偿责任。

因而，即便重庆某公司能够举证证明也门战乱为不可抗力，导致了其支付案涉款项的迟延，其所能免除的责任仅限于损害赔偿。捷某货代公司仍然有权请求重庆某公司支付拖欠的运杂费。

三、对商事主体参与“一带一路”建设的借鉴意义

本案海上货物运输合同的目的地也门是“一带一路”共建国家之一，所运送的货物系用于重庆某公司通过海外竞标承接的重大基础设施建设项目。重庆某公司声称其不能履行案涉合同项下的给付义务系也门战乱所致。因而，准确认定合同当事人在类似事件背景下的合同义务和责任，对依法保障和促进企业参与“一带一路”建设具有现实意义。

本案判决明确了海上货运代理合同的委托人不能因其投资项目无法履

---

① 现为《民法典》第590条第1款。

② 现为《民法典》第590条第1款。

③ 现为《民法典》第577条。

行，而免除其在海上货运代理合同下对受托人应承担的合同义务。本案判决在查明海外投资建设领域的意外事件给投资人带来的不利影响的基础上，区分不同法律关系，避免了国际货运代理公司作为海上货运代理合同的受托人承担委托人海外投资失利的不利后果。该案判决意见对于处理与海外投资项目相关的涉外货物买卖、海上货物运输、融资等合同纠纷具有借鉴意义。

案 例 33

福建元某豆业有限公司
与
复某航运有限公司
海上财产损害责任纠纷案*

【基本案情】

2017 年 2 月 28 日，福建元某豆业有限公司(以下简称元某公司)向外商订购的 6 万余吨散装巴西大豆装载于复某航运有限公司(以下简称复某公司)所属“美嘉”轮，从巴西巴拉那瓜港运往中国福州松下港。元某公司经付款取得包括提单在内的信用证项下全套单据。货物运抵目的港后，元某公司在卸货过程中发现货物异常。经检验，货物中的大部分杂质、碳化粒、热损粒等随机分布在货舱内，说明该情况在装港即已存在，卸港未发现货物存在大规模水湿结块或霉变现象。元某公司委托进行验残，结论为货物实际损失 20,026,172.98 元。元某公司以承运人违反批注义务签发了清洁提单，导致其丧失拒绝对外付款机会造成损失为由，诉请判令复某公司赔偿货物价款损失、利息及其诉前扣船费等。

* 【一审案号】厦门海事法院(2017)闽 72 民初 712 号。
【二审案号】福建省高级人民法院(2019)闽 72 民终 1495 号。

【裁判结果】

厦门海事法院审理认为，本案系涉外案件，双方当事人均援引中国法律尤其是《海商法》支持各自的主张，应视为双方当事人协议选择了适用中国法律解决争议。本案应根据《海商法》的相关规定判断复某公司是否违反了法定义务以及是否存在过错。复某公司未对案涉大豆品质指标作出批注不违反法定义务，其签发清洁提单没有过错，对元某公司不构成侵权。元某公司的损失起因于其贸易合同卖方未按货物品质证书所载的标准提供货物，是贸易合同项下的风险，不应由承运人承担。据此，判决驳回元某公司的诉讼请求。元某公司提起上诉，二审期间又撤回上诉。

【典型意义】

该案是一起提单持有人以承运人未履行提单批注义务导致其丧失拒付信用证项下货款权利为由提出索赔的案例。《海商法》对承运人签发提单时对货物状况的批注仅作了原则性规定，实践中对如何把握批注标准存在争议。该案结合国际贸易、国际海运实践进行全面剖析，正确解释《海商法》规定，明确货物的等级和品质指标不属于承运人提单批注的范围；对承运人就货物表面状况的判断要求应建立在与作业条件相适应的基础上。在货物非正常颗粒未集中板结成块的情形下，承运人未作出货物表面状况不良的判断符合正常智识和通常判断标准等三项规则，认定承运人签发清洁提单未违反提单批注义务，妥善平衡了船货双方的利益，维护了提单在国际贸易中的流通性。

【专家评析】*

本案主要涉及海上货物运输承运人的提单批注义务问题。

---

* 撰写人：付本超，研究员，博士研究生导师，山东大学法学院副院长，海洋海事法研究所所长，司法实务研究中心主任。

本案的争议焦点是：海上货物运输承运人签发清洁提单的行为对收货人、提单持有人是否构成侵权。厦门海事法院认为，海上货物运输承运人未就案涉货物表面状况进行批注，是否违反合同义务或法定义务是判断其是否构成侵权并承担责任的基础和关键。收货人、提单持有人没有举证证明其与承运人之间存在关于提单批注的特殊约定，承运人签发清洁提单的行为不存在过错，对收货人、提单持有人不构成侵权。

厦门海事法院在审理本案时，准确识别案由，正确适用法律，严格分配举证责任，取得了良好的法律效果、社会效果和政治效果。

一、案件案由的准确识别——审判的基础

民事案件案由是案件名称的重要组成部分，是对当事人诉争法律关系性质的概括，是人民法院进行民事案件管理的重要手段。建立科学、完善的民事案件案由体系，有利于方便当事人进行民事诉讼，有利于统一民事案件的法律适用标准。

为方便当事人进行民事诉讼，规范人民法院立案、审判和司法统计工作，最高人民法院出台了《民事案件案由规定》。根据该规定，民事案件案由应当依据当事人诉争的民事法律关系的性质来确定。案由的表述方式原则上确定为“法律关系性质”加“纠纷”，一般不包含争议焦点、标的物、侵权方式等要素，这有助于提高民事案件司法统计的准确性，为人民法院司法决策提供更有价值的参考。

本案中，厦门海事法院在立案时，将案由确定为海上货物运输合同纠纷，但在案件审理中，法院查明：在卸货港发现的涉案货物中的大部分杂质、碳化粒、热损粒等，在装货港即已存在。收货人、提单持有人诉称的损失并非产生于海上货物运输期间。本案争议的焦点在于承运人未就案涉货物表面状况进行批注，是否应承担侵权责任。厦门海事法院在查明上述事实的基础上，及时将案由变更为海上财产损害责任纠纷，为本案的正确审理打下坚实的基础。

二、法律适用的正确选择——审判的关键

法律适用是法院查明案件事实之后，必须触及的法律层面问题，选择正确的法律以及正确地适用法律，是查明案件事实之后定分止争的关键环节，也是裁判获得权威性的基本保证。涉外海事纠纷因涉及冲突法规范审查和准据法的适用，较之于一般海事纠纷而言，法律适用问题更加复杂。

为了明确涉外民事关系的法律适用，合理解决涉外民事争议，维护当事人的合法权益，我国制定了《涉外民事关系法律适用法》，该法涵盖了民事主体、物权、债权、知识产权等方面的法律适用规则。为正确适用《涉外民事关系法律适用法》，最高人民法院专门出台了《涉外民事关系法律适用法解释(一)》和《关于适用〈中华人民共和国涉外民事关系法律适用法〉若干问题的解释(二)》，详细规定了人民法院在审理涉外民商事案件中的法律适用标准。

本案中，厦门海事法院基于被告系外国法人，货物起运港在巴西，认定案件具有涉外因素。本案当事人讼争的侵权行为发生在巴西，但双方当事人均援引我国法律支持各自的主张，应视为双方协议选择了适用我国法律解决争议。《涉外民事关系法律适用法》第44条规定：“侵权责任，适用侵权行为地法律，但当事人有共同经常居所地的，适用共同经常居所地法律。侵权行为发生后，当事人协议选择适用法律的，按照其协议。”厦门海事法院根据上述法律规定，确定解决本案争议的准据法为我国法律无疑是正确的。

三、举证责任的合理分配——审判的核心

民事诉讼中举证责任的分配是指举证责任在诉讼主体之间的合理配置，即举证责任在原告、被告及第三人之间的合理配置。举证责任分配所要解决的问题，首先是谁应就何种事实负举证责任，以及在争议的案件事实处于真伪不明的状态时，谁应当承受不利的诉讼后果。在民事诉讼理论领域，举证责任的分配是民事举证责任制度的核心内容，被认为是“民事诉讼的脊梁”。

我国《民事诉讼法》第 64 条第 1 款规定："当事人对自己提出的主张，有责任提供证据。"《民事诉讼法解释》第 90 条规定："当事人对自己提出的诉讼请求所依据的事实或者反驳对方诉讼请求所依据的事实，应当提供证据加以证明，但法律另有规定的除外。"

本案中，厦门海事法院对当事双方提交的证据进行审查后认为，收货人、提单持有人提交的证据不能证明其关于承运人应在提单上添加批注的主张，涉案货物等级及品质指标均不属于承运人可以批注的范围，承运人不具备怀疑货物表面状况异常的客观条件，承运人根据正常的智识和通常的判断标准，作出货物表面状况正常的判断符合常理。厦门海事法院的上述认定，符合我国《民事诉讼法》关于举证责任的分配原则，其结合航运实践对举证责任进行综合判断的裁判方法，有理有据，公平客观。

四、案件效果的正当考量——审判的价值

本案中，厦门海事法院严格依照我国《海商法》关于承运人批注义务的规定，认定本案承运人有权对货物的表面状况不良作出批注，但承运人签发清洁提单与否应建立在根据通常方法的判断，仅从外表所能观察到和发现的货物表面状况不应对承运人签发清洁提单提出过高的要求，从而驳回了收货人、提单持有人的诉讼请求。判决作出后，收货人、提单持有人虽提起了上诉，但在二审中与承运人达成和解，当事双方的纠纷得以圆满解决。

厦门海事法院在本案判决中明确指出，判断海上货物运输货物表面状况是否良好，需要依据一定的专业标准，不应要求船长、船员同时是所装运的各类货物的专家，不应对承运人签发清洁提单提出过高的要求。上述关于承运人履行提单批注义务的认定，符合海上货物运输行业惯例，得到了社会各界的普遍认同。厦门海事法院在审理本案时，全面贯彻平等保护中外双方当事人合法权益的原则，得到了中外当事人的一致认可。本案的圆满解决取得了良好的法律效果、社会效果和政治效果，为保障高质量共建"一带一路"，营造法治化营商环境，提升我国司法国际公信力和影响力作出了重要贡献。

案 例 34

塞拉利昂籍“LEDOR”轮遭阿尔巴尼亚船东基某船务有限公司弃船所引发系列纠纷案*

【基本案情】

承运我国某大型国企 2 万余吨进口铁矿石的塞拉利昂籍船舶“LEDOR”轮于 2011 年 10 月从印度陈奈港开往我国江苏南通港途中搁浅在福建莆田。海事部门认为该轮存在断裂、沉没、危及人命安全及污染海洋环境的风险，要求船东提交船舶脱险方案、过驳货物及船上存油过驳的措施，收货人则要求船东就地卸货，均未果。该轮船体老旧、压载舱及部分货舱破损、证书过期，阿尔巴尼亚船东基某船务有限公司无力使船舶续航，遂将船舶连同十几名外籍船员及货物遗弃在福建莆田。2012 年 7 月，收货人向法院申请海事强制令和海事请求保全，请求扣押船舶和强制卸货。船上 1 名阿尔巴尼亚籍船长和 17 名叙利亚籍船员起诉要求船东支付工资。收货人起诉船东要求赔偿货物损失等。因该轮搁浅而受损的养殖户以及该轮搁浅期间为该船提供防污服务和物料油料供应、代理服务的各家公司等相继起诉，要求支付相关费用，由此引发了一系列类型各异的重大复杂疑难案件。

---

* 【一审案号】厦门海事法院(2012)厦海法商初第 356 号等系列案例。

【裁判结果】

厦门海事法院受理上述案件后，一方面及时依法裁定拍卖船舶并发布公告，通知相关债权人进行债权登记，最终以超乎船东预估的高价变卖了船舶。另一方面及时依法定程序公开审理该轮引发的系列纠纷案件，最后作出一审判决，于2013年5月发生法律效力。随后，法院及时组织召开债权人会议，将船舶拍卖款按照法律规定予以分配。

【典型意义】

该案系在外籍船东弃船的情况下成功审理系列疑难复杂纠纷的典型案例。人民法院通过高效组织船舶拍卖、召开债权人会议、依法分配船舶拍卖款，使境内外债权人权益及时得到实现，确保“海上丝绸之路”畅通有序。在执行扣船令和海事强制令过程中，法院指定国有船代为弃轮提供船舶代理服务。在船舶被依法变卖后，又与公安部门联系，根据这批外籍船员的特殊情况办理相应签证和出境手续，为外籍船员提供了充分的人道主义帮助。

【专家评析】*

本案为塞拉利昂籍船舶“LEDOR”轮在运输途中搁浅，船东弃船而引发的系列纠纷案。本案所涉案件数量众多(33件)，程序复杂，既包括海上货物运输合同、养殖损害赔偿、船员劳务合同、海难救助、清污作业、船舶引航合同、船舶代理合同、船舶供应合同等实体纠纷案件，又包括诉前海事请求保全、诉前海事强制令、债权登记与受偿等海事特别程序案件。针对上述系列案件，厦门海事法院依法行使管辖权，公正高效审理，平等保护了中外当事人的合法权益，赢得了中外各方赞誉。

---

* 撰写人：曲涛，华东政法大学副教授，国际航运法律研究中心主任。

一、该案为海事法院发挥司法职能作用，服务保障“一带一路”建设的典型案例

本案中，“LEDOR”轮装载22,000吨铁矿粉从印度陈奈港驶往我国南通港。该轮本航次始发港在印度，船籍国为塞拉利昂，船舶所有人为阿尔巴尼亚的基某船务有限公司，船上17名船员为叙利亚籍。而印度、塞拉利昂、阿尔巴尼亚和叙利亚四国均为“一带一路”共建国家。因此，该案为“一带一路”建设典型案例。厦门海事法院通过对该系列案件公正高效的审理，充分发挥了海事审判职能作用，保障了“海上丝绸之路”的有序畅通。

二、海事法院依法运用海事特别程序，充分发挥程序保障作用，确保案件得以公正高效处理

本案中，“LEDOR”轮在福建莆田水域冲滩搁浅后，船东既不采取符合当地海事部门要求的脱险措施，也不接受收货人就近卸货的要求。该轮当时满载货物，存在船体老旧、压载舱及部分货舱破损、证书过期等不利情况。长期滞留不仅严重威胁船舶安全与海洋环境，而且对收货人、船员等的合法权益造成损害。在与船东反复协商无果的情况下，收货人向厦门海事法院申请诉前海事请求保全和海事强制令，请求扣押“LEDOR”轮并强制卸货。

根据《中华人民共和国海事诉讼特别程序法》(以下简称《海诉法》)的规定，海事请求保全是指海事法院根据海事请求人的申请，为保障其海事请求的实现，对被请求人的财产所采取的强制措施。海事强制令是指海事法院根据海事请求人的申请，为使其合法权益免受侵害，责令被请求人作为或者不作为的强制措施。海事强制令本质上是一种行为保全方式。如果情况紧急，当事人可以在起诉前向被保全的财产所在地或者海事纠纷发生地海事法院申请海事请求保全或者海事强制令。本案中，海事法院根据收货人的诉前海事请求保全申请，裁定扣押“LEDOR”轮并发出扣押船舶命令；根据收货人的诉前海事强制令申请，强制船方将货物卸至莆田港。

海事请求保全扣押船舶的目的在于使被请求人向海事法院或者海事请求人提供担保。诉前海事请求保全扣押船舶的期限为30日。船舶扣押期间届满，被请求人不提供担保，而且船舶不宜继续扣押的，海事请求人可以在提起诉讼或者申请仲裁后，向扣押船舶的海事法院申请拍卖船舶。申请拍卖船舶作为一种海事请求保全方式，是申请扣押船舶措施的延续。本案中，海事法院裁定扣押船舶后，"LEDOR"轮船舶所有人在法定船舶扣押期间不提供担保，而该轮船况差，存在安全隐患，且持续产生诸多费用，不宜继续扣押。海事请求人在提起诉讼后，向海事法院申请拍卖"LEDOR"轮。海事法院收到拍卖船舶的申请后，经审查，作出准予拍卖船舶的裁定。海事法院裁定拍卖船舶的，应当发布公告。公告的目的在于让外界知晓拍卖船舶的情况，其中包括办理债权登记事项。"LEDOR"轮拍卖期间，正值船舶市场比较低迷，加之船龄老(30年)、船况差，两轮公开拍卖均流拍。法院最终依法变卖该轮，保存船舶价款。厦门海事法院所采取的海事请求保全扣押与拍卖船舶的措施，为该系列案后续得以公正高效处理奠定了基础。

为保证与被拍卖船舶有关的债权能够公平受偿，《海诉法》还设立了一个特别程序，即债权登记与受偿程序。厦门海事法院裁定强制拍卖船舶的公告发布后，债权人应当在公告期间就与被拍卖船舶有关的债权申请登记，要求从本次拍卖船舶价款中受偿其债权。债权人在办理债权登记后，应当在受理债权登记的海事法院提起确权诉讼，要求海事法院确认其与被拍卖船舶有关的债权。本案中，在拍卖船舶公告期间，除了此前收货人已经起诉船东请求赔偿货物损失，17名外籍船员起诉船东请求支付船员工资，因"LEDOR"轮冲滩搁浅而受损的养殖户以及搁浅期间为该轮提供清防污服务、燃料物料供应、船舶代理服务的各方也相继对船东提起确权诉讼，请求赔偿损失与支付费用，并申请债权登记，由此引发了系列诉讼及确权诉讼案件33件。厦门海事法院在船舶变卖成功两个月内，分别对上述33个案件进行了开庭审理，并作出一审判决。厦门海事法院审理并确认债权后，于2013年12月召开债权人会议，按照我国《海商法》以及其他有关法律规定的受偿顺序，对拍卖船舶价款进行了分配，为"LEDOR"轮引发的系列纠纷案画上了一个圆满的句号。

本案中，厦门海事法院从实际出发，因地制宜，依法运用《海诉法》所设定的海事请求保全、海事强制令、债权登记与受偿等海事特别程序，充分发挥程序对实体审理的保障作用，确保了案件得以公正高效处理。

三、海事法院发挥人道主义精神，对外籍船员实施司法救助，平等保护中外当事人的合法权益

从2011年10月4日搁浅至2012年7月5日海事法官登轮送达扣押船舶命令和海事强制令，"LEDOR"轮滞留莆田水域达9个月之久。船东长期拖欠船员工资，数额已达43.5万美元。17名船员声称，只有拿到工资才可以靠港卸货。该轮滞留期间，船东仅向船上提供维持基本生存标准的补给。而船舶被扣押后，船东更是完全中断了补给，导致船上17名船员面临严重的生存危机，完全被情绪所控制，拒不配合法院工作。面对种种困难情况，厦门海事法院主要采取以下措施，从而打开了局面，使案件取得突破与进展。

第一，充分发挥人道主义精神，调动一切力量，对处于困境中的船员进行救助，从生活上帮助船员解决所面临的实际困难，并最终取得了船员的信任，配合法院执行强制卸货和拍卖船舶的工作。第二，对外籍船员展开司法救助，从法律上切实保护船员的利益。鉴于船东拖欠船员工资，双方之间形成船员劳务合同纠纷。为维护船员合法权益，承办法官通过多种形式向船员宣传我国法律，引导船员通过法律途径向船东索赔工资。在叙利亚驻华使馆函请帮助本国船员维权的情况下，海事法院协调中国律师代表船员起诉，请求船东支付所拖欠的船员工资，并对"LEDOR"轮依法行使船舶优先权。不仅如此，厦门海事法院还说服收货人通过垫付的方式，让船员提前拿到了部分工资，增加了船员对于中国海事司法的信任，从而积极配合法院完成了强制卸货和拍卖船舶等工作，厦门海事法院也切实履行了平等保护中外当事人的庄严承诺。第三，为解决案件处理过程中遇到的各种实际困难，厦门海事法院积极与当地边检、海关、船检、海事局、公安局等部门协调沟通，形成联动，最终使本案得以公正高效解决。

总之，本案是厦门海事法院发挥司法职能作用，服务保障“一带一路”建设的典型案例。其不仅生动体现了海事法院平等保护中外当事人利益的理念，而且提升了我国海事司法的国际公信力和影响力，为高质量共建“一带一路”营造了更加稳定、公平、透明、可预期的法治化营商环境。

案 例 35

大连市海洋与渔业局
与
昂某海运有限公司、
博某汽船保险协会
海域污染损害赔偿纠纷案*

【基本案情】

葡萄牙籍油轮“阿提哥”轮(77,399 总吨)于 2005 年 4 月 3 日在大连险礁岩(38°57.34′N,121°54.53′E)搁浅,船体破损泄漏原油,造成海洋污染。昂某海运有限公司(以下简称昂某公司)、博某汽船保险协会(以下简称保险协会)分别为该轮所有人、油污责任保险人。大连市海洋与渔业局(以下简称海洋渔业局)于 2005 年 5 月 23 日向大连海事法院起诉,请求判令昂某公司与保险协会连带赔偿损失人民币 5907.6 万元(含海洋环境容量损失和海洋生态服务功能损失人民币 5647.6 万元、调查估损鉴定费人民币 260 万元)。

---

* 【一审案号】大连海事法院(2015)大海事外初字第 120 号。
【二审案号】辽宁省高级人民法院(2013)辽民三终字第 00146 号。
【再审审查案号】最高人民法院(2015)民申字第 1637 号。

【裁判结果】

大连海事法院一审认为，海洋与渔业局属于依法行使海洋环境监督管理权的部门，是本案请求油污损害赔偿的适格主体；但海洋渔业局未能证明其于污染事故发生后实际采取恢复措施。相反，根据国家海洋环境监测中心司法鉴定所的报告，溢油影响海域在未采取任何措施的情况下已实际恢复，遂判决驳回海洋渔业局的诉讼请求。海洋渔业局不服，提起上诉。

辽宁省高级人民法院二审认为，海洋渔业局诉请的海洋生态环境损失包括海洋生态服务功能损失和海洋环境容量损失，属于对海洋环境损害提出的赔偿请求。海洋渔业局在二审庭审中提供其已经支付了人民币 50 万元的评估监测费用的凭证，该费用属于合理费用，应由昂某公司承担。辽宁省高级人民法院遂作出二审判决，撤销一审判决；判令昂某公司赔偿海洋渔业局评估监测损失人民币 50 万元；驳回海洋渔业局的其他诉讼请求。海洋渔业局不服二审判决，向最高人民法院申请再审。

最高人民法院经审查认为，中华人民共和国系《1992 年国际油污损害民事责任公约》(以下简称《油污公约》) 的缔约国，一审、二审判决适用该公约解决本案纠纷正确。根据该公约第 1 条第 6 项的规定，对环境损害的赔偿应当限于已经实际采取或者将要采取的合理恢复措施的费用。该公约第 3 条第 4 项规定，除非符合该公约，否则不得向船舶所有人提出污染损害赔偿请求。海洋渔业局提出的海洋生态环境损失能否得到赔偿取决于该损失是否属于公约规定的赔偿范围。海洋渔业局并无证据证明其已经对受污染海域采取了实际恢复措施并产生费用，其虽根据损失评估报告主张污水处理费用人民币 5520 万元属于“将要采取的合理恢复措施”，但是根据国家海洋局北海环境监测中心及国家海洋环境监测中心司法鉴定所的检测结论，本案溢油事故发生 25 日后的 2005 年 4 月 28 日，溢油海域的水质未超过海水水质二类标准；到 2005 年 10 月，海洋环境已经恢复，海洋渔业局亦无证据证明对该海域进行污水处理的必要性。因此，一审、二审判决认定上述费用不属于公约规定的实际采取或将要采取的合理恢复措施的费用，并无不当。最高人民法院于2015年12月29日裁定驳回海洋渔业局的再审申请。

【典型意义】

该案属于“一带一路”共建国家发生的海上环境污染损害赔偿纠纷，当事船舶的所有人和油污责任险保险人分别为西班牙公司和英国公司。该案也是“一带一路”共建国家当事人之间发生的纠纷。最高人民法院切实贯彻法发〔2015〕9号《关于人民法院为“一带一路”建设提供司法服务和保障的若干意见》的规定，发挥了良好的示范指引作用。中国作为一个负责任的海事大国，严格依照《维也纳条约法公约》的规定，根据条约用语通常所具有的含义按其上下文并参照条约的目的及宗旨进行善意解释，具体明确《1992年国际油污损害民事责任公约》下的环境损害赔偿限于合理恢复措施的费用(含监测评估费用)，确保国际条约适用的统一性、稳定性和可预见性。在现行公约体系下，船舶油污损害赔偿有其特殊性，但部分当事人因不能准确领会公约精神，索赔有关船舶油污造成的海洋生态环境损害时不以恢复措施费用索赔，而以海洋生态服务功能损失和海洋环境容量损失索赔，该索赔损失项目与公约不匹配，属于公约明确排除赔偿范围的请求，该案裁定对于指导依法行使海洋环境监督管理权的部门准确索赔类似海洋生态损害有重要意义。

【专家评析】*

一、关于法律适用

本案属于涉外民商事纠纷，根据当时有效的《民法通则》第142条第2款之规定，我国缔结或参加的国际条约同我国民事法律有不同规定的，适用国际条约，但我国声明保留的条款除外。《海商法》第268条也明确规

* 撰写人：朱作贤，大连海事大学法学院院长，教授、博士研究生导师。

定：我国缔结或者参加的国际条约同本法有不同规定的，适用国际条约的规定，但我国声明保留的条款除外。这即是所谓的“条约优先适用原则”，这一原则被2024年施行的最高人民法院《关于审理涉外民商事案件适用国际条约和国际惯例若干问题的解释》继续坚持。我国是《油污公约》的缔约国，且我国对该公约没有声明保留的条款，故该公约将优先于我国的国内法得以适用。具体而言，涉案船舶“阿提哥”轮发生溢油的地点为中国海域，符合公约第2条所规定的适用地域范围；“阿提哥”轮为装运散装油类货物的油轮，符合公约第1条所规定的“船舶”定义；“阿提哥”轮装载并溢出的是持久性烃类矿物油（原油），符合公约第1条所规定的“油类”定义。因此，法院在本案中适用《油污公约》确定双方的权利义务是正确的。

二、关于索赔主体

《油污公约》对于索赔主体并无明确规定，故应当适用我国国内法的相关规定。环境损害并非属于一般财产或人身损害范畴，关于海洋环境损害的索赔主体应为何者，在理论与实践层面多有争论。一般认为，相关行政机关可作为海洋环境损害索赔的正当主体，这源自国家对自然资源的所有权。海洋为国家所有的自然资源，其遭受污染损害时，行政主管机关有权代表国家提起索赔诉讼。需要指出的是，并非所有行政机关都可以代表国家以自己的名义就某一自然资源的损害赔偿问题提起诉讼，只有由法律明确规定和授权承担对某一自然资源主管职能的行政主管机关方可具有此种主体资格。《中华人民共和国海洋环境保护法》第114条第2款规定：“对污染海洋环境、破坏海洋生态，给国家造成重大损失的，由依照本法规定行使海洋环境监督管理权的部门代表国家对责任者提出损害赔偿要求。”根据这一法律规定及我国地方人民政府行政机构设置，海洋渔业局属于依法行使案涉海洋环境监督管理权的部门，其是请求本案油污损害赔偿的适格主体。

三、关于海洋环境损害赔偿范围

《油污公约》第1条第6项规定：“‘污染损害’系指：(a)因船舶泄漏或排放油类造成的在该船之外的损失或损害，不论此种泄漏或排放发生在何处，但是对环境损害(不包括此种损害的利润损失)的赔偿仅限于已实际采取或行将采取的合理恢复措施的费用，(b)预防措施的费用及因预防措施造成的进一步损失或损害。”另外，该公约第3条第4项规定，除非符合该公约，否则不得向船舶所有人提出污染损害赔偿请求。

依照我国参加的《维也纳条约法公约》，应当对条约用语通常所具有的含义按其上下文并参照条约的目的及宗旨进行善意解释。前述《油污公约》对环境损害赔偿界定清楚明确，即仅限于“已实际采取或行将采取合理恢复措施的费用”，其意图否定的是经由所谓环境损失评估所得出的带有假设和推理成分的各种抽象性质损失。在公约制定过程中，各方已达成的共识是实践中对于环境损害很难量化，仅根据理论模型计算出的抽象损失数额不应得到赔偿；另外，海洋具有很强的自身恢复能力(a great potential for natural recovery)，船舶溢油一般不会对海洋环境造成永久性损害，但在溢油后采取合理恢复措施可以提高海洋自净速度，故《油污公约》最终仅认可对合理恢复措施的费用赔偿。本案中，海洋渔业局并无证据证明其已经对受污染海域采取了实际恢复措施并产生费用，而根据相关检测报告的结论，在其没有采取任何恢复措施的情况下本案溢油事故发生25日后，受污染海域的水质即达到未超过海水水质二类标准，至2005年10月，相关海洋环境已经完全恢复。故法院正确地认定上述费用不属于公约规定的实际采取或将要采取的合理恢复措施的费用。

需要指出的是，《油污公约》与我国国内法律体系对环境损害赔偿范围的认定并不一致。例如，《民法典》第1235条规定：“违反国家规定造成生态环境损害的，国家规定的机关或者法律规定的组织有权请求侵权人赔偿下列损失和费用：(一)生态环境受到损害至修复完成期间服务功能丧失导致的损失；(二)生态环境功能永久性损害造成的损失；(三)生态环境损害调查、鉴定评估等费用；（四）清除污染、修复生态环境费用；（五）防止损害的发生和扩大所支出的合理费用。”显然，《民法典》对环境损害的赔偿范围要比《油污公约》宽泛，但是基于信守条约的基本原则，在司法实践中不能突破《油污公约》所规定的赔偿范围。对此，还应当进一步认识到《油污公约》是国际社会的不同利益方经过艰难谈判、协商而达成的一种平衡结果，就其对环境损害赔偿范围的限定而言，一定程度上也体现了对船舶所有人从事具有特殊海上风险的航运业的一种保护政策。

四、结论

本案充分展示了中国法院坚持信守条约的基本原则，对于如何准确适用我国加入的1992年《油污公约》具有重要指导意义：其一，正确适用“条约优先适用原则”，在审理具有涉外因素的船舶油污案件中，首先应当根据公约所适用的地域范围、船舶范围以及油类范围等确定公约是否将被适用；其二，鉴于《油污公约》在索赔主体方面并无具体规定，对于在我国海域所发生的船舶油污环境损害，其索赔主体应当根据我国国内法的相关规定予以确定；其三，充分把握《油污公约》下船舶油污损害赔偿范围所具有的特殊性，索赔海洋环境损害时应以合理恢复措施费用为基本依据。

第七编

仲裁协议效力以及申请承认与执行境外仲裁裁决案例

案例 36

浙江逸某石化有限公司
与
卢森堡英某技术有限公司
申请确认仲裁条款效力案*

【基本案情】

浙江逸某石化有限公司(以下简称逸某公司)与卢森堡英某技术有限公司(以下简称英某公司)于 2003 年 4 月 28 日及 6 月 15 日分别签署了两份技术许可协议，约定："有关争议、纠纷或诉求应当提交仲裁解决，仲裁应在中国北京中国国际经济贸易仲裁中心(CIETAC)进行，并适用现行有效的《联合国国际贸易法委员会仲裁规则》"［以上约定的原文为英文，即"The arbitration shall take place at China International Economic Trade Arbitration Centre (CIETAC), Beijing, P. R. China and shall be settled according to the UNCITRAL Arbitration Rules as at present in force."］。2012 年 7 月 11 日，英某公司向中国国际经济贸易仲裁委员会提出仲裁申请。2012 年 10 月 29 日，逸某公司以双方约定的仲裁本质上属于我国仲裁法不允许的临时仲裁为由，向宁波市中级人民法院申请确认仲裁条款无效。

* 【一审案号】浙江省宁波市中级人民法院(2012)浙甬仲确字第 4 号。

【裁判结果】

宁波市中级人民法院经逐级报请最高人民法院审查后，于 2014 年 3 月 17 日作出终审裁定，认为：当事人在仲裁条款中虽然使用了“take place at”的表述，此后的词组一般被理解为地点，然而按照有利于实现当事人仲裁意愿目的的解释方法，可以理解为也包括了对仲裁机构的约定。虽然当事人约定的仲裁机构中文名称不准确，但从英文简称 CIETAC 可以推定当事人选定的仲裁机构是在北京的中国国际经济贸易仲裁委员会。本案所涉仲裁条款不违反我国仲裁法的规定，裁定驳回逸某公司请求确认仲裁条款无效的诉请。

【典型意义】

该案首次认可当事人约定由中国的常设仲裁机构依据《联合国国际贸易法委员会仲裁规则》管理仲裁程序的条款效力，并明确该条款约定的是机构仲裁，而非临时仲裁。该案对当事人理解存在分歧的合同用词，采取了有利于实现当事人仲裁意愿目的的解释方法，在仲裁条款未明确限定仲裁机构特定职能的情形下，认定当事人关于常设机构适用另一仲裁规则的约定应理解为该机构依仲裁规则管理整个仲裁程序。该案对推动多元化纠纷解决机制建设、支持仲裁国际化、提升仲裁公信力具有典型示范意义。

【专家评析】*

该案处理仲裁条款的效力。仲裁条款为“仲裁应当在中国北京中国国际经济贸易仲裁中心(CIETAC)进行，并适用现行有效的《联合国国际贸易法委员会仲裁规则》[The arbitration shall take place at China International Economic Trade Arbitration Centre (CIETAC), Beijing, P. R. China and shall

* 撰写人：郑若骅，清华大学兼职教授，香港特别行政区律政司前司长，最高人民法院国际商事专家委员会专家委员。

be settled according to the UNCITRAL Arbitration Rules as at present in force.]"。

一、关于仲裁条款效力的准据法

在处理仲裁条款的有效性时，首先要确定仲裁条款效力的准据法。惯常的做法是先依据当事人约定，没有约定的则按相关的冲突法(conflict of laws rules)来确定。本案双方同意中国法是仲裁条款效力的适用法，而法院也依据该意愿进行审理。需要注意的是，在本案中，仲裁地点明显就是北京，仲裁程序法律为《中华人民共和国仲裁法》(以下简称《仲裁法》)。因此，即便在没有同意的情况下按中国仲裁法，法院的结论也应该是中国法。再者，如果用冲突法的法律原则来定，最有密切关系的法律也应该是仲裁地的法律，也就是中国法。在英国法案例里，在没有约定仲裁条款的准据法时，英国法院倾向用合同的准据法，而不是仲裁地的法律。[①]但这种做法也受到不少批评，英国也很有可能在修改仲裁法时会修正以符合其他地方的国际做法。重点是《承认与执行外国仲裁裁决公约》(以下简称《纽约公约》)第5条就处理仲裁条款效力的问题上，也订明在没有约定的情况时，执行地的法院也应该用仲裁地的法律来确定仲裁条款的效力。总而言之，用仲裁地的法律来确定仲裁条款的效力可以说是最稳妥的做法，符合国际惯例，符合冲突法原则，也符合在执行裁决时按《纽约公约》需要考虑的因素。

中国《仲裁法》要求仲裁条款指定仲裁机构，而仲裁机构的定义在《仲裁法》里有明确要求，因此，按法治原则应该依照《仲裁法》来确定仲裁机构是否符合法律要求，而不是盲目地支持仲裁意愿，用司法实践来修改法律条文的解释。在本案中关于仲裁机构的争议有二。第一，仲裁条款里的"在/take place at"的表述是指定仲裁机构还是只是选择了开庭的地方。第二，"中国国际经济贸易仲裁中心(CIETAC)"的名字是不是指定了中国国际经济贸易仲裁委员会(CIETAC)。就第一点法院首先支持当事人仲裁意

---

① Kabab-Ji SAL (Leganon) v. Kout Food Group (Kuwait) [2021] UKSC 48.

愿，虽然表面上“在/take place at”是指地方的意思，但法院把“在/take place at”理解为包括对仲裁机构的认定。这是支持当事人仲裁意愿的态度，也是有理有据的。当事人很少会将具体开庭的地点写到仲裁条款里，毕竟《联合国国际贸易法委员会仲裁规则》或其他规则都会允许当事人和仲裁庭有权决定案子需要在哪里开庭，因此法院的理解是正确的。仲裁条款写“在”某一个地方进行仲裁通常是指定仲裁地的表达方式。该仲裁条款不单是说明要在中国北京进行仲裁，而且是说明要“在中国北京中国国际经济贸易仲裁中心(CIETAC)进行”。因此，“在/take place at”的客观和主观意愿也应该被理解为指定在中国北京的中国国际经济贸易仲裁委员会(CIETAC)。

二、关于仲裁机构的确定

法院就下一个问题的处理也是非常重要的，不能仅说支持仲裁就认定所指定的仲裁机构的合法性。法院重点是注意到仲裁条款用了“(CIETAC)”。因此，在合理的情况下根据最高人民法院《关于适用〈中华人民共和国仲裁法〉若干问题的解释》第3条的规定，认定仲裁机构就是中国国际经济贸易仲裁委员会(CIETAC)。本案显示了法院支持仲裁的态度，但也带出一个问题，就是我国的仲裁机构的名称“仲裁中心”和“仲裁委员会”可能会带来的一些不必要的争议。因此，建议仲裁机构的名称改变时要做相关的宣传和说明(包括在规则说明指定以前的名称也没有影响机构的管理权)来保护好当事人的仲裁意愿。

三、关于临时仲裁

临时仲裁是没有机构管理的仲裁。本案仲裁条款指定了符合中国《仲裁法》的仲裁机构，已经符合《仲裁法》对机构仲裁的要求。然而申请人以《联合国国际贸易法委员会仲裁规则》属于临时仲裁规则为由提出异议。该异议不能成立。第一，《联合国国际贸易法委员会仲裁规则》不一定只适用于临时仲裁。第二，现在的仲裁机构的规则也绝大多数是参照《联合国国际贸易法委员会仲裁规则》来制定的。第三，仲裁机构用《联合国国际贸易法委员会仲裁规则》管理仲裁在国际上是有的，仲裁机构的参与度可能会减少而已。仲裁机构比较愿意用机构本身的规则来管理，但为了服务当事人，仲裁机构还是会按当事人意愿来提供服务。因此，只要相关的仲裁机构没有明文说明不用其他仲裁规则管理仲裁，仲裁机构可以用《联合国国际贸易法委员会仲裁规则》来管理案件。

需要注意的是，仲裁机构不一定能用其他仲裁机构的规则来管理案件，比如国际商会国际仲裁院(ICC)的规则规定 ICC 是唯一有权根据 ICC 仲裁规则管理仲裁的机构，这就说明只可以是 ICC 才能用它的规则来管理仲裁。另外一个可能出现的问题就是收费，只要仲裁机构可以灵活处理仲裁费，这问题不难解决，如仲裁机构可以跟当事人约定案件的收费或明确订明当事人选用《联合国国际贸易法委员会仲裁规则》收费即可。需要说明的是，这些都是仲裁管理问题，不影响仲裁条款的有效性。

申请人的另一个主张是仲裁是按照临时仲裁方式进行的。仲裁如何进行不影响仲裁条款的性质，这是法律认定问题。在我国香港地区之前有二元制的仲裁条例下，有一案例表明虽然双方甚至包括仲裁员都一直以为是本地仲裁，但仲裁实质是国际仲裁，因此当事人不能按本地仲裁的相关条例申请就裁决里法律问题的决定申请复核。①这表明仲裁的性质并不会因当事人的理解而改变。

本案是 2014 年裁判的案例，中国法院对仲裁条款效力认定的法律问题的经验已经非常扎实，有深入的理解和认知，对支持当事人仲裁意愿的态度也非常明确，建立了仲裁友好型司法环境。

---

① Ananda Non-ferrous Metals Ltd. v. China Resources Metal and Minerals Co Ltd [1993] 2 HKLR 331.

案例 37

西某国际贸易(上海)有限公司
与
上海某置地有限公司
申请承认和执行外国仲裁裁决案*

【基本案情】

2005年9月23日，上海某置地有限公司(以下简称某置地公司)与西某国际贸易(上海)有限公司(以下简称西某公司)通过招标方式签订了一份货物供应合同，约定西某公司应于2006年2月15日之前将设备运至工地，如发生争议须提交新加坡国际仲裁中心进行仲裁解决。双方在合同履行中发生争议。某置地公司在新加坡国际仲裁中心提起仲裁，要求解除合同、停止支付货款。西某公司在仲裁程序中提出反请求，要求支付全部货款、利息并赔偿其他损失。2011年11月，新加坡国际仲裁中心作出裁决，驳回某置地公司的仲裁请求，支持西某公司的仲裁反请求。某置地公司支付了部分款项，尚欠仲裁裁决项下未付款及利息合计人民币5,133,872.3元。西某公司依据《纽约公约》，向上海市第一中级人民法院(以下简称上海一中院)请求承认和执行新加坡国际仲裁中心作出的仲裁裁决。某置地公司抗辩认为，应不予承认和执行该仲裁裁决，理由为：双方当事人均为

* 【一审案号】上海市第一中级人民法院(2013)沪一中民认(外仲)字第2号。

中国法人，合同履行地也在国内，故案涉民事关系不具有涉外因素，双方约定将争议提交外国仲裁机构仲裁的协议无效，若承认和执行案涉裁决将有违中国的公共政策。

【裁判结果】

上海一中院经逐级报告至最高人民法院并获答复后，认为根据《纽约公约》的规定，裁定承认和执行涉案仲裁裁决。关于仲裁条款约定本案争议提交外国仲裁机构仲裁是否有效的问题，关键在于认定系争合同关系是否具有涉外因素；如有涉外因素则仲裁条款有效；反之则无效。综观本案合同所涉的主体、履行特征等方面的实际情况，根据《涉外民事关系法律适用法解释(一)》第1条第5项的规定，可以认定系争合同关系为涉外民事法律关系，具体理由为：一是西某公司与某置地公司虽然都是中国法人，但注册地均在上海自贸区区域内，且性质均为外商独资企业，与其境外投资者关联密切。二是本案合同的履行特征具有涉外因素，案涉设备系先从中国境外运至自贸试验区内进行保税监管，再根据合同履行需要适时办理清关完税手续，从区内流转到区外，至此货物进口手续方才完成，故合同标的物的流转过程也具有一定的国际货物买卖特征。故案涉仲裁条款有效。且仲裁裁决内容亦没有与中国公共政策抵触之处，因此承认与执行该仲裁裁决不违反中国的公共政策。同时，该裁定还指出某置地公司实际参与全部仲裁程序，主张仲裁条款有效，并在仲裁裁决作出后部分履行了裁决确定的义务。在此情况下，其又以仲裁条款无效为由，主张拒绝承认与执行涉案仲裁裁决的申请，不符合禁止反言、诚实信用和公平合理等公认的法律原则，故对其主张不予支持。

【典型意义】

自贸试验区是中国推进“一带一路”建设的基础平台、重要节点和战略支撑。人民法院接轨国际通行做法，支持自贸试验区发展，健全国际仲裁以及其他非诉讼纠纷解决机制，有助于增强中国法治的国际公信力和影响力。该案裁定在自贸试验区推进投资贸易便利化改革背景下，对自贸试验区内外商独资企业之间的合同纠纷，在涉外因素的认定方面给予必要重视，确认仲裁条款有效，并明确禁止反言，践行了《纽约公约》"有利于裁决执行"的理念，体现了中国恪守国际条约义务的基本立场。同时，该案由点及面推动了自贸试验区内企业选择境外仲裁的突破性改革，是自贸试验区可复制、可推广司法实践的一宗成功范例。2016年12月30日，最高人民法院发布《关于为自由贸易试验区建设提供司法保障的意见》，规定自贸试验区内注册的外商独资企业相互之间约定将商事争议提交域外仲裁的，不应仅以其争议不具有涉外因素为由认定相关仲裁协议无效；并规定一方或者双方均为在自贸试验区内注册的外商投资企业，约定将商事争议提交域外仲裁，一方当事人将争议提交域外仲裁，在相关裁决作出后又主张仲裁协议无效，或者另一方当事人在仲裁程序中未对仲裁协议效力提出异议，在相关裁决作出后又以不具有涉外因素为由主张仲裁协议无效的，人民法院不予支持。这有助于构建更加稳定和可预期的"一带一路"法治化营商环境。

【专家评析】*

本案是一起中国法院根据《纽约公约》承认与执行新加坡国际仲裁中心裁决书的案件。仲裁败诉方某置地公司在上海一中院提出的拒绝承认与执行仲裁裁决的理由中较为引人关注的是：根据《纽约公约》第5条的规定，仲裁所依据的仲裁协议无效，或者承认与执行仲裁裁决有违中国公共政策的，相应的仲裁裁决就不应被承认与执行。某置地公司还主张，根据中国法，本案双方当事人均为中国法人，合同履行地也在国内，故本案民事法律关系并不具有涉外因素，双方约定将争议提交外国仲裁机构进行仲

* 撰写人：杨良宜，香港国际仲裁中心名誉主席，上海仲裁委员会委员，上海国际仲裁学院(SHAC Academy)院长，最高人民法院国际商事专家委员会专家委员。

裁的仲裁协议应为无效，承认与执行该仲裁裁决也将有违我国公共政策。

以上理由之所以引人关注，在于该理由涉及以下几个在实务中存在诸多讨论与不确定性的法律问题：

(1)中国法下，对于合同是否具有涉外因素如何界定；

(2)中国法下，不具有涉外因素的合同是否可以约定境外仲裁；

(3)中国法院在承认与执行《纽约公约》下的裁决书时，如何在本地公共政策与执行裁决的国际公约责任之间作出平衡。

对于上述第一个法律问题，上海一中院对《涉外民事关系法律适用法解释(一)》中第1条第5款“可以认定为涉外民事关系的其他情形”①的适用给出了范例。上海一中院基于以下两点认定双方的合同具有涉外因素：(1)双方当事人均为在上海自贸区注册的外商独资企业，其资本来源、最终利益归属、公司的经营决策一般均与其境外投资者关联密切，所以此类主体与普通内资公司相比具有较为明显的涉外因素；(2)合同履行过程中，货物的流转从国外进入上海自贸区内进行保税监管，再适时办理清关完税手续，从自贸试验区内流转到区外，故合同标的物的流转过程因涉及自贸试验区的特殊海关监管措施的运用，具有一定的国际货物买卖特征，与一般的国内买卖合同纠纷具有较为明显的区别。该案适用了司法解释第1条第5项“可以认定为涉外民事关系的其他情形”这一弹性规定。

截至2023年，中国已经在22个省(包括直辖市)建立自贸试验区。自贸试验区作为中国推进“一带一路”建设的基础平台以及与国际接轨的重要示范区，其发展离不开良好的政策与优质的法治环境的支持。从本案裁定到最高人民法院《关于为自由贸易试验区建设提供司法保障的意见》，我们可以看到中国司法机关为打造自贸试验区优质、与国际接轨的法治环境所给予的支持。

但是随着自贸试验区的增多，与自贸试验区有关的交易量也会随之大幅增加，势必会带来争议增多。对于所有与自贸试验区有关的合同(包括

① 该司法解释虽然在2020年12月23日有修正，但第1条的内容并无修改。

订约主体、合同的履行、货物的流转等)是否都会被认定具有涉外因素，最高人民法院仍需要更多的指引。举例说，优惠政策如果只是针对在自贸试验区注册的外商独资或外商投资企业，那在注册一家离岸公司较为容易的今天，中资公司也很容易就能满足条件。由此也就产生了自贸试验区是否必须限定有涉外因素才能提交涉外仲裁争议的问题。对此，最高人民法院 2016 年 12 月 30 日发布的《关于为自由贸易试验区建设提供司法保障的意见》第 9 条作出回应：“9. 正确认定仲裁协议效力，规范仲裁案件的司法审查。在自贸试验区内注册的外商独资企业相互之间约定商事争议提交域外仲裁的，不应仅以其争议不具有涉外因素为由认定相关仲裁协议无效。一方或者双方均为在自贸试验区内注册的外商投资企业，约定将商事争议提交域外仲裁，发生纠纷后，当事人将争议提交域外仲裁，相关裁决做出后，其又以仲裁协议无效为由主张拒绝承认、认可或执行的，人民法院不予支持；另一方当事人在仲裁程序中未对仲裁协议效力提出异议，相关裁决作出后，又以有关争议不具有涉外因素为由主张仲裁协议无效，并以此主张拒绝承认、认可或执行的，人民法院不予支持……”

从上述内容看，允许自贸试验区内注册的外商独资企业之间的争议约定境外仲裁，不再受涉外因素的限制。即外商独资企业可以自由订立境外仲裁的协议。但中外合资或合作企业是否也能约定境外仲裁则不确定，否则，为何不与外商独资企业写在同一段，如只是中外合资或合作企业，要存在“弃权”与“禁反言”，境外仲裁条文才有效。但“弃权”与“禁反言”，如外商投资企业同意伦敦仲裁，即使主合同适用中国法，也难逃仲裁协议/条文的有效性将以英国法解释。所以，双方(自贸区注册的外商投资企业)根本不会在伦敦仲裁中提出中国法下仲裁条文是无效的争议。如果裁决书拿到中国法院执行，那中国法院是否就会支持败诉方主张仲裁协议是无效的观点？因此，上海一中院此案判决合理，并被国际社会所接受，但最高人民法院对于自贸试验区企业能否约定境外仲裁的政策完善仍有很大空间。

关于第二个法律问题，虽然没有立法明示规定不具有涉外因素的合同不能约定外国仲裁，但从司法实践来看，这仍是目前中国司法实践一贯延续的态度。这包括《涉外商事海事审判实务问题解答(一)》第 83 条的答复内容，以及北京市第二中级人民法院(2013)二中民特字第 10670 号“朝某新生公司案”裁定，上海市第二中级人民法院(2014)沪二中民认(仲协)字第 13 号“科某公司与范某堂公司案”裁定的内容。本案中，上海一中院同样认为：“影响该条款效力的判断关键在于系争合同关系是否具有涉外因素，如果本案纠纷系涉外合同纠纷，则当事人协商将合同争议提交外国仲裁机构的，约定应为有效，反之则应认定仲裁条款无效。”

第三个法律问题在本案中因上海一中院认定合同具有涉外因素而变得不重要，但因这是所有执行地法院都会面对的问题，也简单作一论述。《纽约公约》第 5 条第 2 款乙项允许执行地法院以裁决违反本地公共政策而拒绝承认和执行在其他签约国作出的裁决书。但轻易因裁决涉及违反本地法律、法规、行政规章等就适用该第 5 条第 2 款乙项，则势必会令缔约国不履行《纽约公约》下承认和执行仲裁裁决的公约义务。而另一方面，如果将承认和执行仲裁裁决凌驾于打击国际非法行为之上则会走向另外一个极端，会让国际仲裁变为国际非法行为的庇护所。因此，不少案件中要平衡这两者，这并非一项容易的工作。

为了建立更为统一的仲裁司法审查标准，最高人民法院从 1995 年就开始建立涉外仲裁司法审查案件的内部报告制度，并持续不断完善。最高人民法院《关于仲裁司法审查案件报核问题的有关规定》从 2022 年 1 月 1 日开始执行。最高人民法院对于适用公共政策一直以来是采取从严解释的态度，即只有在承认或执行仲裁裁决将违反我国基本法律制度、损害我国基本社会公共利益或基本法律原则时，法院才能以公共秩序为由拒绝承认或执行。而对于案涉行为违反行政规章的仲裁裁决，法院则并不会不予承认和执行。例如，最高人民法院《关于对海口中院不予承认和执行瑞典斯德哥尔摩商会仲裁院仲裁裁决请示的复函》([2001]民四他字第 12 号)，最高人民法院《关于 ED&F 曼氏(香港)有限公司申请承认和执行伦敦糖业协会仲裁裁决案的复函》([2003]民四他字第 3 号)。

综上所述，本案是中国积极履行 1958 年《纽约公约》下的国际条约义务的一个典型案例，也反映了中国在支持国际仲裁等多元化争议解决方面所作出的努力和成果，更期待看到对自贸试验区仲裁法治环境建设进一步的完善。

案例 38

美国布某工业有限公司申请承认和执行外国仲裁裁决案*

【基本案情】

正某公司为买方，美国布某工业有限公司(以下简称布某公司)为卖方，在广州签订合同及补充协议，合同第16条争议解决方式约定："凡因本合同引起的或与本合同有关的任何争议，双方应通过友好协商解决。如果协商不能解决，应提交国际商会仲裁委员会根据国际惯例在项目所在地进行仲裁。该仲裁委员会作出的裁决是终局性的，对双方均有约束力。除仲裁委员会另有规定外，仲裁费用由败诉一方负担。仲裁语言为中、英双语。"该仲裁条款中所称的"项目"系补充协议第3条所列明的"广州猎德污水处理厂四期工程"，地点在中国广州。后因合同履行发生争议，布某公司向国际商会国际仲裁院秘书处提起仲裁申请。该院独任仲裁员在广州作出终局裁决。后布某公司向广州市中级人民法院申请承认和执行前述仲裁裁决。

【裁判结果】

广东省广州市中级人民法院审查认为，案涉裁决系外国仲裁机构在我国内地作出的仲裁裁决，可以视为我国涉外仲裁裁决。被申请人不履行裁

* 【一审案号】广东省广州市中级人民法院(2015)穗中法民四初字第62号。

决的，布某公司可以参照《民事诉讼法》关于执行涉外仲裁裁决的规定向被申请人住所地或财产所在地的中级人民法院申请执行。布某公司依据《纽约公约》或《关于内地与香港特别行政区相互执行仲裁裁决的安排》申请承认和执行仲裁裁决，法律依据显属错误，故裁定终结审查。布某公司可依法另行提起执行申请。

【典型意义】

该案经报核至最高人民法院同意，首次明确了境外仲裁机构在我国内地作出的仲裁裁决籍属的认定规则，将该类裁决视为我国涉外仲裁裁决，确认该类裁决能够在我国内地直接申请执行，有利于提升我国仲裁制度的国际化水平，树立了“仲裁友好型”的司法形象，对于我国仲裁业务的对外开放及仲裁国际化发展具有里程碑意义。

【专家评析】*

本案作为首次明确境外仲裁机构在我国内地作出的仲裁裁决系涉外仲裁裁决的典型案例，为境外仲裁机构在中国内地开展业务提供了有力的司法保障。该案的标志性意义在于，其在确认当事人约定境外仲裁机构在我国内地开展的仲裁协议有效的基础上，进一步明确了有关仲裁裁决执行的法律依据，为境外仲裁机构在内地开展仲裁业务扫除障碍。

境外仲裁机构在我国内地可否开展仲裁曾是一度困扰我国司法实践的难点，其既关系我国内地法律市场的开放问题，也关系我国法院履行《纽约公约》等国际条约的力度。在过往几十年间，人民法院曾多次面临境外仲裁机构在内地仲裁案件的司法审查案件，但由于我国现行法律的规则空白和不同法院的裁判尺度不一，该问题并未得到明确回答。随着我国逐步建立起由最高人民法院统管的仲裁司法审查工作体制，相关问题的解决才

* 撰写人：李复甸，东吴大学法学院讲座教授，台湾地区中华仲裁协会名誉理事长，最高人民法院国际商事专家委员会专家委员。

有所转机。直至 2013 年“申请人安徽省龙某得包装印刷有限公司与被申请人 Agnati 公司申请确认仲裁协议效力案”中，最高人民法院明确境外仲裁机构在我国内地进行仲裁的仲裁协议有效后，①当事人才敢于约定境外仲裁机构在我国内地开展仲裁。

在 2015 年国务院出台的《进一步深化中国(上海)自由贸易试验区改革开放方案》首次提出允许境外仲裁机构入驻上海自贸区后，中国的仲裁市场开始进一步扩大，成为新时代推进高水平对外开放的亮点。2019 年国务院印发的《中国(上海)自由贸易试验区临港新片区总体方案》进一步允许境外知名仲裁及争议解决机构在新片区开展仲裁业务，标志着境外仲裁机构内地仲裁的改革工作取得了实质性进展。在仲裁市场不断开放的背景下，司法更需对此作出保障。本案恰是在这一背景下作出，凸显了人民法院的“仲裁友好型”立场。

一方面，本案以仲裁地为标准认定裁决籍属，进一步丰富了“仲裁地”概念在我国司法实践中的法律内涵，推动了我国司法实践与国际通行规则的对接。尽管我国 1986 年批准加入了《纽约公约》，但在与公约的对接上却仍存在问题。在《纽约公约》下，仲裁地是核心的法律概念并具有三方面法律意义：一是仲裁地决定着仲裁裁决的籍属，构成《纽约公约》的适用前提；二是仲裁地影响着仲裁协议及仲裁实体和程序的准据法判定；三是仲裁地法院享有撤销仲裁裁决的权力，影响仲裁裁决的效力。但在加入《纽约公约》后的 20 年间，我国《仲裁法》和《民事诉讼法》均未对“仲裁地”概念作出明确规定，直至 2006 年《最高人民法院关于适用〈中华人民共和国仲裁法〉若干问题的解释》才首次将仲裁地作为判定仲裁协议效力的一项重要连接点，该观点也被 2010 年出台的《涉外民事关系法律适用法》第 18 条所接受，由此填补了我国法律中的空白。这一系列举措也仅完成了对“仲裁地”这一概念的引入，但对于如何判定仲裁裁决的籍属仍未解

① 最高人民法院《关于申请人安徽省龙某得包装印刷有限公司与被申请人 Agnati 公司申请确认仲裁协议效力案的请示的复函》(〔2013〕民四他字第 13 号)。

答。本案的作出恰恰为填补这一制度空白提供指引，其正式明确了我国法院在判断仲裁裁决籍属时将以仲裁地为标准，进一步推动了我国仲裁司法审查与国际通行规则的对接，促进了中国仲裁的国际化。

另一方面，本案明确了境外仲裁机构在我国内地作出的仲裁裁决将依照涉外仲裁裁决的司法审查标准进行，即将此类裁决籍属视为内地涉外仲裁裁决，为境外仲裁机构在我国内地仲裁的落地提供了司法保障。在《仲裁法》和《民事诉讼法》的规则体系下，人民法院对于中国籍属的仲裁裁决之司法审查采用非涉外仲裁裁决和涉外仲裁裁决"二元分轨"的模式。对于非涉外仲裁裁决，人民法院主要依据《仲裁法》第58条进行，该条是基于我国仲裁制度发展现实作出的规则设计，明确了法院除对仲裁协议效力、裁决范围、仲裁正当程序作出审查外，也将对所根据的证据是否伪造、对方当事人是否隐瞒足以影响公正裁决的证据等部分实体问题进行审查。而对于涉外仲裁裁决，人民法院主要依据《民事诉讼法》第291条进行审查，该标准实质上沿用了《纽约公约》第5条所倡导的程序性审查标准。因此，本案的作出明确了境内外当事人如果选择在我国内地进行仲裁，裁决的撤销和执行将严格按照程序性审查标准即《纽约公约》第5条所规定的国际通行标准进行审查，并不会涉及仲裁裁决的实体问题，打消了境外当事人选择我国内地仲裁的顾虑。这充分体现了人民法院的"仲裁友好型"立场，为推动中国仲裁市场的开放建设提供助力。

当前，中国正积极推动北京、上海、广州、深圳和海南等地打造国际仲裁中心，《仲裁法》的修订也进入了加速期。本案的作出正体现了涉外审判工作对加强涉外法治建设的积极作用，更为共建"一带一路"，打造国际仲裁中心和全球法律服务业中心提供了司法保障，为中国仲裁制度进一步对接国际通行规则和全球仲裁市场指明了方向。

案例 39

来某资源国际私人有限公司申请认可和执行香港国际仲裁中心仲裁裁决案*

【基本案情】

2015 年 9 月至 2016 年 9 月，来某资源国际私人有限公司(以下简称来某公司)分别与枫某公司、新某公司、渤某贸易公司、繁某公司四家公司签订买卖合同，购买冶金焦炭等。四份合同均约定争议适用英国法管辖，由香港特别行政区香港国际仲裁中心仲裁解决。后来，某公司与四家公司对合同履行均发生争议，来某公司对四批次货物的履行提出四个仲裁申请，香港国际仲裁中心依据来某公司的申请，将上述四个仲裁程序合并为一个仲裁，裁决四家公司向来某公司连带支付款项。来某公司向法院申请认可和执行上述仲裁裁决。枫某公司、渤某贸易公司、繁某公司认为来某公司与各公司分别签订的合同中存在仲裁条款，同一份合同不能同时约束多名被申请人，仲裁庭将来某公司与各公司的仲裁合并为一个仲裁，违反仲裁规则。

【裁判结果】

天津市第三中级人民法院审查认为，来某公司与各公司分别签订的多份合同中均存在仲裁条款，但其中的任何一份合同均不能同时约束多个被

* 【一审案号】天津市第三中级人民法院(2019)津 03 认港 1 号。

申请人，对该四个案件适用“多份合同，单个仲裁”程序，不符合香港国际仲裁中心《2013机构仲裁规则》第29条关于适用该程序应当满足“导致仲裁的各仲裁协议分别约束仲裁所有当事人”这一条件的规定。但在仲裁庭组成后明确赋予当事人异议权的时间段内，四家公司均未正式提出异议，而是参加了仲裁程序。根据《2013机构仲裁规则》第29.2条关于“只要可以有效放弃，当事各方放弃基于依第29条开始单个仲裁而对仲裁庭作出的任何裁决的效力和/或执行提出任何的异议”的规定和第31条关于“当事人知道或理应知道未按本规则(包括一个或多个仲裁协议)的规定或其引发的要求行事，但仍继续参与仲裁而未立即提出异议的，应视为已放弃提出异议的权利”的规定，应视为该四家公司已经放弃了对适用该程序提出异议的权利。该案经向最高人民法院报核，天津市第三中级人民法院裁定对案涉仲裁裁决予以认可和执行。

【典型意义】

该案是中国企业与“一带一路”共建国家的企业之间发生国际货物买卖合同纠纷，经香港国际仲裁中心仲裁后，外国企业向我国法院申请认可和执行仲裁裁决的案件。该案涉及“多份合同、单个仲裁”，人民法院依据香港国际仲裁中心仲裁规则审查认定仲裁程序的合法性，有效维护了仲裁当事人的正当程序权利。随着“一带一路”的深入推进，香港的国际仲裁机构成为“一带一路”建设下项目纠纷当事人经常选择的争议解决平台。该案根据内地与香港相互执行仲裁裁决的安排，依法认可和执行案涉裁决，为当事人在香港解决“一带一路”下纠纷提供了强有力的司法保障。

【专家评析】*

在国际贸易往来中，大宗货物买卖往往存在连环交易和批量交易的情

* 撰写人：王贵国，浙江大学文科资深教授，浙江大学国际战略与法律研究院院长，“一带一路”国际研究院(香港)院长，最高人民法院国际商事专家委员会专家委员。

况，所签订的合同也多会采用统一的合同模板，故其争议解决条款往往相同且所涉争议也存在高度相似性。但基于合同的相对性，当事人签署的仲裁条款一般仅能约束签约方，令仲裁并不像诉讼一样可以经法院决定对关联案件进行合并审理，这也在某种程度上降低了仲裁的解纷效率并加重了当事人的经济负担。过往十余年间，国际仲裁业界高度关注合并仲裁的议题，尤其是有关仲裁机构均尝试通过调整仲裁规则在尊重当事人意思自治的前提下推行合并仲裁，以期提高争议解决的效率。本案所涉争议恰恰反映了以香港国际仲裁中心为代表的仲裁机构近年来对合并仲裁的探索，体现了通过调整规则提高争议解决效率的意图。但法院的司法审查作为维护仲裁公正的"最后一道防线"，任何仲裁规则的修改和改革举措多需要司法实践的确认。本案法院的裁定恰是通过合法且周密的法律解释，在尊重当事人意思自治的基础上明晰了合并仲裁的规则边界。本案的标志性意义具体体现在下述两点。

一是进一步明确了《相互执行仲裁裁决安排》的司法审查规定，坚持程序性审查标准。《相互执行仲裁裁决安排》作为香港回归祖国后针对内地与香港进行仲裁裁决认可和执行的依据，是符合我国"一国两制"方针的司法制度创举。其第 7 条针对仲裁裁决的认可和执行的审查标准与《纽约公约》第 5 条基本相同，保证了香港回归后相关司法制度的平稳衔接。本案中针对当事人提出的拒绝认可和执行的理由，人民法院严格按照《相互执行仲裁裁决安排》第 7 条进行审查，在未出现违反有关规定的情况下严格执行有关规定，充分体现了法院司法审查不介入案件实体争议的立场，强调了仲裁司法审查的谦抑性和友好性，提升了当事人对人民法院仲裁司法审查的信任感。

二是在尊重当事人意思自治的基础上，基于诚实信用原则并借鉴普通法系有关"禁反言"的裁判思路，对相关仲裁规则进行了周密、妥善的解释，尊重了仲裁庭的独立裁判权，并支持了仲裁机构借助仲裁规则设计提高争议解决效率的目的。法院在裁定中分析认为涉案裁决的仲裁庭虽然未能依照《2013 机构仲裁规则》第 29. 1 条关于合并仲裁的规定，但《2013 机构仲裁规则》第 29. 1 条并不禁止合并仲裁，而是要求合并仲裁应满足一定的条件，包括：导致仲裁的各仲裁协议分别约束仲裁所有当事人；导致仲裁的各仲裁协议涉及共同的法律或事实问题；请求救济的权利均涉及或源于同一交易或同一系列交易；且请求所依据的仲裁协议彼此兼容。显然，涉案裁决涉及的事实并不能满足前述条件。但是，第 29. 2 条规定当事方可以有效放弃前述条件。放弃可以是明示放弃，也可以是通过行为放弃。《2013 机构仲裁规则》第 31 条规定：“当事人知道或理应知道未按本规则(包括一个或多个仲裁协议)的规定或其引发的要求行事，但仍继续参与仲裁而未立即提出异议的，应视为已放弃提出异议的权利。”所以，综合考察上述规则条文，其明确了仲裁庭合并仲裁须满足的条件并强调要尊重当事人意思自治，允许当事人提出反对。但同时，规则也强调当事人如果放弃异议的权利，则仲裁庭仍旧可以按照规则决定合并仲裁。本案中，法院查明涉案裁决的被申请人“均只在香港国际仲裁中心发送邮件通知仲裁申请被受理阶段作出过反对性的意思表示、提出保留异议权，但在仲裁庭组成后明确赋予当事人异议权的时间段内，几个公司均未正式提出异议，而是参加了仲裁程序”，构成事实上或是通过行为放弃权利的情况。因此，法院通过对《2013 机构仲裁规则》的体系化分析，表明了相关仲裁规则条文实际上是对“禁反言”原则的规则化。当事人所提出的理由并不构成仲裁程序违反当事人协议的情形，而其在仲裁程序中事实放弃权利却在认可和执行裁决程序中再次提出的行为，亦有违诚实信用原则，故对案涉仲裁裁决予以认可和执行。

国际商事仲裁是一个不断变化和演进的法律制度，并会随着商业交往样态的变化作出规则调整。在国际商事仲裁日益成为一个完整的法律服务业体系后，仲裁机构作为国际商事仲裁法律体系的重要支撑，人民法院近年来越发重视对有关问题的改革并希冀于通过仲裁规则加以贯彻以提升仲裁的解纷能力。法院司法审查作为国际商事仲裁体系中的重要一环，决定着仲裁活动的合法性和仲裁裁决效力。人民法院需要在维护仲裁基本底线的基础上对国际商事仲裁业态的发展和规则的调适作出支持。本案中，人民法院恰是在恪守司法审查底线并尊重当事人意思自治的基础上，最大限度地支持了仲裁庭的独立裁判权和仲裁机构的规则制定与案件管理权，为提升争议解决效率和国际商事仲裁制度的良性发展提供了支持。

第八编

申请承认与执行外国民商事判决案例

案例 40

波兰弗某股份有限公司 申请承认和执行波兰共和国法院判决案*

【基本案情】

宁波甬某公司因与波兰弗某股份有限公司(以下简称弗某公司)发生买卖合同纠纷，先后于2004年和2006年在波兰绿山城地区法院和奥波莱地区法院提起诉讼，诉请弗某公司支付65,454美元及相关利息。波兰上述法院均判决驳回宁波甬某公司的诉请，但波兰弗罗茨瓦夫上诉法院改判宁波甬某公司胜诉。其后，波兰最高法院裁定撤销波兰弗罗茨瓦夫上诉法院判决，将本案发回重审。2009年4月8日，波兰弗罗茨瓦夫上诉法院作出判决，驳回宁波甬某公司请求，并判令其退还弗某公司根据弗罗茨瓦夫上诉法院判决已经向其支付的54,521美元及相关诉讼费用。波兰弗罗茨瓦夫上诉法院作出的该终局判决于2009年5月12日生效。2011年4月8日，弗某公司向中国浙江省宁波市中级人民法院寄送申请承认与执行波兰法院判决的相关材料。2013年2月5日，弗某公司又补充提交了相关材料，该案正式立案。宁波甬某公司提出异议，认为判决的申请强制执行期限已过，且代理其参加波兰相关诉讼的律师并未获得授权。

* 【一审案号】浙江省宁波市中级人民法院(2013)浙甬民确字第1号。

【裁判结果】

浙江省宁波市中级人民法院审理认为，我国和波兰共和国缔结了《关于民事和刑事司法协助的协定》(以下简称《中波司法协助协定》)，故应当根据我国《民事诉讼法》及该协定的有关规定审查是否应予承认判决。根据当时我国法律有关申请执行期限及诉讼时效中止、中断的规定，弗某公司的申请未过法定期限。而且，宁波甬某公司在波兰诉讼期间均以授权书委托同一律师参与诉讼，该授权书对律师作了概括授权，宁波甬某公司亦领受了弗某公司支付的54,521美元和相关诉讼费用，故律师代理行为应为有效。该院于2014年3月12日作出终审裁定，承认波兰弗罗茨瓦夫上诉法院于2009年4月8日作出的I ACa 231/9号民事判决。

【典型意义】

我国目前已和30多个国家缔结了有关民商事司法协助内容的双边协定，其中部分协定包含了相互承认和执行民商事判决的内容。该案体现了我国法院切实履行司法协助协定，依法承认和执行外国法院民商事判决，平等保护中外当事人合法权益的立场。

【专家评析】*

本案是我国法院根据中外双边司法协助条约承认与执行外国民商事判决的典型案例。在本案中，被申请人宁波甬某公司提出拒绝承认与执行波兰弗罗茨瓦夫上诉法院I ACa 231/9判决的两点理由。

第一，无论根据波兰共和国法律，还是根据我国的民事诉讼法，均超出了申请强制执行的期限，不管判决书本身是否合法，弗某公司已经无权

* 撰写人：肖永平，武汉大学人文社会科学资深教授，国际法研究所所长，最高人民法院国际商事专家委员会专家委员。
罗小可，武汉大学国际法研究所博士研究生。

就此判决申请承认与执行。

第二，在本案被波兰共和国最高法院发回重审，弗罗茨瓦夫上诉法院作出I ACa 231/9判决这个程序中，宁波甬某公司并未委托律师参与诉讼，也未收到任何法院传票、裁定和判决。该判决违反了《中波司法协助协定》第20条第3项和第4项的规定，宁波市中级人民法院应当拒绝承认和执行该判决。

宁波市中级人民法院对上述两点异议作出正确裁决的前提是要适用正确的法律规则。我国《民事诉讼法》(2007年修订)第265条规定："外国法院作出的发生法律效力的判决、裁定，需要中华人民共和国人民法院承认和执行的，可以由当事人直接向中华人民共和国有管辖权的中级人民法院申请承认和执行，也可以由外国法院依照该国与中华人民共和国缔结或者参加的国际条约的规定，或者按照互惠原则，请求人民法院承认和执行。"《中波司法协助协定》自1988年2月13日生效，宁波市中级人民法院首先要在《中波司法协助协定》中寻找适当的法律规则，这是解决上述两个争点的第一步。

对于第一个争点，判决承认与执行的期限。根据《中波司法协助协定》第11条的规定，"被请求机关提供司法协助，适用本国法律"，宁波市中级人民法院应适用我国《民事诉讼法》关于申请与执行外国法院判决的期限来裁判。由于我国《民事诉讼法》并没有就该期限作出具体规定，应适用我国《民事诉讼法》第215条关于申请执行的一般规定，即"申请执行的期间为二年。申请执行时效的中止、中断，适用法律有关诉讼时效中止、中断的规定。前款规定的期间，从法律文书规定履行期间的最后一日起计算；法律文书规定分期履行的，从规定的每次履行期间的最后一日起计算；法律文书未规定履行期间的，从法律文书生效之日起计算"。

在本案中，弗罗茨瓦夫上诉法院于2009年4月8日作出I ACa 231/9判决，该判决于2009年5月12日生效。弗某公司于2011年4月8日，向宁波市中级人民法院寄送申请承认与执行该判决的相关材料。因申请材料不全，宁波市中级人民法院未予立案。2013年2月5日，弗某公司向宁波市中级人民法院提交补充材料。上述事实表明，弗某公司在I ACa 231/9判决生效后2年内首次提出承认与执行申请，其申请承认与执行的时效中断，申请承认与执行期限应重新计算。2013年2月5日弗某公司补充提交申请时距首次申请未满2年，故其申请没有超过法定期限。

值得注意的是，我国法院在判断申请材料是否齐全时，根据《民事诉讼法解释》第541条的规定，当事人向有管辖权的中级人民法院申请承认和执行外国法院作出的发生法律效力的判决、裁定的，必须采用书面形式，并且需附有判决书正本及经证明无误的中文译本。若外国与中国签订有双边司法协助条约，则该国当事人应依条约的规定向中国法院提交相关文件。由于《中波司法协助协定》第17条明确规定：“请求承认与执行裁决，应附下列文件：(一)与原本相符的裁决副本。如果副本中没有明确指出裁决已经生效和可以执行，则应附由法院出具的证明其已生效和可以执行的文件；(二)送达回证或证明裁决已经送达的其他文件；(三)法院证明败诉一方已经合法传唤，以及在其缺乏诉讼行为能力时已得到应有代理的文件；(四)请求书和前三项所指文件经证明无误的被请求的缔约一方文字或英文的译文。”因此，我国法院在判断申请人的材料是否齐全时，应根据上述司法协助协定第17条的规定来判断。

对于第二个争点，《中波司法协助协定》第20条对拒绝承认与执行的事由作了以下列举：“对本协定第十六条列举的裁决，有下列情形之一的，不承认或执行：(一)按照将承认或执行裁决的缔约一方的法律，裁决是由无管辖权的法院作出的；(二)根据作出裁决的缔约一方的法律，该裁决尚未生效或不能执行；(三)根据作出裁决的缔约一方的法律，败诉一方当事人未经法院合法传唤；(四)当事人被剥夺了答辩的可能性，或在缺乏诉讼行为能力时被剥夺了应有的代理；(五)将承认或执行裁决的缔约一方境内的法院对于相同当事人之间就同一诉讼标的的案件已经作出了发生法律效力的裁决，或正在进行审理，或已承认了第三国法院对该案所作的发生法律效力的裁决；(六)裁决的承认或执行有损于将承认或执行裁决的缔约一方法律的基本原则或公共秩序。”法院应根据该条对被申请人的异议作出裁判。

被申请人宣称宁波甬某公司并未委托律师参与诉讼，也未收到任何法院传票、裁定和判决，因此违反了《中波司法协助协定》第 20 条第 3 项和第 4 项的规定，但被申请人并没有说明根据波兰法律是否构成“未经法院合法传唤”或者“被剥夺了答辩的可能性”。事实上，宁波甬某公司在 2008 年 3 月 26 日之前的绿山城地区法院、奥波莱地区法院和弗罗茨瓦夫上诉法院的诉讼中，均以授权书委托 AK 参加诉讼，该授权书对 AK 作出了概括授权，表明判决不管有利还是不利，宁波甬某公司均予认可。况且宁波甬某公司实际受领了弗某公司根据弗罗茨瓦夫上诉法院的二审判决支付的 54, 521 美元和 34, 600 兹罗提。波兰共和国最高法院以及重审本案的弗罗茨瓦夫上诉法院有理由相信 AK 有权代理宁波甬某公司参加后面的诉讼，AK 客观上也是代理宁波甬某公司参加了诉讼。因此，无论是根据波兰民事诉讼法，还是中国民事诉讼法，上述情形不能认定为“败诉一方当事人未经法院合法传唤”或者“当事人被剥夺了答辩的可能性”。

根据我国《民事诉讼法》(2024 年)和我国法院的司法实践，人民法院在审理申请承认和执行外国法院判决、裁定案件时，应当根据《民事诉讼法》第 299 条的规定，首先审查该国与我国是否缔结或者共同参加了国际条约。有国际条约的，依照国际条约办理；没有国际条约，或者虽然有国际条约但国际条约对相关事项未作规定的，应适用我国《民事诉讼法》的规定；即使依照国际条约办理，有时也会指向适用我国或外国民事诉讼法的规定。这需要根据相关国际条约和特定案情才能确定。

值得注意的是，我国法院在处理申请承认和执行外国法院判决案件时，通常要求申请人提交申请书并附下列文件：(1)判决书正本或者经证明无误的副本；(2)证明判决已经发生法律效力的文件；(3)缺席判决的，证明外国法院合法传唤缺席方的文件。但判决、裁定对前款第 2 项、第3项的情形已经予以说明的，无须提交其他证明文件。申请人提交的判决及其他文件为外文的，应当附有加盖翻译机构印章的中文译本。申请人提交的文件如果是在我国领域外形成的，应当办理公证认证手续，或者履行中华人民共和国与该所在国订立的有关国际条约规定的证明手续。这些要求如果与我国和其他国家签订的双边司法协助协定或多边国际条约的要求不一致，应该根据相关条约的规定决定是否立案。对于缺少若干材料的申请，建议人民法院先立案，再要求申请人补充材料，以便充分保护外国法院判决胜诉人的权益。

案例 41

高某集团股份有限公司
申请承认和执行新加坡高等法院民事判决案*

【基本案情】

高某集团股份有限公司(以下简称高某集团)系在瑞士成立的股份有限公司，其于2016年6月向中国江苏省南京市中级人民法院申请称，其与某纺织工业集团进出口有限公司因买卖合同产生纠纷，双方达成和解协议。因纺织工业集团进出口有限公司未履行和解协议，高某集团依据和解协议中的约定管辖条款向新加坡高等法院提起诉讼，该院作出了生效判决。因某纺织工业集团进出口有限公司及其财产在中国境内，故请求江苏省南京市中级人民法院对新加坡判决予以承认和执行。某纺织工业集团进出口有限公司陈述意见称，中国和新加坡签署的《关于民事和商事司法协助的条约》并没有关于相互承认和执行法院判决和裁定的规定，根据《民事诉讼法》第282条的规定，应驳回高某集团的申请。

江苏省南京市中级人民法院查明，某纺织工业集团进出口有限公司经新加坡高等法院合法传唤未到庭，新加坡高等法院于2015年10月22日作出缺席判决，判令某纺织工业集团进出口有限公司偿付高某集团35万美元及利息、费用。某纺织工业集团进出口有限公司亦收到该判决。2014年1月，新加坡高等法院曾承认和执行中国江苏省苏州市中级人民法院作出的

---

* 【一审案号】江苏省南京市中级人民法院(2016)苏01协外认3号。

民事判决。

【裁判结果】

江苏省南京市中级人民法院认为，案涉民事判决系新加坡高等法院作出。中国与新加坡之间并未缔结或者共同参加关于相互承认和执行生效民商事裁判文书的国际条约，但由于新加坡高等法院曾对中国法院的民事判决予以执行，根据互惠原则，中国法院可以对符合条件的新加坡法院的民事判决予以承认和执行。经审查，案涉判决亦不违反中国法律的基本原则或者损害国家主权、安全，社会公共利益，故依照《民事诉讼法》第282条的规定，于2016年12月9日裁定承认和执行新加坡共和国高等法院于2015年10月22日作出的013号民事判决。

【典型意义】

该案系中国法院首次承认和执行新加坡法院商事判决。《民事诉讼法》第282条规定承认和执行外国法院判决的依据为国际条约或互惠原则，目前中国仅与不到1/3的“一带一路”共建国家签有相互承认和执行民商事判决的司法协助条约。因此，认定两国之间是否存在互惠关系，对共建国家法院的商事判决能否在中国法院得到承认和执行十分关键。该案根据新加坡法院承认和执行中国法院判决的先例，首次认定中新两国之间存在互惠关系，进而依据互惠原则承认和执行新加坡法院商事判决，这不仅对中新商事判决的相互承认和执行具有里程碑的意义，而且还将有力推进“一带一路”共建国家之间在民商事判决承认和执行领域的司法合作实践。

【专家评析】*

本案涉及外国法院判决在中国的承认和执行问题。

* 撰写人：何其生，北京大学法学院教授、博士研究生导师。
王雅菡，河南大学法学院校聘副教授。

在 2016 年高某集团申请承认和执行新加坡共和国高等法院民事判决案(以下简称“高某案”)中，南京市中级人民法院首次依据互惠原则承认和执行了新加坡高等法院的判决。南京市中级人民法院的裁定不仅对中国、新加坡两国之间判决的相互承认和执行起到了积极的推进作用，而且在中国法院适用互惠原则方面也具有引领性价值。

一、“高某案”所涉互惠问题

根据“高某案”裁定书，南京市中级人民法院基于《民事诉讼法》的规定进行了如下的审查和分析。首先，新加坡高等法院对某纺织工业集团进出口有限公司作出了合法传唤，某纺织工业集团进出口有限公司未参加庭审，但收到了案涉判决书。新加坡高等法院的判决符合正当程序的要求。其次，在判决的承认和执行领域，中国与新加坡之间没有缔结和共同参加的国际条约，但新加坡高等法院曾于 2014 年承认和执行了中国江苏省苏州市中级人民法院的民事判决。根据互惠原则，我国法院可以对符合条件的新加坡法院的民事判决予以承认和执行。最后，南京市中级人民法院经过审查，认为新加坡高等法院的判决并不违反我国法律的基本原则或者国家主权、安全、社会公共利益。综上所述，南京市中级人民法院作出承认和执行新加坡高等法院 013 号民事判决的裁定。本案的裁定明确了中国司法实践中互惠的认定标准，即以原审国法院是否存在承认和执行中国法院判决的先例为判断依据。

值得关注的是，2018 年 8 月 31 日，以“高某案”为契机，最高人民法院和新加坡共和国最高法院共同签署了《关于承认与执行商事案件金钱判决的指导备忘录》(以下简称《指导备忘录》)，进一步明确了两国间判决相互承认和执行的范围和条件。《指导备忘录》第 6 条规定，目前两国尚无有关一方判决可在另一方法院承认与执行的条约。在此情况下，根据《民事诉讼法》的规定，中国法院可以在互惠基础上，根据申请人的申请，承认与执行新加坡法院的判决。

二、“高某案”在互惠关系解释上的引领性价值

作为依据互惠原则承认和执行外国法院判决的第一案以及“一带一路”建设典型案例之一，“高某案”既是我国承认和执行外国法院判决司法实践中的转折点，也是“一带一路”建设推进下承认和执行外国法院判决的推动力。该案展现了我国在判决承认和执行领域加强国际合作的积极态度，也反映出我国以互惠促合作的意向。

虽然南京市中级人民法院对于互惠的认定仍采用事实互惠标准，但该案在一定程度上体现了我国在涉外审判司法实践中的进步，推动了我国法院以事实互惠承认外国法院判决的趋势。

在2017年受理的申请人刘某与被申请人陶某、童某申请承认和执行外国法院民事判决案①中，武汉市中级人民法院基于事实互惠承认与执行美国加利福尼亚州法院的判决。2019年3月，山东省青岛市中级人民法院承认和执行了韩国水原地方法院作出的一项借贷纠纷的民事判决，该院认为韩国法院的判决符合中国互惠原则的要求。② 2019年8月，浙江省温州市中级人民法院遵循了“高某案”的裁判思路，再次承认和执行了新加坡高等法院的另一个判决。③据此，互惠原则在我国已经开始发挥其积极合作的作用，而不是仅作为拒绝外国法院判决的理由。

随着“一带一路”建设的推进，最高人民法院也开展了一系列工作积极推进外国法院判决的承认和执行。2015年最高人民法院发布了《关于人民法院为“一带一路”建设提供司法服务和保障的若干意见》，其中第6条明确了要加强国际司法协助，保护中外当事人的合法权益，并在今后的司法实践中能够使互惠发挥更加积极的作用。2017年第二届中国—东盟大法官论坛上，中国与东盟国家在《南宁声明》中又达成推定互惠的共识。与司法实践相比，《南宁声明》所确立的推定互惠又进一步放宽了标准，即只

① 参见湖北省武汉市中级人民法院(2015)鄂武汉中民商外初字第00026号民事裁定书。
② 参见山东省青岛市中级人民法院(2018)鲁02协外认6号民事裁定书。
③ 参见海湾发展集团有限公司、陈某甲、陈某乙申请承认与执行法院判决、仲裁裁决案，浙江省温州市中级人民法院(2017)浙03协外认7号民事裁定书。

要对方国家没有以不存在互惠关系为由拒绝承认和执行的情况，即可推定为有互惠。①

综上分析，“高某案”的灵活解释在判决承认与执行领域开启了我国对外司法合作的新局面，也使我国的判决得到越来越多国家的承认与执行。

① 2017年6月8日，中国与东盟国家就区域内国际司法协助等问题在《南宁声明》中达成了八项共识，其中第七项规定：“……尚未缔结有关外国民商事判决承认和执行国际条约的国家，在承认与执行对方国家民商事判决的司法程序中，如对方国家的法院不存在以互惠为理由拒绝承认和执行本国民商事判决的先例，在本国国内法允许的范围内，即可推定与对方国家之间存在互惠关系。”

案例 42

崔某与尹某申请承认和执行韩国法院判决案*

【基本案情】

2009年11月6日，韩国居民尹某向崔某借款8000万韩元。因尹某未归还借款，崔某向韩国水原地方法院起诉。2017年7月20日，韩国水原地方法院作出判决，判令尹某向崔某支付8000万韩元及利息。因尹某经常居所地为青岛市城阳区，且其主要财产均在中国境内，崔某向中国山东省青岛市中级人民法院申请承认并执行韩国水原地方法院作出的上述判决。

【裁判结果】

山东省青岛市中级人民法院审查认为，韩国首尔地方法院曾对中国山东省潍坊市中级人民法院的民事判决予以承认，可以根据互惠原则对符合条件的韩国法院民商事判决予以承认和执行。案涉韩国判决依据韩国民事诉讼法送达，已经发生法律效力，且判决的承认和执行不违反我国法律的基本原则或者损害国家主权、安全，社会公共利益，故裁定予以承认和执行。

【典型意义】

互惠原则的适用，不仅影响一国法院对外国判决的承认和执行，也会

* 【一审案号】山东省青岛市中级人民法院(2018)鲁02协外认6号。

影响本国判决在国外法院的承认和执行。韩国首尔地方法院曾对中国山东省潍坊市中级人民法院的判决予以认可。该法院在对我国法院生效判决予以确认的判决书中阐述，如其以互惠关系承认中国法院判决，但中国法院仍以与韩国不存在互惠关系为由拒绝承认韩国法院判决，则将不再继续维持两国之间存在互惠关系。该案基于互惠原则，对韩国法院的判决予以承认和执行，积极维护中韩两国之间的互惠关系，推进两国间判决的承认和执行，对促进两国之间经贸合作交流、增强“一带一路”共建国家市场主体的信心具有积极作用。

【专家评析】*

本案涉及如下三个方面的法律问题。

一、承认和执行外国法院判决的互惠机制

互惠原则也被称为对等原则，其强调的是一国所采取的措施必须与其他国家在同等情况下所采取的措施相一致或者对等。互惠分为国内法上的互惠与条约上的互惠。前者是指一国国内法中所规定的互惠原则，要求外国判决在内国的承认与执行必须以该外国在同等条件下承认和执行内国判决为前提。后者是指一国与其他国家签订双边或者多边国际条约，依据条约在缔约国之间形成互惠。条约互惠具有一定的确定性和强制性，可以比较彻底地解决法院判决域外承认与执行的难题。但目前国际社会还没有一个生效的国际条约，双边司法协助条约也十分有限。因此，国内法上的互惠仍然是承认和执行外国判决的主要依据。

国内法上的互惠一般分为事实互惠和法律互惠。事实互惠是指只要一外国已有承认和执行内国判决的实例，就可表明两国存在互惠关系。法律互惠则是指只要外国法律或判例中规定了互惠原则，就表明存在互惠关系，从而可对该外国判决承认和执行。

---

* 撰写人：杜新丽，中国政法大学仲裁研究院院长，教授、博士研究生导师，最高人民法院国际商事专家委员会专家委员。

二、依照“事实互惠”承认和执行外国法院判决

根据《民事诉讼法》的规定，在两国间不存在司法协助条约的情况下，承认和执行外国法院判决应当按照“互惠原则”进行审查。本案裁定于2019年作出，当时对于互惠原则的适用标准，无论是法律或司法解释均未提及，故各地法院在互惠关系的认定上均采用较为保守、谨慎的立场，即“事实互惠”标准。具体而言，就是在审理承认和执行外国判决的案件时，对既无司法协助条约也无承认和执行我国判决先例国家的判决，一般认定为不存在互惠关系。因此，在当事人向我国法院提出承认和执行外国法院判决的申请时，法院要做的工作是考察该外国是否有承认和执行我国判决的先例。就本案而言，青岛市中级人民法院在查证中国与韩国之间没有缔结和共同参加的关于承认和执行外国法院判决条约的基础上，以是否存在互惠进行审查，最终查明韩国法院承认和执行过中国山东省潍坊市中级人民法院的判决而认定两国法院存在事实上的互惠关系，进而依据我国《民事诉讼法》对该项韩国判决予以执行。本案的处理结果进一步强化了中韩两国之间在判决承认和执行方面的互惠关系。

值得一提的是，最高人民法院于2021年12月31日发布了《全国法院涉外商事海事审判工作座谈会会议纪要》，对如何适用互惠原则进行了规定，其中第44条明确了互惠关系的认定标准，即采用更为灵活的标准认定互惠关系，不再局限于考察外国法院是否存在执行我国判决的先例。近两年，人民法院已经在相关案件中查明韩国法律，发现在同等条件下我国法院的民商事判决能够得到韩国法院的承认和执行，并承认和执行了多个韩国法院判决。

三、承认和执行外国判决的审查条件

承认和执行外国判决的实质要件和形式要件均应适用被申请执行地国家的法律，即青岛市中级人民法院应依照我国《民事诉讼法》规定的条件承认与执行。依照《民事诉讼法》第289条的规定，人民法院承认和执行外国法院判决，必须满足三个基本条件：一是该外国法院判决已经发生法律效

力，即为生效判决；二是中国与该外国缔结或参加了承认和执行民商事方面的国际条约，或者存在互惠关系；三是承认和执行该外国判决不违反法律的基本原则或者不危害国家主权、安全，社会公共利益。本案青岛市中级人民法院依据上述条件对韩国法院的判决进行审查。首先，韩国法院的判决涉及的是申请人和被申请人的借贷关系，承认该民事判决不违背我国的社会公共利益。其次，申请人出示了法院判决已送达和已生效的证据，并经过公证认证，可认定为生效判决。最终，青岛市中级人民法院认定符合我国法律要求的条件，在此基础上依照我国法律规定的形式予以了承认和执行。

案例 43

中国某企业投资有限公司
与
俄罗斯萨某海产品无限股份公司、
东某国际经济技术合作公司
案外人执行异议之诉案*

【基本案情】

2000年10月，俄罗斯联邦萨哈林地区仲裁法庭裁决：东某国际经济技术合作公司(以下简称东某合作公司)应给付俄罗斯萨某海产品无限股份公司(以下简称萨某公司)货款总计3,007,319.2美元以及俄罗斯联邦财政税83,490卢布。经萨某公司申请，一审法院黑龙江省高级人民法院于2004年1月裁定对该裁决予以承认并执行，裁定冻结东某合作公司持有的东某财务公司6300万元股权及红利。2011年9月，东某实业公司与中国某企业投资有限公司(以下简称某企业公司)签订股权转让协议，约定东某实业公司将东某合作公司代其持有的东某财务公司6300万股股权，以6300万元的价格转让给某企业公司。当日，东某合作公司出具书面证明，对该股权转让协议无异议。后某企业公司诉至河北省河间市人民法

* 【一审案号】黑龙江省高级人民法院(2017)黑民初209号。
【二审案号】最高人民法院(2019)最高法民终1429号。

院，请求确认案涉6300万元股权为其所有。2012年3月29日，河间市人民法院判决确认某企业公司对案涉股权享有所有权。2017年6月5日，某企业公司向一审法院提出执行异议申请，一审法院裁定驳回。某企业公司遂提起执行异议之诉。一审法院判决驳回某企业公司的诉讼请求。某企业公司不服一审判决，向最高人民法院提起上诉。

【裁判结果】

最高人民法院二审审理认为，是否对执行标的予以执行，取决于案外人是否就执行标的享有足以排除强制执行的民事权益。案外人执行异议之诉中，案外人主张的权利应当是所有权等在性质上能够排除人民法院对执行标的强制执行的实体权利。某企业公司与东某实业公司签订股权转让协议时，案涉股权已经被法院裁定冻结。根据最高人民法院《关于人民法院民事执行中查封、扣押、冻结财产的规定》第26条和《关于执行权合理配置和科学运行的若干意见》第26条的规定，已被查封、冻结的财产不能诉请确权。且某企业公司的股权转让款并未实际支付，股权交易一直没有完成，某企业公司不能享有案涉股权的所有权，且并无生效判决对案涉股权的权属作出认定。某企业公司不能证明其对本案所涉执行标的享有足以排除强制执行的民事权益，遂维持一审关于驳回某企业公司诉讼请求的判决，驳回某企业公司的上诉。

【典型意义】

该案外国仲裁裁决经人民法院裁定承认，并在裁定执行过程中查封了案涉财产，而被执行人通过转让被查封财产、提起另案诉讼对查封财产进行确权等方式意图规避执行。人民法院依法执行外国仲裁裁决，不仅驳回执行异议申请，而且在其后的执行异议之诉中，根据司法解释的规定，认定受让行为并非善意，同时及时对生效的另案确权判决予以再审，体现了我国法院为保障仲裁裁决跨境执行而采取的各项有效举措，有力维护了

"一带一路"共建国家民事主体的合法权益。

【专家评析】*

本案主要涉及合法排除案外人执行异议，保障仲裁裁决的有效执行问题。

本案系因萨某公司(仲裁案件申请人和申请执行人)申请执行登记在东某合作公司(被申请人和被申请执行人)名下的案涉股权时，某企业公司对该股权主张权利而产生的案外人执行异议之诉。本案在审理中应解决的焦点问题为：某企业公司对案涉股权是否享有足以排除人民法院强制执行的民事权益。本案两审法院均认为，案外人某企业公司并不享有案涉股权的真正和实际所有权，因而不能排除人民法院对俄罗斯仲裁裁决的强制执行。

第一，设立案外人执行异议之诉的必要性及本案裁判原则。我国与俄罗斯均为1958年《纽约公约》成员方。对于俄罗斯仲裁裁决，除非存在损害我国公共利益的情形，在《纽约公约》项下我国法院对该裁决负有执行的国际义务。在本案中，当我国法院作出对俄罗斯仲裁裁决予以执行、冻结被申请人东某合作公司持有的案涉股权后，案外人某企业公司主张其因受让案涉股权而对其享有权利，并申请解冻股权而引发了案外人执行异议之诉。

根据《民事诉讼法》(2023年修正)第236条和第238条，案外人对执行标的主张所有权或其他足以排除强制执行的权利，可以向法院提出异议，排除法院对特定执行标的的强制执行。《民事诉讼法解释》第310条第1款规定，对案外人提起的执行异议之诉，人民法院经审理，按照下列情形分别处理：(1)案外人就执行标的享有足以排除强制执行的民事权益的，判决不得执行该执行标的；(2)案外人就执行标的不享有足以排除强

* 撰写人：石静霞，中国人民大学吴玉章讲席教授、博士研究生导师，最高人民法院国际商事专家委员会专家委员。

制执行的民事权益的，判决驳回诉讼请求。从这些规定可以看出，“权利外观主义”是司法裁判中的重要原则，作用在于保障交易安全、激发市场活力，但也可能导致实体不公，损害真正权利人的利益。因此，作为在执行阶段对案外人提供的救济程序，执行异议之诉横亘于程序与实体之间，其裁判结果既要保护合法的案外人权益，又不能损害执行人的合法权利。

《民事诉讼法解释》第 310 条第 1 款对案外人执行异议之诉的审理范围作了原则性规定，即法院经审理认为案外人就执行标的享有足以排除强制执行的民事权益的，判决不得执行该执行标的；反之则驳回其诉讼请求。在本案中，是否对执行标的予以执行取决于案外人某企业公司是否就案涉股权享有足以排除强制执行的民事权益。这种权益应为所有权等在性质上能够排除人民法院对执行标的强制执行的实体权利。据此，两审法院在本案中重点审理的焦点问题包括某企业公司是否对执行标的物，即案涉股权享有权利、享有何种权利以及该权利是否足以排除我国法院在条约义务项下执行俄罗斯仲裁裁决。

第二，某企业公司是否对案涉股权享有实际权利？根据法院查明事实，案外人某企业公司称其与被申请人关联公司东某实业公司签订股权转让协议的时间为 2011 年，但当时被申请人东某合作公司持有的案涉股权已被黑龙江省高级人民法院以执行裁定书予以冻结，且工商机关已对股权冻结情况予以公示。对于被人民法院冻结的财产，其所有权人不得自由处分，包括财产转让、设置抵押、办理过户等行为。最高人民法院《关于人民法院民事执行中查封、扣押、冻结财产的规定》第 26 条规定，被执行人就已经查封、扣押、冻结的财产所作的移转、设定权利负担或者其他有碍执行的行为，不得对抗申请执行人。第三人未经人民法院准许占有查封、扣押、冻结的财产或者实施其他有碍执行的行为的，人民法院可以依据申请执行人的申请或者依职权解除其占有或者排除其妨害。因此，某企业公司与东某实业公司签订股权转让协议受让案涉股权并不具有善意。此外，虽然某企业公司在2012年以东某实业公司未按协议约定进行股权变更登记为由，诉至河间市人民法院请求确认案涉股权为其所有，但其从未实际支付过案涉股权的转让款，该股权交易因而一直未完成，亦无生效判决对案涉股权权属作出认定。

基于上述事实和法律根据，某企业公司以其为案涉股权的实际权利人为由，主张排除对案涉股权的强制执行，缺乏事实和法律依据。两审法院均认定某企业公司与东某实业公司签订股权转让协议受让案涉股权不具有善意，依法不能享有案涉股权的合法权利，因此不能排除人民法院针对案涉股权的强制执行。

第三，东某合作公司系案涉股权名义持有人的事由能否排除强制执行？《公司法》(2018年)第32条第3款规定，公司应当将股东的姓名或者名称向公司登记机关登记；登记事项发生变更的，应当办理变更登记。未经登记或者变更登记的，不得对抗第三人。据此，工商登记是对公司股权情况的公示，登记股东的债权人有权信赖工商机关登记的股权情况，该信赖利益应当得到法律的保护。即使在案涉股份的实际出资人与公示登记股东不符的情况下，法律优先保护登记股东的债权人的权利。由于股权的实际出资人在对外关系上不具有登记股东的法律地位，其不能以其与登记股东之间的内部约定来对抗登记股东的债权人。因此，登记股东的债权人依据工商登记中记载的股权归属，有权申请对该股权的强制执行。

在本案中，无论东某实业公司是否为案涉股权的实际出资人，因该股权登记在东某合作公司名下，萨某公司作为东某合作公司的债权人，申请强制执行案涉股权符合我国法律规定，故某企业公司以东某合作公司为股权名义持有人的事由，不足以排除我国法院对案涉股权的强制执行，某企业公司的该诉讼主张不能成立。

本案虽为案外人提起的执行异议诉讼，但因涉及对俄罗斯仲裁裁决的执行而具有特别的典型意义。作为《纽约公约》的成员方，我国法院长期以来积极履行基于公约的国际义务，对外国仲裁裁决的承认与执行一直保持良好记录，拒绝承认和执行的案件数量非常少。本案再次体现了我国法院支持仲裁履行裁决的积极态度。对于生效的俄罗斯仲裁裁决，我国法院首先裁决予以执行，并在裁定执行过程中查封了被申请人的案涉财产。但当本案被执行人试图通过转让被查封财产、提起另案诉讼对查封财产进行确权等方式规避执行时，人民法院查清事实，准确运用法律，不仅驳回了案外人的执行异议申请，且在之后案外人提起的执行异议之诉中，根据我国现行有效的法律法规及司法解释，认定案外人受让股权的行为并非善意，及时对生效的另案确权判决予以再审，充分体现了我国法院为保障仲裁裁决的跨境执行而积极采取各项有效举措，有效维护了“一带一路”共建国家民事主体的合法权益。

案例 44

双某建筑有限公司
申请承认与执行新加坡国家法院民事判决案*

【基本案情】

2020年5月15日，在新加坡注册成立的双某建筑有限公司(以下简称双某公司)向新加坡国家法院起诉中国公民潘某臣民间借贷纠纷。在新加坡国家法院发出盖有法院印章的传票令状和索偿书后，由双某公司的律师向潘某臣送达。在两次送达失效后，该律师根据法院作出的命令，将文件张贴在潘某臣住所的门上。新加坡国家法院的命令内容为，有效送达附有索偿书的传票令状，连同法院此间签发的一份庭令副本，可以有效地通过张贴在新加坡某地址前门上(该地址为潘某臣最后可知的地址)，以及通过AR挂号邮寄该地址。上述方式送达的传票令状、索偿书及法庭向潘某臣发出的庭令可视为适当和充分的送达。因潘某臣未出庭，新加坡国家法院于2020年8月23日作出判决，判令潘某臣支付双某公司118,225.8新元及利息。双某公司遂向潘某臣住所地法院即浙江省温州市中级人民法院提出申请承认和执行上述民事判决。

浙江省温州市中级人民法院审查期间，潘某臣确认新加坡国家法院作出的命令中所列地址为其在新加坡的住址，并对新加坡国家法院作出的上述判决不持异议。双某公司确认潘某臣已履行部分判决内容。

* 【一审案号】浙江省温州市中级人民法院(2022)浙03协外认4号。

【裁判结果】

浙江省温州市中级人民法院经审查认为，我国与新加坡之间虽未缔结或者共同参加关于互相承认和执行生效裁判文书的国际条约，但由于新加坡高等法院曾对我国法院的民事判决予以执行，根据互惠原则，我国法院可以依据《民事诉讼法》第288条的规定，对符合条件的新加坡法院的民事判决予以承认和执行。该案虽系缺席判决，但潘某臣已经得到合法传唤；该判决已经生效且不存在违反中华人民共和国法律的基本原则或者损害国家主权、安全，社会公共利益的情形，温州市中级人民法院遂裁定对案涉判决的法律效力予以承认。

【典型意义】

该案是人民法院依法适用互惠原则，承认“一带一路”共建国家法院民商事判决的案例。在我国与新加坡并未缔结关于相互承认和执行生效民商事裁判文书的双边司法协助协定，亦未共同参加相关国际条约的情况下，该案通过厘清互惠原则的适用标准，积极促进我国和新加坡之间相互承认和执行民商事判决，较好践行了《指导备忘录》的精神，对保障高质量共建“一带一路”，着力营造开放包容的法治化、国际化营商环境等方面具有积极意义。

【专家评析】*

本案主要涉及外国法院民商事判决的承认和执行问题，具体包括我国法院承认和执行外国法院民商事判决的依据及审查标准。

一、我国法院承认和执行外国法院民商事判决的依据

我国现行《民事诉讼法》第299条对外国法院民商事判决、裁定的承认

* 撰写人：李万强，西安交通大学法学院副院长，教授、博士研究生导师。
刘红，西安仲裁委员会仲裁研究中心主任。

和执行进行了明确规定，即人民法院对申请或者请求承认和执行的外国法院作出的发生法律效力的判决、裁定，依照我国缔结或者参加的国际条约，或者按照互惠原则进行审查后，认为不违反我国法律的基本原则且不损害我国国家主权、安全、社会公共利益的，裁定承认其效力；需要执行的，发出执行令，依照《民事诉讼法》的有关规定执行。

可见，在我国申请承认和执行外国民商事判决的依据有二：一是国际条约，二是互惠关系。目前，我国已与35个国家签署了包含承认和执行外国民商事判决内容的双边协定或条约，且全部生效。此外，我国参加的《油污公约》也有承认和执行其他缔约国相关民事判决的条款。本案涉及新加坡法院民事判决在我国的承认与执行。虽然我国与新加坡签订了《关于民事和商事司法协助的条约》，该条约也已于1999年4月生效，但是该条约仅规定了司法文书的送达、调查取证以及仲裁裁决的承认与执行等事项，没有规定民商事判决的承认与执行问题。

在不存在国际条约这一依据的情况下，浙江省温州市中级人民法院根据互惠原则决定是否应当承认和执行新加坡法院作出的判决。对于互惠原则的适用，法院采取了“事实互惠”标准，即根据实践中是否存在外国法院承认或执行我国法院裁判的先例的客观事实，来认定两国之间是否存在互惠关系。温州市中级人民法院经审查确认新加坡高等法院曾对我国法院的民商事判决予以执行，并据此作出裁定认为，尽管我国与新加坡之间没有缔结或者共同参加关于相互承认和执行生效裁判文书的国际条约，我国法院仍可对符合条件的新加坡法院民商事判决予以承认和执行。最高人民法院与新加坡最高法院曾于2018年8月31日签署《指导备忘录》。

随着我国对外开放的不断扩大，在外国民商事判决承认与执行问题上，我国法院的立场也更为开放包容。2017年6月8日，第二届中国—东盟大法官论坛通过的《南宁声明》提出，尚未缔结有关外国民商事判决承认和执行国际条约的国家，在承认与执行对方国家民商事判决的司法程序中，如对方国家的法院不存在以互惠为理由拒绝承认和执行本国民商事判决的先例，在本国国内法允许的范围内，即可推定与对方国家存在互惠关系。这被称为“推定互惠”。2021 年 12 月，最高人民法院发布的《全国法院涉外商事海事审判工作座谈会会议纪要》第 44 条第 1 款又确认了可以认定存在互惠关系的三种情形：(1) 根据该法院所在国的法律，人民法院作出的民商事判决可以得到该国法院的承认和执行；(2) 我国与该法院所在国达成了互惠的谅解或者共识；(3) 该法院所在国通过外交途径对我国作出互惠承诺或者我国通过外交途径对该法院所在国作出互惠承诺，且没有证据证明该法院所在国曾以不存在互惠关系为由拒绝承认和执行人民法院作出的判决、裁定。

二、中国法院承认和执行外国法院民商事判决的审查标准

通常，在承认和执行外国法院民商事判决时法院坚持的审查标准是“非实质性审查”标准，即对于判决所涉实体问题的正确性不进行审查。换言之，法院审查的事项主要是在外国法院审判中当事人的程序性权利是否得到保障以及判决是否违反我国的公共秩序等。尽管本案发生时施行的《民事诉讼法》仅要求审查外国法院判决是否“违反我国法律的基本原则或者国家主权、安全、社会公共利益”，但实践中人民法院的审查并不仅限于此。2018 年中国—新加坡《指导备忘录》第 10 条就曾列举了可以质疑新加坡法院判决的 6 项理由，包括：(1) 判决违反中国法律的基本原则或者损害国家主权、安全、社会公共利益；(2) 判决系以欺诈手段取得；(3) 当事人没有获得有关司法程序的适当通知或者没有获得答辩的合理机会；(4) 审判组织成员与案件结果有个人利害关系；(5) 无诉讼行为能力的当事人没有得到适当代理；(6) 中国法院对于相同当事人之间的同一争议正在进行审理或者已经作出终局性和确定性判决，或者已经承认或执行第三国就此作出的终局性和确定性判决或者仲裁裁决。本案虽系缺席判决，但被告方潘某臣已依新加坡法律得到合法传唤，不存在违反正当程序原则的情形，也不存在不予承认与执行的其他情形。因此，该判决在我国得到了承认与执行。

根据我国现行《民事诉讼法》第300条的明确规定，对符合以下情形之一的外国法院判决与裁定，人民法院不予承认和执行：(1)外国法院对案件无管辖权；(2)被申请人未得到合法传唤或者虽经合法传唤但未获得合理的陈述、辩论机会，或者无诉讼行为能力的当事人未得到适当代理；(3)判决、裁定是通过欺诈方式取得；(4)人民法院已对同一纠纷作出判决、裁定，或者已经承认第三国法院对同一纠纷作出的判决、裁定；(5)违反中华人民共和国法律的基本原则或者损害国家主权、安全、社会公共利益。这一规定从立法上更为全面具体地明确了人民法院承认和执行外国法院民商事判决应当秉持的审查标准，为人民法院办理外国判决承认与执行案件提供了有力依据。

Annotated International Commercial Cases from the Supreme People's Court Curated for Their Relevance to the Belt and Road Initiative

Part Ⅰ

Disputes over Contracts for International Sales of Goods and Contracts for International Carriage of Goods by Air

CASE 1

S I (Singapore)Pte. Ltd.

v.

T Metallurgical Products GmbH(Germany)

(Contract for International Sales of Goods) *

Basic Facts

On April 11, 2008, S I (Singapore) Pte. Ltd. and T Metallurgical Products GmbH(Germany)(hereinafter referred to as "T GmbH")entered into a Contract for the purchase of petroleum coke. S I (Singapore)Pte. Ltd. made full payment for goods according to the contract, but the Hardgrove Grindability Index(HGI) of the petroleum coke delivered by T GmbH was only 32. S I (Singapore) Pte. Ltd. claimed that T GmbH had constituted a fundamental breach of the contract, and requested the termination of the Contract, a refund of the payment, and compensation for damages.

The High People's Court of Jiangsu Province, in the first instance, held that: In accordance with the relevant provisions of the *United Nations Convention on Contracts for the International Sale of Goods* (CISG), the HGI of petroleum coke provided by T GmbH fell far below the standard as agreed in

* First Instance Case No.: (2009)Su Min San Chu No. 0004
Second Instance Case No.: (2013)Min Si Zhong No. 35

the Contract, rendering the petroleum coke difficult to sell in the Chinese market and the purpose contemplated by the parties at the time of conclusion of the Contract unachievable. The performance of T GmbH thus constituted a fundamental breach. Thereafter, the High People's Court of Jiangsu Province made a judgment in favor of S I (Singapore) Pte. Ltd. However, T GmbH appealed to the Supreme People's Court.

Judgment

Upon review, the Supreme People's Court found that the business places of both parties to the international sales of goods dispute were in Singapore and Germany respectively, both of which are signatories to the CISG. Since neither party of the Contract had excluded the application of the CISG, the CISG was applicable to the trial of the case in the first place. For issues not covered by the CISG, such as the validity of the contract and the transfer of ownership, the applicable law should be the US law as chosen by the parties. In accordance with the provisions of the CISG, the goods delivered by T GmbH did not conform with the provision of the Contract, constituting a breach. However, since S I (Singapore) Pte. Ltd. was able to resell the goods at a reasonable price, the breach did not amount to a fundamental breach under the CISG. Accordingly, on June 30, 2014, the Supreme People's Court issued the final judgment, revoking the original judgment and ordering T GmbH to bear part of the payment and storage fee losses.

Significance

This case accurately applied an international convention and, for issues not covered by the international convention, legally supported the parties' choice of governing law. The case clarified the standards for determining a fundamental breach of contract under the CISG, enhanced the uniformity, stability, and predictability of the application of the CISG in China's judicial practice, and robustly ensured the orderly conduct of international trade.

Expert Commentary *

This case mainly relates to the rescission of contract and claims for damages arising from the performance of a contract for the international sale of goods.

The essential facts in the dispute over the contract for the international sale of goods between the Appellant T GmbH and the Appellee S I (Singapore) Pte. Ltd. go as follows: the Seller T GmbH and the Buyer S I (Singapore) Pte. Ltd. signed a Purchase Contract on Petroleum Coke. Having found the goods delivered defectively, the Buyer claimed for damages against the Seller on the grounds of the non-conformity of the goods with that stipulated in the Purchase Contract, and thereafter resold the goods to another buyer at a price lower than the original contract price. Having failed to find out a solution to the dispute through negotiations between the Parties, the Buyer filed a lawsuit with the High People's Court of Jiangsu Province(hereinafter referred to as "CFI"), claiming that the Seller's defective performance constituted a funda-mental breach and requesting that the Purchase Contract is rescinded and all the losses are borne by the Seller. Yet, the Seller contended that, with the defect in the goods not being a material one, its performance did not constitute a breach of contract, and all the losses incurred to the Buyer were the consequence of the declining prices of the goods, asserting that the Buyer is exclusively held liable for all the losses and has no right to rescind the Purchase Contract. In addition, it was also stipulated in the Purchase Contract that any possible disputes

* Zuo Haicong, Professor (T2) and Doctoral Supervisor, University of International Business and Economics(UIBE); Chief Expert, Research Institute of Foreign-related Rule of Law, UIBE.

concerning the Purchase Contract shall be governed by the law of the State of New York, the United States. The Defendant T GmbH appealed against the Judgment made by CFI, which upheld the claims from the Plaintiff S I (Singapore) Pte. Ltd., to the Supreme People's Court of the People's Republic of China (hereinafter referred to as "SPC" or "CSI"), and SPC rendered the Judgment in June 2014 that: the defect in the goods delivered by the Seller did not suffice in constituting a fundamental breach from the Seller, and thus the Buyer has no right to request to have the Purchase Contract rescinded on the grounds thereof; and all the losses incurred to the Buyer are attributable in part to the defect in the goods delivered by the Seller, which led to the Buyer's difficulty in reselling the goods, and in part to the declining prices of the goods, and thus the Seller was held liable only for the damages attributable to the defect in the goods.

The mentioned above Judgment made by SPC embodies some creativity in the legal reasoning and application of laws, and carries typical and guiding significance in its adjudication concept and approach. This case has not only been listed among SPC's guiding cases and the BRI-related typical cases but also cited repeatedly by the UNCITRAL Secretariat in its Digest of Case Law on the United Nations Convention on the International Sale of Goods (2016 Revision) (hereinafter referred to as "Digest of Case Law") as a typical case in the interpreting and applying Article 1, Article 7, Article 25 and Article 74 of the CISG.

The creativity in SPC's adjudication concept and approach in this case is mainly reflected in the application of laws, the definition of fundamental breach and the determination of damages.

Ⅰ. Uphold the Good Tradition in Proper Application of International Conventions and Foreign Laws

The dispute on the application of laws arose between the Parties. The Appellant affirmed that as for the governing law, according to the contractual stipulation and the rule of the conflict of laws in China, laws in the State of New York, the United States, shall apply to this case. Besides, the CISG and its interpretations, the U. S. *Uniform Commercial Code*, commercial practices, etc. shall also apply hereto, and the Digest of Case Law shall also be the basis for the trial of this case. The determination that only the CISG was applicable in this case by CFI was an error.

The approach to applying the CISG adopted by courts varies among countries when the laws of signatory states are chosen as the governing law by the parties while the CISG shall applies. In general, German courts hold that if German laws are chosen by the Parties, the CISG, as a part of German laws, prevails and excludes the application of domestic laws, whereas in U. S. courts, the CISG as a self-executing treaty directly applies. But in Chinese courts, the CISG directly applies as the governing law according to its Article 1(1)(1), and then, when it comes to the matters on which there are no relevant provisions therein, the laws of signatory states shall apply. For example, in the case of the sales contract dispute between Appellant U E Co, Ltd. of the United States and Appellee Shandong F T (Yantai) Company in eastern China [(1998) Jing Zhong Zi No. 358], given China and the United States where the principal places of business of the Parties to the dispute are located respectively are both signatory states to the CISG, SPC determined that the CISG shall apply to the dispute, and dismissed the claim by the Appellant that United States laws shall be the governing law based on the doctrine of the most significant relationship.

It was stipulated in the Purchase Contract that it is concluded in accordance with the laws of the New York State, the United States, in force at the time of the execution thereof, and shall be governed and interpreted by the said laws. The SPC accepted the interpretation and application of the CFIG, and ruled that this choice of law clause is valid. Given that Germany and Singapore, where the principal places of business of the Parties to the dispute are located respectively are both signatory states to the CISG, and the Parties did not expressly exclude the application thereof, and now, therefore, the CISG shall apply as the governing law according to Article 1(1)(1), and when it comes to the issues on which there are no relevant provisions therein, laws of the New York State, the United States, which were stipulated by the Parties in the Contract, shall apply.

With regard to the validity of a sale contract, SPC found by reference to Article 4 of the CISG that there are no related provisions therein on this issue and determined that the legal provisions of the New York State, the United States, which were stipulated by the Parties in the Purchase Contract, shall apply. Having determined and applied laws of the United States State of New York, SPC concluded that the Purchase Contract in this case is valid.

The practice of the CISG prevailing as the governing law and the laws of signatory states chosen by the parties applying as supplementary laws distinguishes and separates different issues in the application of law. This approach not only respects the principle of party autonomy but also fulfills the obligations of China as a signatory state to the CISG. So, it is an advanced concept and approach of law application, demonstrating the judicial wisdom of Chinese judges.

The CISG is the most applied international convention worldwide. Extensive application of the CISG creates a uniform law governing contracts for the international sale of goods, providing legal guarantee and foreseeability for transactions for the international sale of goods. Chinese courts have been very acceptive of the application of the CISG. The consistent practice of Chinese courts contributes to the application and influence of the CISG, reduces the transaction costs for Parties involved in the international sales of goods, and enhances the foreseeability and legal guarantee of transactions.

Ⅱ. Accurately Determine the Nature of a Breach by Reference to Foreign Precedents

In this case, whether or not the breach of contract constitutes a fundamental breach is one of the issues between the Parties. CFI supported the claim of Appellee (the Plaintiff of First Instance) that a fundamental breach was established, and the Plaintiff was entitled to rescind the Purchase Contract. Appellant (the Defendant of First Instance) appealed against CFI's Judgment.

Article 25 of the CISG provides the constitutive elements of a fundamental breach, that is, when one Party's breach causes the other Party to suffer the loss or damage to the extent that it materially deprives the latter of what it otherwise can be able to obtain under a contract, such breach constitutes a fundamental breach. However, the breaching Party may lodge a defense if and when the said loss or damage is unforeseeable at the time of the execution thereof by itself or by a reasonable person in a similar situation. Now that the expression "materially deprive" in the CISG only indicates the severity of the loss or damage, so that under what circumstances and at what levels of severity of the said loss or damage does a breach suffice in constituting a fundamental breach is up to a court to make a judgment based on specific circumstances in different cases. In this case, CFI found that with the specification of the goods delivered being lower than the floor of the range stipulated in the Purchase Contract, the Defendant's breach constituted a fundamental breach.

In the view of SPC, although the Appellant's claim that the Digest of Case Law served as the basis of judgment was not justified, the essentials of judicial precedents could be drawn upon to understand and apply the relevant rules. Two judicial precedents in the Digest of Case Law have certain reference value in determining whether or not the defective goods delivered in this case constituted a fundamental breach. The first is the one (Case 171) handled by the Supreme Court of Germany in 1996, where with the place of origin not being the U. K. but South Africa and the quality poor, the cobaltnitrate delivered by the Dutch Seller did not conform to the contract, and the German Buyer declared the contract to be rescinded on the grounds of the non-conformity. But in the view of the Supreme Court of Germany, when the goods had been delivered by the Seller, the Buyer's request to rescind the contract only on the grounds of the poor quality of the goods and the non-conformity of the place of origin of the goods with the stipulation in the contract was not sufficiently justified. Furthermore, the Buyer failed to prove that the goods being originated in South Africa could not sell in Germany or other countries. Therefore, the Supreme Court of Germany ruled that the fundamental breach could not be established, and the Buyer also had not the right to rescind the contract. The second case is the one (Case 248) handled by the Swiss Federal High Court of Appeal in 1998, where with the fat and moisture contents being too high, the frozen meat delivered by the German Seller had a 25.5% lower value than the quality stipulated in the contract, and the Swiss Buyer claimed that the Seller committed a fundamental breach. The judge asserted that the constitution of a fundamental breach and the resulting rescission of contract were the most severe remedies that the Buyer could claim, and thus were applied only under unusual circumstances. Ultimately, the judge ruled that the circumstance in this case could not be regarded as a fundamental breach as the Buyer could still be able to resell at a lower price, or otherwise process, the goods.

In the light of the understanding of the fundamental breach provisions in the CISG in the above-mentioned judicial precedents, SPC concluded that the non-conformity in the quality of the goods did not suffice in constituting a fundamental breach providing that the Buyer could use or resell the said goods without unreasonable troubles or even at a discounted price. In this case, the Appellee not only successfully resold the goods but also did it at a price not lower than the reasonable price at that time. SPC thus determined that the Appellant's delivery of goods not in conformity with the contract in this case constituted a breach of contract but did not suffice in constituting a fundamental breach, and therefore the Appellee did not have the right to rescind the Purchase Contract, convincingly resolving the main legal issue in dispute in this case.

Article 7 of the CISG provides that in interpreting the CISG, due regard shall be given to its international nature and better uniformity in its application, which is an obligation for courts and arbitration institutions of signatory states in uniformly interpreting the CISG. Given courts in various jurisdictions interpret and apply the CISG within their respective judicial systems and institutions, and there is no common court of appeal for harmonizing different interpretations, to achieve a unified interpretation and application of the CISG in practice can only rely on the cross-reference and mutual learning of judgments from courts in other countries. The Digest of Case Law provides a useful way for courts from different jurisdictions to learn from each other. By referring to the interpretation and application of related provisions of the CISG and judgments by foreign courts in this case, SPC not only drew upon the judicial wisdom of courts in other countries but also fulfilled its obligation of promoting a uniform interpretation of the CISG. Therefore, SPC's Judgment in this case is of great importance, providing an example for Chinese courts in legal interpretations by referring to judicial precedents from foreign courts and fostering uniform in application of the CISG.

Ⅲ. Clarify Facts, Define Liabilities for Parties and Determine Damages Accurately

The calculation of damages for breach of contract in this case was also a significant point of dispute. Appellant (Defendant of First Instance) claimed that the losses incurred to the Appellee (Plaintiff of First Instance) were caused by the declining prices of the goods, having no relation with the quality of the goods delivered, whereas the Appellee maintained that the losses should be attributable to the serious defect of the goods, which created the difficulty for Appellee to find a buyer. CFI supported Appellee's claim and ruled that the Appellant is exclusively held liable for compensating all the losses. Upon the close examination and verification of all the facts, SPC concluded that the losses incurred to the Appellee were caused partially by the poor quality of the goods in Appellant and partially by the declining price of the goods, and rendered the judgment that the Appellant is only held liable for the part of the losses attributable to the poor quality of the goods.

Compensation for damages is the main way of remedies provided under the CISG, and the amount of damages is often the focal point for all parties involved in a lawsuit. Article 74 of the CISG provides that the amount of damages payable by one party for breach of contract shall equal the amount of losses incurred by the other party, including any corresponding interest resulting from the breach of contract. Literally, this provision does not seem to provide methods for calculating the losses arising from more than one cause. But as a matter of fact, it can be inferred from Article 74 that either Party shall not be held liable for losses not caused by its breach of contract. Based on the clarified fact that the losses in this case were caused by two causes, SPC determined that the breaching Party bears a corresponding part of the losses. The SPC's legal reasoning conforms to Article 74 of the CISG, representing both an effective interpretation and an innovation approach to the ruling concept.

To summerize, in the above-mentioned judgment, the SPC adopted an innovative approach by applying laws, drew on judicial precedents from foreign courts to define a fundamental breach, and made effective evolutionary interpretation of critical terms in determining the amount of damages. This Judgment represents a landmark achievement in the application of the CISG in the field of international sales of goods, not only having the guiding significance for Chinese courts and arbitration institutions in handling similar cases but also serving as a valuable reference for foreign courts and arbitration institutions.

CASE 2

E (Company of Spain) v. Nantong M Medical Products Co., Ltd. (Contract for International Sales of Goods)*

Basic Facts

On February 9, 2017, E (Company of Spain) (hereinafter referred to as "E Company") signed a sales contract with Nantong M Medical Products Co., Ltd. (hereinafter referred to as "M Company"), agreeing that E Company would purchase bleached gauze from M Company. E Company later claimed that the goods delivered by M Company did not conform to the contract, making it impossible to achieve the contract's purpose. E Company filed a lawsuit requesting the termination of the sales contract, a refund of the loan, and compensation for the loss of expected profits. E Company chose to apply the *United Nations Convention on Contracts for the International Sale of Goods* (hereinafter referred to as the "CISG") in the case proceedings.

Judgment

The Intermediate People's Court of Nantong City of Jiangsu Province, held that

* First Instance Case No.: (2019) Su 06 Min Chu No. 429

since the business locations of the parties involved in this case were in China and Spain, both of which are signatories to the CISG. Since the parties did not explicitly exclude the application of the CISG in their contract, the CISG should be applied to resolve the dispute. The quality issues related to the gauze in question did not constitute a fundamental breach, as the gauze still possessed usable value and could be utilized or resold. The court determined that actions of M Company did not reach the level of a fundamental breach; therefore, E Company did not have the right to declare the entire contract invalid. Additionally, E Company became aware of the non-conformity of the goods on October 18, 2017, but did not declare the contract invalid until filing the lawsuit on June 18, 2019, exceeding a reasonable period and losing the right to declare the entire contract invalid. Since M Company only delivered only 85% of the goods, and the remaining 15% could not be fulfilled due to the quality dispute, the court confirmed that the unfulfilled 15% portion of the contract was invalid within the scope of E Company's lawsuit. E Company's claim for damages should reflect a thorough assessment of its direct losses and lost profits. However, E Company's own faults during the performance of the contract indirectly contributed to the increased losses. Considering the claim amount, the degree of fault of both parties, and the value of the goods in question, the court determined that M Company should compensate E Company USD 30, 000. The court ordered M Company to compensate E Company for economic losses in the amount of USD 30, 000 and did not support the other claims of E Company. Both parties did not appeal and complied with the first-instance judgment.

Significance

The CISG's provisions for declaring a contract invalid are essentially equivalent to the contract termination system under Chinese law. In determining the international goods sales contract dispute between a Chinese enterprise and an enterprise from a partner country of the Belt and Road Initiative, the court accurately interpreted and applied the provisions of the CISG for declaring a contract invalid. On one hand, the court precisely identified the circumstances constituting a fundamental breach and the reasonable time limit for exercising the right to terminate the contract. It ruled against the declaration of the entire contract's invalidity based on the good faith principle outlined in Article 49(2) of the CISG. On the other hand, considering the characteristics of batch delivery under the contract, the court permitted partial invalidity of the contract and partial termination, requiring the breaching party to compensate the non-breaching party for the corresponding economic losses. This case exemplifies the role of the people's court in maintaining the order of international goods sales and equally protecting the legitimate rights and interests of both domestic and foreign parties.

Expert Commentary *

E Company and M Company signed an international sales contract for goods, agreeing that E Company would purchase bleached gauze from M Company for export to E Company's customer in Algeria. Upon arrival in Algeria, E Company requested a third-party inspection and discovered quality defects in the goods. E Company's end customer also raised quality concerns and demanded compensation for losses. Consequently, E Company filed a lawsuit, claiming that M Company had committed a "fundamental breach" and sought to

* Huang Jin, Senior Professor of Humanities and Social Sciences, Wuhan University; Vice President, China Law Society; President, Chinese Society of International Law; President, Chinese Society of Private International Law; Member of the International Commercial Expert Committee of the Supreme People's Court of the PRC.

terminate the contract, requesting a refund and compensation for lost expected profits.

I. Core Legal Issue

The core legal issue is the definition and application of fundamental breach under CISG. Under Article 49 (1) of CISG, a buyer may declare the contract void if the seller's breach of any obligation constitutes a fundamental breach. A fundamental breach is defined by Article 25 of CISG as a breach resulting in such detriment to the other party that it substantially deprives them of what they were entitled to expect under the contract unless the breaching party did not foresee and could not reasonably have foreseen such a result.

In this case, while the court recognized the breach, it determined that the quality issues did not amount to significant defects. The gauze could still be used or resold, and the breach did not reach the level of a fundamental breach. Additionally, the defendant's cooperation with inspections and external gauze test reports indicated they did not foresee the claimed defects.

The case also involved Article 49(2)of CISG, which states that if the seller delivers the goods, the buyer loses the right to declare the contract void unless he does so within a reasonable time after becoming aware of the breach. CISG does not define "reasonable time." Here, the plaintiff's delay from October 18, 2017, to June 18, 2019, exceeded the reasonable period, thus losing the right to declare the entire contract void. Given the 15% of the contract that could not be fulfilled due to the quality dispute, the court deemed that portion void within the lawsuit's scope.

The court accurately interpreted and applied CISG, recognizing the standard of a fundamental breach and the reasonable period for exercising termination rights, reflecting CISG's restrictive principle based on good faith.

Ⅱ. Significance of the Case

First, the court applied the CISG directly based on national law provisions. In China's judicial practice, international treaties in civil and commercial areas can be directly applied, unlike intellectual property treaties which require domestic conversion. The Supreme People's Court's interpretation, effective December 28, 2023, reinforces the importance of international law in handling foreign-related civil and commercial cases.

Second, the court integrated the CISG's contract termination provisions with Chinese contract law. While Chinese civil law lacks a direct fundamental breach concept, it incorporates its spirit. CISG's termination system aligns with China's contract termination rights, enhancing the consistent application of international conventions in Chinese courts.

Third, the court's interpretation and application of CISG's fundamental breach standard balanced encouraging international trade stability and preventing unnecessary contract terminations due to minor defects. By referencing international case law and standards, the court's decision supports the legislative intent of CISG to maintain international trade order.

The court's approach underscores the principle of good faith and the stability of international transactions, ensuring that minor defects do not disrupt international trade unduly, thus preserving the commercial logic and legislative intent of CISG.

CASE 3

R (Wuhan) Injection Systems Co., Ltd.

v.

Wuhan Branch of T (China) Ltd.

(Contract for Good Carriage by Air)*

Basic Facts

On November 22, 2010, R (Wuhan) Injection Systems Co., Ltd. (hereinafter referred to as "R Company"), aiming to entrust its matters on international air courier transportation to the Wuhan Branch of T (China) Ltd. (hereinafter referred to as "T Branch"), entered with T Branch into an Agreement on International Air Courier Transportation, in which three appendixes including the Terms on T Carriage and Other Services are incorporated. From March 2011 to August 2011, R Company repeatedly entrusted T Branch to deliver commodities by express delivery to a recipient in France. On August 30, 2011, T Branch picked up 5 commodities entrusted by R Company, 4 of which arrived in Lyon, France and were received by the French recipient upon signature on September 13, 2011. On September 23, 2011, T Branch notified the recipient and R Company by email that the missing commodity had been found and would arrive in Lyon on the same day. The consignee replied by email, refusing to

* First Instance Case No.: (2012) E Wuhan Zhong Min Shang Wai Chu No. 00012

receive it. Subsequently, this commodity was shipped back to China by sea and eventually delivered delivered to R Company. R Company filed a lawsuit, requesting the termination of the contract and compensation for breach of contract losses by T Branch. T Branch counterclaimed for the payment of overdue freight charges and interest.

Judgment

The Intermediate People's Court of Wuhan City of Hubei Province observed that T Branch had carried out the act of transporting commodities transnationally by air. The multiple commodities listed under the same waybill issued by T Branch should be regarded as independent items during the transportation process. Therefore, it should be regarded that upon each of these commodities there was an independent contractual relationship for carriage. The commodity related to this lawsuit was transported to France having delayed more than ten days, and the recipient in France refused to accept it. Before the arising of the dispute, the longest time for performance during the continuation of the actual transaction of commodity transportation by air between the parties had never exceeded 10 days. Given the speed of air transportation and the transportation time anticipation formed by previous performances, the delay of transportation caused by T Branch's act constituted a fundamental breach of contract. The clause exempting the carrier's liabilities in the Terms on TNT Carriage and Other Services, violating the provisions of the *Convention for the Unification of Certain Rules for International Carriage by Air* (hereinafter referred to as the "Montreal Convention"), was invalid. T Branch should, within the limits of liability stipulated by the Convention, bear the liability of compensation for losses caused by its delayed transportation. Accordingly, the court ruled that the transport contract for the delayed item was terminated, and T Branch was to compensate the losses of R Company. R Company was ordered to pay T Branch the freight charges and corresponding interest. Neither party appealed. The judgment came into effect on July 22, 2014.

Significance

This case demonstrates a model significance in illustrating the rules for adjudicating disputes over a contract on goods carriage by air, clarifying the parties' rights and responsibilities in international air transportation. First, it established that in the transnational goods transportation carried out by air, a delay in carriage resulting to the recipient's refusal to accept delivery constitutes a fundamental breach of contract by the carrier, allowing the shipper to partially terminate the contract. Second, it clarified that any agreement in a goods transportation by air contract aiming to exempt the carrier from liability or reduce the liability limits in violation of the Montreal Convention is invalid, and the carrier must compensate the shipper within the convention's liability limits.

Expert Commentary *

This lawsuit, heard by the Wuhan Intermediate People's Court of Hubei Province of the People's Republic of China (hereinafter referred to as "WIPC") and involving R Company, T Branch and Third Party T I T Agency (China) Co., Ltd. (hereinafter referred to as "TIT"), is a case of combining two separate foreign-related civil actions, with the one being R Company against

---

* Wang Han, Executive Director, Professor, and Chief Expert, Center for Foreign-related Rule of Law Studies at Northwest University of Political Science and Law; Vice President, Chinese Society of Private International Law; Member of the International Commercial Expert Committee of the Supreme People's Court of the PRC.
Zhou Yaguang, Associate Professor, School of International Law at Northwest University of Political Science and Law.

T Branch and TIT over the delayed transportation and delivery of the air cargo consigned by R Company and the affirmation of the rescission of international contracts for carriage of goods by air(hereinafter referred to as "original claim"), and the other T Branch against R Company over overdue freight charges under contracts for international carriage of goods by air and the resulting liability for the breach of contract(hereinafter referred to as "counterclaim").

Ⅰ. Determination of the Existence of Foreign-related Elements

1. Existence of Foreign-related Elements in the Original Claim

According to Article 1 of the *Interpretations (Ⅰ) of the Supreme People's Court of Some Issues on the Application of the Law of the People's Republic of China on Choice of Law for Foreign-Related Civil Relationships* [hereinafter referred to as "Interpretations (Ⅰ)"], where the legal facts of the creation, alteration or extinction of a civil relation occurs outside the territory of the People's Republic of China, the case shall be determined as one involving foreign-related elements. In the original claim, T Branch's fact of breach of contract that R Company alleged took place outside the territory of the People's Republic of China, and the legal facts on which R Company requested to affirm that the CCGA had been rescinded also occurred mainly outside the territory of the People's Republic of China, thus for a Chinese court, this claim was a dispute involving foreign-related elements, namely a civil case involving foreign-related elements.

2. Existence of Foreign-related Elements in the Counterclaim

According to Article 1 of the Interpretations (Ⅰ), where the subject matter(s) involved in a case is(are) located outside the territory of the People's Republic of China, the case shall be determined as the one involving foreign-related elements. In the counterclaim, the subject matters under those 4 CCGAs between

R Company and T Branch were located outside the territory of the People's Republic of China, thus for a Chinese court, this counterclaim was a dispute involving foreign-related elements, namely a civil case involving foreign-related elements.

Ⅱ. Determination of the Nature of Foreign-related Civil Relations

Article 8 of the *Law of the People's Republic of China on Choice of Law for Foreign-Related Civil Relationships* (hereinafter referred to as "Law on Choice of Law for Foreign-Related Civil Relationships") provides: "*Lex fori* shall apply to the determination of the nature of foreign-related civil relations." Therefore, the legal nature of this case shall be determined in accordance with Chinese laws. Under the Chinese legal system, the judges define either the original claim or the counterclaim in this case as the disputes over CCGAs involving foreign-related elements subject to the 2011 *Regulation on the Causes of Civil Action of the Supreme People's Court of the People's Republic of China* [(2011) Fa No. 42], and meanwhile, incorporate all the issues into three foreign-related points based on all the claims by the plaintiffs both in the original claim and the counterclaim: "Carrier's Liability for Delayed Transportation and Delivery", "Affirmation of Rescission of Contracts" and "Freight Charges in Arrears and the Resulting Liability for Breach of Contract" so as to determine the applicable judgment basis for individual legal issues.

Ⅲ. Determination of the Jurisdiction over This Case

1. China's Position on the Rule of Judicial Jurisdiction in the Montreal Convention

Under Article 33(1) of the Montreal Convention, an action for damages must be lodged in one court within the territory of one of the individual state parties involved where a carrier's domicile, a carrier's place of principal business, the carrier's place of business through which the contract involved was made or the place of destination is located, at the choice of a plaintiff. However, the construction of the term "court" therein varies with individual state parties as to whether it means a court in the geographical sense or a one in the state sense. Common law countries hold that this Article is to demarcate the judicial jurisdiction over cases among individual state parties rather than the judicial jurisdiction among the levels within same individual state parties, whereas some civil law jurisdictions, for example France, demarcate the judicial jurisdiction over cases both among individual state parties and the levels of judicial jurisdiction over cases within same individual state parties. The judges in this case pointed out that it was one where Wuchang District People's Court of Wuhan transferred its jurisdiction to WIPC. In accordance with the *Civil Procedure Law of the People's Republic of China* (hereinafter referred to as "Civil Procedure Law"), transfer of jurisdiction means the circumstance in which finding that a case it has accepted is not under its jurisdiction, a people's court transfers the said case to the people's court that has jurisdiction over it. Meanwhile, according to related provisions in the Civil Procedure Law on the level jurisdiction of foreign-related first-instance cases, this case shall, in principle, be subject to the jurisdiction of an intermediate people's court. It is thus evident that the judges in this case hold that the distribution rule of judicial jurisdiction in the Montreal Convention is the one for demarcating the judicial jurisdiction over cases among individual state parties, rather addressing territorial jurisdiction, level jurisdiction, or trial-centralized jurisdiction, which fall within the scope of the judicial proceedings under Article 33 (4) of the Montreal Convention, and to which the laws and regulations of the individual court hearing the case shall apply.

2. Judicial Jurisdiction over the Original Claim

(ⅰ) Judicial Jurisdiction over the Carrier's Liability for Delayed Transportation and Delivery

Article 260 of the Civil Procedure Law provides: "[w] here an international treaty concluded or acceded to by the People's Republic of China has provisions differing from those herein, the provisions of the international treaty shall prevail, otherwise than those to which the People's Republic of China has declared reservation." A carrier's liability for delayed transportation and delivery of goods is the matter governed by the Montreal Convention, so a Chinese court should determine, following the distribution rule of judicial jurisdiction in the Montreal Convention, whether or not it had the judicial jurisdiction over the carrier's liability for delayed transportation and delivery in the original claim. In this case, the rule of judicial jurisdiction in the Montreal Convention shall prevail. According to Article 33 of the Montreal Convention, the Shipper R Company, in the original claim had the right to file a lawsuit against the Carrier, T Branch to a court located at T Branch's domicile, the place of principal business, the place of business through which the contract involved was made, or the place of destination is located, at its choice. Since both T Branch's domicile and place of principal business are within the territory of the People's Republic of China, therefore, pursuant to the choice by the original claim plaintiff based on the Montreal Convention, the Chinese court had the judicial jurisdiction over the carrier's liability for delayed transportation and delivery.

(ii) Judicial Jurisdiction over the Shipper's Claim for Affirmation of Rescission of Contracts

According to Article 34 of the Civil Procedure Law, the Parties to a contract may designate in a written agreement a court having significant connections with a case as their dispute settlement court. R Company and T Branch stipulated in Article 6 of the International Air Express Agreement (IAEA) that: "disputes arising from the performance of this Agreement shall be governed by the applicable laws of the People's Republic of China, and shall be subject to the jurisdiction of the people's court having jurisdiction over such disputes in the place where Party A is located". The court hearing this case(namely WIPC), is not only the people's court having jurisdiction(personal jurisdiction)in the place where the original claim against Defendant T Branch is filed, but it is also the people's court having jurisdiction agreed upon by the Parties in the Agreement (jurisdiction by agreement), so WIPC had jurisdiction over the issue at dispute in the original claim according to law.

3. Judicial Jurisdiction over the Counterclaim

The carrier's claim for freight charges in arrears and the resulting liability for damages to the shipper did not fall under the Montreal Convention, so the judges in this case should, in accordance with the Civil Procedure Law, determine that whether or not a Chinese court had the judicial jurisdiction over the dispute in the counterclaim. As in the aforesaid original claim, the court hearing this case (namely WIPC)had the judicial jurisdiction over the dispute in the counterclaim based on the rules of personal jurisdiction and jurisdiction by agreement as provided in Chinese laws. Furthermore, even though having no judicial jurisdiction over the counterclaim that would otherwise have been independently lodged, a Chinese court could also acquire judicial jurisdiction through a joint trial of separate cases according to the rule of consolidated jurisdiction under the Chinese law system.

Ⅳ. Application of Laws

1. Application of the Montreal Convention to the Carrier's Liability for Delayed Transportation and Delivery

While all Parties in the original claim and the counterclaim are legal persons with Chinese nationality, but the place of departure and the place of destination of the goods transported in this case were within the territory of different state parties(respectively China and France)on which the Montreal Convention has been binding, this case shall be determined as the one concerning the

International Carriage of Goods by Air as defined in Article 1 of the Montreal Convention. Article 4 of the Interpretations (Ⅰ) provides: "[w]here the legal application concerning foreign-related civil relations involves the application of international treaties, a people's court shall apply such international treaties in accordance with such legal provisions as Article 142 (2) of the *General Principles of Civil Law of the People's Republic of China* (hereinafter referred to as "General Principles")." Article 142(2) of the General Principles ① provides that where an international treaty concluded or acceded to by the People's Republic of China has provisions differing from those in the civil laws of the People's Republic of China, the provisions of the international treaty shall prevail, otherwise than those to which the People's Republic of China has declared reservation. Therefore, WIPC applied the Montreal Convention in making its decisions on the carrier's liability of damages for delayed transportation and delivery claimed by R Company in the original claim.

(ⅰ) Application of Mandatory Rules in the Montreal Convention

Article 47 of the Montreal Convention provides: "any contractual provisions exempting a contracting or *de facto* carrier from its liabilities as defined in the present Chapter herein or reducing the limits of liability applicable under the present Chapter herein shall be null and void, provided, however, that the invalidity of such provisions shall not affect the validity of the entire contract, which is still bound by the provisions of the present Chapter." Take the original claim as an example, T Branch contained the provisions in related standard contracts circumventing the application of the Montreal Convention and reducing a carrier's limits of liability as provided therein, but the judges in this case held that the provisions in Article 47 of the Montreal Convention are mandatory ones, and could not be excluded from the application on the grounds

① See relevant provisions in Book Ⅰ General Principles of the *Civil Code*.

of the autonomy of will of the Parties.

(ⅱ) Application of the Rule of a Carrier's Limitation of Liability in the Montreal Convention

Under Article 29 of the Montreal Convention, regardless of the grounds on which for a claim for damages from the carriage of goods, such claim shall be lodged only under the conditions and subject to the limitation of liability as set forth therein. According to the rule of a carrier's liability for delay and its limitation of liability as set forth therein, WIPC determined that the carrier's delayed transportation led to losses for the shipper, and had failed to satisfy the legal condition of defense in Article 19 of the Montreal Convention: "all reasonable and necessary measures to avoid losses have been taken by itself, its employee(s) and/or its agent(s), or such measures are impossible to be have been taken", therefore, the carrier shall be liable for the loss caused by the delay. Yet, it is noteworthy that the term "reasonable measures" in Article 19 of the Montreal Convention means the ones taken to avoid the loss from delays rather than the delays per se in air transportation. Besides, WIPC also strictly applied the Rule of a carrier's Limitation of Liability, and upheld the claim for damages from the original claim plaintiff to the extent of the limit of liability.

2. Application of Chinese Laws as the Governing Law Agreed Between Parties.

(ⅰ) Application of Chinese Laws to the Original Claim for Affirmation of Rescission of Contract

In the original claim filings, Plaintiff R Company put forward a request to WIPC to affirm that the CCGA has been rescinded. Since the CCGA in the original claim was an international contract for the carriage of goods by air, and the Montreal Convention does not apply to the rescission of contract, so WIPC should determine the governing law for the issue following the rule of conflict of laws. According to Article 41 of the Law on Choice of Law for Foreign-Related Civil Relationships, the Parties may agree upon the laws applicable to the contract. Both Parties in the first instance recognized that Chinese laws should apply to the original claim dispute in the absence of an international convention, so the applicable governing law in this case was Chinese laws. According to related provisions concerning the legal rescission of contract in Article 94 of the *Contract Law of the People's Republic of China* (hereinafter referred to as "Contract Law"), ① WIPC partly supported the claim from the Plaintiff R Company in the original claim that the rescission of contract is affirmed.

The judges in this case determined that the original claim against Defendant T Branch was valid, as the defendant failed to transport and deliver one of the items consigned to the designated location within a reasonable period of time. Furthermore, there was no evidence that R Company changed the methods of performance or accepted the legal consequences of such performance. Therefore, the original claim against the defendant indicated a failure to complete the performance of the contract specific to the said item, and also constituting a fundamental breach of the contract due to the delayed transportation and delivery. As a result, the original plaintiff had the legal right to rescind the contract corresponding to the said item, but had no right to rescind the independent contracts corresponding to the other 4 items that had been transported and delivered on time.

Following the principle of international treaties prevailing over domestic laws, the judges in this case applied the Montreal Convention and Chinese laws (as the governing law agreed between the Parties) to respectively the two claims

---

① See Article 562 of the *Civil Code*.

from the plaintiff in the original claim: the Carrier's Liability for Delayed Transportation and Delivery and affirmation of the rescission of contract.

(ⅱ) Application of Laws to the Claim for Freight Charges in Arrears and the Resulting Liability for Breach in the Counterclaim

Given the claim for freight charges in arrears and the resulting liability for breach in the counterclaim lodged by the Carrier T Branch against the Shipper R Company was covered by the Montreal Convention, so WIPC determined following the rule of conflict of laws that Chinese laws should be the governing law for the issue. In the view of WIPC, according to Article 107 and Article 109 of the Contract Law, ① having fulfilled its obligations of the transportation by air of the 4 consigned items, the counterclaim plaintiff was entitled to request the counterclaim defendant to fulfill its payment obligation of freight charges in arrears concerning the 4 consigned items and bear the liability for corresponding interest thereon.

V. Conclusions

The original claim and the counterclaim in this case primarily involved three issues in a contract for the international carriage of goods by air: Carrier's Liability for Delayed Transportation and Delivery, Rescission of International Contracts, and the Shipper's Liability of Breach of Contract for Freight Charges in Arrears. The application of international private law treaties and the rule of conflict of laws to the claims of different legal natures in this case by WIPC has clearly demonstrated the judicial reasoning of Chinese courts about international air carriage claims. While having fully respected the priority in the application of international treaties and accurately applied the Rule of Judicial Jurisdiction in the Montreal Convention and the rule of application of laws, the judges in this

① See Articles 577 and 579 of the *Civil Code*.

case also determined the applicable governing laws for the issues of the rescission of international transport contracts and a carrier's claim for damages related to freight charges in arrears and interest owed to a shipper. This determination was made in accordance with conflict of laws in China, fully respecting the choice of the governing law by the Parties.

CASE 4

Shanghai Branch of S Japan Insurance (China) Co., Ltd. et al. v. Shenzhen Branch of R (Dalian) Ltd. et al. (Insurer's Subrogation) *

Basic Facts

Shenzhen Branch of R (Dalian) Limited (hereinafter referred to as "R's Shenzhen Branch") and S Corporation signed a Logistics Services Undertaking Agreement, under which R (Dalian) Limited (hereinafter referred to as "R Company") issued two non-transferable air waybills for the transportation of the two machines and equipment, with China Airlines as the carrier. After the equipment involved was airlifted to Shenzhen Airport, it was exposed to rain during its storage at the airport cargo terminal. On November 28, 2016, S Corporation went to Shenzhen Airport to pick up the goods and discovered that the outer packaging of the equipment was damp and damaged. The following day, S Corporation sent a notice of claim to R Company. The three insurance companies—Shanghai Branch of S Japan Insurance (China) Co.,

* First Instance Case No.: (2020) Yue 0391 Min Chu No. 4178
Second Instance Case No.: (2021) Yue 03 Min Zhong No. 30373

Ltd. , Shanghai Branch of China P Property Insurance Co. , Ltd. , and Shanghai Branch of Bank of C Insurance Co. , Ltd. —paid S Corporation a total of USD1. 17 million in compensation in accordance with the insurance contracts they had signed with S Corporation. On July 24, 2018, September 30, 2018, and November 27, 2019, respectively, they sent letters of claim to R Company and filed this lawsuit of subrogation on May 28, 2020, requesting R's Shenzhen Branch and R Company to pay the compensation. R's Shenzhen Branch and R Company argued that the two-year limitation period stipulated by the Montreal Convention was an absolute period, and since the insurers' lawsuit was filed after this period had expired, the claims should be dismissed.

Judgment

The Intermediate People's Court of Shenzhen City of Guangdong Province held that the Montreal Convention should be interpreted in accordance with the principles of treaty interpretation as provided in the Vienna Convention on the Law of Treaties. It should be interpreted in good faith, according to its ordinary meaning, while taking into account the context, purpose and objectives of the Convention. Article 35 of the Montreal Convention concerns the limitation period for actions, but it does not provide for the suspension or interruption of this period. The second paragraph states that the method of calculating the two-year limitation period shall be determined in accordance with the law of the court seized of the case. Therefore, in this case, the two-year limitation period as stipulated in Article 35 of the Montreal Convention is subject to the provisions of Chinese law on the suspension and interruption of limitation periods. At the same time, one of the key purposes of the Montreal Convention is to protect the interests of international air consumers. Applying the rules on the suspension and interruption of limitation periods based on *lex fori* is more conducive to this purpose and does not violate the legislative purpose of Article 35 of the Convention. Since S Corporation and the three insurance companies filed claims against R's Shenzhen Branch and R Company, which constituted an interruption of the limitation period, the lawsuit was initiated within the two-year limitation period. Consequently, the court modified the original judgment and determined that R's Shenzhen Branch should compensate the three insurance companies the indemnity within the limits provided in the Montreal Convention, and R Company shall bear the supplementary liability for liquidating the payment.

Significance

The key issue in this dispute, as specified in Article 35 of the Montreal Convention, concerns whether the two-year period is an absolute period or a limitation period subject to interruption. Judicial practices of various countries are not consistent in this regard. The appellate court interpreted the provisions of the Montreal Convention in accordance with the provisions of the Vienna Convention on the Law of Treaties. The court determined that the two-year period provided in Article 35 of the Montreal Convention, taking into account the context of Article 35 and the overall purpose and objectives of the Convention, is a limitation of actions, and the provisions on the interruption of the limitation of actions based on *lex fori* should be applied. As a result, it was determined that the plaintiff's lawsuit was not beyond the limitation of actions, which reflected that people's courts in China strictly adhered to the obligations set forth in Conventions and strived to achieve the purpose and objectives of the Convention, thereby providing significant guidance for handling similar cases.

Expert Commentary *

This case involves the application and interpretation of the 1999 *Montreal Convention for the Unification of Certain Rules for International Carriage by Air* (hereinafter referred to as the "Montreal Convention"). The core issue in this case is the interpretation of Article 35 of the Montreal Convention. The two respondents and the third party in this case argue that Article 35 of the Convention pertains to the period for claimants to assert their substantive rights, not a statute of limitations. They argue that failing to make a claim within this period results in the loss of the right to claim. Additionally, they assert that the legal rules for calculating the two-year period are governed by the law of the forum in which the case is heard and should not be expansively interpreted to include rules for tolling the statute of limitations. In contrast, the three appellants in this case hold an opposing view.

Ⅰ. Nature of the Dispute and Applicable Law in this Case

1. Nature of the Dispute

The appellants, the three insurance companies (hereinafter referred to as the appellants), made insurance payments to S Corporation (Shenzhen) Co., Ltd. based on an insurance contract and a cargo transportation insurance policy. They subsequently acquired subrogation rights according to the assignment of rights document, which allowed them to exercise S Corporation's rights under its logistics service contract with the respondents. According to Article 60, Paragraph 1 of the *Insurance Law of the People's Republic of China*, the insurer, after paying the insurance compensation to the insured, has the right to subrogate

---

* Wang Han, Executive Director, Professor, and Chief Expert, Center for Foreign-related Rule of Law Studies at Northwest University of Political Science and Law; Vice President, Chinese Society of Private International Law; Member of the International Commercial Expert Committee of the Supreme People's Court of the PRC.

the insured's claim against the third party responsible for the damage. S Corporation had signed a logistics service contract with the respondents, who issued two air waybills for transporting equipment from the U. S. to Shenzhen for S Corporation, thereby establishing an international air transportation contract relationship. The origin of the transportation was the U. S. , and the destination was China. The respondents, acting as contractual carriers, failed to implement proper rain and moisture protection measures at the Shenzhen Airport cargo station, leading to a total loss of the goods. After compensating S Corporation, the appellants exercised their subrogation rights, thereby terminating this insurance legal relationship. The dispute arising from the appellants' subrogation claim under the logistics service contract and the air waybills is classified as an international air cargo transportation dispute. The second-instance court also recognized the nature of this dispute as an international air cargo transportation dispute arising from the appellants' subrogation rights.

2. Applicable Law in this Case

The international air transportation in question commenced in the U. S. and concluded in China. At the time of the incident, both China and the U. S. were signatories to the 1999 Montreal Convention. Since China did not make any reservations upon ratifying the Convention, the dispute falls within its scope. Article 184, Paragraph 1 of the *Civil Aviation Law of the People's Republic of China* states that if an international treaty concluded or acceded to by China contains provisions that differ from this law, the provisions of the international treaty shall apply, except for those provisions to which China has declared reservations. Therefore, the Montreal Convention is directly applicable in this case. To eliminate legal conflicts in international air transportation disputes and enhance the uniform implementation and enforcement of the Convention's rules among the contracting members, the Convention mandates the application of its rules on carrier liability to prevent parties from contractually reducing the carrier's liability. Article 26 of the Convention declares that any provision tending to relieve the carrier of liability or to fix a lower limit than that which is stipulated in the Convention shall be null and void; however, the nullity of any such provision does not affect the validity of the entire contract, which shall remain subject to the provisons of the Convention. Article 29 stipulates that any action for damages, regardless of the basis, whether under the Convention, contract, tort, or any other reason, can only be brought subject to the conditions and limits set out in the Convention, without prejudice to who may bring suit and their respective rights. Punitive, exemplary, or any other non-compensatory damages cannot be awarded in such actions.

Ⅱ. Interpretation and Application of Article 35 of the Montreal Convention in this Case

Article 35 of the Montreal Convention stipulates the limitation period as follows:

"The right to damages shall be extinguished if an action is not brought within two years, reckoned from the date of arrival at the destination, the date on which the aircraft ought to have arrived, or the date on which the carriage stopped."

"The method of calculating that period shall be determined by the law of the court seized of the case."

The dispute centers on whether the three demand letters sent by the appellants to the respondents interrupted the limitation period and whether the lawsuit filed by the appellants on May 28, 2020, exceeded the two-year period prescribed by the Convention. This determination hinges on whether the two-year period is viewed as a substantive right period or a statute of limitations and whether the calculation method includes the interruption rules of the forum's law. The key issue is whether the appellants' demand letters constituted an interruption of the statute of limitations, thereby affecting the legitimacy of the appellants' lawsuit and the handling of the case.

The first and second instance courts both used the Vienna Convention on the Law of Treaties as a basis for interpreting the treaty. They also referenced the positions of the contracting states and the textual context of Article 35. However, the second-instance court provided a different interpretation than the first, adopting a broader interpretation based on the principle of good faith outlined in the Vienna Convention. The second-instance court argued that Article 35 should be regarded as a statute of limitations. The court pointed to the title "Limitation of Actions" in the official text of the Convention and argued that the calculation method should include the rules for interruption of the statute of limitations under the forum's law. Furthermore, the Montreal Convention's legislative aim to protect the interests of international air transportation consumers supports a broader interpretation that includes the interruption rules. This interpretation ensures the appellants' legitimate interests and aligns with the Convention's legislative intent.

Ⅲ. Good Faith Interpretation of Treaties and Application of Forum Law

1. Good Faith Interpretation of Treaties in Judicial Practice

The Vienna Convention on the Law of Treaties establishes the principle of good faith interpretation, requiring treaties to be interpreted according to their terms, within their context, and in light of their object and purpose. Accurate application of international treaties in judicial decisions reflects the credibility of the judiciary in applying international treaty law.

There has been historical debate over whether Article 35's two-year period is a substantive right period or a statute of limitations, and whether it pertains to procedural or substantive law. During the long implementation of the 1929

Warsaw Convention, courts often interpreted the two-year period strictly as a substantive right period, not allowing extensions. This approach limited claimants' rights and did not consider the complexities of international air transportation claims. Since the 1970s, both civil and common law courts have adopted a more lenient interpretation of the claim period. The Montreal Convention, emphasizing consumer protection, provides a basis for this broader interpretation. The second-instance court's broader interpretation aligns with the Convention's legislative purpose, recognizing the interruption of the statute of limitations and supporting the appellants' subrogation claims.

2. Application of Forum Law under the Montreal Convention

In private international law, the procedural rules of the forum's law are generally applied. Given the significant differences in procedural laws and rules among countries, the Montreal Convention assigns procedural matters—such as the method of calculating compensation and the claim period—to the forum's law. Article 35 (2) of the Convention states that the calculation method is determined by the law of the court seized of the case. Article 195 of the *General Principles of Civil Law of the People's Republic of China* stipulates conditions for the interruption of the statute of limitations, such as the rights holder demanding fulfillment from the obligor. Accordingly, the second-instance court confirmed the interruption of the statute of limitations and ruled that the appellants' lawsuit filed on May 28, 2020, was within the two-year limitation period.

The second-instance court's interpretation of the international treaty is well-founded and consistent with the legislative intent of the Convention, protecting the interests of aviation consumers. This case serves as a significant example of the judicial application of international treaties by the people's courts.

CASE 5

Poland I Joint-Stock Company v. Guangdong P Metal International Ltd. (Contract for International Sales of Goods) *

Basic Facts

On August 10, 2006, and June 10, 2010, Poland I Joint-Stock Company (the buyer, hereinafter referred to as " I Company") and Guangdong P Metal International Ltd. (the seller, hereinafter referred to as "P Company ") signed two Aluminum Profile Supply Contracts, under which P Company agreed to sell aluminum alloy extruded profiles to I Company. On October 21, 2010, a coordination meeting was held, during which I Company agreed to terminate the contract signed on June 10, 2010, temporarily terminating the cooperative relationship between the parties, and agreeing to cease production of about 90 tons of goods ordered under the aforementioned contract. On December 19, 2011, I Company filed a lawsuit against P Company, requesting that the Aluminum Profile Supply Contracts be declared invalid and that P Company compensate for losses. On March 19, 2012, P Company filed a couterclaim against I Company, requesting compensation for processing fees, recycling costs

* First Instance Case No.: (2012)Fo Zhong Fa Min Si Chu No. 4, 64

for the aluminum profiles, and payment for goods received but not yet paid for.

Judgment

The Intermediate People's Court of Foshan City of Guangdong Province held that, based on the provisions of the *United Nations Convention on Contracts for the International Sale of Goods* (hereinafter referred to as the "CISG") and the terms of contract, P Company was obligated to fulfill its supply duties before I Company was required to make payment once the conditions for payment were met. P Company's failure to meet its prior supply obligations constituted a breach of contract. Following the mutual agreement to terminate the contract, I Company could not claim compensation for losses on the grounds of a fundamental breach leading to contract invalidity; however, it could claim damages for breach of contract. The Intermediate People's Court of Foshan accordingly ordered P Company to compensate I Company for lost profits, mold fees, legal service fees, and the return of the security deposit. Additionally, I Company was ordered to pay P Company the outstanding amount for goods received.

Significance

This case involved a dispute over an international sales contract between a Chinese company and a company from a country participating in the Belt and Road Initiative. The court of first instance accurately defined the rights and obligations under the CISG, clarified the rights and liabilities of both parties, and accurately interpreted the various legal terms used in the trade practices and contract text. Both parties withdrew their appeals and complied with the judgment of the first instance. This case serves as a remind for enterprises to adhere to the spirit of the contract and to guard against commercial and legal risks.

Expert Commentary *

The adjudication of this case primarily centers on determining the rights and obligations of the buyer and the seller under a contract for the international sale of goods, highlighting the adherence of Chinese courts to the CISG and its application by Chinese courts.

Ⅰ. Priority Application of International Conventions

The application of law is usually the first issue to be addressed when dealing with transnational disputes. If both parties to a contract for the international sale of goods are from the countries that are Contracting States to the CISG, then the provisions of the CISG should take precedence in resolving disputes arising from the sale of goods. However, if both of the parties choose to exclude the application of the CISG, either in the contract terms or during litigation proceedings, the court should respect such choice of the parties and should not apply the CISG to resolve their disputes. In the case in question, the parties to the Contract for the Delivery of Aluminum Extrusions (hereinafter referred to as "the Contract") were from China and Poland respectively, both Contracting States to the CISG. They did not exclude the application of the CISG, hence the CISG should be the primary applicable law in the case. It is noteworthy that Article 4 of the CISG provides that the CISG does not govern such matters as the validity of the contract and the ownership of goods. Therefore, during the litigation process, the people's court handling this case(hereinafter referred to as

* Zhang Yuejiao, Professor and the Editor-in-chief of International Dispute Resolution Studies, Tsinghua University; Member of the International Commercial Expert Committee of the Supreme People's Court of the PRC.

"the Court")actively consulted with the parties on the application of the law for the matters not governed by the CISG. I Company and P Company expressly chose Chinese law to govern matters that the CISG is not concerned with; therefore, in addition to the CISG, Chinese law should also be applicable to the case, particularly in respect of the validity of the contract and the ownership of goods.

There are inconsistencies in the expression and interpretation of certain legal acts between the CISG and Chinese law. In this case, I Company moved to rescind the contract. However, the concept of "recission of the contract" in the sense of Chinese law does not have a completely equivalent counterpart in the provisions or interpretations of the CISG, rather, this concept is more closely related to that of "avoidance of the contract" in the CISG. To meet the requirements for applying international conventions, the Court accurately guided the parties to modify their claims in accordance with the specific provisions of the CISG, demonstrating the comprehensiveness and precision of the Chinese courts in the application of international conventions.

Ⅱ. Correct Interpretation of Contract Clauses

The parties maintained different interpretations of the term "deposit" used in the Contract involved in the case. The aforementioned contract stipulates that the English version of the Contract shall prevail. Therefore, the disputed contract clauses ought to be interpreted in accordance with the English version of the contract and the context of the English language. The *Compact English-Chinese Dictionary of Anglo-American Law* interprets the English term "deposit" with the Chinese terms "保证金(baozhengjin)" and "定金(dingjin)," meaning a sum of money which is paid by one party to a contract to the other party as a guarantee that the first party will fulfill the terms of the contract; and this amount will be forfeited if the first party fails to do so. In the case of the performance of the Contract, neither of the contracting parties was subject to the double amount penalty; therefore, it is evident that the “deposit” agreed upon by I Company and P Company in the contract would not lead to the legal consequences of the double amount penalty.

In international trade in goods, buyers and sellers usually opt for an internationally recognized language to conclude the contract between them and have it translated into the versions in each of the languages naturally used by each of the parties involved. It is a common practice for the parties to agree on a specific language as the prevailing language for the interpretation of the contract, thereby determining their rights and obligations in accordance with the interpretation of the contract clauses in the context of that particular language. It is common place that a text, when translated from a foreign language into Chinese, may be given an interpretation under Chinese law, which is different from its meaning in the original foreign language. Therefore, when concluding a contract, the parties should actively review the discrepancies between different language versions of the contract, and, especially when the contract involves legal concepts, consider the inconsistencies in the connotation of rights and obligations and the subsumption of such legal concepts in different legal contexts, and eliminate in advance ambiguities or inconsistencies as much as possible. In cases such as this one, the Court, delving into the essence of the matter and taking into account both the contract terms and the performance of the parties involved, provided correct interpretations of the key terms in the Contract following the literal rule of interpretation, which not only shows the Court's respect for the contracting parties' autonomy but also demonstrates its wisdom in coping with the challenges concerning application of international conventions and coordination between international conventions and Chinese law.

Ⅲ. Comprehensive Determination of Breach of Contract

P Company claimed that due to I Company refusal to make one of the payments, it had the right to withhold performance, which could counter I Company breach of contract claim. Regarding this dispute, the court comprehensively evaluated whether the parties had breached the contract based on the contract provisions, the CISG framework, and trade practices. The CISG places the chapter on "Obligations of the Seller" before "Obligations of the Buyer," emphasizing the importance of the seller's obligations in bilateral contracts from the perspective of systematic interpretation as advocated by the Vienna Convention on the Law of Treaties, reflecting the essence of a sales contract. Therefore, when a contract lacks clear provisions or when the provisions are unclear, the court, based on this systematic arrangement and the parties' trade practices, identifies the breaching party and determines their liability, reflecting the court's accurate understanding and application of the convention. Additionally, when the buyer claimed a fundamental breach and sought contract termination, the court carefully considered the CISG's legislative intent to preserve the validity of contracts as much as possible, limiting the arbitrary application of fundamental breach, and emphasized that the parties could exercise their rights under both the contract and the convention to seek remedies for breach and claim damages, achieving the goal of protecting the validity of the contract while safeguarding the parties' legitimate rights.

The structure of international conventions implies the legislators' intent and value orientation. In this case, the court, based on this structure and the parties' performance of the contract, determined liability for breach, thereby fully demonstrating respect for international conventions by Chinese courts. Since the implementation of the *Civil Code of the People's Republic of China*, the *General Principles of Civil Law of the People's Republic of China*'s provisions on the application of international conventions and practices have not been continued, leaving a gap in legal application that has affected China's further opening up and the promotion of international trade. The *Interpretation on the Application of International Treaties and International Practices in the Trial of Foreign-Related Civil and Commercial Cases*, issued by the Supreme People's Court in December 2023, reaffirmed the priority of international conventions and practices, promptly and accurately addressing real issues in foreign-related trials. The ruling in this case reflects this rule orientation, further enhancing the confidence of both domestic and foreign parties in the Chinese courts' handling of foreign-related cases, and accumulating valuable experience for the interpretation and application of international conventions by the courts.

This case demonstrates the court's reasonable and innovative interpretation of international conventions in a new context, breathing new life into them, and reflects the court's commitment to protect the interests of both domestic and foreign parties equally. The case also reminds Chinese enterprises to be aware of the risks of contract breaches in foreign trade, highlights the court's role in providing strong judicial services and support for advancing the Belt and Road Initiative (BRI) and creating a law-based and internationalized business environment.

Part Ⅱ

Disputes over Letters of Credit

CASE 6

Guangzhou Liwan Subbranch of China C Bank Corporation Limited v. Guangdong L Energy Development Co., Ltd. et al. (Issuance of the Letter of Credit) *

Basic Facts

In December 2011, Guangzhou Liwan Subbranch of China C Bank (hereinafter referred to as "Liwan Subbranch"), and Guangdong L Energy Development Co., Ltd. (hereinafter referred to as "L Energy Company") concluded a Trade Finance Quota Contract and a Special Agreement on Issuance of Letter of Credit and other related attachments, agreeing that Liwan Subbranch would provide L Energy Company with a trade financing quota of up to CNY 550 million, including the issuance of an usance Letter of Credit (L/C) with an equivalent amount. Guangdong Yuedong Electric Power Design Engineering Co., Ltd. (hereinafter referred to as "Yuedong Electric Power Company") and other guarantors concluded guarantee contracts. In November 2012, L Energy Company applied to Liwan Subbranch to open a usance L/C for CNY

* First Instance Case No.: (2013) Sui Zhong Fa Jin Min Chu No. 158
Second Instance Case No.: (2014) Yue Gao Fa Min Er Zhong No. 45
Reopening Case No.: (2015) Min Ti No. 126

85, 920, 000. To secure the issuance of L/C, L Energy Company issued a Trust Receipt to Liwan Subbranch and signed a Guarantee Deposit Pledge Contract. The Trust Receipt confirmed that from the issuance date of the receipt, Liwan Subbranch has acquired the ownership of the documents and goods involved under the above L/C, and Liwan Subbranch is the principal and beneficiary, and L Energy Company is the trustee of the trust goods. After the letter of credit was issued, L Energy Company imported 164, 998 tons of coal. Liwan Subbranch accepted the letter of credit and paid CNY 84, 867, 952. 27. After Liwan Subbranch fulfilled its obligation to issue the L/C and make payment, it obtained a complete set of documents, including the bill of lading involved in this case. Due to its deteriorating business operating condition, L Energy Company failed to make payment to redeem the documents, leaving Liwan Subbranch in possession of the bill of lading and related documents during the trial of this case. The coal under the bill of lading was seized by the People's Court of Gangkou District of Fangchenggang City of Guangxi Zhuang Autonomous Region due to other disputes. Liwan Subbranch filed this lawsuit with the Intermediate People's Court of Guangzhou City of Guangdong Province, requesting the court to order that L Energy Company should repay the principal of CNY 84, 867, 952. 27 and interest under the L/C; to confirm that the 164, 998 tons of coal under the L/C belongs to Liwan Subbranch, and to recognize Liwan Subbranch's priority right to the proceeds from the disposition of the coal; and to hold Yuedong Electric Power Company and other guarantors liable.

Judgment

The Intermediate People's Court of Guangzhou City of Guangdong Province, in the first instance, ruled in favor of Liwan Subbranch regarding its claims for

L Energy Company to repay the principal and interest and for the guarantors to bear the corresponding guarantee responsibility. However, it dismissed Liwan Subbranch's claims for the ownership of the coal and priority right of payment, on the grounds that the trust receipt and delivery of the bill of lading could not be asserted against third parties. Dissatisfied with the first instance judgment dismissing its claims for ownership and priority right of payment, Liwan Subbranch appealed. The High People's Court of Guangdong Province, in the second instance, rejected the appeal and upheld the first instance judgment. Dissatisfied with the second instance judgment, Liwan Subbranch filed an application for a case-reopening with the Supreme People's Court, which accepted the case via certiorari.

The Supreme People's Court, upon review, held that a bill of lading has the dual attributes of a creditor's right certificate and an ownership certificate. However, this does not mean that whoever holds the bill of lading automatically owns the goods under the bill of lading. For the holder of the bill of lading, whether they can obtain property rights and what kind of property rights they can obtain depend on the contractual agreement between the parties. Liwan Subbranch fulfilled its obligations of issuance and payment and obtained the bill of lading under the letter of credit. However, since there was no indication of an intention to transfer the ownership of the goods between the parties, it cannot be considered that Liwan Subbranch obtained the ownership of the goods under the bill of lading simply by holding the bill of lading. The content of the Trust Receipt was to provide a guarantee by transferring the ownership of the goods under the bill of lading. Such transfer of guarantee does not comply with the principle of the legality of property rights and therefore cannot generate property rights. The transfer of guarantee is clearly different from the pledge of movable property or rights. Thus, the Trust Receipt should not be used as the basis for establishing a pledge of the rights under the bill of lading. According to the Special Agreement on the Issuance of Letters of Credit, when L Energy Company defaults, Liwan Subbranch enjoys the right to guarantee and has the right to dispose of the documents and goods under the letter of credit. Therefore, based on the overall interpretation of the contract and the characteristics of the letter of credit transaction, it indicates that the true intention of the parties regarding the guarantee right and the right to dispose includes the right to pledge the bill of lading. This case meets the two necessary conditions for the establishment of a right pledge: a written pledge contract and the publicization of property rights. As the holder of the bill of lading, Liwan Subbranch enjoys the right pledge of the bill of lading. Accordingly, on October 19,2015,the Supreme People's Court issued a reopening judgment, revising the original judgment to confirm that Liwan Subbranch enjoys the priority right of payment from the proceeds of the disposal of the goods corresponding to the bill of lading under the letter of credit involved in this case.

Significance

This case, involving a dispute over the issuance of a usance L/C with foreign elements, focused on the nature of the rights of the bill of lading holder. In the trading of international sales of goods by means of documentary L/C, there has long been a lack of consensus in judicial practice regarding the rights enjoyed by the issuing bank that legally held a bill of lading after payment for goods under the bill of lading. Opinions have varied widely on this issue. This case clarified complex issues such as the legal attributes of the bill of lading, the legal significance of the trust receipt, and the rights enjoyed by the bill of lading holder. It holds significant guiding value for unifying the legal application in this field.

First, the judgment clarified that the bill of lading under a documentary letter of credit has the dual attributes of a creditor's certificate and an ownership certificate. The specific rights of the bill of lading holder depend on the underlying legal relationship which the bill of lading was forwarded. This clarification resolves the long-standing dispute over the legal attributes of the bill of lading in judicial practice.

Second, the judgment treated the involved Trade Finance Limit Contract, the Special Agreement on the Issuance of Letters of Credit, and the Trust Receipt as a whole. Through systemic contract interpretation and in combination with the basic mechanism and practices of documentary letters of credit, the court explored the true intentions of the parties. Consequently, it determined that the issuing bank enjoys a pledge right over the bill of lading, thereby respecting the parties' autonomy and legally protecting the issuing bank's priority right of payment.

In the process of the Belt and Road Initiative construction, documentary L/C plays a crucial role in ensuring transaction security and facilitating financial communication as the "lifeblood of international commercial transactions." By unifying adjudication rules and resolving disputes, this judgment improved the documentary L/C transaction and security system. It effectively prevented the confusion caused by the absence of rules in international trade, fully embodying the spirit of strict and fair justice.

Expert Commentary*

In this case, the requests of the applicant for reopening, Liwan Subbranch, can

* Wang Liming, Professor, School of Law at Renmin University of China; Member of the International Commercial Expert Committee of the Supreme People's Court of the PRC.
Meng Qiang, Associate Professor, School of Law at Beijing Institute of Technology.

be summarized as follows: first, an order for the debtor, L Energy Company, to repay the principal and interest of the documentary letter of credit advance payments; second, an order recognizing the applicant's ownership and priority right of repayment over more than 160, 000 tons of coal under the documentary letter of credit; third, an order holding the guarantor jointly liable for repayment; and fourth, an order holding the guarantor responsible for a daily penalty of 0. 05% for breach of contract. The first-instance court, the Intermediate People's Court of Guangzhou City of Guangdong Province, supported the first and third requests but dismissed the second request; the second-instance court, the High People's Court of Guangdong Province, upheld the original judgment; and the First Circuit Court of the Supreme People's Court additionally supported the claim for priority right of repayment in the second request in its reopening. This underscores that the core issue of the case is determining the rights Liwan Subbranch holds over more than 160, 000 tons of coal under the documentary letter of credit.

Liwan Subbranch's claim to ownership of more than 160, 000 tons of coal under the documentary letter of credit was not supported in the first trial, the second trial, and the reopening. However, the claim for priority right of repayment received two different judgments across the three trials. Due to space constraints, this article will focus on the issue of whether Liwan Subbranch has a priority right of repayment over more than 160, 000 tons of coal under the documentary letter of credit.

Ⅰ. General Approach to Determining the Priority Right of Repayment

Under the dualist system of property rights and creditor rights in the civil law system, claiming a priority right of repayment over a specific asset indicates that the right in question is a property right, not an ordinary creditor's right. This is because creditors' rights are equal, and a creditor cannot claim a priority right of repayment over other creditors based solely on their creditor's rights. For movable property like the more than 160, 000 tons of coal, the claim to ownership by Liwan Subbranch has already been rejected, and it is also impossible to claim a usufructuary right. Thus, the only remaining option is to claim a security interest, particularly a pledge. Therefore, whether Liwan Subbranch has a priority right of repayment over the coal primarily depends on whether it holds a pledge over the coal.

Article 208 of the *Property Law of the People's Republic of China* (now Article 394 of the *Civil Code of the People's Republic of China*) stipulates: "An obligor or third party may, for the security of the payment of debts, pledge his (its) movable properties to the obligee for possession, and when the obligor fails to pay due debts or any circumstance for realizing the right of pledge as stipulated by the parties concerned occurs, the obligee shall be entitled to seek preferred payments from the said movable properties. " The establishment of a pledge on movable property is a typical form of establishing a security interest and should be done through a contract combined with public notice. Therefore, to obtain a pledge, the creditor must meet two basic conditions: first, the parties must enter into a written pledge contract; second, the pledgor must deliver the pledged property and transfer possession, thereby satisfying the public notice requirement for changes in property rights. In this case, the reopening judgment, in reviewing these two requirements, first confirmed that Liwan Subbranch held the bill of lading, satisfying the public notice requirement for establishing a pledge over the rights represented by the bill of lading. The focus then shifted to the first requirement, i. e. , whether there was an expression of intent by both parties to establish a pledge, or in other words, whether there was a contractual basis.

Ⅱ. Determination of the Nature of the Trust Receipt

The reopening judgment first analyzed Liwan Subbranch's claim that the Trust

Receipt had the nature of a pledge contract and concluded: "[A]lthough the content of the Trust Receipt reflects an intent to secure Liwan Subbranch's creditor rights with the bill of lading and the goods represented by it, this intent is expressed as a transfer of ownership of the goods represented by the bill of lading for security purposes, which is clearly different from a pledge of movable property or rights and should not be regarded as a contractual basis for establishing a pledge over the rights represented by the bill of lading." On November 2, 2012, L Energy Company issued a Trust Receipt to Liwan Subbranch, which stipulated: "[A] trust relationship is established between Liwan Subbranch and L Energy Company, with Liwan Subbranch as the trustee and beneficiary, obtaining ownership of the above-mentioned documents and the goods they represent from the date of issuance of the Trust Receipt; L Energy Company, as the trustee, has the right to manage the trust property, including the aforementioned documents and the goods they represent." A trust is a legal relationship in which the settlor transfers or establishes certain property rights to the trustee based on trust, for the trustee to manage and dispose of in the interest of the beneficiary or for a specific purpose. The trust is initiated by the settlor, and its effective establishment requires the transfer or creation of property rights, meaning the settlor transfers their property rights to the trustee or creates certain property rights on their property for the trustee. However, in this case, the so-called "trust" relationship between Liwan Subbranch and L Energy Company is vastly different from a typical trust relationship, because the initiator of the trust relationship and the initial owner of the trust property is the trustee, not the settlor. Article 2 of the *Trust Law of the People's Republic of China* clearly stipulates: "Trust refers to that the settler, based on his faith in trustee, entrusts his property rights to the trustee and allows the trustee to, according to the will of the settler and in the name of the trustee, administer or dispose of such property in the interest of a beneficiary or for any intended purposes." A trust involves the settlor transferring their property to the trustee for management and disposition, but in this case, it was L Energy Company that first imported the coal and then issued a Trust Receipt to Liwan Subbranch, agreeing to establish a trust relationship, with Liwan Subbranch as the settlor and L Energy Company as the trustee, and the trust property being the batch of coal. This reversal of the trust relationship raises questions about whether the trust has been validly established. If it is determined that Liwan Subbranch is the settlor and the batch of coal is the trust property, then the settlor must have the right to transfer or dispose of the trust property before the trust is established. However, in this case, the coal is not the property of Liwan Subbranch but imported goods owned by L Energy Company. Therefore, there is no factual basis for Liwan Subbranch, as the settlor, to transfer ownership of the coal to the trustee, L Energy Company, making the trust arguably invalid.

Furthermore, according to the Trust Receipt, after the trust relationship is established, "Liwan Subbranch, as the settlor and beneficiary, acquires ownership of the above-mentioned documents and the goods they represent," which further contradicts the basic requirements of the trust system. In a trust relationship, the settlor exits the legal relationship after the trust is established and can no longer claim ownership of the trust property. At most, the settlor may enjoy the benefits of the trust as a beneficiary in a self-benefit trust. The fundamental feature of the trust system is that the settlor's property is managed and disposed of by the trustee, with the beneficiary enjoying the benefits. Otherwise, attempting to establish a trust while unwilling to transfer ownership of the trust property renders the trust an empty concept that cannot function. Only with the transfer or creation of property rights can the trustee manage and dispose of these rights and transfer the resulting benefits to the beneficiary.

Therefore, the trust relationship between Liwan Subbranch and L Energy Company in this case does not constitute a valid trust, and Liwan Subbranch cannot claim ownership of the coal or trust benefits based on the Trust Receipt. The reopening judgment correctly concluded that the Trust Receipt should "not be regarded as a contractual basis for establishing a pledge over the rights represented by the bill of lading."

Ⅲ. Contract Interpretation for the Establishment of a Pledge

In the reopening, the judges noted that on December 5, 2011, Liwan Subbranch and L Energy Company signed a Trade Finance Facility Agreement with an attached document titled "Special Agreement on the Issuance of a Letter of Credit," which is an integral part of the Trade Finance Facility Agreement. The second paragraph of Article 9 on "Default Liability" in this attachment states: "In the event of default by Party A (L Energy Company) or the occurrence of any circumstance specified in the Trade Finance Facility Agreement that may jeopardize Party B's (Liwan Subbranch) creditor's rights, Party B shall have the right to exercise one or more of the following rights: (1) If Party B has advanced funds, Party B shall have the right to charge overdue interest at the overdue loan rate from the date of the advance, with the overdue loan rate to be agreed upon by both parties when handling each transaction; (2) For amounts payable by Party A, Party B shall have the right to directly debit the amount from Party A's margin account opened with Party B, or from other accounts opened by Party A within the China Construction Bank system, or from Party A's other receivables; (3) Dispose of the documents and/or goods under the letter of credit; (4) Exercise security rights; (5) Require Party A to provide additional margin or other security recognized by Party B; (6) Remedies specified in the Trade Finance Facility Agreement; (7) Other measures permitted by law."

It should be noted that the content of this clause is broad and highly favorable to the creditor, Liwan Subbranch, because it stipulates various rights that the creditor can exercise in the event of a debtor default, such as charging overdue interest, directly debiting accounts, disposing of the goods under the letter of credit, exercising security rights, requiring additional security, etc. The essence of this clause is to exhaust all possible methods to protect the creditor's interests in the event of debtor default. As long as this clause remains legally valid, Liwan Subbranch, as the creditor, has the right to exercise security rights over the goods under the letter of credit, and given the nature of the goods, the corresponding security right can only be a pledge.

The reopening judgment, through detailed analysis and argumentation, further specified the type of pledge, stating: "[B] ased on the comprehensive contractual agreements and the facts of the case, it can be considered that the pledge referred to is a pledge over the rights represented by the bill of lading." The essence of a documentary letter of credit is to secure the issuing bank's rights through documents such as the bill of lading. After Liwan Subbranch, as the creditor, legally obtained the bill of lading, it, according to the contractual agreements, acquired a pledge over more than 160, 000 tons of coal under the documentary letter of credit. This pledge is supported by both the contractual basis and the completion of the public notice requirement for establishing the pledge through the delivery of the bill of lading.

Ⅳ. Suggestions for Resolving the Conflicts of Property Rights

In determining the nature of the rights Liwan Subbranch has over more than 160, 000 tons of coal under the documentary letter of credit, the reopening judgment also provided a solution to the conflict of property rights. In this case, after the coal under the bill of lading arrived at the port in December 2012, B Co., Ltd. applied to Beihai Maritime Court for pre-litigation property preservation in April 2013, on the grounds that L Energy Company had defaulted on its terminal storage fees, and Beihai Maritime Court accordingly seized the coal under the bill of lading. This indicates that the coal in question was subject to both the pledge rights of Liwan Subbranch and the lien rights of B Co., Ltd. The conflict between these two property rights, along with the seizure by Beihai Maritime Court, hindered Liwan Subbranch from exercising its rights, necessitating a resolution to prevent further disputes.

Article 239 of the *Property Law of the People's Republic of China* (now Article 456 of the *Civil Code of the People's Republic of China*) addresses conflicts between security rights: "In case the right to mortgage or the right of pledge has been established on a movable property, and this movable property is taken as lien again, the lienor shall be entitled to seek preferred payments." Given that the value of the goods in question is significant and that port terminal storage fees are typically not very high, there remains room and a basis for properly resolving the conflict between these two security rights. The reopening judgment, while recognizing Liwan Subbranch's pledge over the bill of lading, provided a path for resolving the conflict of rights: "Liwan Subbranch may apply to the executing court to participate in the distribution of the proceeds based on this judgment. If the pledge over the bill of lading conflicts with the lien or other rights (such as a pledge over the movable property) that other creditors may have over the goods under the bill of lading, the conflict can be resolved during the distribution process according to the law." By allowing Liwan Subbranch to participate in the distribution of the proceeds, it can exercise its priority right of repayment over the remaining assets after the lien holder has been repaid first. This approach resolves the conflict between rights and the contradiction of court seizures while maximizing the protection of the legitimate rights of the security right holders.

V. Conclusion

In summary, through the analysis of a key issue in this 52-page judgment, we appreciate the depth of the judge's legal expertise, the meticulous interpretive skills, and keen observation of the interplay between legal norms and real-life facts. The judges' commitment for thoroughly resolving the dispute is evident throughout the reopening judgment. This judgment achieves clear fact-finding, accurate application of the law, well-reasoned arguments, and a legal and reasonable conclusion, making it an exemplary judgment.

CASE 7

Qixia L Fruit and Vegetable Co. , Ltd. v. Beijing Branch of Bank of C Co. , Ltd. (Transfer of a Letter of Credit) *

Basic Facts

On June 7, 2007, Beijing Branch of Bank of C Co. , Ltd. (hereinafter referred to as "Beijing Branch of C") received a transferable letter of credit (L/C) transmitted via SWIFT format from Ukrainian Dnieper Credit Bank, showing the issuing bank as Lloyd Trade and Savings Committee located in Slovakia, the applicant as Stataluca Co. , Ltd. in Cyprus, and the beneficiary as B Company. Beijing Branch of C acted as the transferring and notifying bank. On the same day, Beijing Branch of C notified the beneficiary B Company of the letter of credit. B Company applied to the Beijing Branch of C to transfer L/C to Qixia L Fruits and Vegetables Co. , Ltd. (hereinafter referred to as "L Company") as the second beneficiary, designating Bank of C Qixia Branch, Shandong Province (hereinafter referred to as "Qixia Branch of C"), as the notifying bank. On June 14, 2007, Beijing Branch of C transferred the L/C as instructed by B Company

* First Instance Case No. : (2011)Er Zhong Min Chu No. 1812
Second Instance Case No. : (2012)Gao Min Zhong No. 939
Reopening Case No. : (2013)Min Shen No. 1296

and sent the transfer of credit telegraphically via SWIFT format. L Company received a notification of transfer of credit from Qixia Branch of C, indicating that the issuing bank was Ukrainian Dnieper Bank. After submitting the documents, L Company did not receive payment under the L/C. Upon investigation and inquiry, it was discovered that Lloyd Trade and Savings Committee in Slovakia was not a bank. Consequently, L Company filed a lawsuit with the Second Intermediate People's Court of Beijing, claiming that the incorrect notification information of the L/C caused it to mistakenly believe that the letter of credit was issued by a bank, leading to losses. L Company requested the court to order the Beijing Branch of C to compensate for the losses amounting to CNY 6, 790, 344 and additional losses in interest and tax refund amounting to CNY 246, 606. 06.

Judgment

The Second Intermediate People's Court of Beijing held in the first instance that, Beijing Branch of C was negligent in notifying the wrong name of the issuing bank, which was one of the reasons for the losses suffered by L Company, but not the sole reason. Therefore, the court ruled that Beijing Branch of C should compensate L Company CNY 3. 4 million for losses and interest losses calculated at the interest rate on deposits over the same period, while dismissing other claims from L Company. Both L Company and Beijing Branch of C appealed the first-instance judgment to the High People's Court of Beijing.

The High People's Court of Beijing in the second instance found that Beijing Branch of C was grossly negligent in notifying the wrong name of the issuing bank. There was no evidence proving that L Company had clear knowledge of the issuing bank's name before receiving the notification of the transferred L/C. The loss incurred by L Company was causally related to the incorrect notification by the Beijing Branch of C. Therefore, Beijing Branch of C was legally obligated to compensate L Company. Accordingly, the Beijing High People's Court revised the ruling, ordering the Beijing Branch of C to pay L Company the compensation of CNY 6, 749, 265. 85 and interest losses calculated at the interest rate on deposits over the same period, while rejecting other claims from L Company.

L Company was dissatisfied with the second-instance judgment and applied for case-reopening to the Supreme People's Court, claiming losses in loan interest and export tax refund due to the non-receipt of payment under the letter of credit. The Supreme People's Court found that the second instance judgment lacked evidence and legal error in not supporting these claims.

Upon review, the Supreme People's Court determined that Uniform Customs and Practice for Documentary Credits (ICC Publication No. 500) to be applicable as prescribed in the L/C does not specifically prescribe the liability of intermediary banks for their erroneous notification actions. The original judgment applied Article 106(2) of the *General Principles of Civil Law of the People's Republic of China* concerning fault liability, which was appropriate. Beijing Branch of C's fault made L Company erroneously believe that the issuer was a bank with good credit, accept the L/C, and suffer from losses. Therefore, Beijing Branch of C should bear corresponding compensation liability based on the degree of fault. A L/C transaction is an independent document transaction separate from the underlying contract. The scope of liability that should be assumed by the party to the L/C that violated its obligations should be only limited to direct losses under the L/C. The loan interest losses and export tax refund losses claimed by L Company represent expenses and benefits that could have been avoided if the underlying contract had been performed. These do not fall under the category of direct losses under the letter of credit and are not losses that the parties to the L/C could have foreseen. There was no causation between the aforesaid losses and the fault of the party to the L/C that violated its obligations. Accordingly, the Supreme People's Court ruled to reject L Company's application for reopening.

Significance

This case involves a dispute over the transfer of a L/C among countries along the Belt and Road Initiative. Neither Chinese law nor international practices explicitly define the scope of liability for intermediary banks' erroneous notifications. In situations where there is no contractual relationship between the intermediary bank and the beneficiary, principles of tort liability for compensation for damages due to breach of duty are applied. This case underscores the obligation of intermediary banks to accurately notify information and the corresponding liability for failing to fulfill this obligation. It is of crucial significance in safeguarding the security and order of L/C transactions.

First, the judgment in this case indicates that parties involved in a L/C relationship deal solely with documents, not goods, services, or other actions related to the documents. Therefore, the sole legal basis for determining losses caused by the fault of an intermediary bank must be the letter of credit itself, rather than losses calculated based on the underlying contract, thereby clearly illustrating the principle of the independence of letters of credit.

Second, while defining the bank's obligations clearly, the judgment applied the principle of foreseeability to determine that the scope of compensation for losses should not exceed the unpaid amount under the L/C and its interest. This ensures the predictability of the scope of compensation liability, playing an important role in establishing unified adjudication rules and filling legal gaps. It holds valuable reference for similar L/C disputes that may arise in future Belt and Road Initiative construction projects.

Expert Commentary *

The letter of credit(L/C)involved in this case was a transferable L/C, and the L/C's advising bank, Beijing Branch of C, was also the transferring bank. The losses in this case arose from both the inaccurate advice and transfer of the L/C by Beijing Branch of C. However, since the nature and liability of the inaccurate advice and transfer are the same, and the court ruled from the perspective of inaccurate advice, the following comments will mainly focus on the liability of the advising bank and the related compensation issues.

Ⅰ. Advising Bank's Duty to Accurately Advise the L/C

The L/C in this case was subject to Uniform Customs and Practice for Documentary Credits (1993 revision, ICC Publication No. 500, hereinafter "UCP500"). UCP500 Article 7(a) provides: "A Credit may be advised to a Beneficiary through another bank(the 'Advising Bank')without engagement on the part of the Advising Bank, but that bank, if it elects to advise the Credit, shall take reasonable care to check the apparent authenticity of the Credit which it advises. If the bank elects not to advise the Credit, it must so inform the Issuing Bank without delay."

From this provision it can be seen that, UCP500 has only provided the advising bank's duty to verify the apparent authenticity of the L/C, but has not mentioned the obligation to accurately reflect the terms and conditions of the

* Gao Xiang, Professor and Doctoral Supervisor, the Institute of Comparative Law at China University of Political Science and Law; Member of the International Commercial Expert Committee of the Supreme People's Court of the PRC.
Wang Jingen, Associate Professor, Chen Shouren Business School of Quanzhou Normal University.

L/C. However, it does not mean that the advising bank is not obliged to undertake the duty to accurately advise the L/C received. In this regard, the ICC clearly provides in UCP600 Article 9 (b) that, " By advising the credit or amendment, the advising bank signifies that...the advice accurately reflects the terms and conditions of the credit or amendment received. " For the purpose of protecting the interests of both the issuing bank and the beneficiary, and to ensure the certainty of the L/C payment mechanism, it is reasonable to conclude that the advising bank also owes the beneficiary a duty to accurately advise the L/C under UCP500.

In this case, the advising bank has inaccurately advised the beneficiary that the L/C was issued by "Credit Dnepr Bank, Ukraine" instead of "Lloyds Trade Saving Board". It has obviously breached its duty of accurately reflecting the terms and conditions of the credit.

Ⅱ. Advising Bank's Liability for Inaccurate Advice of the L/C

Due to its nature, the UCP has not provided the advising bank's liability for inaccurate advice. In fact, in L/C practice, almost all L/Cs involve advice. Since the advice of an L/C is relatively simple and advising banks are generally careful when they advise LCs, there are not many cases at home and abroad involving advising LCs. In view of this, except the 1995 Uniform Commercial Code Article 5 in the U. S. , few countries in the world, including China, have explicit provisions on this in their domestic L/C legislation. Therefore, this case is significant in providing guidance in practice.

Since the UCP500 has not provided the advising bank's duty for inaccurate advice to the beneficiary, and there is no contractual relationship between these two parties, the courts in this case decided whether the advising bank should bear the tort liability for inaccurate advice and the consequences thereof in accordance with Article 106(2)of the General Principles of Civil Law. The court held that the advising bank's inaccurate advice misled the beneficiary into believing that the issuer was a bank with a good reputation and caused it to accept the L/C and suffer the loss of failing to get paid under the L/C. There is adequate causation between the advising bank's inaccurate advice and the beneficiary's losses. Therefore, the advising bank shall be liable to the beneficiary for tort damages according to the degree of its fault. Based on the principle of independence, the court held that the advising bank's scope of liability is limited to the direct losses arising from the L/C, not including the losses suffered by the beneficiary under the underlying contract.

Ⅲ. Determination of Specific Scope of Responsibility for Error Notification

The principle of independence is the cornerstone of the existence and functioning of the L/C mechanism and the most "sacred" principle of the L/C Law. According to this principle, the L/C is by its nature a separate transaction from the underlying contract, and the banks deal only with the documents and not with the goods, services, or other acts to which the documents may relate. The corollary of the principle is that the scope of liability of the advising bank for breaching its duty to accurately advise shall be limited to the losses under the L/C, not including the losses suffered by the beneficiary under the underlying contract. In this case, the beneficiary's losses under the L/C were the amount that the issuer should have paid under the L/C with interest. As for the losses of loan interest and export tax rebate claimed by the beneficiary, they are "the expenses that can be avoided and the benefits that can be obtained if the underlying contract had been fully performed, not the losses arising out of the L/C." The court's judgment that the advising bank is not required to compensate for these losses is convincing.

In addition to the principle of independence, the advising bank's liability for its inaccurate advice to the beneficiary is also limited by the theory of adequate causation in tort law. Therefore, if there is evidence to prove that the beneficiary knew in advance that the advising bank had advised inaccurately the terms and conditions of the L/C. For example, if the applicant had sent the accurate draft L/C to the beneficiary in advance for reviewing, the advising bank is not required to compensate the beneficiary for its losses, because there is no adequate causation between the losses and inaccurate advice. In this case, however, the courts affirmed that there was no evidence to prove that the beneficiary had known the name of the issuer before receiving the advice of the L/C, and accordingly there was no adequate causation between the beneficiary's losses and the advising bank's inaccurate advice.

Similarly, if the issuing bank's refusal to honor is based on other discrepancies in the documents presented by the beneficiary (i. e. , discrepancies not due to the advising bank's inaccurate advice), it means that there is no adequate causation between the losses suffered by the beneficiary and the advising bank's inaccurate advice, and therefore the advising bank is not obliged to compensate the beneficiary for its losses. In this case, however, the court affirmed that the beneficiary had presented complaint documents under the L/C, and the direct reason why the beneficiary failed to obtain full payment under the L/C was due to the issuer's wrongful dishonor. It is precisely that the advising bank's inaccurate advice misled the beneficiary into believing that the issuer was a bank with good reputation. Therefore, there is clear causation between the beneficiary's losses and the advising bank's inaccurate advice.

Whether the advising bank's inaccurate advice is the only reason for the beneficiary's losses, the judgments of the courts of the first instance, the second instance and the reopening are not consistent, there is room for discussion. Because of the lack of details, a detailed discussion is not appropriate here. However, we believe that the role of the advising bank is to provide intermediary services merely and it charges a lower fee, the enthusiasm of the intermediary bank to participate in the L/C transactions will be damaged and thereby the operation of the L/C system will be affected, if the law makes it bear too heavy a liability for compensation. Therefore, all relevant factors should be considered when determining the causation between the advising bank's inaccurate advice and the beneficiary's losses, as well as the scope and amount of compensation.

It is worthwhile to note that, after all, not like the issuing bank, the advising bank does not undertake the obligation to pay under the L/C. Naturally, even if the advising bank shall be liable for its inaccurate advice to the beneficiary, the liability should never be the compensation of the L/C amount, but of the actual losses suffered by the beneficiary as a result of the inaccurate advice, unless the advising bank has confirmed the L/C. Thus, if the issuing bank has eventually paid the beneficiary under the letter of credit, the beneficiary may not have suffered any losses, or only suffered the losses of interest on delayed payment and the telecommunication fees with the issuing bank and the applicant. Obviously, the advising bank is not required to compensate the beneficiary for the principal amount under the L/C under such a circumstance. Moreover, the beneficiary shall bear the responsibility to approach the applicant for waiving the "discrepancies" or even resell the documents in a timely manner, otherwise the advising bank can claim a reduction based on the beneficiary's contributory negligence. However, the advising bank may not argue that it is only supplementarily liable when the beneficiary's claim against the issuing bank fails. In the current case, since the documents had already been presented to the issuer, the beneficiary had no way to avoid the losses by reselling the documents or taking any other appropriate measures, so the advising bank could not claim a reduction in damages on the ground that the beneficiary was at contributory negligence. Of course, after compensating the beneficiary, the advising bank may, standing in the shoes of the beneficiary, claim damages against the issuer for wrongful dishonor under the L/C or claim damages against the buyer for breach of the underlying contract.

To summarize, based on Chinese tort law, the courts in this case held that the advising bank shall be liable for its inaccurate advice to the beneficiary and the scope of compensation shall be limited by the principle of independence and the theory of adequate causation, and therefore the advising bank is not required to bear the liability for losses arising out of the underlying contract and its compensation shall not exceed the unpaid amount of the L/C with interest. The judgment of this case ensures the predictability of the scope of compensation and plays an important role in unifying the adjudications and filling the legal gap, and will have significant reference value for the adjudication of similar L/C cases arising from the course in the implementation of the Belt and Road Initiative(BRI).

CASE 8

Jiangsu P Co. , Ltd.
v.
E Bank(China)Co. , Ltd. Shanghai Branch
(Letter of Credit Fraud) *

Basic Facts

C Company entrusted Jiangsu P Co. , Ltd. (hereinafter referred to as "P Company")to act as its agent to import cotton. On the same day, P Company entered into a Sales Contract with F Company, agreeing that F Company would sell raw cotton to P Company, and the payment was to be made by letter of credit payable on demand, with E Bank(China)Co. , Ltd. (hereinafter referred to as "E Bank") as the notifying bank. Upon P Company's application, China Everbright Bank opened a letter of credit. On May 30, 2013, E Bank issued a Payment Notification to F Company. On the same day, F Company submitted the Documentary Presentation Instruction to E Bank, and specified "Guarantee for all discrepancies" in the column of "Other Instructions". The bills of lading under the letter of credit submitted by F Company lacked the endorsement of the shipper specified therein and only bore F Company's signature and seal. Upon

---

* First Instance Case No. : (2013)Wu Hai Fa Shang No. 01201
Second Instance Case No. : (2019)E Min Zhong No. 828
Reopening Review Case No. : (2020)Zui Gao Fa Min Shen No. 2937

receipt of documents forwarded by China Everbright Bank, P Company made the payment and entrusted a third party to proceed with the pick-up procedures, but was informed that the goods under the bills of lading had been picked up. On February 12, 2015, Mr Chen, who held the position of legal representative at both C Company and F Company, was convicted of letter of credit fraud. P Company filed this lawsuit, requesting an order to terminate the payment of the funds under the letter of credit issued by China Everbright Bank. The first and second instance judgments held that E Bank's negotiation of payment was not in good faith, and in accordance with P Company's request, the courts ordered the termination of payment of the funds under the letter of credit in question. E Bank then appealed to the Supreme People's Court of China.

Judgment

In the reopening, the Supreme People's Court held that according to Item (4) of Article 10(1) of the *Provisions of the Supreme People's Court on Some Issues Concerning the Trial of Cases of Disputes over Letter of Credit*, the negotiating bank's negotiation of payment in good faith was an exception to the termination of payment of letters of credit in case of fraud. Regarding whether the negotiation of payment is conducted in good faith, it is necessary to comprehensively consider whether the negotiating bank is involved in or aware of the fraud prior to negotiation, and whether it fulfilled its obligation to examine the documents. According to Article 14 of the Uniform Customs and Practice for Documentary Credits (UCP600) established by the International Chamber of Commerce, the negotiating bank shall negotiate the payment in the case of a complying presentation, and has an independent obligation to examine the documents. Therefore, the claims of E Bank that the issuing bank accepted the defect of the endorsement on the bills of lading in question and that its negotiation of payment was in good faith cannot be established. Regarding the examination of order bills of lading, the International Standard Banking Practice for the Examination of Documents under Documentary Credits (ISBP), established by the International Chamber of Commerce specifies in E13a that order bills of lading must be endorsed by the shipper. This is a long-standing practice in the banking industry. The order bill of lading submitted by F Company to E Bank was only endorsed by F Company and lacked the endorsement of the shipper or the shipper's agent. This did not comply with the requirement of the letter of credit in question that the corresponding bills of lading should be "order bills of lading, blank endorsed, and indicating freight prepaid," thereby constituting a discrepancy. E Bank failed to fulfill its general duty of care in examining the documents. By requiring the beneficiary to fill in "guarantee all discrepancies" in the Documentary Presentation Instruction and proceeding with the negotiation, E Bank's negotiation does not constitute a good faith negotiation. Therefore, the court rules to reject E Bank's application for reopening.

Significance

The letter of credit system has promoted trade development between countries under the Belt and Road Initiative by reducing transaction risks. This case further clarified the specific application of the exceptional circumstances for termination of payment of letters of credit in case of fraud as stipulated in Article 10(1) of the *Provisions of the Supreme People's Court on Some Issues Concerning the Trial of Cases of Disputes over Letter of Credit* by clarifying whether the negotiation bank's negotiation behavior is in good faith. First, it clarified that the negotiating bank had an independent obligation to examine the documents. According to the UCP600, the issuing bank, the confirming bank, and the negotiating bank under the letter of credit transaction all have an independent obligation to examine the documents. The *Provisions of the Supreme People's Court on Some Issues Concerning the Trial of Cases of Disputes over Letter of Credit* clarify that the issuing bank has an independent obligation to examine documents, but this does not exempt the negotiating bank from its own independent responsibility to review the documents. Second, it clarified how discrepancies in the bill of lading should be examined, requiring strict adherence to the requirements of the letter of credit in question and the applicable Uniform Customs and Practice for Documentary Credits (UCP) as well as the banking standard practices that have become industry norms. Third, it established the criteria for determining whether the negotiation by the bank is conducted in good faith. The negotiating bank must fulfill the duty of care expected of a professional bank in examining documents. This case has significance in promoting the healthy development of the letter of credit system, thereby supporting the construction of the Belt and Road initiative.

Expert Commentary *

This case is a typical example of letter of credit fraud, where "documents and payment are exchanged, but no goods are shipped," essentially a trade in name but financing in reality. It primarily involves the following two issues: (a) document examination obligations of the negotiating bank; and (b) determination of "good faith" of the negotiating bank in fraud exception cases.

---

* Gao Xiang, Professor and Doctoral Supervisor, the Institute of Comparative Law at China University of Political Science and Law; Member of the International Commercial Expert Committee of the Supreme People's Court of the PRC.

Ⅰ. Document Examination Obligations of the Negotiating Bank

A letter of credit is a documentary transaction. The principle of strict compliance is one of the fundamental principles in the law of letters of credit. Under this principle, any presenter demanding payment under the letter of credit must present documents that are, on their face, in compliance with the terms of the letter of credit. Otherwise, even if they have fully performed their obligations under the underlying contract, they may not get paid under the letter of credit. From the perspective of the paying bank, any bank participating in payment under the letter of credit must examine the documents. For instance, if the negotiating bank fails to examine the documents or does not carefully examine them when negotiating with the beneficiary and makes a payment despite discrepancies in the documents, it may be refused payment by the issuing bank due to document discrepancies after negotiation.

UCP600 has clearly stipulated the obligations of document examination for the negotiating bank. Article 14 (a) states: " A nominated bank acting on its nomination, a confirming bank, if any, and the issuing bank must examine a presentation to determine, on the basis of the documents alone, whether or not the documents appear on their face to constitute a complying presentation." Here, the nominated bank primarily refers to the negotiating bank. Additionally, Article 2 of UCP600, in its definition of negotiation, states: " Negotiation means the purchase by the nominated bank of drafts (drawn on a bank other than the nominated bank) and/or documents under a complying presentation, by advancing or agreeing to advance funds to the beneficiary on or before the banking day on which reimbursement is due to the nominated bank." Here, a complying presentation implies that the negotiating bank must also examine the documents and, upon determining that the documents comply, can proceed with the negotiation.

Article 7 of the *Provisions of the Supreme People's Court on Some Issues Concerning the Trial of Cases of Disputes over Letter of Credit* Cases (hereinafter referred to as the "Letters of Credit Provisions") states: "An issuing bank shall have the independent right and obligation to check the documents. It shall have the right to decide, on its own initiative, whether or not the documents conform to the clauses of the letter of credit and whether or not the documents conform to each other on the surface, and whether to accept or reject the discrepancies between the documents and the clauses of the letter of credit or between the documents ... the applicant decides whether or not to accept the discrepancy will not have any influence on the final decision of the issuing bank with respect to whether or not to accept the discrepancy unless the issuing bank and the applicant stipulate otherwise."

It does not specify the obligations of document examination for the negotiating bank, but it does not mean that the negotiating bank has no obligation to examine the documents.

The Letters of Credit Provisions were formulated to address issues that arose from judicial practice at the time of drafting. The reason for the above provision is that at that time many issuing banks in China would hand over the documents received from the beneficiary to the applicant for examination, which led to numerous dispute cases in court where the issuing bank found that the documents were compliant while the applicant took a different view. Article 7 of the Letters of Credit Provisions was made to correctly handle these cases, based on the fundamental principle that a letter of credit is an independent payment undertaking issued by the issuing bank to the beneficiary. At the time, there were also many cases where the issuing bank found the documents compliant, but the applicant's guarantor deemed them non-compliant. To properly address these cases and based on the fundamental principle that a letter of credit is an independent payment undertaking from the issuing bank to the beneficiary, Article 16 of the Letters of Credit Provisions provides: “A people’s court shall not give effect to a claim by a guarantor to discharge its guarantee obligation on the ground that the issuing bank or the applicant has waived discrepancies in the documents without its consent, unless otherwise provided in the guarantee contract.”

Therefore, the view held by E Bank that the issuing bank has the ultimate obligation to examine documents and that it does not need to carefully examine documents is completely incorrect. This view contradicts the relevant provisions of UCP600 as well as the Letters of Credit Provisions.

Ⅱ. Determining the “Good Faith” of the Negotiating Bank Fraud Exception Cases

Regarding the determination of “good faith” fraud exception cases, Item (Ⅳ) of Paragraph 1 of Article 10 of Letters of Credit Provisions states: “If the people’s court determines that there exists any letter of credit fraud, it shall make a ruling on suspending the payment or make a judgment on terminating the payment under the letter of credit, except for any of the following circumstances: … (4)The negotiating bank, in *bona fide*, has negotiated the payment”. Here, “good faith” means that, based on the principle of good faith, the negotiating bank, at the time of negotiation, neither knew nor should have known about the beneficiary’s fraud. In this context, the negotiating bank is not required to have explicit knowledge of the beneficiary’s fraud. Instead, if the bank perceives any abnormal behavior or potential fraud by the beneficiary, it should refrain from negotiating. This responsibility is determined by the role of the negotiating bank in letter of credit transactions. In letter of credit transactions, negotiating banks frequently participate in the negotiation process. However, their participation is a right, not an obligation, making it voluntary. If the negotiating bank suspects that the documents presented by the beneficiary or other related activities involve fraud, it should avoid involvement in the letter of credit to steer clear of disputes. Failure to do so might result in unnecessary involvement in letter of credit disputes, leading to potential losses for the negotiating bank and enabling the fraudster to succeed.

The standard for determining "good faith" in letter of credit fraud exception cases varies based on the different roles parties play in letter of credit transactions. Section 5-109(a)(1) of *Uniform Commercial Code of the United States* (UCC) states, "the issuer shall honor the presentation, if honor is demanded by (i) a nominated person who has given value in good faith and without notice of forgery or material fraud, (ii) a confirmer who has honored its confirmation in good faith." In Section 5-109 of the UCC, the term "nominated person" in subsection (i) primarily refers to the negotiating bank. The "good faith" of the negotiating bank requires that it, in the course of normal commercial transactions based on the principle of good faith, has "not noticed any forgery or material fraud." This means that if there are any traces of fraud in a normal commercial transaction based on the principle of good faith, the negotiating bank should refrain from participating. Subsection (ii) pertains to the standard for determining the "good faith" of the confirming bank, which does not require the absence of notice of forgery or material fraud. In letter of credit transactions, confirming banks, like issuing banks, have a payment obligation to the beneficiary. If a confirming bank was to refuse payment just upon the notice of fraud, it might face lawsuits from the beneficiary. In such cases, the confirming bank will have to provide evidence to prove beneficiary's fraud, which is not only challenging but also contradicts the document transaction principle of letters of credit. If the confirming bank cannot prove the beneficiary's fraud, it has to make the payment, which will not only harm the confirming bank's reputation, but also undermine the quick payment mechanism of letters of credit. Conversely, negotiating banks do not face this issue because they are not obligated to pay the beneficiary. If a negotiating bank refuses to negotiate, no one can compel it to pay.

In this case, it is difficult to say that E Bank acted in “good faith” based on the following: (a) As a negotiating bank, E Bank should have ceased negotiation upon noticing any signs of potential fraud. However, despite discovering obvious document discrepancies, it continued with the payment and demanded the beneficiary to note “guarantee all discrepancies” in the Document Submission Instructions. (b) E Bank claims to have conducted forfaiting in this case. Any bank engaged in forfaiting should be aware that forfaiting payments are without recourse. Curiously, E Bank in this case required Mr. Chen to note “guarantee all discrepancies” in the Document Submission Instructions and further demanded that the forfaiting be with recourse. (c) Most notably, in this case, Gong X from E Bank was involved in and even designed the entire process of issuing and paying under the letter of credit. Gong X was aware that F Company was the legal representative and actual controller of both F Company and C Company. As a trade finance officer, not only should Gong X have “noticed” the existence of fraud, but it can also be argued that Gong X was aware of the fraud and still proceeded with negotiation and disbursement.

In determining whether the negotiating bank acted in “good faith,” this case analyzes and clarifies the specific application of the rule of fraud exception in the law of letters of credit as stipulated in Paragraph 1 of Article 10 of the Letters of Credit Provisions. It elucidates the document examination responsibilities of the negotiating bank and establishes the standards for determining “good faith” on the part of the negotiating bank. This further refines the fraud exception rule under Chinese law concerning letters of credit, promoting the sound development of the letter of credit system and supporting the Belt and Road Initiative (BRI).

Part Ⅲ

Disputes over Demand Guarantees and Guarantee Fraud

CASE 9

H Heavy Industries Co. , Ltd.
v.
I and C Bank of China Limited
Zhejiang Provincial Branch
(Compensation in an Independent Guarantee) *

Basic Facts

H Heavy Industries Co. , Ltd. (hereinafter referred to as "H Company") is a company registered and incorporated in the Republic of Korea. It signed a Contract for the Supply of Diesel Generating Set with Zhejiang Z Co. , Ltd. (hereinafter referred to as "Z Company"), in which the parties agreed that Z Company should apply to the I and C Bank of China Zhejiang Provincial Branch (hereinafter referred to as "C Bank Zhejiang Branch") for issuing an irrevocable demand guarantee, i. e. , an independent guarantee, as the payment method for the underlying transaction. It was stated in the independent guarantee issued by the C Bank Zhejiang Branch to H Company that in the claim for compensation, H Company should submit a "duplicate of a clean on-board ocean bill of lading marked 'freight collect' with the consignee as instructed by

* First Instance Case No. : (2014) Zhe Hang Shang Wai Chu No. 60
Second Instance Case No. : (2016) Zhe Min Zhong No. 157

the applicant." Afterwards, Z Company failed to make payment on schedule. H Company filed a claim with the C Bank Zhejiang Branch and submitted the duplicate of the straight bill of lading, but was rejected. H Company filed a lawsuit with the Intermediate People's Court of Hangzhou City of Zhejiang Province, requesting the C Bank Zhejiang Branch to reimburse USD 6, 648, 010 under the independent guarantee and the overdue fine. The C Bank Zhejiang Branch replied that the claim for compensation made by H Company based on the independent guarantee was an invalid claim. The C Bank Zhejiang Branch had issued a telegraph of refusal to pay in accordance with the stipulations and specified three discrepancies, requesting that H Company's lawsuit be dismissed.

Judgment

After the trial of first instance, the Intermediate People's Court of Hangzhou City of Zhejiang Province held that the guarantee agreement in the case was applicable to the Uniform Rules for Demand Guarantees (ICC Publication No. 758) and that the agreement was valid. In accordance with the provisions of the Uniform Rules for Demand Guarantees, under the circumstance where the terms and conditions of a guarantee are specific and clear, the guarantor only needs to consider whether the documents are superficially consistent with the terms and conditions of the guarantee whereas the performance of the underlying contract is not a relevant factor to be taken into consideration in the examination of documents. Since there were discrepancies between the documents in the case and the terms of the guarantee, the C Bank Zhejiang Branch's repeated refusal to pay was legal and valid. Therefore, the Intermediate People's Court of Hangzhou City of Zhejiang Province delivered a judgment to dismiss H Company's claim. H Company refused to accept the first-instance judgment and filed an appeal.

The High People's Court of Zhejiang Province, in the second instance, ruled that an independent guarantee is a contract with legally binding effect between the issuing bank and the beneficiary. Once the beneficiary accepts the terms of the guarantee or makes a claim for compensation to the issuing bank based on the terms of the guarantee, it means that the beneficiary voluntarily accepts all terms of the guarantee and is bound by them. The guarantee issued by C Bank Zhejiang Branch clearly stated the requirements for documents. When accepting the guarantee, the beneficiary, H Company raised no objection. In its claim for compensation, it should provide all documents consistent with the terms and conditions of the guarantee. In accordance with the provisions of Article 2 of the Uniform Rules for Demand Guarantees (ICC Publication No. 758), the standard for examination of documents as stated in the independent guarantee, the issuer should apply the doctrines of apparent compliance and strict compliance. The duplicate of the straight bill of lading submitted by H Company was significantly different in type from the duplicate of the order bill of lading as requested by the guarantee in this case. There were differences between the two duplicates in terms of international trade and maritime transport. C Bank Zhejiang Branch refused the payment on the grounds of discrepancies, which conformed to the stipulations of the guarantee. H Company alleged that the documents it submitted were not different from those as requested by the guarantee based on the performance of the underlying contract, which violated the principle of document transaction and the doctrine of apparent compliance in an independent guarantee. Therefore, the High People's Court of Zhejiang Province delivered a judgment to dismiss the appeal and affirm the original judgment.

Significance

An independent guarantee has important functions to serve as transaction guarantee, credit confirmation and to provide financing support. It has become an indispensable financial guarantee instrument in the process of Chinese enterprises “going out” and the Belt and Road Initiative construction. The people's court fully respected and applied the international transaction rules agreed upon by the parties in hearing an independent guarantee claim, which is crucial to accurately define the rights and obligations of the parties and safeguard the transaction order of independent guarantees. The independent guarantee in this case specified that the ICC's Uniform Rules for Demand Guarantee should be applicable. The courts of first and second instance adjusted the relationship of rights and obligations of the parties based on the ICC's Uniform Rules for Demand Guarantee, applied the doctrines of strict compliance and apparent compliance, and examined whether the documents strictly complied with the terms and conditions of the guarantee based on the submission of the documents, thereby determining the existence of discrepancies, which demonstrated the capability of the Chinese court in accurately applying international rules. The judgment in this case specified that a conclusion on apparent compliance may not be reached on the basis of the performance of the underlying contract, which reflected a full respect for the principle of document transaction and the principle of independence of the independent guarantee, equally protected the legitimate rights and interests of Chinese and foreign parties, and effectively guaranteed the transaction order of the independent guarantee. This case also reflects the importance of the Chinese banking industry in understanding and applying international financial transaction rules to protect its own rights and interests and effectively guard against financial risks.

Expert Commentary *

Independent guarantees have been broadly used in varieties of industries. Supporting documents for demand for payment under an independent guarantee are comparatively simple, usually requiring merely the demand itself or the demand along with the declaration from the beneficiary stating that the applicant has breached the contract. As a result, there are not many disputes over the compliance of a presentation. In this case, the guarantee, which was subject to URDG758, required the beneficiary H Company to submit documents including "a copy of the bill of lading made out to order, indicating freight collect and the applicant as the notify party" when demanding payment under the guarantee. The copy of the bill of lading presented by H Company indicated the applicant as the consignee and the notify party, which led to the rise of one of the primary disputes in this case, i. e. whether the discrepancy raised by C Bank Zhejiang Branch was valid or not.

H Company argued that it was not an issue of substance or difference for a copy of a bill of lading stating it was "made out to order" or "consigned to the applicant". However, the issuer of the guarantee, C Bank Zhejiang Branch, deemed that the presentation by H Company did not comply with the terms and conditions of the guarantee. The High People's Court of Zhejiang Province held that, in accordance with the standard specified in the independent guarantee, i. e. the rules in Article 19 of URDG758, the guarantor is obliged to apply the doctrine of apparent or strict compliance rather than that of mirror image or substance when examining the documents. Therefore, C Bank Zhejiang Branch

* Gao Xiang, Professor and Doctoral Supervisor, the Institute of Comparative Law at China University of Political Science and Law; Member of the International Commercial Expert Committee of the Supreme People's Court of the PRC.

shall examine whether the documents presented by H Company appeared on their face to comply with the terms and conditions of the guarantee. A copy of the bill of lading consigned to the applicant, which was presented by H Company, was apparently different from that made out to order, which was required by the guarantee. The differences between the two types of bills of lading were obvious in international trade and maritime transport. It is not inappropriate for C Bank Zhejiang Branch to deem that the documents presented by H Company were not a complying presentation. The court in this case has correctly applied the standard for the examination of documents under URDG758, which is in line with the prevailing view of the international legal writings and court cases regarding the issue.

I. Correct Application of the Standard for the Examination of Documents under URDG758

Article 19 of URDG758 states: "a. The guarantor shall determine, on the basis of a presentation alone, whether it appears on its face to be a complying presentation. b. Data in a document required by the guarantee shall be examined in context with that document, the guarantee and these rules. Data need not be identical to, but shall not conflict with, data in that document, any other required document or the guarantee." Article 2 of URDG758 states: "complying presentation under a guarantee means a presentation that is in accordance with, first, the terms and conditions of that guarantee; second, these rules so far as consistent with those terms and conditions; and third, in the absence of a relevant provision in the guarantee or these rules, international standard demand guarantee practice."

The above clauses have, firstly, clearly specified that the guarantor shall determine, on the basis of the presentation alone, whether it appears on its face to be a complying presentation. Secondly, to determine whether a presentation is complying or not, the guarantor shall examine the documents according to the three criteria and the hierarchy stated in the definition of complying presentation in Article 2 of URDG758. Accordingly, when determining whether a presentation is complying or not, the first step for the guarantor is to check whether the documents presented are complying with the terms and conditions of the guarantee.

In the case at hand, the terms and conditions of the guarantee clearly required the beneficiary to present a copy of a clean bill of lading made out to order, marked freight collect and named the applicant as the notify party, whereas the copy of the bill of lading presented by the beneficiary indicated the applicant as the consignee, which was a straight bill of lading. The consignee is one of the vital messages in a bill of lading, which is pivotal to the characterization of a bill of lading. Bills of lading are classified as order bills of lading and straight bills of lading. They are obviously different in law and in commercial function. A straight bill of lading clearly names a consignee, for which only a named consignee or the agent designated by it can demand delivery of the goods, therefore it has no negotiability. An order bill of lading states "To order" in the column "consignee", which can be transferred by endorsement and has negotiability. In this case, the guarantee required the beneficiary to present a copy of the order bill of lading, whereas H Company presented a copy of a straight bill of lading when demanding payment to C Bank Zhejiang Branch. It was not complying with the terms and conditions of that guarantee. H Company argued that whether a copy of a bill of lading was made out to order or indicating the applicant as its consignee was not of any substance and there was no distinction between them, its argument was deviating from the strict compliance doctrine. The court in this case has demonstrated its attitude and capability in correctly applying the international rules by its correct application of the standard for examination of documents under URDG758.

Ⅱ. The Prevailing View for the Standard for the Examination of Documents in International Legal Writings and Court Cases

The standard for the examination of documents is a critical issue facing all documentary transactions. A series of theories, including mirror image, strict compliance doctrine, substantial compliance doctrine and bifurcated standard, have been developed through international legal writings and court cases. The standard of strict compliance has become the prevailing standard. Strict compliance doctrine means that, when a beneficiary presents documents to a bank to demand for payment, the documents have to appear on their face to be strictly compliance with the letter of credit or independent guarantee, and any failure of the documents to conform will excuse the issuer's duty to honor the beneficiary's draft or demand for payment. For an independent guarantee, since its main function is to provide security and documents required by an independent guarantee are usually very simple, some argue that standard for examination of documents under an independent guarantee should be more liberal than that for a letter of credit. In fact, the standard for examination of documents under independent guarantees should be consistent with that for letters of credit, which should be strict compliance doctrine, a legal doctrine summarized and evolved from the standard for examination of documents under letters of credit. This position is supported by distinguished international experts in letters of credit and independent guarantees. Dr. Georges Affaki and Sir Roy Goode clearly state in their work, *Guide to ICC Uniform Rules for Demand Guarantees URDG*758, by saying that "as under the UCP, the principle of strict compliance of documents with the terms of the guarantee, though not expressly stated in the URDG, nevertheless applies to presentations under the URDG. If the documents do not strictly conform to the guarantee, their presentation is a non-complying presentation even if the non-compliance is of no practical significance and what is tendered is equally effective." Raymond Jack, in his book *Documentary Credits* (4th edition), after studying the cases in U. K., writes: "For my part I would respectfully doubt that there is less need for a doctrine of strict compliance in the field of performance bonds than in letters of credit." John Dolan, in his *The Law of Letters of Credit*, summarizes that the majority of cases follow the strict compliance rule and enforce the conditions of the credit punctiliously, a choice the 1995 Code indorses. ①

The strict compliance doctrine has been codified in UCC Article 5 (1995 revision), which says in 5-108 that "an issuer shall honor a presentation that, as determined by the standard practice referred to in subsection (e), appears on its face strictly to comply with the terms and conditions of the letter of credit. Except as otherwise provided in Section 5-113 and unless otherwise agreed with the applicant, an issuer shall dishonor a presentation that does not appear so to comply." In the U. S., independent guarantees are known as standby letters of credit, therefore the strict compliance doctrine in letters of credit is the standard for the examination of documents under independent guarantees.

While China's judicial interpretation regarding letters of credit has not literally stated the strict compliance doctrine in its text, the Supreme People's Court has clearly stated that China adopts strict compliance doctrine rather than substantial compliance doctrine in its explanation for the judicial interpretation. The judicial interpretation for independent guarantees takes the same position as to that for letters of credit.

The strict compliance doctrine applies to every independent undertaking, whether it is a commercial letter of credit, a standby letter of credit or an

① See John F. Dolan, *The Law of Letters of Credit: Commercial and Standby Credits*, 4th Edition, LexisNexis, p. 6-15, Volume 1 (2017).

independent guarantee. The prompt payment mechanism of independent undertakings require a document checker to determine in a limited time whether the documents are complying or not. To maintain the certainty of practical operation, it is impossible to require a document checker to determine whether the documents are substantially compliant with letters of credit or demand guarantees in a short period of time. Document checkers cannot be expected to have substantial legal or industrial knowledge other than essential techniques relating to documents examination. Courts that adopt the substantial compliance doctrine undermine the prompt payment feature of the independent undertakings, reduce their efficiency and result in higher costs for everyone who uses independent undertakings including demand guarantees. The reason the strict compliance doctrine should be maintained is that departure from it by requiring a document checker to judge whether a discrepancy is significant or substantial can lead to flexibility or uncertainty in document examination, which undermines the commerciality of an independent undertaking.

In this case, although the guarantee required a copy of the bill of lading made out to order, the copy of the bill of lading presented by the beneficiary indicated a named consignee, which was not complying with the terms and conditions of that guarantee according to the strict compliance doctrine. The beneficiary deviated from the strict compliance doctrine by claiming that for a copy of the bill of lading, whether it was made out to order or specified the applicant as consignee was not substantial and had no distinction. The court held that the guarantor should adopt the strict compliance doctrine for the examination of the documents under the independent guarantee rather than the substantial compliance doctrine. By doing so, the court demonstrated that its position is in line with that expressed in international legal writing and cases in this regard.

CASE 10

Anhui F Construction(Group)Co., Ltd.
v.
I P Oriental S. A.
(Performance Guarantee Fraud) *

Basic Facts

On January 16, 2010, I P Oriental S. A. (hereinafter referred to as "Oriental"), as the developer, Anhui F Construction(Group)Co., Ltd. (hereinafter referred to as "F Construction Company") as the contractor, and Anhui F Construction Central America Co., Ltd. (hereinafter referred to as "F Central America"), as the builder, signed a Construction Contract for the Lakeside Mansion Project in Costa Rica (the "Construction Contract") in San Jose, Costa Rica. The contract stipulated that the contractor was responsible for the construction of a mixed-use commercial and residential building.

On May 26, 2010, F Construction Company applied to the Anhui Provincial Branch of China C Bank(hereinafter referred to as "C Bank Anhui Branch") to issue a performance guarantee to Oriental with Banco de Costa Rica as the Reissuing Bank. The guarantee covered the Lakeside Mansion Project in Costa

* First Instance Case No.: (2012)Hefei Min Si Chu No. 00005
Second Instance Case No.: (2014)Wan Min Er Zhong No. 00389
Reopening Case No.: (2017)Zui Gao Fa Min Zai No. 134

Rica, with Oriental as the beneficiary. On May 28, 2010, Banco de Costa Rica issued the performance guarantee, with C Bank Anhui Branch as the guarantor, F Construction Company as the principal, and Oriental as the beneficiary, for an amount of USD 2, 008, 000, effective until October 12, 2011, and later extended to February 12, 2012. The guarantee was unconditional, irrevocable, and payable upon demand. The execution of the guarantee required the beneficiary to submit two copies of the proof of the grounds for execution to the Foreign Trade Department of Banco de Costa Rica, along with a notarized statement that notified F Central America of the breach date, and the original and amended guarantee documents.

Simultaneously, C Bank Anhui Branch issued a counter-guarantee to Banco de Costa Rica, numbered 3414××××000289, promising to pay the guarantee amount within 20 days upon receiving notice from Banco de Costa Rica. The counter-guarantee was also unconditional, irrevocable, and payable upon demand, and it adhered to the ICC's Uniform Rules for Demand Guarantees (URDG 458).

During the performance of the Construction Contract, on January 23, 2012, the project architects, Brenes and Mora, issued a Project Inspection Report, which identified issues with "shoddy construction" and "inferior quality" that required modifications or repairs.

On February 7, 2012, F Central America initiated arbitration against Oriental at the Dispute Resolution Center of the Costa Rican Association of Architects and Engineers, claiming that Oriental had failed to pay for completed construction work and seeking to terminate the contract and claim damages. On February 8, 2012, Oriental submitted a claim statement, a notice of breach, a statement of breach, and the Project Inspection Report to Banco de Costa Rica, requesting the execution of the guarantee. On February 10, 2012, Banco de

Costa Rica notified C Bank Anhui Branch of Oriental's claim and demanded payment under the guarantee by February 16, 2012.

In response to an application by F Central America, the Tribunal Ⅱ of the Administrative Litigation Court of the Republic of Costa Rica issued a temporary protection order on February 12, 2012, suspending the execution of the performance guarantee numbered G0××××5. On February 23, 2012, F Construction Company filed a lawsuit for guarantee fraud with the Intermediate People's Court of Hefei City, Anhui Province, requesting the suspension of payment under guarantees G0××××5 and 3414××××000289. The first-instance court ordered the suspension of payments under these guarantees and notified C Bank Anhui Branch on February 28, 2012. C Bank Anhui Branch subsequently informed Banco de Costa Rica of the court's decision and sent a copy of the court order, which was received by Banco de Costa Rica on March 5, 2012.

On March 6, 2012, the Tribunal Ⅱ of the Administrative Litigation Court of the Republic of Costa Rica ruled against F Central America's request for provisional measures and lifted the temporary protection order. On March 20, 2012, at the request of Banco de Costa Rica, C Bank Anhui Branch extended the validity of the counter-guarantee number 3414××××000289. On March 21, 2012, Banco de Costa Rica paid the amount under the guarantee G0××××5 to Oriental.

On July 9, 2013, the Costa Rican Association of Architects and Engineers issued an arbitration award, finding that Oriental had materially breached the contract and ordering the termination of the Construction Contract. Oriental was ordered to pay F Central America progress payments totaling USD 800,058.45 plus interest. The request for payment under the 19th progress invoice was denied due to a lack of acceptance by the developer. As the amount under the guarantee G0××××5 had already been paid, the request for a refund of the guarantee amount was denied.

Judgment

On April 9, 2014, the Intermediate People's Court of Hefei City, Anhui Province, delivered a first-instance judgment, finding that Oriental's claim under the performance guarantee G0××××5 constituted fraud. The court ordered the termination of payment under the counter-guarantee number 3414××××000289 by C Bank Anhui Branch and dismissed the other claims of F Construction Company. Oriental appealed the judgment. On March 19, 2015, the Anhui High People's Court dismissed the appeal and upheld the original judgment. Oriental then applied for reopening to the Supreme People's Court. On December 14, 2017, the Supreme People's Court issued a judgment, overturning the second-instance and first-instance judgments, and dismissed F Construction Company's claims.

The Supreme People's Court held that:

Regarding the issues of identifying fraud in independent guarantees, jurisdiction, and the applicable law in this case, the case is a foreign-related commercial dispute as the parties involved, Oriental and Banco de Costa Rica, are located outside of China. According to Article 8 of the *Law of the People's Republic of China on Choice of Law for Foreign-Related Civil Relationships*, which states that "*lex fori* shall apply to the determination on the nature of foreign-related civil relations", the nature of this case is that of fraud in an independent guarantee, as asserted by the F Construction Company in its lawsuit before the court of first instance. The independent counter-guarantee at issue was issued by C Bank Anhui Branch, and the location of this branch should be considered the place where the alleged infringement claimed by F Construction

Company occurred. Consequently, the court of first instance, located at the place of the alleged infringement, has jurisdiction over this case. Since the disputed guarantee specifies the application of URDG 458, these rules should be considered part of the disputed guarantee. According to Article 44 of the *Law of the People's Republic of China on the Application of Law in Foreign-Related Civil Relationships*, which states that "the laws at the place of tort shall apply to liabilities for tort," any issues regarding the recognition of fraud not covered by the URDG should be governed by the laws of the People's Republic of China. China has not acceded to the *United Nations Convention on Independent Guarantees and Stand-by Letters of Credit*, nor have the parties in this case agreed to apply the convention or incorporate its relevant provisions into the guarantee as international trade rules. Therefore, based on the principle of party autonomy, the convention should not be applied in this case.

According to Article 68 of the *Opinions of the Supreme People's Court on Several Issues Concerning the Implementation of the General Principles of Civil Law of the People's Republic of China (for Trial Implementation)*, fraud is primarily manifested through fabricating facts and concealing the truth. Based on the facts ascertained in the reopening, Banco de Costa Rica issued Performance Guarantee No. G0××××5, which clearly stipulated the documents required for enforcing the guarantee. F Construction Company alleged that Oriental's actions constituted fraud under the independent guarantee and was required to provide evidence proving that Oriental engaged in one of the following behaviors when enforcing the independent guarantee: (a) submitting false or forged documents; or (b) making a claim with no factual basis or credible justification.

In this case, the guarantee covered construction quality and other breaches of contract. Therefore, the beneficiary only needed to submit preliminary evidence showing the existence of construction quality issues to satisfy the requirement for “documentary evidence explaining the reasons for enforcing the guarantee.” During the performance of the underlying contract, the project supervisors of Oriental, Brenes and Mora, issued a Project Inspection Report on January 23, 2012, which identified issues such as “poor construction” and “inferior quality” that required modifications or repairs. This report served as preliminary evidence of the construction quality issues.

In this case, the parties did not explicitly stipulate in the construction contract or the guarantee that the Project Inspection Report must be submitted to Banco de Costa Rica for the enforcement of the guarantee. Consequently, Oriental was entitled to choose the type of “documentary evidence explaining the reasons for enforcing the guarantee” to submit to Banco de Costa Rica at its own discretion, and whether the report was submitted or not did not affect its right to enforce the guarantee. Additionally, the construction contract and the guarantee did not require that the report be issued by AIA International Architects or by personnel with international membership in the American Institute of Architects. F Construction Company was aware that Brenes and Mora were the project supervisors appointed by the developer (Oriental), and when they issued the Project Inspection Report and received payment, F Construction Company recognized their supervisory roles. Therefore, F Construction Company's attempt to use the same evidence that it previously accepted as proof of the supervisors' roles to challenge the authenticity of the Project Inspection Report issued by them lacks logical consistency.

Since F Construction Company failed to provide other evidence to prove that Oriental's enforcement of the guarantee lacked any factual basis or involved the submission of false or forged documents, Oriental had factual grounds to apply to Banco de Costa Rica for the enforcement of the guarantee.

Significance

This case reaffirmed the principle of limited review in the determination of fraud in independent guarantees, and it defines the specific application of this principle. The scope of review of the underlying transaction should be limited to whether the beneficiary knowingly claimed that the other party to the underlying contract was in breach of the contract or other facts justifying payment under the independent guarantee. The case also thoroughly discussed key practical issues such as the standards for identifying and excluding fraud, the dual abuse of rights standard in determining fraud in independent counter-guarantees, and various important issues in the field of private international law. These include the identification of applicable law in cases involving independent guarantees and fraud, the evidentiary value of foreign judgments in domestic civil litigation, and the assessment of conditions for recognizing fraud in relation to foreign arbitral awards and guarantees. The case offered significant guidance for the adjudication of disputes involving fraud in independent guarantees. Properly handling such disputes is crucial for enhancing the legal competitiveness of Chinese banks and non-bank financial institutions in the context of the Belt and Road Initiative and the global expansion of Chinese enterprises. It also plays a vital role in promoting the healthy development of China's new open economy, as well as in the construction of a first-class, market-oriented, law-based, and international business environment.

Expert Commentary *

This case mainly involves the examination and determination of independent

* Gao Xiang, Professor and Doctoral Supervisor, the Institute of Comparative Law at China University of Political Science and Law; Member of the International Commercial Expert Committee of the Supreme People's Court of the PRC.

L/G fraud in international contracted construction projects.

This case is of typical and guiding significance in determining the facts involved and presents a textbook model of transactions for independent L/G in international contracted construction projects: Oriental (the developer of the construction project and the beneficiary of the L/G involved in this case) on one side and F Construction Company (the contractor of the project and the principal of the L/G) together with its subsidiary F Central America on the other inked an underlying contract, namely the Construction Contract, on the completion by F Construction Company for Oriental of the Lake side Mansion Resort Project in the City of San Jose, Republic of Costa Rica, and the provision by F Construction Company to Oriental an independent L/G to provide guarantee to "the quality and durability of used building materials, the damage and losses to be compensated or made up for arising from or in connection with the said Construction Contract, and/or the compensation from the non-performance of the contractor." Banco de Costa Rica, as the issuer of the independent L/G issued No. G0××××5 Performance Bond to and in favor of Oriental (the beneficiary of the independent L/G), and meanwhile, C Bank Anhui Branch (the issuer of the independent counter-guarantee) issued No. 3414××××000289 independent counter-guarantee to and in favor of Banco de Costa Rica (the beneficiary of the independent counter-guarantee) to undertake that Banco de Costa Rica shall be fully compensated in time if the payment under No. G0××××5 L/G is claimed and made.

A dispute occurred on the performance of the Construction Contract between the Parties thereof. On February 7, 2012, F Construction Company filed the dispute for arbitration with Institute for Dispute Resolution under Colegio Federado de Ingenieros y de Arquitectos de Costa Rica (hereinafter referred to as

"CFIA") on the grounds of Oriental's material breach of contract. On February 8, 2012, Oriental made a claim for the payment under the performance bond with Banco de Costa Rica. At the request of F Construction Company, the Tribunal Ⅱ of the Administrative Litigation Court of the Republic of Costa Rica (hereinafter referred to as "Costa Rican Court") issued an injunction on interim measures of protection on February 12, 2012, ordering Banco de Costa Rica to suspend the performance of No. G0××××5 Performance Bond. On February 23, 2012, F Construction Company lodged a lawsuit over the L/G fraud dispute with the Hefei Intermediate People's Court of Anhui Province (hereinafter referred to as "CFI") and applied for the suspension of the payments under No. G0××××5 L/G and No. 3414××××000289 L/G. F Construction Company contended that Oriental had breached the underlying contract, the dispute over payment obligations thereunder was still under arbitration, and an injunction to suspend payments has been issued by the Costa Rican Court, Oriental continued to request Banco de Costa Rica to honor the aforesaid L/G. F Construction Company held that such an act from Oriental was a violation of the principle of good faith, thus constituting the L/G fraud.

The CFI made a court order on February 27, 2012, that the payments under No. G0××××5 L/G and No. 3414××××000289 L/G should be suspended, and served the said court order to C Bank Anhui Branch on February 28, 2012. On February 29, 2012, C Bank Anhui Branch notified Banco de Costa Rica of the particulars of the aforementioned civil order. On March 6, 2012, the Costa Rican Court lifted the injunction on interim measures of protection. On March 20, 2012, at the request of Banco de Costa Rica, C Bank Anhui Branch extended the validity period of No. 3414××××000289 L/G. On March 21, 2012, Banco de Costa Rica made the payment under No. G0××××5 L/G to Oriental. On April 9, 2014, the CFI made the civil judgments: (a) Oriental's claim for payment under No. G0××××5 Performance Bond constituted fraud; and(b)C Bank Anhui Branch shall not make the payment under No. 3414 × × × × 000289 counter-guarantee to Banco de Costa Rica. Oriental appealed against the judgment made by the High People's Court of Anhui Province(hereinafter referred to as "CSI") and has filed a petition for reopening this case with the Supreme People's Court of the People's Republic of China (hereinafter referred to as "SPC"), which reversed the judgments made by the CFI and the CSI on December 14, 2017.

Ⅰ. How to Examine Underlying Transactions in Independent L/G Fraud Cases

The issue in this case is whether or not the beneficiary Oriental's claim for payment under the L/G has committed the L/G fraud. In the case that either Party alleged that the other Party had breached the contract in the underlying contract performance, and claimed their rights under the underlying transaction, therefore, it must be determined that whether the beneficiary's claim for payment has factual basis under the underlying contract. In the view of SPC, where the people's court handles independent L/G cases and counter-guarantee cases relating to an independent L/G, the principles of limitation and necessity shall be followed in examining the underlying transaction, and the examination scope shall be limited to the fact that whether or not the beneficiary clearly knows that the counterparty to the underlying contract does not breach the underlying contract, or that there are no otherwise causes justifying a payment under an independent L/G. Otherwise, the examination of the underlying contract would undermine the practical value of the "Payable on Demand" of an independent L/G, that is to say, SPC holds that a comprehensive examination of the performance of underlying contracts in such cases shall not be done.

This approach is an innovative procedural statement, fully demonstrating SPC's attitude in dealing with "L/G fraud exceptions" cases and its respect for the independence of an independent L/G, inflicting minimal interference in honoring an independent L/G. In an independent L/G transaction, an independent L/G is to effectively bind and procure the principal to fulfill his obligations under the underlying contract according to required quantity, quality and schedule, and if the principal breaches the underlying contract, the L/G beneficiary can demand that the L/G issuer pays the amount under the independent L/G to get remedies as soon as possible, and/or gain the advantageous position of possessing the funds under the independent L/G in the subsequent dispute settlement(if any). And then, in a case where the principal initiates legal proceedings on the grounds of the fraud exceptions, the comprehensive examination of the performance of underlying contracts would lead to a prolonged process, leaving the beneficiary unable to get quick payments and thus letting the independent L/G be deprived of its intended commercial value. Indeed, it has been proven in numerous cases that, despite being well aware of the commercial workings and values of an independent L/G, it usually takes longer for courts and arbitral tribunals to deal with L/G fraud exceptions disputes. Take this case as an example. Only the domestic procedures took more than two years from the initiation of the suit on February 23, 2012 by F Construction Company to its close on April 9, 2014 at the CFI. With the appeal and case-reopening added, the case could not be truly concluded until December 14, 2017, lasting nearly six years. By then, the practical value of the "Payable on Demand" of the independent L/G had been virtually completely undermined, rendering it worthless. Therefore, this innovative approach by SPC has carried good demonstration significance and procedural guidance for Chinese courts in their hearing cases of independent L/G fraud exceptions.

Ⅱ. Does the Claim for the Payment under an Independent L/G by the Beneficiary in Breach Constitute Fraud

As the dispute in this case occurred, F Construction Company filed it with CFIA for arbitration on February 7, 2012 on the grounds of Oriental's material breach of contract. CFIA ruled on July 9, 2013 that Oriental, the independent L/G beneficiary, committed a material breach of the underlying contract, and Oriental shall pay F Construction Company, the independent L/G principal, the scheduled payments of USD 800, 058. 45 in total due for the completed works and corresponding interests thereon, and the Construction Contract is terminated. Under such circumstance, did Oriental, as the beneficiary of the independent L/G in material breach of contract, still have the right to make a claim for the payment under the independent L/G to Banco de Costa Rica, the issuer thereof? In other words, under this circumstance (namely a beneficiary has already been in breach), did its request for the payment under the independent L/G constitute fraud or abuse the right of claim thereunder?

In the view of SPC, the L/G in this case was to guarantee the construction quality and other breaches of contract, whereas there is no logical causation between the fact that the beneficiary failed to pay the scheduled payments and the quality problems of the completed construction works. The breach of contract of Oriental itself as the independent L/G beneficiary in its performance of the underlying contract shall not necessarily constitute a fraudulent demand under the independent L/G. This view held by SPC is desirable in that it is mandated by the nature and commercial functions of an independent L/G. The independent L/G is a transaction instrument of "Pay First and Argue Later". Under the circumstances of an independent L/G, if affirming no nonperformance by itself or excessive demand by the beneficiary after the payment is made by the issuer, the principal may, according to the underlying contract, request the beneficiary to refund the undeserved payments. While both the principal and the issuer thereof must understand and respect this feature of an independent L/G, it also does not mean that, once having received the payment under the independent L/G, the beneficiary is completely discharged of its obligations and responsibilities. If and when it is proven that there are undeserved payments or the amount under the independent L/G is not sufficient for the damages arising from the other Party breach of contract, the beneficiary shall settle related balances in accordance with the underlying contract and following the principle of "returning the overpayment and demanding the underpayment. " In international contracted construction projects, an independent L/G is to effectively bind and procure the foreign contractor to fulfill his obligations under the underlying contract according to required quantity, quality and schedule, and if and when the contractor fails to perform, or improperly performs, the underlying contract, the developer has the right to demand the issuer and/or the guarantor to pay the amounts as set forth in the independent L/G. On the basis of the independence and documentation principles and transaction features of an independent L/G, the guarantor shall make payments according to the provisions of the independent L/G in the case that the documents presented by the developer are in conformity with requirements thereof. The employment of an independent L/G, in essence, is to have the negotiated consensus between the Parties being incorporated in the underlying contract, and therefore, the beneficiary's right of claim to get the payment under the independent L/G should not be deprived of, and the nature of "Pay First and Argue Later" of an independent L/G should not be changed, simply by a breach of contract under the underlying contract. The term "breach of contract" herein, of course, means a breach of contract under the underlying contract by either Party or both Parties. Therefore, it should not be determined only based on the beneficiary's breach of contract under the underlying contract, or even the "material breach of contract under the underlying contract" as known in this case, that the beneficiary abused his right of claim, constituting the independent L/G fraud, and was deprived of his right to claim the payment under the independent L/G.

Of course, the independence and the "Pay First and Argue Later" mechanism of an independent L/G do not apply absolutely and unconditionally. To prevent a very few beneficiaries from abusing their right of claim by exploiting the independence of an independent L/G, there are legal provisions that fraud exceptions shall apply to an independent L/G. Yet, to protect the commercial applicability of an independent L/G and discourage excessive use of the fraud exception system, both judicial practice and legal provisions set draconian requirements on the minimum fraud extent to which the fraud exception system applies: fraud exceptions apply only under extreme circumstances, such as the beneficiary's payment claims are "absolutely unjustified by facts", ① there exists obvious evidence that "no payment should be made according to the basis as stated in payment claims and supporting documents", ② or "the beneficiary affirms that the debts under the underlying transactions have been fully performed or discharged". ③

This case is not obviously among those extremes mentioned above. In this case, the purpose of the independent L/G stipulated in the underlying contract is to "guarantee the quality and durability of used building materials, the damage and losses to be compensated or made up for arising from or in connection with the Construction Contract, and/or the compensation from the non-performance

① See the official comments on Articles 5-109 of the *Uniform Commercial Code*.

② See Article 19(1)(2) of the *United Nations Convention on Independent Guarantees and Stand-by Letters of Credit*.

③ See Article 12(4) of the *Provisions of the Supreme People's Court of the People's Republic of China Concerning Some Issues in the Trial of Independent L/G Dispute Cases*.

of the contractor", namely, the guaranteed matters of the L/G are the construction quality and other breaches of contract. Along with its payment claim, the beneficiary provided documents in conformity with the terms and conditions of the independent L/G, including the Project Engineering Inspection Report issued on January 23, 2012 by Brenes and Mora, Project Supervisors appointed by Oriental, which affirmed that the project components undertaken by F Central America are of "inferior quality" and "shoddy construction", and some parts of them should be rectified or repaired. This sufficed in demonstrating that the beneficiary's payment claim was not "absolutely unjustified by facts".

Ⅲ. How to Deal with the Independent Counter-guarantee in Case of Independent L/G Fraud

This is a tricky issue in dealing with virtually all independent L/G fraud cases involving foreign parties. In the view of SPC, given the features of an independent L/G, it should not be presumed, even though the beneficiary of an independent L/G makes a fraudulent payment claim, that the guarantor bank makes a fraudulent claim under the independent counter-guarantee. Only when having clearly known that the beneficiary of the independent L/G is engaged in a fraudulent claim, having made the payment to the said beneficiary against the basic principle of good faith, and then, in turn, making a claim to the counter-guarantor bank for the payment under the independent counter-guarantee, such an act of the guarantor bank can be determined as a fraudulent demand under the independent counter-guarantee. In terms of this case, having initiated a lawsuit on the grounds of an L/G fraud, F Construction Company should present evidence to demonstrate that Banco de Costa Rica clearly knew that Oriental was engaged in a fraudulent claim but still made the payment to Oriental against the basic principle of good faith, then further made a claim for the payment to the counter-guarantor bank in the capacity of the beneficiary of the independent counter-guarantee, and thus constituted a fraudulent demand under the counter-guarantee. In fact, F Construction Company could not prove that Banco de Costa Rica's payment to Oriental was an independent L/G fraud, and also failed to present evidence that Banco de Costa Rica committed fraud in its own claim under the independent counter-guarantee, so the request by F Construction Company to stop payment under the independent counter-guarantee had no factual basis.

SPC's viewpoint on this issue is quite right. According to the independence principle of an independent L/G, No. G0××××5 Performance Bond and No. 3414××××000289 independent counter-guarantee herein are separate from and independent of each other, albeit being closely related between them.① A fraud under a performance bond, if any, does not necessarily mean that there is also a fraud under the independent counter-guarantee. Generally speaking, in a case like the performance bond in this case, the contractor's allegation alone that the performance bond issuer's payment under the performance bond is dishonest or fraudulent does not suffice in determining so in that the performance bond issuer shall be subject to the payment obligation of the first priority to the performance bond beneficiary, and shall not refuse to make the payment under the performance bond to the performance bond beneficiary just on the grounds of the contractor's allegation of fraud by the performance bond beneficiary. Except for being unwilling of its own to make the payments under the performance bond, the performance bond issuer shall not refuse to make the payments to the performance bond beneficiary unless being ordered to suspend

① See Article 2 (2) and (3) of the *Uniform Rules for Demand Guarantees* No. 458. 1992 Edition and Article 5 of the *Uniform Rules for Demand Guarantees* No. 758. 2010 Edition applicable to this case.

the said payments. Moreover, on the basis of the principle of independence of an independent L/G, even if there is a fraud under the independent L/G committed by the beneficiary hereof, the payment under the independent counter-guarantee shall not be suspended unless there is evidence that the guarantor bank also made a fraudulent claim under the said independent counter-guarantee. Still, there was a fact to note in this case that Banco de Costa Rica had already known that the court order to suspend the payment under the independent performance bond had been issued by the CFI in China prior to its payment to Oriental. So, under this circumstance and at this moment, Banco de Costa Rica's payment to Oriental was risky. As far as the outcome of this case is concerned, there is no need to discuss further the issue of whether or not Banco de Costa Rica's payment was made in good faith now that the contractor F Construction Company failed to prove that the payment claim under the performance bond made by the developer Oriental was fraudulent.

The holding in this case has shown that, in determining the applicability of fraud exceptions, SPC followed and upheld very draconian standards, reflecting its value orientation of safeguarding and upholding the independence and commercial applicability of an independent L/G, which is conducive to enhancing the international business community's acceptance and recognition of an independent L/G issued by a Chinese bank and to maintaining and promoting the stability and reliability of independent L/G transactions.

CASE 11

Jiangsu T Boiler Co. , Ltd.
v.
PT. K Engineering Co. , Ltd. & Wuxi Branch of C Bank Co. , Ltd.
(Demand Guarantee Fraud) *

Basic Facts

Jiangsu T Boiler Co. , Ltd. (hereinafter referred to as "T Company") and PT. K Engineering Co. , Ltd. (hereinafter referred to as "K Company") entered into an agreement to complete a generator set construction project. In the contract between the two parties, it is clearly stipulated that in the case of revising the contract, the solely acceptable way of revision should be in the form of a contract amendment and any other contents expressed in the form of meeting minutes, faxes and others shall not have the effect of changing the contract. If T Company breached the contract, K Company may demand a payment under a demand guarantee. Afterwards, K Company required the Guarantor, Wuxi Branch of C Bank Co. , Ltd. , to pay the demand in the guarantee on the ground that T Company had breached its contract obligation.

---

* First Instance Case No. : (2011)Xi Shang Wai Chu No. 0023
Second Instance Case No. : (2013)Su Shang Wai Zhong No. 0006

T Company filed a lawsuit, claiming that both parties have modified the contract through meeting minutes, and that K Company's demand did not comply with the contractual terms and constituted a fraud. Consequently, T Company requested a stop payment of the guarantee. The Intermediate People's Court of Wuxi City of Jiangsu Province dismissed T Company's claims in the first instance, and T Company appealed.

Judgment

The High People's Court of Jiangsu Province held that, the court's review of the underlying contract was limited to whether the beneficiary knowingly abused the right to claim by maliciously claiming despite the absence of a breach of contract or other payment due under the underlying transaction. The Court held that the meeting minutes in which the terms of the contract were revised but following forms and procedures different from those stipulated in the original contract did not produce the effect of changing the contract. Even if there were disputes over the nature of the guarantee clause, conditions for payment, or any other like terms or stipulations of the underlying contract, a beneficiary's demand for payment in accordance with the conditions set out by the bank when issuing the guarantee does not constitute a fraud. Payment under the guarantee should comply with the rule of "pay first, argue later". Therefore, on May 27, 2014, the High People's Court of Jiangsu Province rendered the final judgment of this case, upholding the first-instance judgment.

Significance

In this case, the High People's Court of Jiangsu Province fully respected the applicable international transaction practices agreed by the parties. In its adjudication, the court adopted the International Chamber of Commerce's rule of "pay first, dispute settlement later" on demand guarantees, strictly interpreted the standards on demand guarantee fraud, safeguarded the beneficiary's legal right to promptly receive payment under the guarantee, and maintained the international financial order. This case was featured in the September 2014 issue of American *Documentary Credit World* Magazine. Furthermore, the case underscores the necessity for Chinese enterprises going global to fully understand the characteristics of international financial settlement and guarantee tools, as failing to strictly comply with contractual terms can result in significant legal risks.

Expert Commentary *

This case primarily involves the determination of fraud in the underlying contract under independent guarantees, as well as the impact of modifications to the underlying contract on the determination of fraud under independent guarantees.

Ⅰ. Determination of Fraud in the Underlying Contract under Independent Guarantees

On this issue, the High People's Court of Jiangsu Province held that when determining fraud in the underlying contract involving independent guarantees, the court should not conduct a comprehensive review of the underlying transaction. However, it can conduct a necessary and limited review of the contents related to the underlying contract and the performance thereof. The scope of this limited review should be confined to whether the beneficiary was

---

* Gao Xiang, Professor and Doctoral Supervisor, the Institute of Comparative Law at China University of Political Science and Law; Member of the International Commercial Expert Committee of the Supreme People's Court of the PRC.
Guo Yao, Postdoctoral Researcher, School of Law at the University of International Business and Economics.

aware that the debtor in the underlying transaction was not in breach of the contract or any other facts that would warrant payment, and still maliciously abused the right to demand payment. If the applicant can sufficiently and clearly demonstrate that it has fully performed its obligations under the underlying transaction, and the beneficiary's payment request can be unequivocally recognized as fraudulent, then it can be held as guarantee fraud. The existence of a dispute regarding the performance of the underlying transaction cannot be grounds for determining fraud. For facts that are significantly disputed by both parties and require determination by a judicial or arbitration authority with jurisdiction over the underlying contract, full respect should be given to the "pay first, argue later" commercial arrangement established by the rules of the independent guarantee. In this case, since T Company failed to provide evidence that it had fully performed its obligations under the underlying contract, K Company's claim for the full amount based on T Company's breach, and in accordance with its understanding of the claim provisions of the underlying contract, and as per the requirements of the advance payment guarantee, cannot be held fraudulent.

The judgment and rationale in this case align with the rules referenced by the guarantee and adhere to the fundamental principles of the independent guarantee. They fully demonstrate the correct understanding by Chinese courts of the relationship between independent guarantees and underlying transactions, and the steadfast maintenance of the independence principle of independent guarantees. Furthermore, they reflect equal treatment of both domestic and foreign parties and a deep respect for international rules governing independent guarantees. As the first case in China to explicitly emphasize the "pay first, argue later" nature of independent guarantees, this judgment holds significant guiding and referential value for the adjudication of similar cases by courts in

China and other jurisdictions.

The first-instance judgment in this case was rendered on November 8, 2012, and the second-instance judgment on May 27, 2014, both of which were prior to the promulgation of the *Provisions of the Supreme People's Court on Several Issues Concerning Trial of Disputes over Independent Guarantee* (hereinafter referred to as "SPC Independent Guarantee Provisions"). In fact, the SPC Independent Guarantee Provisions and subsequent cases adjudicated thereafter have adopted a stance similar to that of this case regarding the determination of fraud in the underlying contract under independent guarantees.

Article 12 of the SPC Independent Guarantee Provisions stipulates five specific circumstances of fraud in the underlying transaction: (a) the beneficiary makes up a false underlying transaction by colluding with the applicant or other people; (b) the third party's documents presented by the beneficiary are counterfeit or contain false information; (c) the debtor under the underlying transaction is deemed to be free of payment or indemnity liability by the court decision or arbitration award; (d) the beneficiary confirms that the debt obligation under the underlying transaction has been fulfilled in full or that the expiry-triggering event stated in the independent guarantee does not occur; and (e) other circumstances where the beneficiary having no right to demand payment abuses such right on purpose. This means that when the underlying transaction is fictitious or the contract has been fully performed, the beneficiary lacks the substantive rights originally secured by the guarantee. In such cases, the beneficiary's exercise of the right to demand payment violates the purpose of the independent guarantee, which is to secure the performance of the underlying contract, thereby constituting an abuse of rights. This provision is similar to the regulation of material fraud in letters of credit under Article 5 of the 1995 version of the U. S. Uniform Commercial Code (UCC). The official commentary on the UCC notes that for material fraud to be established, it must be based on the fact that the beneficiary's claim to payment has no substantive basis.

In the case of the independent guarantee dispute between Z New Energy Development Co., Ltd. and Baoding T Baobian Electric Co., Ltd.,① the main contract was terminated as confirmed by the award of the International Chamber of Commerce's International Court of Arbitration, rendering the purpose of the subsidiary contract unachievable. Consequently, the applicant refused to renew the guarantee. Despite being aware of this situation, the beneficiary still demanded payment on the grounds of the applicant's breach. Under these circumstances, the court determined that the underlying relationship originally supported by the guarantee no longer existed, and the beneficiary's payment demand constituted an abuse of rights. In other words, when the underlying contract is terminated and there is no longer a legal relationship between the applicant and the beneficiary, the beneficiary's demand for payment constitutes guarantee fraud.

However, if a court judgment or arbitration award determines that the debtor of the underlying transaction still has performance or other obligations, the beneficiary is entitled to demand payment from the guarantor upon presentation of the relevant documents. In the case of Guangxi W and P Construction Group Co., Ltd. and China P C Municipal Construction Group Co., Ltd. involving letter of credit fraud,② although the arbitration award determined that the underlying contract had been terminated, the primary fault for the termination lay with the applicant, who remained liable for compensation to the beneficiary. Therefore, the court held that the beneficiary's action of

① The Intermediate People's Court of Baoding City of Hebei Province, (2018) Ji 06 Min Zhong No. 4480.

② The High People's Court of Guangxi Zhuang Autonomous Region, (2020) Gui Min Zhong No. 802.

demanding payment from the guarantor upon presentation of the documents did not constitute an abuse of rights.

Ⅱ. The Impact of Modifications to the Underlying Contract on the Determination of Guarantee Fraud

In practice, the documents stipulated under independent guarantees often include or are limited to a declaration of default. This creates an inevitable connection between the payment under the guarantee and the underlying contract, particularly when the court needs to verify whether the beneficiary's payment request aligns with the actual situation, which involves reviewing the underlying contract. If, upon review, the contract modification is found to be valid and the payment request does not align with the modified contract, does the beneficiary's payment request constitute guarantee fraud? From a legal perspective, based on the principle of independence, unless the payment conditions of the independent guarantee are also modified as a result of changes to the underlying contract, modifications to the underlying contract should not affect the independent guarantee. The guarantor's obligation to pay depends solely on whether the documents submitted by the beneficiary comply with the terms of the guarantee. Returning to this case, even if the 6. 15 Meeting Minutes were held valid modifications, the minutes merely added new obligations for the applicant without fully absolving the applicant of its obligations under the underlying contract. Furthermore, based on the facts of the case, T Company did not fulfill the obligations stated in the meeting minutes, thus constituting a breach of contract. Therefore, the beneficiary had a reasonable basis for demanding payment from the guarantor, and such a request did not constitute an abuse of the right to demand payment.

CASE 12

Fourth Engineering Bureau of the China I Co. , Ltd.
v.
China C Engineering Co. , Ltd.
(Guarantee Fraud) *

Basic Facts

On October 2, 2013, China C Engineering Co. , Ltd. (hereinafter referred to as "C Company") signed a general contracting agreement with the Bolivian owner for Section I of the Montero-Bulo Bulo Railway Project. On April 4, 2014, C Company signed a subcontract with the Fourth Engineering Bureau of the China I Co. , Ltd. (hereinafter referred to as "Fourth Engineering Bureau"). At the request of the Engineering Bureau, China C Bank (hereinafter referred to as "C Bank") Railway Branch issued a Prepayment Guarantee to C Company. The guarantee stated: "The Bank hereby guarantees that it will, within seven (7) working days of receipt of your written claim notice stating that the Second Party has failed to perform its contractual obligations in accordance with the contract, unconditionally pay the full amount of up to CNY 66, 315, 000 without the need for you to submit any supporting documents. This guarantee shall take

---

* First Instance Case No. : (2015) Qing Min Er Chu No. 88
Second Instance Case No. : (2019) Zui Gao Fa Min Zhong No. 349

effect from the date of issuance and remain in effect until the First Party has deducted all prepayments ..." On November 3, 2015, the Bolivian owner terminated the general contracting agreement. In the same month, C Company issued a written claim notice to C Bank Railway Branch, and C Bank Railway Branch issued a payment notice to the Fourth Engineering Bureau. The Fourth Engineering Bureau filed a lawsuit requesting confirmation that C Company's claim under the Prepayment Guarantee constituted fraud and that the payment under the guarantee should be terminated.

Judgment

The Supreme People's Court held that, the prepayment for the project in question was financing provided by C Company to the Fourth Engineering Bureau to start the project. As long as the prepayment has not been fully deducted, C Company's right to claim compensation is not affected regardless of whether the prepayment has been fully used for the project in question. The prepayment guarantee does not contain a reduction clause, and its amount cannot be automatically adjusted according to Fourth Engineering Bureau's performance of the contract. As the beneficiary, C Company does not need to prove that its claim amount is the amount payable under the underlying relationship, and its full claim under the prepayment guarantee does not constitute a fraudulent claim.

Significance

The construction of the Belt and Road Initiative involves a large number of Chinese-funded enterprises undertaking infrastructure projects in the host countries, which are characterized by long construction periods and large contract amounts. Among them, prepayment guarantees are an important financial instrument to ensure the smooth progress of the contracting projects. In judicial practice, there is a lack of consensus on whether the beneficiary of the guarantee still has the right to claim when the events specified in the prepayment guarantee expires, and whether the full amount of the beneficiary of the guarantee constitutes an abuse of right to the claim payment and thus fraudulent claim. This judgment clarified that when prepayment guarantee does not clearly specify a reduction clause, the beneficiary's full claim of the prepayment guarantee should not be considered as an abuse of the right to claim payment. It also made accurate determinations on the nature of the prepayment for projects, the scope of guarantee of prepayment guarantees, and exceptions to fraud under prepayment guarantees, which has important reference value for the handling of such cases.

Expert Commentary *

The focus of the dispute in this case is whether the beneficiary's full demand under the independent guarantee constitutes fraud when the reduction clause in the underlying contract was not included in the terms of the independent guarantee. The High People's Court of Qinghai Province found that the beneficiary's demand was on its face compliant and that the preliminary evidence suggested the applicant had breached the underlying contract, thus ruling that the demand was not fraudulent. The Supreme People's Court held that the right to demand under an independent guarantee is protected by the principles of independence and documentary compliance. Since the agreements

---

* Gao Xiang, Professor and Doctoral Supervisor, the Institute of Comparative Law at China University of Political Science and Law; Member of the International Commercial Expert Committee of the Supreme People's Court of the PRC.

Lu Jiarun, PhD candidate, Faculty of Law at The Chinese University of Hong Kong.

on advance payment reductions and liquidated damages in the subcontract were part of the underlying transaction and not provided in the terms and conditions of the independent guarantee, the payable amount of the guarantee could not be reduced. Therefore, the full demand of the guarantee did not constitute fraud. A few points on the reduction of guarantees and guarantee fraud are offered below.

Ⅰ. Reduction of the Amount of Independent Guarantees

Reduction clauses in independent guarantees are common in advance payment guarantees and performance guarantees. The advantage of reduction clauses is that when the reduction conditions are met, the guarantee liability can be released for the corresponding amount without the beneficiary's consent.

Article 25(a)and Article 13 of the Uniform Rules for Demand Guarantees published by the International Chamber of Commerce as its publication No. 758 (hereinafter referred to as "URDG 758")stipulate the rules for the reduction of independent guarantees. Article 25(a) states: "The amount payable under the guarantee shall be reduced by any amount: i. paid under the guarantee, ii. resulting from the application of Article 13, or iii. indicated in the beneficiary's signed partial release from liability under the guarantee." Article 13 specifies: "A guarantee may provide for the reduction or the increase of its amount on specified dates or on the occurrence of a specified event which under the terms of the guarantee results in the variation of its amount, and for this purpose the event is deemed to have occurred only: a. when a document specified in the guarantee as indicating the occurrence of the event is presented to the guarantor, or b. if no such document is specified in the guarantee, when the occurrence of the event becomes determinable from the guarantor's own records or from an index specified in the guarantee." According to these provisions, for a reduction to take place under an independent guarantee, two basic conditions must be met:

(a)the reduction clause must be stipulated in the terms of the guarantee; and (b)the terms of the guarantee must stipulate the documents to be presented. In practice, the documents typically required a reduction clause include invoices and waybills.

The above provisions reflect the principle of documentary compliance in the law of independent guarantees, whereby the issuer decides on payment solely based on the documents presented. If a reduction clause does not provide the documents to be presented and only stipulates that the guarantee amount decreases with the progress of the underlying transaction, the payable amount of the guarantee does not decrease accordingly. If the reduction clause is only stipulated in the underlying contract and not reflected in the terms of the guarantee, it does not reduce the issuer's payment obligation. This is demonstrated by the principle of independence of the guarantee.

Ⅱ. Reduction of the Amount of Independent Guarantees and Fraud

In this case, as the agreements on advance payment reductions and liquidated damages in the contract were not included in the terms of the guarantee and the documents to be presented for the demand were not mentioned in the guarantee, based on the principles of independence and documentary compliance of independent guarantees, whether the advance payment was fully used for the involved project is an issue of the underlying contract and does not affect the rights to demand by C Company. As the beneficiary, C Company does not need to prove that the claimed amount is the payable amount under the underlying contract. Its full claim under the advance payment guarantee does not constitute fraudulent demand. However, if the independent guarantee in this case had stipulated a reduction clause and if the amount demanded by the beneficiary significantly exceeded the reduced amount, the court might consider it fraudulent.

However, some courts hold different views on this issue. For example, in Singapore, in the absence of a reduction clause in the guarantee, the courts have supported the reduction defense based on the underlying transaction and have stopped payment under the guarantee. In the case of *GHL Pte. Ltd. v. Unitrack Building Construction*, ① the applicant undertook the beneficiary's project, and the guarantee amount was set at 10% of the underlying contract amount of USD 5,781,400. Later, the contract amount was reduced to USD 1, 961, 400. After the applicant breached the contract, the beneficiary claimed the full amount under the guarantee. The court stopped payment of the entire guarantee amount on the grounds that the claim was unconscionable.

In the case of *Eltraco International Pte. Ltd. v. CGH Development*, ② the applicant undertook the beneficiary's project, and the guarantee amount was no more than SGD 2, 438, 800. The guarantee did not stipulate a reduction clause. Due to defects in the project delivered by the applicant, the beneficiary claimed the full amount under the guarantee. The applicant argued that the beneficiary's claim was unconscionable, the guarantee amount far exceeded the amount needed to rectify the defects, and the beneficiary still owed multiple debts to the applicant. The beneficiary provided third-party quotations for defect rectification to prove the reasonableness of the claim. The courts at both levels in the Eltraco case held that the beneficiary's claim did not constitute fraud because the applicant was clearly in breach, but supported the applicant's reduction claim and stopped payment of the excessive part of the claim.

In the case of *Anwar Siraj & Another v. Teo Hee Lai Building Construction*, ③ the views of the above cases were modified. In this case, the applicant

① Singapore Supreme Court (High Court), [1999]4 SLR 604.

② Singapore Supreme Court (Court of Appeal), [2000]SGCA 51.

③ Singapore Supreme Court (Court of Appeal), [2002]SGCA 51.

undertook the beneficiary's project, and the guarantee amount was USD 120, 000. Due to defects in the project delivered by the applicant, the beneficiary claimed the full amount under the guarantee. The applicant argued that the claim was unconscionable because the beneficiary owed the applicant enough project funds to provide security. The beneficiary argued that the third-party estimated rectification costs exceeded the guarantee amount. The court refused to stop payment, stating that "the court must prevent unnecessary interference with the parties' freely entered contractual arrangements. " Although in this case the Singapore court refused the applicant's request to stop payment, its reasoning was based on the principle of freedom of contract rather than the principle of independence of independent guarantees.

We believe that the views stated in the above judgments by the Singapore courts are debatable because they do not align with the principles of independence and documentary compliance of independent guarantees, thereby weakening the foundation of independent guarantees. In contrast, the Supreme People's Court in this case strictly adhered to the principles of independence and documentary compliance of independent guarantees and the reduction provisions of URDG 758, determining the legitimacy of the beneficiary's full claim based on whether the reduction clause was included in the independent guarantee. It clarified that in the absence of a clear reduction clause in the guarantee, the beneficiary's full claim under the guarantee does not constitute abuse of the right to payment, fully demonstrating the high level of professionalism of Chinese courts in handling independent guarantees, contributing to the improvement of China's legal and business environment, and maintaining the credibility of Chinese banks and enterprises in the context of the BRI.

CASE 13

P Corporation of China, Ltd., Shandong Electric Power Construction Co., Ltd.

v.

G Energy Ltd. (India)

(Foreign-Related Guarantee Fraud)*

Basic Facts

P Corporation of China, Ltd., Shandong Electric Power Construction Co., Ltd. (hereinafter referred to as "P Corporation in Shandong") signed a contract with G Energy Ltd. (hereinafter referred to as "G Energy Company"), agreeing that P Corporation in Shandong, as the contractor, would build a coal-fired power plant in India. Based on P Corporation in Shandong's application, a bank issued nine letters of guarantee totaling USD 202, 322, 359 and corresponding counter-guarantees. During the performance of the contract, on the ground of P Corporation in Shandong's breach of contract, G Energy Company requested the S Bank of India, Bangalore Branch, to pay the full amount under the letters of guarantee. The S Bank of India, Bangalore Branch, paid the amounts under four of the guarantees to G Energy Company. Subsequently, the S Bank

* First Instance Case No.: (2014) Lu Min Si Chu No. 6
Second Instance Case No.: (2019) Zui Gao Fa Min Zhong No. 513

of India, Shanghai Branch, following a claim made by the S Bank of India, Bangalore Branch, paid the corresponding amounts under the counter-guarantees. P Corporation in Shandong filed the lawsuit, requesting the termination of the payments under the guarantees and counter-guarantees involved in the case.

Judgment

In the second instance, the Supreme People's Court held that P Corporation in Shandong, by claiming fraud in the independent guarantees, must provide evidence that the Bangalore Branch and the Shanghai Branch of the S Bank of India knowingly made payments despite the fraudulent claims by the G Energy Company, violating the principle of good faith. Since the G Energy Company's claim complied with the guarantee terms, the Bangalore Branch was obligated to pay on demand.

Since G Energy Company's claim met the terms of the letter of guarantee, the S Bank of India, Bangalore Branch, was obligated to make the payment upon first demand. Whether there was a strike on the payment date or whether the payment method met the requirements of the G Energy Company's claim letter did not affect the good faith assessment of the bank's payment actions. P Corporation in Shandong failed to provide sufficient evidence that the S Bank of India, Bangalore Branch, did not make the payment in good faith. Therefore, the conclusion of the first-instance judgment that the payment was not made in good faith lacks factual and legal basis and should be corrected.

The letter of counter-guarantee, issued as an independent guarantee to secure the right of recourse, creates a payment obligation for the issuer when the requirements of complying presentation are met. Thus, upon receiving the complying demand from the S Bank of India, Bangalore Branch, the S Bank of India, Shanghai Branch, was obliged to make the payment and had the right to claim reimbursement from the Shanghai Pudong D Bank Jinan Branch and I Bank Shandong Branch. The finding of the first-instance judgment that the S Bank of India, Shanghai Branch's payment was not made in good faith lacks factual and legal basis and should be corrected.

The appeals by the S Bank of India, Bangalore Branch, and the S Bank of India, Shanghai Branch, asserting that their payments were made in good faith and that the counter-guarantee payments should not be terminated, are well-founded and should be supported. The first-instance judgment was amended to dismiss P Corporation in Shandong's claims.

Significance

This case reaffirms the value of the "payment on demand" of independent guarantee. The people's courts adhered to the principles of limited and necessary examination of the underlying transaction. The bank issuing an independent guarantee is only responsible for verifying whether the documents submitted by the beneficiary comply with the terms of the guarantee and has the discretion to decide on payment. The payment obligation under the guarantee is not affected by any defenses related to the underlying transaction.

This case also clarified the standards for determining "payment in good faith" under counter-guarantees. The judgment reflected the principle of equal protection for both domestic and foreign parties and China's sound legal environment. Furthermore, it has significant implications for encouraging Chinese enterprises to enhance their legal awareness and improve risk management capabilities in their international ventures.

Expert Commentary *

This case primarily involves two issues frequently encountered by the people's courts in the trial of independent guarantee fraud cases: (a) the determination of the fraud of the beneficiary; (b) the determination of the good faith of the guarantor.

Ⅰ. Determination of the Fraud of the Beneficiary

One of the core disputes in this case is whether the payment demand by G Energy Company constitutes guarantee fraud. Article 12 of the *Provisions of the Supreme People's Court on Several Issues Concerning Trial of Disputes over Independent Guarantee* (hereinafter referred to as "SPC Independent Guarantee Provisions") stipulates: "The people's court may determine that an independent guarantee fraud is committed in any of the following circumstances: (1) the beneficiary makes up a false underlying transaction by colluding with the applicant or other people; (2) the third party's documents presented by the beneficiary are counterfeit or contain false information; (3) the debtor in the underlying transaction is deemed to be free of payment or indemnity liability by the court decision or arbitration award; (4) the beneficiary confirms that the debt obligation under the underlying transaction has been fulfilled in full or that the expiry-triggering event stated in the independent guarantee does not occur; and (5) other circumstances where the beneficiary having no right to demand payment abuses such right on purpose."

In this case, the applicant, P Corporation in Shandong, accuses the

* Gao Xiang, Professor and Doctoral Supervisor, the Institute of Comparative Law at China University of Political Science and Law; Member of the International Commercial Expert Committee of the Supreme People's Court of the PRC.

Liu Bin, Associate Professor, School of Civil, Commercial, and Economic Law at China University of Political Science and Law.

beneficiary, the G Energy Company, of guarantee fraud mainly on the grounds that the amount demanded by the beneficiary from the S Bank of India, Bangalore Branch (hereinafter referred to as “Bangalore Branch”) under the guarantee does not match the amount the applicant is obligated to compensate. The Shandong High People’s Court held that the G Energy Company did not provide evidence to prove the amount of the advance payment that P Corporation in Shandong still needed to return, which constitutes an abuse of the right knowing that they did not have a right to demand for payment. However, the Supreme People’s Court held that an independent guarantee is a documentary transaction that has the institutional value of “payment on demand” and the commercial function of “pay first, argue later.” The issuer of the independent guarantee is only responsible for examining whether the documents submitted by the beneficiary comply with the terms of the guarantee and has the right to decide whether to make the payment. Their payment obligation is not affected by the defenses under the underlying transaction between the applicant and the beneficiary. The court’s review of the underlying transaction in such cases should adhere to the principles of limitation and necessity. The claim by P Corporation in Shandong exceeded the scope of review for an independent guarantee fraud case. The payment demand by the beneficiary does not constitute independent guarantee fraud.

In its judgment, the Supreme People’s Court upheld the principles of limitation and necessity in the review of the underlying transaction in guarantee fraud cases by Chinese courts. Based on the independence nature of the guarantee, the obligations of the issuer of the independent guarantee are limited to document examination and do not extend to the underlying transaction. Therefore, the impact of independence on documentality can be summarized in two aspects: first, positively, the guarantor of the independent guarantee only has the obligation to review the documents on their face and fulfill its payment obligations under the independent guarantee when the documents are compliant; second, negatively, the guarantor of the independent guarantee has no obligation to deal with the underlying transaction, and the law should not grant them any rights or obligations beyond document examination. Therefore, in judicial decisions, the court's review of the underlying transaction should always adhere to the principles of limitation and necessity. When determining the rights and obligations of the parties, the independent guarantee itself should be the focus, and the arrangement of rights under the independent guarantee should not be altered by the breach of the underlying transaction.

Ⅱ. Determination of the Good Faith of the Guarantor

The second core dispute in this case is whether the payment made by the Bangalore Branch under the guarantee constitutes good faith payment. The Shandong High People's Court held that on November 12, 2014, when the Bangalore Branch made the payment to the G Energy Company, the employees of the banks in India were on a nationwide strike, thus deeming the payment by the Bangalore Branch as not in good faith. However, the Supreme People's Court held that since G Energy Company's claim met the terms and conditions of the guarantee, the Bangalore Branch should bear the responsibility of "paying upon demand." Whether there was a strike on the day of payment and whether the payment method met the requirements of the G Energy Company's demand were irrelevant to the determination of the good faith of the bank's payment. Therefore, it cannot be considered that the Bangalore Branch acted in bad faith.

The judgment of the Supreme People's Court is undoubtedly correct and reasonable. Generally, in cases of independent guarantee fraud, it is only necessary to examine whether the payment made by the payer was in good faith when fraud by the beneficiary is confirmed, in order to determine whether the payer should be protected. In this case, since there was no fraud by the beneficiary, there was no need to examine whether the payment made by the Bangalore Branch was in good faith. At this point, upon receiving the beneficiary's payment demand, the Bangalore Branch must make the payment when the documents are in compliance with the terms of the guarantee.

Assuming it is necessary to examine whether the payment made by the Bangalore Branch was in good faith, given that the bank is the issuer of the principal guarantee in this case and has an obligation to pay the beneficiary, the G Energy Company, its payment could only be affirmed in bad faith if it was clearly aware of the fraud under the guarantee. Therefore, simply affirming the payment by the Bangalore Branch as not in good faith due to the strike of employees of banks in India on the day of payment is clearly inconsistent with the legal provisions and commercial practices of independent guarantees.

The judgment in this case reflects the good grasp of the "good faith" standard in independent guarantee fraud cases by Chinese courts, ensuring equal protection for both domestic and foreign parties, and highlighting China's sound legal and business environment. It also has a positive significance in promoting Chinese enterprises to enhance legal awareness and improve risk control capabilities in their "going globe" process.

CASE 14

U Bank(Hong Kong)Ltd.
v.
C Bank Henan Branch
(Payment of Independent Guarantee)*

Basic Facts

C Bank Henan Branch (hereinafter referred to as " C Bank Henan") issued a Counter Performance Guarantee and a Counter Advance Payment Guarantee in favor of U Bank(Hong Kong)Ltd. (hereinafter referred to as "U Bank"). At the request of C Bank Henan, U Bank issued a Performance Guarantee and an Advance Payment Guarantee in favor of H Company Engineering & Construction Co. Ltd. (hereinafter referred to as "Korea H Company"). On December 15, 2011, U Bank claimed against C Bank Henan, advising of its receipt of Korea H Company's demand for payment based on the Advance Payment Guarantee. In fact, U Bank did not receive Korea H Company's demand for payment until December 19, 2011. The Hong Kong SAR High Court ordered U Bank to pay Korea H Company. U Bank then filed a lawsuit in China and requested that C Bank Henan make payment in accordance with the Counter

* First Instance Case No.: (2014)Yu Fa Min San Chu No. 3
Second Instance Case No.: (2018)Zui Gao Fa Min Zhong No. 880

Advance Payment Guarantee.

Judgment

The Supreme People's Court held in the second instance that, if the beneficiary of a counter-guarantee claimed from the issuer of the counter-guarantee by concealing facts and falsely presenting the claim appearing to be in facial conformity with the terms of the counter-guarantee before it obtained the right of claim, such act constituted fraud under which "the beneficiary having no right to demand payment abuses such right on purpose" as stipulated in Article 12(5) of the *Provisions of the Supreme People's Court on Several Issues Concerning Trial of Disputes over Independent Guarantee* (hereinafter referred to as "SPC Independent Guarantee Provisions"). U Bank's actual payment to the beneficiary of the Advance Payment Guarantee did not constitute "making payment in *bona fide*" as stipulated in Article 14(3) of the SPC Independent Guarantee Provisions. Accordingly, the Supreme People's Court dismissed all of U Bank's claims.

Significance

In the construction of the Belt and Road Initiative, independent guarantee is a method frequently chosen as a means of performance assurance for projects. In recent years, the number of foreign-related independent guarantee disputes accepted by the Chinese courts has been on the rise. This case explained and clarified several controversial issues in foreign-related independent guarantee disputes, such as the determination of claims appearing to be in apparent compliance with the independent guarantee, fraud, and making payment in *bona fide*. In the case of transfer of guarantee, the beneficiary of the counter-guarantee often simultaneously acts as the issuer of the independent guarantee. The basis for applying Article 14(3) of the SPC Independent Guarantee Provisions, which stipulates that making payment in *bona fide* constitutes an exception to the rule of cessation of payment due to fraud, is that the beneficiary of the independent guarantee makes a fraudulent claim and receives payment from the issuer. Under this circumstance, the key point is to determine whether there is a "double fraud". If the issuer makes payment in *bona fide* without knowing the fraud of the beneficiary, there does not exist a "double fraud" and the interest of the issuer should be protected and the payment should not be ceased. For situations where the beneficiary of the independent guarantee does not demand payment fraudulently, such as the "single fraud" in this case where the beneficiary of the counter-guarantee independently demands payment from the issuer, Article 12 of the SPC Independent Guarantee Provisions, rather than Article 14 (3), shall apply to determine whether there is a fraudulent claim for payment. The present case correctly clarified the relationship between Article 12 and Article 14(3), and had strong guiding significance and instructive effect for the Chinese courts to hear cases relating to independent guarantee disputes.

Expert Commentary *

The core issue in this case involves the determination of fraud under a counter-guarantee in the context of an independent guarantee transaction. Discussing this issue is somewhat easier by starting with the basic concept of the "fraud exception" in independent guarantees.

Ⅰ. The Basic Concept of the "Fraud Exception" in Independent Guarantees

The "fraud exception" in independent guarantees means that, if fraud is

* Zhu Hongsheng, Product Specialist, Transaction Banking Department of China Minsheng Bank. Gao Xiang, Professor and Doctoral Supervisor, the Institute of Comparative Law at China University of Political Science and Law; Member of the International Commercial Expert Committee of the Supreme People's Court of the PRC.

established in the transaction, the issuer may refuse payment or the court may enjoin payment at the request of the applicant, even if the documents presented by the beneficiary on their face are strictly in compliance with the terms and conditions of the guarantee, unless the presenter is the party who has paid under the independent guarantee in good faith and should be legally protected. It can be seen that the basic requirements that must be met to apply the "fraud exception" in independent guarantees include: (a) there is fraud in the transaction; (b) the beneficiary is not a legally protected *bona fide* party. Here, "fraud" and "exception" mean that if "fraud" is established in the guarantee transaction, the principle of independence of the independent guarantee will be subject to an "exception" limitation, and the underlying transaction will be examined to some extent to determine whether fraud exists.

In China, the "fraud exception" in the law of independent guarantees is stipulated in Article 12 and Article 14 (3) of the SPC Independent Guarantee Provisions. Among them, Article 12 is the provision on the determination of fraud, stating: "The people's court may determine that an independent guarantee fraud is committed in any of the following circumstances: (1) the beneficiary makes up a false underlying transaction by colluding with the applicant or other people; (2) the third party's documents presented by the beneficiary are counterfeit or contain false information; (3) the debtor in the underlying transaction is deemed to be free of payment or indemnity liability by the court decision or arbitration award; (4) the beneficiary confirms that the debt obligation under the underlying transaction has been fulfilled in full or that the expiry-triggering event stated in the independent guarantee does not occur; and (5) other circumstances where the beneficiary having no right to demand payment abuses such right on purpose." Article 14 (3) is the provision on protecting *bona fide* parties, providing: "Where the issuer has, in *bona fide*, made the payment under the independent guarantee issued on instruction, the people's court shall not rule cessation of payment under the independent guarantee which safeguards the recovery right of the issuer."

Ⅱ. The "Double Fraud" Standard in the Determination of Fraud in Independent Guarantees

A typical independent guarantee transaction involving a counter-guarantee contains two independent guarantees and four parties. The two independent guarantees are the primary guarantee and the counter-guarantee. The four parties are the applicant, the issuer of the counter-guarantee, the issuer of the primary guarantee, and the beneficiary. In this context, the issuer of the primary guarantee plays two roles: the issuer of the primary guarantee and the beneficiary under the counter-guarantee.

In a typical fraud case involving a counter-guarantee in an independent guarantee transaction, the beneficiary usually submits a payment demand to the issuer of the primary guarantee, who then submits a payment demand to the issuer of the counter-guarantee, and then the applicant, alleging fraud by the beneficiary under the primary guarantee, requests the counter-guarantor to refuse payment or the court to stop the payment.

In China, the people's courts have developed and adopted the "double fraud" standard for determining fraud in such cases. Under this standard, the determination of fraud in a guarantee requires meeting the following two conditions: (a) the beneficiary under the primary guarantee has committed fraud; (b) the issuer of the primary guarantee, knowing of the fraud, still made the payment. The Supreme People's Court has applied this standard in a series of independent guarantee fraud cases, such as the case of *Anhui F Construction (Group) Co., Ltd. v. I P Oriental S.A.* When applying the "double fraud" standard, it is necessary to examine whether there is fraud in the guarantee transaction according to Article 12 of the SPC Independent Guarantee Provisions and to check whether there is a *bona fide* party needing protection according to Article 14(3). Here, the *bona fide* party primarily refers to the issuer of the primary guarantee. If the issuer of the primary guarantee has made a payment without knowing about the beneficiary's fraud, the "fraud exception" rule cannot be applied, and the independent guarantee cannot be stopped, even if the fraud of the beneficiary is established. This is due to the commercial mechanism of independent guarantees. If the issuer of the primary guarantee makes a payment without knowing about the beneficiary's fraud and cannot get reimbursed due to the fraud, no one would be willing to act as the issuer of the primary guarantee, thus undermining the independent guarantee system.

The "fraud exception" in independent guarantees is a very complicated system and is still developing. The "double fraud" standard adopted by Chinese courts for determining fraud in independent guarantees strikes a balance between combating fraud in independent guarantee transactions and maintaining the principles of independence and documentary compliance. This preserves the "pay first, argue later" arrangement, contributing significantly to the development of the legal system of the independent guarantee.

Ⅲ. The "Single Fraud" Standard and Its Rationale

The so-called "single fraud" standard means that in an independent guarantee fraud case, the "fraud exception" rule can be applied to stop the guarantee payment when one party commits fraud. Specifically, even if the beneficiary under the primary guarantee has not committed fraud, but the issuer of the primary guarantee (acting as the beneficiary under the counter-guarantee) commits fraud when demanding payment from the issuer of the counter-guarantee, it will be considered fraud in the independent guarantee, leading to the stoppage of the counter-guarantee payment. In this case, since the issuer itself is the fraudster, there is no question of its "*bona fide*" status. The "single fraud" standard was developed and applied in this case.

In this case, U Bank is both the issuer of the primary guarantee and the beneficiary under the counter-guarantee. On December 14, 2011, U Bank refused payment due to non-compliance of documents submitted by H Company, the beneficiary under the primary guarantee, but on December 15, 2011, U Bank demanded payment from C Bank Henan, claiming it had received compliant presentation from H Company. Clearly, U Bank's statement to C Bank Henan was untrue, constituting "other circumstances where the beneficiary is aware that it has no right to demand payment and yet still abuses such a right" as specified in Article 12 (5) of the SPC Independent Guarantee Provisions. Thus, the Supreme People's Court determined that U Bank's payment demand was fraudulent, and the payment was stopped. Although U Bank made a payment to H Company based on a judgment from the Hong Kong High Court, it was not protected under Article 14 (3) of the SPC Independent Guarantee Provisions because U Bank itself committed fraud.

The purpose of the "fraud exception" rule in independent guarantees is to prevent fraud and ensure that fraudsters do not profit from the independent and documentary nature of the guarantees, thereby maintaining the normal order of commercial transactions. Therefore, regardless of where the fraud occurs or who the fraudster is, whether it is "double fraud" or "single fraud", as long as fraud exists and there is no innocent *bona fide* party needing protection, the "fraud exception" rule should be applied, and the payment under the independent guarantee should be stopped.

Normal commercial transactions are based on the principle that all parties adhere to honesty and good faith, and any fraud is intolerable. Whether it is the “double fraud” or “single fraud” standard, both aim to maintain the normal order of commercial transactions. The application of the “single fraud” standard in this case represents a further refinement and specification of the “fraud exception” rule in independent guarantees, providing significant guidance for Chinese courts in handling independent guarantee disputes and contributing to the further improvement of the independent guarantee legal system.

Part Ⅳ

Disputes over Other Types of Contracts, Property Rights, and Tort

CASE 15

S Bank(China)Limited

v.

Zhangjiakou U Petrochemical Limited

(Financial Derivatives)*

Basic Facts

On September 15, 2011, S Bank (China) Limited (hereinafter referred to as "S Bank") and Zhangjiakou U Petrochemical Limited (hereinafter referred to as "Zhangjiakou Petrochemical") signed the International Swaps and Derivatives Association Master Agreement 2002 (hereinafter referred to as "ISDA Master Agreement"). In February and March 2014, the parties signed the transaction terms, and agreed to enter into transactions under the Brent Crude Oil—Call Option Performance Swap (hereinafter referred to as "Swap Transactions"). Zhangjiakou Petrochemical confirmed and acknowledged to S Bank that it had made the final decision on whether to enter into the transaction and whether the transaction was appropriate or suitable based on its own judgment. For any additional advice it believed was necessary to assist in making this decision, it obtained all additional opinions from its own consultants. Since then, the parties

---

* First Instance Case No.: (2019)Hu 0115 Min Chu No. 25676
Second Instance Case No.: (2020)Hu 74 Min Zhong No. 533

performed four period swap transactions in accordance with the ISDA Master Agreement. In May and September 2014, S Bank communicated with Zhangjiakou Petrochemical's authorized trader, Mr. Qi to remind Zhangjiakou Petrochemical of the risks of an oil price decline in connection with the transaction in question. Zhangjiakou Petrochemical expressed its understanding and wished to proceed with the transaction under the original terms established in March. On November 11, 2014, Zhangjiakou Petrochemical sent a letter requesting the early termination of the Swap Transaction Agreement signed on February 18, disclaiming the validity of the swap transactions after November 10, 2014, and stating that it would no longer bear any losses after November 10. On November 27, 2014, S Bank issued an Early Termination Notice to Zhangjiakou Petrochemical, specifying December 2, 2014 as the early termination date for all outstanding transactions under the ISDA Master Agreement.

On December 2, 2014, S Bank sent an email to five market traders, requesting a quotation for the closeout cost to enable the proposed early termination of the transactions in question. The following day, S Bank sent to Zhangjiakou petrochemical a Report on Calculation of Early Termination Amount, requesting Zhangjiakou Petrochemical to pay the early termination amount. The early termination amount was due on the second local business day following the effective date of the report. Zhangjiakou Petrochemical was requested to pay the above early termination amount along with accrued interest on the due date.

S Bank filed the lawsuit due to unsuccessful compensation, requesting that Zhangjiakou Petrochemical pay S Bank the outstanding early termination amount of USD 1, 328, 560. 97 under the Swap Transaction and interest thereon.

Judgment

The Financial Court of Shanghai held in the second instance that derivative transactions represent a game of uncertainty between the parties involved in the contract. When financial institutions fully disclose the product's trading structure and inherent risks, the parties should have an expectation of the potential gains or losses that may arise during the transaction and make business judgments independently on this basis. The transaction agreement entered into on this basis should be the true expression of the parties' intentions. If one party requests to terminate the transaction in accordance with the agreement, the financial institution has the right to terminate the transaction early in accordance with the agreement after the occurrence of an event of default. The ISDA Master Agreement provides a standardized contract for the international market for over-the-counter derivative transactions, which is widely adopted as an international practice and domestic industry rules and is well known to the transaction participants. When determining the liability for breach of contract, the court should take the *Contract Law of the People's Republic of China* as the basic basis, fully consider the relevant provisions of the ISDA Master Agreement and the characteristics of financial derivatives transaction, and calculate the corresponding market fair value of the early terminated payment on the basis of the principles of good faith and commercial reasonableness. Therefore, the court ordered Zhangjiakou Petrochemical to pay S Bank USD 1, 305, 777. 97.

Significance

The case involved a default dispute after international oil prices plummeted in 2014 and customers tried to terminate the contract early. In its judgment, the court fully followed the characteristics of financial derivatives transactions and international practices. It affirmed the nature and effectiveness of the early termination of the net settlement clause, which has a significant guiding effect on the judgment of like cases. The judicial ruling in this case is also conducive to promoting the development of financial derivatives transaction market, especially the swap transaction market. It encourages international financial institutions to engage in financial derivatives transactions in China, further promoting the construction of Shanghai International Financial Center and facilitating the opening-up of China's financial industry as part of the high-quality joint construction of the Belt and Road Initiative.

Expert Commentary *

This case involves the liability for breach of the 2002 ISDA Master Agreement and its subsequent transaction confirmations. The People's Court of Pudong District of Shanghai City and the Financial Court of Shanghai, serving as the first and second instance courts respectively, have demonstrated in the principles of contractual voluntariness and party autonomy in their judgments. They have confirmed and elaborated on the terms of these specialized international industry contracts, thereby enhancing the certainty and predictability of financial transactions and bolstering the international credibility of Chinese judicial bodies in commercial disputes.

This analysis first elucidates the nature and interrelationship of the 2002 ISDA Master Agreement and its subsequent transaction confirmations. It then examines whether Zhangjiakou Petrochemical's notice to terminate the agreement constitutes a breach of contract. Next, it explores whether S Bank has the right to designate an early termination date for the swap transactions between the parties and demand early termination payments and interest from Zhangjiakou Petrochemical, analyzing the underlying rationale. Finally, it evaluates the nature

---

* Chen Lei, Chair Professor of International Arbitration and Chinese Law at Durham University Law School; Fellow, European Academy of Sciences and Arts; Member of the International Commercial Expert Committee of the Supreme People's Court of the PRC.

of the close-out netting clause and the method of calculating the amounts due.

Ⅰ. The Nature and Interrelationship of the ISDA Master Agreement and Subsequent Transaction Confirmations

The International Swaps and Derivatives Association (ISDA) published the ISDA Master Agreement, which is the most widely used master service agreement for over-the-counter (OTC) derivatives transactions globally. The framework of the agreement includes the master agreement, schedule, confirmations, definition booklets, and credit support documentation. Once the master agreement is signed, the parties can agree on the principal commercial terms of a transaction over the phone, evidenced by written confirmation, without revisiting the fundamental terms of the master agreement. Derivatives transactions are typically concluded orally or electronically, forming a contract at that point. The transaction terms are documented in a confirmation, usually a brief letter, fax, or email, designed to minimize disputes over the transaction terms.

Section 1(c) of the 2002 ISDA Master Agreement states: "All transactions are entered into in reliance on the fact that this Master Agreement and all Confirmations form a single agreement between the parties ... otherwise, the parties would not enter into any transactions." This single agreement concept is integral to the structure of the agreement, providing netting-based protection. The fact that all transactions constitute one contract enhances the ability to terminate these transactions upon default and to arrive at a single net payable amount.

Ⅱ. Did Zhangjiakou Petrochemical's Notice to Terminate Constitute a Breach

The first-instance court found that on September 15, 2011, S Bank and Zhangjiakou Petrochemical signed the Master Agreement and its schedule, agreeing to conduct OTC derivatives transactions under the Master Agreement and perform payment or delivery obligations as specified in the confirmations. On

March 7, 2014, they entered into a Brent Crude Oil Performance Swap and corresponding transaction confirmation, agreeing to conduct swap transactions between August 1, 2014, and February 28, 2015. On November 11, 2014, Zhangjiakou Petrochemical issued a notice to terminate the Brent Crude Oil Performance Swap, denying the validity of transactions after November 10, 2014, and refusing to bear any losses thereafter. Both the first and second instance courts determined that Zhangjiakou Petrochemical's notice to terminate constituted a breach of contract. The basis for this conclusion lies in Section 5 (a)(ii) of the Master Agreement, supported by Article 93(2) of the *Contract Law of the People's Republic of China* (repealed), now Article 562(2) of the *Civil Code of the People's Republic of China.*

On November 27, 2014, S Bank sent an early termination notice to Zhangjiakou Petrochemical, designating December 2, 2014, as the early termination date. On December 3, 2014, S Bank issued an early termination amount calculation report, demanding early termination payments and interest. Section 6 of the Master Agreement stipulates the rights associated with early termination and the procedures for calculating and netting the termination values. The courts supported S Bank's claims, reflecting respect for the contractual terms.

Ⅲ. Nature and Calculation of the Close-Out Netting Clause

The Master Agreement uses the concept of "Close-out Amount," which refers to the profit or loss from entering into equivalent transactions as of the early termination date. Section 6(d)(i) states: "In the absence of written confirmation from the source of a quotation or market data obtained in determining a Close-out Amount, the records of the party obtaining such quotation or market data will be conclusive evidence of the existence and accuracy of such quotation or market data." S Bank followed commercial practices by seeking quotes from multiple institutions to calculate the early termination amount.

Zhangjiakou Petrochemical's defense that the early termination amount should be determined as liquidated damages based on actual losses was rejected by the appellate court. The appellate court stated: "In swap transactions, the arrangement for early termination triggered by specific breaches of responsibility essentially constitutes a contractual termination of a continuous contract... the early termination amount is the liability borne by the breaching party to the non-breaching party after the contract termination, which compensates the non-breaching party for losses suffered due to the early termination of the transaction."

The early termination amount is a reasonable preestimate of unrealized transactions and potential future risk losses, not constituting liquidated damages. The court's determination aligns with the provisions of Chinese Contract Law, emphasizing commercial reasonableness and transaction certainty.

Financial derivatives contracts involve parties gambling on future uncertainties. Given that financial institutions fully disclose the transaction structure and inherent risks, the parties are expected to have certain expectations of potential gains or losses during the transaction process and to make informed business decisions accordingly. Based on this understanding, the appellate court further pointed out that such arrangements do not conflict with the Chinese Contract Law's provisions on the recoverability of foreseeable expectation interests. ① The appellate court concluded, "Therefore, if the transaction agreement has indeed adopted the relevant provisions of the ISDA Master Agreement, it should

① Article 113 of the Chinese Contract Law: "If one party fails to fulfill its contractual obligations or fails to fulfill its contractual obligations as agreed, causing losses to the other party, the amount of compensation for the loss shall be equivalent to the loss caused by the breach, including the benefits that could have been obtained after the performance of the contract, but shall not exceed the loss that the breaching party foresaw or ought to have foreseen at the time of the conclusion of the contract as a possible result of the breach." This provision is now included in Article 584 of the Chinese Civil Code, which was effective on January 1, 2021.

be considered that the parties to the transaction have certain expectations regarding the liabilities stipulated in the agreement."

This determination is commendable. Firstly, as applicable law, the Chinese Contract Law, despite technical differences in specific expressions and standard contracts across industries or being less detailed as general law, is consistent in protecting the principles of contract termination and the benefits of performance in breach of contract. Therefore, the viewpoint proposed by the breaching party, which contradicts the Chinese Contract Law, should not be accepted. Secondly, considering the particular nature of futures trading contracts, Chinese courts consistently uphold judicial attitudes that respect commercial reasonableness and categorize the foundational transactions under these contracts. For example, the *Interpretation of the Supreme People's Court on Several Issues Concerning the Application of the General Principles of Contract of the Civil Code of the People's Republic of China* Article 32 stipulates that the principle of change of circumstances typically does not apply to bulk commodities and financial products with active market attributes and long-term price fluctuations, such as stocks and futures. Lastly, the ruling adhered to the principle of commercial reasonableness, complying with the Chinese Contract Law regarding breach of contract while respecting industry practices in financial derivatives trading. As China liberalizes its financial markets, recognizing netting will remove a major barrier to international participation, fostering more liquid and efficient capital markets. This approach can encourage parties to uphold their contractual obligations, promote the development of the financial derivatives market, and create a favorable business environment.

Ⅳ. Significance

China's OTC derivatives market, although relatively new, has gradually established industry norms for close-out netting. The China Futures Association,

China Securities Association, and China Securities Investment Fund Association have jointly issued the Master Agreement for OTC Derivatives Transactions in the Chinese Securities and Futures Markets and Supplementary Agreement. The National Association of Financial Market Institutional Investors (NAFMII) has issued the Master Agreement for Financial Derivatives Transactions in the China Interbank Market (NAFMII Master Agreement) along with its supporting documents. Both of these industry standard agreements are based on the ISDA Master Agreement and incorporate netting arrangements, including close-out netting. Following the appellate court's ruling in this case in October 2020, China enacted the Futures and Derivatives Law in April 2022, which legislatively confirms and clarifies the responsibilities related to netting. ①

From this perspective, the appellate court's ruling reflects respect for industry practices and foresight regarding legislative developments, thereby promoting the development of the financial derivatives market and improving the business environment. Through this analysis, it is clear that the judgment is reasonable in law and plays an important role in promoting the healthy development of financial markets while enhancing international credibility.

① Article 35: "In the event of agreed circumstances occurring during derivatives transactions conducted using the master agreement method, transactions can be terminated in accordance with the agreement, and the net gains and losses of all transactions under the agreement can be settled. The net settlement conducted in accordance with the preceding paragraph will not be suspended, invalidated, or revoked due to either party entering bankruptcy proceedings." Article 93: "The futures clearing institution, acting as the central counterparty, is the common counterparty for all clearing participants. It conducts net settlement and provides centralized performance guarantees for futures transactions."

CASE 16

W F C PLC(British Virgin Islands) & Mr. Ye(Malaysia)
v.
Z Building Materials Co., Ltd.
(Brokerage Contract) *

Basic Facts

W F C PLC(hereinafter referred to as "W Company"), registered and founded in British Virgin Islands, and Mr. Ye signed an Agreement on Financing Services and Confidentiality with Z Building Materials Co., Ltd. (hereinafter referred to as "Z Company") on February 26, 2009. The agreement stipulated that Mr. Ye and W Company would raise funds and introduce investors to Z Company, for which Z Company would pay a commission of 9% of the actual investment amount. This fee was to be paid in two parts: 4% in cash or by remittance within 14 days after the investment was completed, and the remaining 5% to be injected as strategic investment funds into Z Company or a designated listed entity under the same terms as those offered to other investors. Subsequently, W Company and Mr. Ye successfully introduced investors to

* First Instance Case No.: (2012)Min Min Chu No. 67
Second Instance Case No.: (2014)Min Si Zhong No. 14

Z Company; however, Z Company failed to pay the agreed commission, leading to a dispute. W Company and Mr. Ye filed a lawsuit with the High People's Court of Fujian Province, requesting an order for Z Company to pay the outstanding commission along with interest.

Judgment

In the first instance, the High People's Court of Fujian Province partially upheld the lawsuit filed by W Company and Mr. Ye, ordering Z Company to pay W Company and Mr. Ye 5% of the introduced investment amount as compensation. Dissatisfied with this outcome, all three parties—W Company, Mr. Ye, and Z Company—filed appeals with the Supreme People's Court.

The Supreme People's Court held that this case involves a dispute over a brokerage contract. The court of the first instance correctly applied the laws of the People's Republic of China to adjudicate this case according to the principle of party autonomy. The Agreement on Financing Services and Confidentiality represents the true intentions of the parties and does not violate any provisions of Chinese law. It was correct for the court of first instance to determine that the Agreement was legal and valid. W Company and Mr. Ye fully performed their contractual obligations and were entitled to receive the corresponding commission as stipulated in the contract. Therefore, W Company and Mr. Ye are entitled to receive 9% of the total financing amount from Z Company. However, the Supreme People's Court recognized that the stipulated payment method for the second portion of the commission (5%) presented practical challenges. Specifically, the involvement of W Company and Mr. Ye as investors in Z Company or its designated listed entity faced obstacles in terms of the Company Law, making it difficult to realize. Therefore, the Supreme People's Court determined that the 5% commission should be paid in the same method taken for the other 4% of the commission. The Supreme People's Court, in the second instance, revoked the first-instance judgment and ruled that Z Company shall pay W Company and Mr. Ye 9% of the total financing amount obtained by Z Company, amounting to CNY 18, 280, 753 and its interest.

Significance

This case holds significant implications for the reasonable protection of a broker's right to claim commission. In the context of advancing the Belt and Road Initiative (BRI), brokers play a crucial role in facilitating investments and connecting potential investors with project owners. It is therefore essential that their legitimate claims to commission shall be legally protected. Chinese courts fully respected the principle of party autonomy, determined the amount of brokerage commission according to contractual provisions, and appropriately adjusted the payment methods of brokerage commission based on actual circumstances. The practice of Chinese courts has equally protected the legitimate rights and interests of all parties involved, and the maintenance of transaction order, is conducive to promoting international investment and exchanges.

Expert Commentary *

The central issue in this case is the nature of the contract involved: whether it is a brokerage contract or a service contract. The High People's Court of Fujian Province, in its first-instance judgment, determined that the contract was a brokerage agreement, classifying the eight items listed in Article 4 of the Financing Agreement as ancillary obligations to the main contract. The court

* Du Huanfang, Professor and Doctoral Supervisor, School of Law at Renmin University of China; Vice President, Chinese Society of Private International Law.

found that W Company and Mr. Ye had failed to adequately and fully perform these ancillary obligations. At the same time, the court held that the contract's provisions regarding remuneration were insufficiently clear and, therefore, determined that Z Company should pay W Company and Mr. Ye a remuneration of 5% of the total financing amount. Consequently, the first-instance judgment partially granted the lawsuit filed by W Company and Mr, Ye. The Supreme People's Court, on appeal, held that the Financing Agreement reflected the true intentions of the parties and did not violate Chinese law. The first-instance court's determination that the contract was valid and enforceable was correct. W Company and Mr. Ye had fully performed their contractual obligations and were entitled to the remuneration stipulated in the contract, namely 9% of the total financing amount. Given the practical difficulties in implementing the non-cash payment method specified for the second 5% of the remuneration due to corporate law constraints, the court held that this portion would be paid in the same manner as the other 4%.

Ⅰ. Whether the Contract in Dispute is a Brokerage Contract or a Service Contract

Since W Company is a foreign legal person and Mr. Ye is a Malaysian citizen, this case involves foreign-related civil and commercial matters. According to Article 41 of the *Law of the People's Republic of China on Choice of Law for Foreign-Related Civil Relationships*, "the parties concerned may choose the laws applicable to contracts by agreement. " The court of the first instance's determination that the contract should be governed by the laws of the People's Republic of China was correct in accordance with the principle of party autonomy. In the adjudication of foreign-related civil and commercial cases, the first step is to determine the nature of the case. According to Article 8 of the Law on Choice of Law for Foreign-Related Civil Relationships, " *lex fori* shall apply to the determination on the nature of foreign-related civil relations." Based on the preamble of the Financing Agreement, Z Company sought investment, and W Company and Mr. Ye, introduced investors to Z Company, in accordance with the terms of the agreement. Although Article 4 of the Financing Agreement listed nine items of comprehensive financing advisory services to be provided by W Company and Mr. Ye to Z Company, the primary purpose of the contract was for W Company and Mr. Ye to introduce potential investors to Z Company, thereby facilitating the conclusion of financing matters between W Company and Mr. Ye and the investors. W Company and Mr. Ye were neither a party to the financing transaction nor its broker, and they did not directly participate in the negotiations and discussions between the parties involved in the financing. They merely played an intermediary role. Article 424 of the *Contract Law of the People's Republic of China* provides that "An intermediation contract is a contract whereby the middleman reports to the truster the opportunity for making of a contract, and the truster pays remuneration therefor." The court of the first instance's determination that the case involved a dispute over a brokerage contract was correct. The nature of a contract cannot be determined solely by its name but should be understood and determined comprehensively based on the purpose of entering into the contract and the legal relationship involved in the contract content. Although the contract in dispute is named a service agreement, it is in fact an intermediation contract. The purpose of the parties in signing this agreement was for W Company and Mr, Ye to introduce investors to Z Company, and the main obligation of the contract was to "introduce potential investors." Therefore, the cause of action in this case should be classified as a dispute over an intermediation contract rather than a dispute over a service contract.

Ⅱ. How to Understand the Full Performance of Contractual Obligations

Article 60 of the Contract Law stipulates that, "The parties shall fulfill fully their respective obligations as contracted. The parties shall observe the principle of good faith and fulfill the obligations of notification, assistance and confidentiality in accordance with the nature and aims of the contract and trade practices." In this case, both the first and second instance courts determined that, based on the evidence provided by W Company and Mr. Ye, it could be proven that W Company and Mr. Ye played a crucial role in introducing and facilitating Z Company's acquisition of the investment introduced by C Company. Therefore, it was determined that W Company and Mr. Ye had fulfilled the main obligation of the intermediation contract. However, regarding the other eight obligations of W Company and Mr. Ye under the Financing Agreement, the court of the first instance considered them to be ancillary obligations under this intermediation contract and that W Company and Mr. Ye also had the responsibility to perform them appropriately. However, the evidence provided by W Company and Mr. Ye was insufficient, and therefore, it was determined that W Company and Mr. Ye had not adequately and fully performed the ancillary obligations under this brokerage contract.

The court of the second instance held that although Article 4 of the Financing Agreement stipulated nine items, these nine items were specific details for achieving the contractual purpose of successfully introducing investors. They were not independent contractual obligations nor ancillary obligations to the main contract as defined in contract law. From the perspective of the contract's purpose and the contractual obligations stipulated in Article 4 of the Financing Agreement, the nine contractual obligations were not mutually exclusive. The eight obligations other than "introducing potential investors" were neither ancillary obligations nor other forms of assistance to achieve the contractual purpose, but rather constituted the content of providing comprehensive financing advisory services. The fact that W Company and Mr. Ye introduced C Company to Z Company and mediated and facilitated the investment of C Company in Z Company's designated listed entity should be considered a successful brokerage and a manifestation of the full performance of contractual obligations.

Ⅲ. How to Determine the Contractually Agreed Remuneration

Article 426 of the Contract Law stipulates that " If the middleman contributes to the making of a contract, the truster shall pay remuneration as contracted. " The parties agreed in the Financing Agreement to pay the "financing service fee" of 9% of the total investment funds in two parts: the first part of 4% was to be paid in cash or by remittance within 14 days after the completion of the capital injection, and the second part was to be injected into Z Company or the designated listed entity as strategic investment funds under the same terms as the investor. The agreement on the first 4% was clear and unambiguous, with the main dispute centering on the second part. The court of the first instance held that the meaning of the agreement to inject the remaining amount as strategic investment funds under the same terms as the investor was unclear, and the evidence on file could not clarify the specific content. Therefore, the court determined that the agreement between the parties on this part of the remuneration was unclear, and determined that the proportion of remuneration that W Company and Mr. Ye could claim based on the Financing Agreement in this case was 5% of the total actual investment obtained by Z Company.

The court of the second instance held that the payment method for the second part could be interpreted as the remaining 5% of the remuneration not being paid in cash but as a capital injection by W Company and Mr. Ye into Z Company or its designated listed entity. Since this method would require

W Company and Mr. Ye to become investors in Z Company or its designated listed company, it faced obstacles under corporate law. However, this did not affect the right of W Company and Mr. Ye to obtain 9% of the total financing amount in accordance with the Financing Agreement. Given the difficulty in implementing the payment method for this 5% portion, the court held that it would be paid in the same manner as the other 4%, in cash. This clause only concerned the payment method, and the remuneration for the "financing service fee" of 9% of the total investment funds was certain. The court of the second instance's judgment was reasonable. In the context of promoting the Belt and Road initiative (BRI), intermediaries providing intermediary services for investors or fundraisers should have their claims for remuneration protected by law. Chinese courts fully respect the principle of party autonomy in the application of law and substantive handling, determining the amount of brokerage remuneration based on the contractual agreement and appropriately adjusting the payment method of brokerage remuneration based on actual circumstances, which is conducive to maintaining the order of transactions and promoting international investment and financing and the intermediary service industry.

CASE 17

T New Energy Holding Limited
v.
D P & W LLP
(Legal Service Contract)*

Basic Facts

D P & W LLP(hereinafter referred to as “D Law Firm”) and T New Energy Holdings Limited(hereinafter referred to as “T Company”) had entered into a legal service contract, under which D Law Firm shall provide legal services for T Company's cross-border equity transactions. After the completion of the equity transaction, T Company believed that the engineering contracts signed by the target companies with the third party prior to the acquisition had a material adverse effect on the target company, and that the incorrect or misleading legal opinions provided by D Law Firm have resulted in its incorrect investment decision. Therefore, T Company filed the lawsuit, requesting D Law Firm to compensate its losses of CNY 500 million and return the attorney's fees that have already been paid. In this case, D Law Firm is registered in the United States. The legal services contract in question pertains to a cross-border acquisition

* First Instance Case No.: (2014)Gao Min(Shang)Chu No. 04917
Second Instance Case No.: (2019)Zui Gao Fa Min Zhong No. 318

targeting a U. S. -listed company. The assets involved in the acquisition, including the construction-in-progress, are located in the United States. The primary transaction documents for the acquisition are governed by U. S. law, and D Law Firm is required to provide legal opinions on matters related to U. S. securities law and other relevant U. S. laws concerning the acquisition.

Judgment

The Supreme People's Court, in the second instance, held that the parties did not select the governing law for contract disputes, so the law of the country or region most closely connected to the contract should apply in this case. T Company asserted that D Law Firm failed to provide legal services in accordance with the standard of due diligence, based on U. S. court precedents. D Law Firm is registered in the United States, and the legal services contract in question pertains to a cross-border acquisition targeting a U. S. company, with the primary assets located in the United States. The key transaction documents for the acquisition are governed by U. S. law, and D Law Firm's main obligation is to provide legal opinions on matters related to U. S. securities law and other relevant U. S. laws concerning the acquisition. Therefore, U. S. law best reflects the essential characteristics of the legal services contract in question and is most closely connected to it, making U. S. law the applicable law for this contract. D Law Firm provided legal services for the equity transaction in question. Although the construction contract related to the transaction should have been within their review scope, the review should be limited to whether the contract contained provisions that hindered the completion of the equity transaction or had a significant adverse impact on the equity transaction. The review obligation of D Law Firm should not be extended to determine whether the engineering contract itself is fair and reasonable. Otherwise, it equals to require D Law Firm to replace T Company to make independent decisions of commercial risks by way of legal risk warnings.

The target company's "cost-plus contract" without a cap price signed with a third party was not illegal and was a commercial choice made at the time of signing. Such a contract itself should not be considered as posing legal risks that may impact the equity transaction. D Law Firm's opinion on the external transaction contract concluded by the target company in the equity transaction that "[it] does not incorporate 'change of control' clause and does not have other provisions that would adversely affect the proposed transaction" met prudent and reasonable standards, with no misconduct found. Therefore, the Supreme People's Court dismissed all the claims of T Company.

Significance

In recent years, more and more Chinese enterprises have gone global to actively participate in the construction of the Belt and Road Initiative and expand their overseas businesses. Due to differences in legal systems, some Chinese enterprises may seek legal services by signing contracts with local law firms when making overseas investments through equity mergers and acquisitions. The trial of this case upheld the principle of equal protection for the legitimate rights and interests of both Chinese and foreign parties, accurately defined the scope of legal service contracts and the boundaries of commercial risks, demonstrated China's sound legal environment, and positively influenced Chinese enterprises to strengthen legal awareness and enhance risk management capabilities in their "going global" efforts.

Expert Commentary *

The legal issues arising from this case mainly involve the identification of the

---

* Cai Congyan, Professor, School of Law at Fudan University.

Huang Yu, PhD candidate, School of Law at Fudan University.

applicable law, the determination of the scope of legal services, and the interpretation of the due diligence required of the lawyers under the legal services contract.

The issues at stake in this case primarily revolve around: (a) what applicable law governing the foreign-related legal services contract is; (b) whether the U. S. law firm D Law Firm ("Defendant" and "Appellant"), through its Beijing Representative Office, provided legal services in accordance with the contract; and (c) whether the losses T Company ("Plaintiff" and "Appellee") incurred are attributable to the legal services D Law Firm provided. The Plaintiff argued that Chinese law should apply and that the Defendant failed to provide legal services fully and in a way of due diligence, particularly by neglecting to identify legal risks associated with relevant construction project contracts, resulting in the Plaintiff's losses. Conversely, the Defendant argued that the U. S. law should apply and that the legal service agreed in the contract at issue was confined to matters directly related to the equity transaction and not beyond, and that the Plaintiff's losses stemmed from his own business decision. Underlying these disagreements involve how to interpret the "Most Significant Relationship" test used to identify the applicable law, how to define the scope of agreed-upon legal services addressing cross-border equity transactions, and how to interpret the duty of due diligence that the Defendant should bear.

Ⅰ. Applicable Law of Foreign-related Cross-border Legal Services Contract

Given that the Defendant is a U. S. -registered entity, the legal services contract in question pertains to the foreign-related civil relationship. As a result, the Chinese court should first identify the applicable law. As a rule, party autonomy, which means that parties to a contract may agree to choose any law as the applicable law, should be respected in the identification of applicable law. In the absence of such an agreement between the parties, however, the "Most Significant Relationship" test is embraced by most countries, including China, in order to determine applicable law. The *Law of the People's Republic of China on Economic Contracts Involoving Foreign Interest* in 1985, in Article 5, provides: "The parties to a contract may choose the proper law applicable to the settlement of contract disputes. In the absence of such a choice by the parties, the law of the country which has the closest connection with the contract shall apply." The General Principles of Civil Law (1986), in Article 145, includes a similar provision. More recently, Article 41 of the Law on Choice of Law for Foreign-Related Civil Relationships (2011) also provides: "The parties concerned may choose the laws applicable to contracts by agreement. If the parties do not choose, the laws at the habitual residence of the party whose fulfillment of obligations can best reflect the characteristics of this contract or other laws which have the closest relation with this contract shall apply." The provision in Chapter 1, "General Provisions," Article 2, which states "If there are no provisions in this Law or other laws on the application of any laws concerning foreign-related civil relations, the law which have the closest relation with this foreign-related civil relation shall apply." elevates the "Most Significant Relationship" to a general principle.

Given that a number of factors need to be considered, the application of the "Most Significant Relationship" test is flexible. Since parties to a contract may have different understandings of the "most-significant" factor, they may disagree on what the applicable law is. To address this issue, some civil law countries have adopted the "Characteristic Performance". Under such methodology, the courts rely on the performance of primary contractual obligations to identify the nature of the contract at issue, and accordingly determine the applicable law from the perspective of the party performing these primary contractual obligations. Such methodology is also adopted in China. For instance, the *Rules of the Supreme People's Court on Certain Issues Concerning the Choice of Law in Hearing Foreign-Related Contractual Dispute Cases in Civil and Commercial Matters* (2007), in Article 5, provides that the people's court shall determine the law of the country or region having the most significant relationship with the contract as the governing law of a contract according to the particularities of the contract and other factors such as that the performance of contractual obligations by one party can best embody the essential characteristic of the contract.

In this case, the Plaintiff believed that the essential characteristic of the contract at issue should be determined by relying on the address indicated in the relevant documents, including the Appointment Letter. The Plaintiff then argued that, since the Defendant delivered legal services to a Chinese company within China, Chinese law should be determined as the applicable law. However, the courts, both in the first and second instance, held that the argument was not supported by the "Characteristic Performance" of the contract at issue. The contract, they found, was signed between the Plaintiff and the Defendant, requiring that the latter to provide the former with the U. S. law-related legal services for the acquisition of equity in an American company. The "characteristic performance" of contract was undertaken by the Defendant, and the law most closely connected with the contract was the U. S. law. Thus, both courts decided that the U. S. law should be the applicable law. Such determinations accurately reflected the essence of the "Most Significant Relationship" and the "Characteristic Performance".

Ⅱ. Scope of Legal Services in connection with Cross-border Equity Transactions

Another major issue in this case is whether the legal services the Defendant is obliged to deliver includes covering the contracts related to the relevant construction projects and the legal risks arising from them.

In this case, all five components of legal services to be delivered by the Defendant, as specified in the Appointment Letter, referred to the documents and matters directly related to the equity acquisition. Notably, T Company did not express any different view on the explanation of the scope of legal services that the Defendant sent to the Plaintiff via email. As a matter of fact, besides the Defendant, other law firms and accounting firms, in accordance with the contracts they signed with the Plaintiff respectively, also provided their evaluations on the financial feasibility and legal risks, etc. This indicated that the Plaintiff was clearly aware what the legal services to be provided by the Defendant would be. Specifically, they merely referred to legal services in relation to the U. S. securities law which most matters to the proposed equity transaction. Although the construction project contracts are relevant to the equity transaction, they are not matters that the legal services contract directly addressed. Consequently, it is unreasonable to require the Defendant to review all legal risks arising from the construction project contracts. Therefore, the courts of both instances determined that the Defendant was only obliged to review whether there were provisions in the construction project contracts (for instance, "change of controlling shareholding" clause) having a significant adverse impact on the equity transaction. In short, the determinations of the two courts rightly respects the consensus that the Plaintiff and the Defendant have already reached.

Ⅲ. The Standard of Duty of Due Diligence

The duty of due diligence originated from the duty of diligent attention based on the *bonus paterfamilias* standard in the Roman law. Under the duty of due diligence, a person is obliged to manage others' affairs with due diligence with the same care as they manage their own affairs. Due to the unique characteristics of service contract, defining the standard of due diligence in a reasonable way not only ensures that the service recipients receive the services they expect, but also prevents service provider from being imposed unduly excessive obligations, thereby achieving a reasonable balance of the interests of the parties to contract.

Regarding the duty of due diligence in providing legal services related to securities, Section 11(b) of the U. S. Securities Act of 1933 first distinguishes between circumstances where expert opinions are provided and those where they are not. It then sets "reasonable investigation" and "reasonable reliance" as the standard of due diligence under the two respective circumstances. Section 11(c) of the Act states: "[I]n determining what constitutes reasonable investigation and reasonable ground for belief, the standard of reasonableness shall be that required of a prudent man in the management of his own property." This is also known as the "reasonable man" standard. The case at hand involves a circumstance where D Law Firm managed without expert opinions. Accordingly, D Law Firm, in providing the legal service, shall satisfy the "reasonable investigation" standard. In the U. S. securities law practice, the "reasonable investigation" standard requires that the relevant actors meet the average professionalism acknowledged in a specific industry. Meanwhile, there is no uniform format used to determine whether "reasonable investigation" meets the average professionalism or not. The determination should be undertaken by taking into account various factors, including the business of security issuers, the role of the relevant actors, and the type of securities involved.

In this case, the Defendant provided legal services for T Company for the purpose of acquiring equity in target company. Under U. S. law, the Defendant has the capacity and capability of providing legal services for securities acquisitions. The Defendant shall provide legal services in accordance with the standard of due diligence acknowledged among legal professionals handling equity acquisitions. As previously mentioned, accounting matters or commercial risks in connection with the construction project contract of the target company's subsidiaries do not fall within the scope of the legal services contract. Therefore, the Defendant did not bear the duty of due diligence regarding these matters. Such accounting issues or commercial risks should be assessed by T Company itself or by other service providers. In other words, T Company should not expect warnings of legal risks from the Defendant for the purpose of undertaking business decision. Both Chinese courts' view of due diligence accurately applies the standards of due diligence under U. S. law while respecting the law and practice related to interstate legal services in the U. S.

In a nutshell, both Chinese courts, in this case, undertook a sophisticate elaboration of significant issues in the foreign-related contracts, including the applicable law and the scope of contractual obligations in the foreign-related contracts (legal services in this case), and the duty of due diligence under foreign laws (due diligence of securities lawyers under U. S. law). Among these, the determination of the "reasonable investigation" standard has considerable bearing on future judicial practices of Chinese securities law.

More importantly, the handling of this case demonstrates that Chinese judges are capable of accurately understanding, and are receptive to the application of foreign laws, which further reflects Chinese judicial professionalism and openness, ensuring the equal protection of the legal rights of domestic and foreign parties. By handling this case, the Chinese courts also send a clear message: before engaging in transnational business, Chinese companies should not only seek legal advice to address legal risks but should also undertake prudent commercial judgment to manage commercial risks.

CASE 18

Mr. Zhang (Belize) v. Xie & Shenzhen A Investment Co., Ltd. (Commercial Contracts)*

Basic Facts

Shenzhen M Investment Development Co., Ltd. (hereinafter referred to as "M Company") was originally owned by Anshan D Technology Co., Ltd. (hereinafter referred to as "D Company") and Shenzhen A Investment Co., Ltd. (hereinafter referred to as "A Company"), holding 56.14% and 43.86% of the shares respectively. According to a series of agreements signed by D Company, A Company, M Company, and others between 2013 and 2014, Mr. Zhang [REDACTED] was the actual controller of D Company, A Company, and M Company. D Company and its affiliates registered 100% of the equity of M Company under the name of Shenzhen C D X Investment Enterprise (Limited Partnership) (hereinafter referred to as "C Company") as a risk guarantee measure to obtain financing from C Company. Later, Mr. Zhang and D Company entered into an agreement with A Company, Mr. Xie [REDACTED], and others. The agreement stipulated that Mr. Xie and others would officially own

* First Instance Case No.: (2020) Zui Gao Fa Shang Chu No. 5

the equity of A Company, which would raise funds to repurchase 99% of M Company's equity registered under the name of C Company. The agreement also provided that Mr. Zhang and D Company had the right to purchase 99% of the equity of M Company from A Company within 12 months after A Company completed the repurchase. After the conclusion of the agreement, A Company successfully raised funds to repurchase 99% of the equity of M Company and completed the industrial and commercial registration modification. Mr. Zhang alleged that the transaction arrangements regarding M Company's equity agreed upon in the agreement were equity transfer guarantees. As the actual controller of M Company, Mr. Zhang requested the court to confirm that 99% of M Company's equity registered under the name of A Company was an equity transfer guarantee measure provided to Mr. Xie and that 43. 86% of the equity of M Company was owned by Mr. Zhang himself. D Company filed a separate lawsuit, requesting the court to confirm that the relevant transaction arrangements were equity transfer guarantees and that 55. 14% of M Company's equity was owned by M Company itself.

Judgment

The Supreme People's Court held that the purpose and the accessory nature of the contract are the distinguishing features between equity transfer guarantee and equity transfer. The agreement in this case did not provide that Mr. Zhang and D Company borrow money from A Company, nor did it provide that 99% of the equity of M Company was served as a transfer guarantee to A Company. Thus, the agreement did not show the accessory nature of the transfer guarantee.

The provision of the agreement which stipulated that Mr. Zhang and D Company could purchase 99% of M Company's entity from A Company within the period was a commercial arrangement concluded among relevant parties, which was different from the provision of an equity transfer guarantee contract which provides that the transferor should repurchase the transferred property after the expiration of certain period. In addition, according to relevant provisions of the agreement, A Company's operating right of M Company was only restricted to a certain extent during the repurchase period, and no restrictions were imposed on A Company's right as shareholders after the expiration of the repurchase period. Such provisions are also different from those provisions commonly incorporated in equity transfer guarantee that restrict the transferee's right as a shareholder. Even though Mr. Zhang was originally the actual controller of M Company, he had never directly held the equity of M Company. Thus, Mr. Zhang's claim for ownership of the equity of M Company lacked a legal basis. In conclusion, the Supreme People's Court dismissed all claims of Mr. Zhang.

Significance

This case is an international commercial case heard by the International Commercial Court of the Supreme People's Court, involving multiple commercial contracts, with numerous participants in the transaction arrangements, complex transaction backgrounds and designs, and the disputed company's equity value is huge. The reasoning of the judgment in this case provides clear guidance on how to identify the difficult legal issue of equity transfer as security and equity transfer with a repurchase clause. In this case, the court clarified that equity transfer as security is a subordinate contract, and the existence of the main contract is an important premise and standard for judging the security. When determining whether the transaction arrangement is security or equity transfer, it should comprehensively consider whether the transferee's shareholder rights are restricted and whether they have complete shareholder rights. At the same time, the true intention of the parties in the transaction arrangement is also an important factor in distinguishing between equity transfer as security and equity transfer with a repurchase clause. Through the trial of such major and complex commercial cases, the court strengthens the reasoning of the judgment, prompting the concept of equal protection of the law, maintaining the legitimate rights and interests of Chinese and foreign parties, and facilitating China's higher level of opening up.

Expert Commentary *

This is an international commercial contract dispute, which involves three key issues: duplicative litigation, standing of the parties, and the distinction between equity transfer and equity assignment for security purposes.

Ⅰ. On Duplicative Litigation

According to Article 247 of the *Interpretation of the Supreme People's Court on the Application of the Civil Procedure Law of the People's Republic of China*, a party filing a lawsuit for the same matter during an ongoing litigation or after a judgment has become effective must meet three conditions to be considered duplicative litigation: identical parties, identical subject matter, and identical claims, or the subsequent claim must effectively negate the result of the previous judgment. All three conditions must be met; it is insufficient to determine duplicative litigation merely based on the same facts or identical claims between the subsequent and prior suits. Duplicative litigation wastes scarce judicial resources and, more importantly, undermines the *res judicata* effect of judicial decisions, thereby disrupting the judicial order.

---

* Shan Wenhua, Senior Professor in Humanities and Social Sciences, Founding Dean of the Law School and Assistant President, Xi'an Jiaotong University; Member of the International Commercial Expert Committee of the Supreme People's Court of the PRC.
Feng Kun, PhD candidate, School of Law at Xi'an Jiaotong University.

In the current case, the plaintiff, Mr. Zhang, seeks a declaration that he owns 43.86% of the equity in M Company registered under A Company. In case (2017 Yue Min Chu No. 1), the plaintiff was M Company, seeking confirmation that it owns 55.14% of the equity in M Company registered under A Company. The parties and claims in the two cases are distinct and cannot substitute or encompass each other. Therefore, the judgment in this case rightly determined that it does not constitute duplicative litigation.

Ⅱ. On the Standing of Parties

Standing, also known as the capacity to sue, refers to the qualification of a party to bring or defend a lawsuit in their own name. Article 122 of the Civil Procedure Law states, "To initiate a lawsuit, the following conditions must be met: (1) The plaintiff is a citizen, legal person, or other organization with a direct interest in the case; (2) There is a clear defendant; (3) There is a specific claim, facts, and reasons; (4) The case is within the scope of civil actions accepted by the people's courts and under the jurisdiction of the people's court in which the action is instituted." It should be noted that the standards for determining the standing of plaintiffs and defendants differ. For the plaintiff, "direct interest in the case" is the criterion for standing. This typically involves assessing the relationship of interest (substantive rights and obligations) and the litigation subject, evidenced by the plaintiff's substantive rights over the subject matter in dispute, which are enjoyed, managed, or disposed of by the plaintiff. For the defendant, it suffices to meet the "clear" standard. According to Article 209 of the *Interpretation of the Supreme People's Court on the Application of the Civil Procedure Law of the People's Republic of China*, "Where information on the defendant as provided by the plaintiff, including but not limited to name or title, and domicile, is specific and clear, and is sufficient to differentiate a defendant from other persons, it may be determined that there is a clear defendant."

In the present case, Mr. Zhang, the plaintiff, is a signatory to the involved Equity Repurchase Agreement and other contracts, and jointly undertakes relevant rights and obligations with D Company under the agreements. Therefore, he is qualified as a plaintiff to claim his civil rights or to dispute with the defendant based on the contract in question. Mr. Chen, as a contracting party to the M F Project Cooperation Agreement signed on September 26, 2013, and also as a contracting party to other relevant contracts, is eligible to be listed as a defendant. It is therefore appropriate for the court to have determined that the involved parties have standing in the case.

Ⅲ. On the Distinction Between Equity Assignment for Security and Equity Transfer

Although the Equity Repurchase Agreement involved multiple commercial transactions, the core dispute in this case revolves around identifying and determining the nature of the equity changes outlined in the agreement. Equity assignment for security refers to a form of security where the debtor or a third party (the assignor) transfers company equity to the creditor (the assignee) to secure the debtor's obligations. Upon debt repayment, the equity is returned to the assignor; if the debt is not duly performed, the assignee has the right to be repaid in priority from the equity. This arrangement often leads to confusion with equity transfers due to the formal transfer of equity to the creditor.

In practice, the distinction between equity assignment for security and equity transfer hinges on two factors: First, whether a creditor-debtor relationship exists between the parties. Equity assignment for security is an accessory in nature, dependent on the existence of a principal debt obligation, distinguishing it from equity transfer by this underlying debt relationship. Second, whether the agreement between the parties regarding the equity change expresses an intention to transfer the equity or to provide it as security. Specifically, considerations include: (a) Whether the contract contains provisions for security assignment, reflecting the accessory nature of the contract. (b) Whether the contract clearly and explicitly arranges for equity repurchase. (c) Whether the equity transferee enjoys full shareholder rights after the repurchase period expires.

In this case, the Equity Repurchase Agreement does not stipulate any private lending arrangements between Mr. Zhang, D Company, and Mr. Xie, nor does it arrange for an equity assignment for the security of 99% of M Company's equity to Mr. Xie or A Company. Moreover, no clauses reflect the accessory nature of the contract. Mr. Zhang and D Company, in signing the Cooperation Agreement, M F Cooperation Project Agreement, and Supplementary Agreement II, used terms such as "nominee holding" and "risk protection measures" when specifying the mode of equity holding. However, in signing the Equity Repurchase Agreement in question, they used the terms "formal" and "actual" holding, indicating a significant change in their intentions regarding the complex commercial transactions involved in this case. Their repurchase arrangement is clear and explicit, and after the repurchase period, A Company formally holds M Company's equity and enjoys full shareholder rights. Therefore, the court decided to reject Mr. Zhang's claim that A Company's holding of 99% of M Company's equity constitutes an equity assignment for security.

Regarding equity assignment for security, the recently amended *Company Law of the People's Republic of China* remains silent. Article 68 of the *Interpretation of the Supreme People's Court on the Application of Relevant Guarantee System in the Civil Code of the People's Republic of China* provides general provisions on the recognition of equity assignment for security and the procedure for realizing the rights, acknowledging the legitimacy and proprietary effect of equity assignment for security. Where a debtor or a third party agrees with the creditor to provide security by transferring property in form, and if the change in rights has been publicized, the creditor may be repaid in priority from the secured property if the debtor fails to perform the due obligation, but may not claim ownership of the secured property. Any agreements between the parties that ownership of the secured property shall belong to the creditor upon the debtor's failure to perform the due obligation is invalid; if the change in rights has not been publicized, the creditor cannot claim a preferential right of repayment from the secured property. It is evident that the court's decision in this case aligns with the spirit of this interpretation.

It is noted that this case involves a series of commercial contracts, numerous transaction arrangements, and a complex transaction background and design, with the disputed company equity being of significant value, making it a highly complex and challenging international commercial litigation case. Based on solid factual findings, the collegial panel conducted professional, meticulous, and in-depth analysis and judgment on key legal issues such as duplicative litigation, standing, and the distinction between equity transfer and equity assignment for security, establishing corresponding adjudication rules and providing a guiding example for subsequent cases. Notably, the clear standards set for distinguishing between equity transfer and equity assignment for security in this case provide important guidance for the Supreme People's Court in similar future cases. For instance, in the Jilin J Investment Co., Ltd. and G Investment Holding Group Co., Ltd. Contract Dispute Case (2021 Zui Gao Fa Min Zhong No. 523), the Supreme People's Court cited the adjudication rules from this case. When determining the equity assignment for security issue in that case, the Supreme People's Court noted, "The main distinction between debt repayment by equity and equity assignment for security is whether the original debt is extinguished from the debtor's perspective and whether the creditor acquires the equity or the preferential right of repayment. A key characteristic of equity assignment for security is that if the debtor fails to fulfill the obligation, the creditor is entitled to dispose of the equity, which was formally transferred but not truly owned, by legal means and be repaid preferentially from the proceeds. The mere presence or absence of a repurchase clause is not sufficient to distinguish between debt repayment by equity and equity assignment for security. In cases where equity transfer has occurred, current law does not preclude the parties from agreeing to repurchase the equity after a certain period, and there are precedents for repurchase after equity transfer. " Clearly, the decision in that case resonates with the adjudication in the present case.

CASE 19

Chongqing F Auto Sales Co. , Ltd.
v.
Chongqing S Logistics Co. , Ltd. , et al.
(Property Right) *

Basic Facts

In February 2019, Chongqing S Logistics Co. , Ltd. (hereinafter referred to as "S Logistics"), C L Financial Services (Group) Co. LTD. (hereinafter referred to as "L Finance"), and I Company (Chongqing) Trading Co. , Ltd. (hereinafter referred to as "I Company") signed the Cooperation Agreement for Import Business of Automobiles with Railway Bill of Lading, under which I Company was to import a batch of automobiles from overseas, using the railway bill of lading (hereinafter referred to as "Rail B/L") as a document under the mode of settlement and as a proof of delivery. S Logistics received imported goods overseas and issued the Rail B/L. After I Company and F Auto Sales Co. , Ltd. (hereinafter referred to as "F Company") signed the I Company Vehicle Sales Contract, I Company handed over three endorsed original Rail B/L from the overseas exporter and L Finance to F Company. After the goods were transported to the destination via the China-Europe Railway Express, F Company

* First Instance Case No. : (2019) Yu 0192 Min Chu No. 10868

presented the Rail B/L to S Logistics and requested delivery accordingly. F Company also presented the original Rail B/L and the original Certificate for Taking Delivery of Vehicle to S Logistics. S Logistics refused to deliver the goods, leading F Company to file a lawsuit against it, requesting confirmation of its ownership of the goods under the Rail B/L and delivery of the same by S Logistics.

Judgment

The Primary People's Court of the China (Chongqing) Pilot Free Trade Zone held that the Rail B/L in question constituted a commitment by the issuer to deliver goods to any unspecified holder of the Rail B/L, as stipulated in the agreement and the Rail B/L. I Company, as the owner of the imported vehicles, agreed with F that the delivery of the Rail B/L would be considered as the delivery of the vehicles, in accordance with the provisions of the Property Law regarding indication delivery. Due to the corresponding relationship between the Rail B/L and the right to claim delivery of the goods, F Company, upon receiving the Rail B/L, should be entitled to claim the delivery of the vehicles under the Rail B/L. Accordingly, the judgment confirms that F Company owns the goods under the Rail B/L; S Logistics shall deliver the goods under the Rail B/L to F Company.

Significance

The railway bills and the corresponding transportation transaction represent a new business model that leverages the China-Europe freight train to advance the Belt and Road Initiative's international land-borne trade. The people's courts should respect the parties' autonomy and protect the security of transactions in accordance with the law, on the premise of not violating the compulsory provisions of laws and administrative regulations and public interests. A railway bill has not yet constituted a bill of lading as defined by Property Law, and the realization of the right to claim goods represented by it should depend on the contractual agreement between the parties and the contents of the railway bill itself. In this case, the parties agreed that the contracting carrier issued the relevant international railway bill (or bill of lading) and made it clear that the holder had the right to claim the delivery of goods. The transfer of the document should be regarded as the transfer of the right to claim the goods, which is a special form of indication delivery. This case recognizes the railway waybill and its transaction model within the existing legal framework, representing an active exploration of innovative railway waybill rules in the China (Chongqing) Free Trade Zone, aiding in the construction of international land-borne trade rules on the China-Europe Railway Express.

Expert Commentary *

In recent years, with the deepening development of the Belt and Road Initative, the trade volume between China and Europe has shown a continuous growth trend. The substantial trade in goods between China and Europe has driven the continuous expansion of the transportation scale of the China-Europe Railway Express, injecting significant vitality into the construction of the Belt and Road Initative. As an important mode of transportation, the China-Europe Railway Express plays an irreplaceable role in the construction of the Belt and Road Initative. The long-term stable operation and continuous expansion of the transportation scale of the China-Europe Railway Express require ongoing

---

* Liu Jingdong, Research Fellow and Doctoral Supervisor, Institute of International Law at Chinese Academy of Social Sciences; Member of the International Commercial Expert Committee of the Supreme People's Court of the PRC.

Lei Xiaotian, PhD candidate, Chinese Academy of Social Sciences University.

improvement and optimization of relevant legal regulations. In particular, the long-distance railway transportation involved in land trade presents significant challenges, such as extended trade cycles, difficult capital flow, and complex bank settlements. These issues necessitate the establishment of new legal regulations to address them effectively. In this practical context, the concept and rules of the "railway bills of lading", modeled after the mature document transaction system in the maritime shipping industry, have emerged. The goal is to grant railway transport documents the status of a document of title, enabling the separation of the physical movement of goods from the circulation of documents. By harnessing the convenience of document circulation, this initiative aims to unlock the resale and financing potential of goods in transit, thereby further stimulating trade vitality among countries along the China-Europe Railway Express route.

As an emerging mode of transaction, the current rules for railway bills of lading used within the industry are primarily derived from agreements between commercial entities in their contracts. Existing international conventions and domestic laws in China have not directly stipulated the legal nature of railway bills of lading. Therefore, the validity and function of railway bills of lading have become the main legal points of contention in this case and are also the core legal issues for a fair resolution of the dispute.

Ⅰ. The Difficulty of This Case: Absence of Direct Legal Rules

In terms of international conventions, the current international conventions regulating cross-border railway transportation mainly include the agreement of international railway through freight traffic and the Convention Concerning International Carriage by Rail. The countries along the China-Europe Railway Express route are members of these two conventions. Both railway conventions require a railway consignment note as a necessary document. However, the railway consignment note does not possess the attributes of the document of title and does not function as proof of delivery. The United Nations Convention on International Multimodal Transport of Goods which regulates cross-industry transportation, however, has not come into effect due to not reaching the required number of member states. Besides, its main rules do not pertain to railway transport. In addition, the practice related to railway bills of lading has not yet formed a habit or custom within the industry, let alone established customary international law rules. In terms of domestic law, only Article 440 of the *Civil Code of the People's Republic of China* explicitly states that a pledge can be established on a bill of lading. However, it does not clarify the connotation of "bills of lading", nor does it have any provisions regarding "railway bills of lading". Therefore, the system of railway bills of lading is not directly regulated by existing domestic laws and regulations. As a new rule established by contracts, the legality and function of the railway bills of lading need to be examined from the perspective of party autonomy, thereby creating conditions for recognizing its legal effect.

Ⅱ. The Innovation of This Case: The Recognition of the Legality and Validity of the Contractual Arrangement

Maritime shipping, as the industry that first created the concept of the "bills of lading", has established a stable system of maritime bills of lading and supporting rules under various international conventions and industry organization regulations. Article 71 of the *Maritime Law of the People's Republic of China* also specifically defines the connotation of maritime bills of lading. Combining the interpretation of the nature of bills of lading in laws, regulations, and Guiding Case No. 111 of the Supreme People's Court, maritime bills of lading have been widely recognized as documents of title, inherently possessing real right. The delivery of a maritime bill of lading is equivalent to the physical delivery of the goods it represents. In this case, the people's court, based on the principle of party autonomy, promoted the agreed railway bill of lading to achieve a function like that of the maritime bill of lading. This effectively safeguarded the legitimate rights and interests of the parties involved and provided a classic example for resolving the legal validity of railway bills of lading.

1. Recognition of the Rights Attributes of Railway Bills of Lading

First, the people's court hearing the case examined the contractual agreement between the parties regarding the nature of the railway bill of lading. In the Cooperation Agreement on the Import Business of Automobiles by Railway Bill of Lading in this case, the parties agreed that the railway bill of lading is "a document different from the traditional international railway consignment note and transportation contract", and "is an undisputed exclusive proof for taking delivery of goods". However, according to current legal provisions, this contractual arrangement makes it difficult for the railway bill of lading to obtain the attribute of a document of title, because Article 115 of the *Civil Code of the People's Republic of China* requres that the object of real rights must be established by law. It is obvious that a contractual arrangement alone cannot counteract the basic principle of the legality of real rights. The people's court holds that although real rights cannot be established through a contract, the agreement between the parties can be regarded as an arrangement regarding the original owner's right to claim the goods (i. e., the right to demand the return of the original item under civil law): the holder of the endorsed bill is entitled to take delivery of the goods. This agreement is made based on party autonomy, and does not violate mandatory provisions of laws, administrative regulations, or social public interests, thus it is legitimate. In view of this, the people's court finds that the railway bill of lading therefore carries the legal function of the right to claim delivery of the goods.

2. Determination of the Behavior Attributes of Delivering the Railway Bills of Lading

A maritime bill of lading has the attribute of documents of title, thus its delivery naturally equates to the delivery of the physical goods, resulting in the legal effect of real rights transfer. In contrast, a railway bill of lading does not yet have the attribute of documents of title and can only carry the function of a right to request delivery. Therefore, the delivery of a railway bill of lading cannot be equated with the delivery of goods and does not fall under the scenario of actual delivery as stipulated in Article 224 of the Civil Code. In this case, after clarifying that the railway bill of lading carries the right to request delivery, the people's court holds that the act of delivering the railway bill of lading can be understood as transferring the right to request the return of the goods, which fits the scenario of constructive delivery as stipulated in Article 227 of the Civil Code. Therefore, this right should be supported by law.

In this case, the sales contract between I Company and F Company stipulates that the act of delivering the railway bill of lading is regarded as the delivery of the vehicles. In this transaction, it can be considered that the seller, I Company, holds ownership of the goods. Based on the transportation contract with S Logistics, the latter has direct possession of the goods; while the former retains the right to request the return of the original goods. By entering a sales contract with F Company and delivering the railway bill of lading that carries the right to request delivery, I Company transferred the right to request the return of the original goods to F Company. According to Article 227 of the Civil Code and relevant judicial interpretations, when the agreement between the transferor and the transferee to transfer the right to request the return of the original goods takes effect, the constructive delivery is completed. Therefore, when I Company delivered the railway bill of lading to F Company, it should be considered that it has fulfilled its obligation to deliver the goods under the contract.

Considering the above two points, the people's court rules that the transfer of the right to request delivery of the goods under the railway bill of lading from I Company to F Company has been realized. F Company holding the railway bill of lading, should have the legitimate right to take delivery of the goods. Although the railway bill of lading under the contract does not possess complete rights of a document of title due to the lack of directly applicable current legal rules, the interpretative logic of constructive delivery allows it to carry a transferable right to request delivery of the goods. This enables it to partially function as a "document of title". The final judgment made by the people's court in this case, without violating mandatory legal provisions, fully respects parties' autonomy, supports and affirms the trade innovation model of commercial entities, and achieves an organic unity of legal and social effects. It is particularly noteworthy that the reasoning of this judgment clarifies the nature and basic rules of the railway bill of lading, forming an innovative judicial precedent. This helps to enhance the confidence of trade entities in continuing to use the railway bill of lading and is of great significance in promoting the construction of trade rules for the China-Europe Railway Express.

Ⅲ. The Significance of This Case for the Formulation of Railway Bills of Lading Rules

For years, commercial entities engaged in trade along the China-Europe Railway Express route and the Chinese government have made outstanding efforts to explore railway transport documents with the attributes of documents of title. At the 52nd Session of the United Nations Commission on International Trade Law

(UNCITRAL) in 2019, Chinese government proposed addressing the issue of railway consignment notes lacking the attributes of documents of title and suggested the creation of a "bill of lading" tool applicable to various modes of transport. In 2021, Notice by the State Council of Issuing Several Measures for Promoting the Reform and Innovation of Trade and Investment Facilitation in Pilot Free Trade Zones, which clearly proposed "exploring the realization of documents of title functions for railway transport documents and multimodal transport documents", pointing the way for further exploration of the nature and rules of railway bills of lading in the future. In the absence of direct legal regulations, commercial entities have, through mutually agreed contractual arrangements, enabled railway bills of lading to perform part of the functions of "documents of title"—transferable requests for delivery, which is crucial for ensuring the security of related transactions. However, due to the lack of direct authorization from existing laws, the rights and obligations arranged based on contractual agreements are not stable, which significantly limits the functions of railway bills of lading in terms of pledge guarantees and exchange settlement financing. Furthermore, issues related to the supporting rules for bills of lading, such as the qualifications of the issuer, issuance conditions, issuance targets, and endorsement formats, are difficult to resolve through individual contractual arrangements. The lack of clarity in endorsement rules can even lead to disputes among parties regarding endorsement defects (such disputes did arise in this case). Therefore, institutional guarantees at the level of legal rules are indispensable. At the domestic law level, the Notice should be followed to steadily include railway bills of lading rules into China's legal system with the steps of judicial practice → typical cases → judicial interpretation → legislative norms, granting them real rights and functions. Furthermore, as emphasized in Chinese government's proposal at the 52nd Session of UNCITRAL, the rules for railway bills of lading to play a role in cross-border trade along the China-Europe Railway Express route cannot be resolved by the legislation of a single country alone. New international rules need to be formulated by the relevant parties. Therefore, countries along the China-Europe Railway Express route should actively cooperate to jointly establish international rules for railway bills of lading. This will create a favorable legal environment for the stable operation of the China-Europe Railway Express, effectively promote the continuous growth of China-Europe trade, and ultimately achieve high-quality development outcomes of the Belt and Road Initative, benefiting all parties involved. In terms of creating new legal rules, the judgment in this case has a significant impact in promoting the future development of domestic and international legal regulations for railway bills of lading.

CASE 20

Guangdong B Medicine Group Co., Ltd.
v.
B S. R. L(Italy)
(Product Liability)*

Basic Facts

B S. R. L (Italy) (hereinafter to referred to as "B S. R. L") designated Hong Kong SAR A Company as the exclusive distributor of the bacterial lysate "Lantigen" in China. In November 2013, Guangdong B Medicine Group Co., Ltd. signed an Exclusive Distribution Agreement with A Company to import "Lantigen" and sell it exclusively in the mainland of China. In January 2016, China Food and Drug Administration issued an announcement to stop the import of "Lantigen" and ordered a recall. B S. R. L's failure to recall "Lantigen" left Guangdong B Pharmaceutical Group with 234, 719 bottles of unsold stock that could not be dealt with. Guangdong B Medicine Group Co., Ltd. sued B S. R. L for compensation for the loss of its inventory and interest.

Judgment

The Supreme People's Court held that Guangdong B Medicine Group Co.,

* First Instance Case No.: (2019)Zui Gao Fa Shang Chu No. 1

Ltd. and the B S. R. L did not establish a contractual relationship, and consequently it could not claim contractual rights accordingly. However, as the manufacturer, B S. R. L delayed in taking recall measures under the recall obligation and caused losses to the Guangdong B Medicine Group Co. , Ltd. , which was the infringement by omission, and should bear the liability for compensation thereof. Therefore, B S. R. L is ordered to compensate Guangdong B Medicine Group Co. , Ltd. for the loss and interest of the inventory of "Lantigen", the distributor, A Company, is ordered to return the loss and interest of "Lantigen" and the processing cost of inventory.

Significance

The case is the very first case admitted and decided by the First International Commercial Court of the Supreme People's Court. According to the *Provisions of the Supreme People's Court on Several Issues Concerning the Establishment of International Commercial Courts*, this case adopted a final judgment system in the first instance, becoming effective immediately upon issuance. The case demonstrated the significant advantage of fair and efficient dispute resolution, meeting the high efficiency needs of commercial entities in resolving disputes and contributing beneficially to the operation and development of the International Commercial Court.

The case was about compensation caused by failure of recall on defective products sold across the border. Specifically, this case concerned whether domestic sellers can go beyond the Principle of Privity of Contract, and directly require overseas manufacturers to compensate its losses. It for the first time cleared out the compensating rules, namely, it confirmed that the foreign manufacturers bear the final liability for the defective products. Meanwhile, in the performance of the product recall liability, domestic sellers can require overseas producers to compensate its losses according to Tort Law after it performed the recall obligations. In this sense, the aforesaid accountability principle has an exemplary and guiding role for the settlement of similar disputes in the future.

Expert Commentary *

This case involves a cross-border dispute over a defective product.

The product liability dispute case of Guangdong B Medicine Group Co., Ltd. v. B S. R. L was the first one substantively heard by the China International Commercial Court (hereinafter referred to as "CICC") under the Supreme People's Court of the People's Republic of China (hereinafter referred to as "SPC"), having attracted close attention and high recognition both in international business and law circles and a broader international community and carried important benchmarking and milestone significance. In the form of a legal judgment, this case highlighted that, as the ultimate persons liable of product recalls, overseas manufacturers shall fulfill their obligations as mandated in the product recall system and effectively upheld the market order of honest and legal business operations.

The Italian drug manufacturer B S. R. L sold its pharmaceutical product through a Hong Kong-based middleman to the Chinese agent Guangdong B Medicine Group Co., Ltd., which distributed them on China's mainland. Guangdong B Medicine Group Co., Ltd. suffered significant losses from the recall of the product found to be defective in quality at the request of Chinese administrative authorities, and lodged a claim for damages in a lawsuit against B S. R. L. Upon the trial, CICC clarified through its judgment the four guiding

* Wang Liming, Professor, School of Law at Renmin University of China; Member of the International Commercial Expert Committee of the Supreme People's Court of the PRC.

principles on the disposal of defective overseas products sold on China's mainland as follows:

First, overseas manufacturers are the ultimate persons liable of recalling their defective products, and domestic distributors the assisting obligors in such recalls of defective products. Article 46 of the *Tort Liability Law of the People's Republic of China* (hereinafter referred to as "Tort Liability Law")① provides that where defects are found in the products in circulation, both producers and sellers shall promptly take adequate remedial measures, including warning and recall, and shall otherwise assume the tort liability for any damage or loss arising from their failure to act. Articles 3 and 15 of the Administrative Measures for Drug Recalls provide that drug producers (including overseas manufacturers of imported pharmaceutical products) bear the obligation to recall defective pharmaceutical products, with importers being the executors responsible for the specific implementation of these recalls within the territory of the People's Republic of China. All the defective products recalled from all links of the whole sales chain must be returned to their overseas manufacturers, who as the manufacturers are, in the final analysis, the ultimate subjects of obligation for recalling them, whereas the distributors as the connector between consumers and manufacturers are simply an intermediate link in the institutional structure of product recalls. The imposition of corresponding obligations on distributors by law in the institutional structure of product recalls is intended to facilitate the claims of rights from consumers in the case of defective products. As a result, while domestic distributors are obliged to assist manufacturers in recalling defective products, they are not the ultimate obligors for these recalls.

Second, domestic distributors may make tort liability claims directly against overseas manufacturers. In this case, there were no immediate contractual

① See Article 1206 of the *Civil Code*.

relations directly between the domestic distributor, Guangdong B Medicine Group Co. , Ltd. and the overseas manufacturer, B S. R. L, concerning the defective product, Lantigen. Therefore, the former had no right to lodge a claim against the latter for damages arising from the breach of contract, in accordance with the *Contract Law of the People's Republic of China*(hereinafter referred to as "Contract Law"). However, while Guangdong B Medicine Group Co. , Ltd. had fulfilled its obligation to assist in recalling the defective product, the failure by B S. R. L as the ultimate party liable for the recall, to meet its statutory recall obligation resulted in significant losses for Guangdong B Medicine Group Co. , Ltd. , constituting a tort by omission. Article 6(1)of the Tort Liability Law① provides that Guangdong B Medicine Group Co. , Ltd. may directly lodge a claim against B S. R. L for tort liability.

Third, the liability for damages shall cover the loss of or damage to defective products themselves. Article 41(1)of the *Law of the People's Republic of China on Product Quality* (hereinafter referred to as "Law on Product Quality")provides that producers shall be liable for any personal injury and/or loss of or damage to properties other than defective products arising from or in connection with their defective products. Pursuant to this provision, the personal injury or loss or damage as defined in the term "product liability" is limited to "any personal injury and/or loss of or damage to properties other than defective products". Article 41 of the Tort Liability Law② provides that producers shall assume the tort liability for any personal injury arising from or in connection with their defective products. The Tort Liability Law extends the limitation of liability for damages as defined in the Product Liability Law to cover, among others, the loss of or damage to defective products in themselves. In this case,

① See Article 1165 of the *Civil Code*.

② See Article 1202 of the *Civil Code*.

the loss incurred by the agent included the loss of the sold defective product that the agent assisted in recalling, as well as the loss of the defective product in stock that the agent thereafter returned to the manufacturer or disposed of on behalf of the manufacturer. All these defective products constituted the loss of the defective product itself that the agent suffered. Therefore, the claim raised by the agent that the manufacturer should be liable for such loss of or damage to the defective product in itself had a rational and legal basis.

Fourth, where domestic distributors lodge claims for damages directly against overseas manufacturers, bypassing their upstream distributors, the compensation shall be limited to the direct losses incurred by the Chinese claimants that are attributed to the failure to fulfill their obligation to recall defective products by the said overseas manufacturers, and the loss on defective products shall be calculated based on their import prices rather than their selling prices; thus the compensation shall not include the expected sales profits that the Chinese claimants would have otherwise earned. Tort liability and contractual liability are distinctly different in terms of the scope of compensation. Article 113 of the Contract Law① provides that a Party to a contract may claim any lost expected benefits against the breaching Party, whereas in tort relations, the tort victims shall usually be entitled to request the tortfeasors to compensate only for their actual losses, excluding any expected benefits that would have otherwise been realized. In this case, Guangdong B Medicine Group Co. , Ltd. sought the tort liability against B S. R. L, so the extent to which the compensation it had the right to claim should only cover the direct losses arising from B S. R. L's tort by omission, namely its failure to fulfill its legal obligation of recalling the defective product. That is to say, its claim for damages from B S. R. L shall be raised based on the import price of the pharmaceutical product rather than the

① See Article 583 of the *Civil Code*.

price at which it had sold the said product to its buyers, which contained the sales profits. Otherwise, its claim shall not be upheld by a court. Furthermore, Guangdong B Medicine Group Co. , Ltd. also should not claim all other costs arising from its lawsuit over related disputes with its sub-distributors against the overseas manufacturer, such as court costs, litigation preservation fees and attorney fees, on the grounds of any tort.

Being an international commercial case, this case involved the determination of governing laws. With the consent of both Parties, the Chinese law applied to the trial of this case. Relevant provisions on court proceedings in the *Provisions of the Supreme People's Court on Several Issues Concerning the Establishment of International Commercial Courts* and the *Procedural Rules for International Commercial Courts of the Supreme People's Court (for Trial Implementation)* were strictly followed in the trial of this case. In sharp contrast to the trials of ordinary civil and commercial disputes, there are three unique, innovative and thought-provoking features during the trial of this case: (a) the judicial institution of "First Instance being Final" is practiced. Namely, the judgments or rulings rendered by the CICC are final and binding on the Parties involved, becoming legal effect. Since this case is handled by the SPC, the Parties cannot appeal but may apply to the main body of SPC for a retrial of legally effective judgments or rulings made by the CICC; (b) with the opposing Party's consent, evidentiary materials submitted to the CICC without Chinese translations (if applicable) may be cross-examined directly during court hearings; and (c) the role of the International Commercial Expert Committee of the SPC is fully utilized. Specially, a collegial panel consults on related issues with various members of the International Commercial Expert Committee and seeks the opinions from other specialists and scholars.

The trial of this case has demonstrated the capability and professionalism of the CICC in resolving international commercial disputes, and clarified the rules of adjudication for similar disputes, providing significant guidance. The efficient conclusion of this case has fully realized the original aspiration of the establishment of the CICC by SPC: to protect the lawful rights and interests of the Chinese and foreign Parties equally, create a stable, impartial, transparent and predictable international business environment under the rule of law by adjudicating international commercial cases fairly and timely. Additionally, it addressed business community's demands for efficient dispute resolution by leveraging the CICC's efficiency advantage within the SPC.

CASE 21

F (Tianjin) Financial Leasing Co., Ltd.
v.
W & K G T AG
(Tort Liability)*

Basic Facts

F (Tianjin) Financial Leasing Co., Ltd. (hereinafter referred to as "F Company") and J Building Materials Co., Ltd. (hereinafter referred to as "J Building") entered into two financial lease contracts in 2012, under which J Sanitary Ware and J Ceramics provided joint and several liability guarantee as guarantors. F Company provided financing funds of CNY 188 million to J Building. However, J Building only repaid part of the funds and went bankruptcy later. J AG was a company listed in Germany and it wholly owned J Hong Kong, which in turn wholly owned J Sanitary Ware and J Ceramics. J Building was a wholly owned subsidiary of J Sanitary Ware. F Company claimed that according to the project report attached to J Building's application materials for financial funding, J Building and its guarantors were all core subsidiaries of J AG. F Company thereby downloaded the audit report issued by

* First Instance Case No.: (2018) Jin Min Chu No. 27
Second Instance Case No.: (2021) Zui Gao Fa Min Zhong No. 575

W & K G T AG (hereinafter referred to as "W & K ") for J AG from the German Securities Market website. F Company trusted and used false information provided in the audit report to make loan transaction decisions and subsequently suffered losses. F Company thus requested that the court should order W & K to compensate F Company for its losses.

Judgment

The Supreme People's Court held in the second instance that the laws at the place of tort shall apply to foreign-related disputes over audit-related tort liabilities. Since the place of tort includes both the place where the tort is committed and the place where the tortious consequence takes place, it was correct for the court of first instance to apply the law of the place where the tortious consequence took place, namely Chinese law in the present case. The essence of determining the tort liability arising from an accounting firm's inaccurate information is a balance and coordination between the legal logic of tort and public policy. Specifically, the court should not only highlight both the deterrence and compensation function of tort law, but also avoid distorting the normal market risk allocation mechanism. Thus, the key point is to determine the scope of the "interested party" who may suffer losses due to reasonable reliance or use of an inaccurate audit report. According to Article 2 of the *Certain Provisions of the Supreme People's Court on the Trial of Compensation Cases for Civil Tort Involving Accounting Firms Engaging in the Audit Business*, the "interested party" who suffered losses due to reasonable reliance upon or use of false report issued by accounting firms is limited to two types: one refers to party who suffered losses from engaging in transaction activities with the audited company, and another refers to party who suffered losses from engaging in transaction activities relating to the stocks or bonds of the audited company. Any third party other than the above two types does not fall within the scope of "interested party" protected by Chinese law. In other words, in the absence of other provisions in the Chinese Tort Law or other laws, the accounting firm does not owe a statutory duty of care to any other third party. In this case, while the companies listed in the Notes to the Consolidated Financial Statements in the audit report issued by W & K included J Building, J Building was not subject to audit by W & K . In addition, F Company had never engaged in any transactions related to the stock options of J AG, who was subject to audit by W & K. Therefore, F Company was not an "interested party" in the tort liability litigation for damages caused by W & K's audit report. W & K did not owe F Company a statutory duty of care, and it was not at fault in violation of the statutory duty of care. In other words, W & K should not bear the tort liability. Accordingly, the Supreme People's Court dismissed the claims of F Company.

Significance

With the high-quality development of the Belt and Road Initiative, the volume of cross-border businesses for accounting firms is growing, and much attention has been paid to the issue of accounting firms' audit-related liabilities in tort. On one hand, the present case explicated the law applicable to foreign-related disputes over audit tort liabilities and specified that the law of the place where the tortious consequence takes place could apply, thus providing a clear jurisprudential basis for the extraterritorial application of Chinese laws. On the other hand, by elucidating the theoretical basis of accounting firm's audit tort liability and duty of care, the Supreme People's Court strictly interpreted the scope of Article 2 of SPC Provisions of Compensation for Audit-Related Tort and clarified that the Chinese courts have no right to determine the scope of "interested party" beyond the provisions of laws and judicial interpretations, thereby well balancing the relationship between the compensation function of professional tort liabilities and public policy. This case is conducive to forming stable market expectations and set a good example for the application of law in similar cases, which is also of positive significance for Chinese companies to go global and participate in the construction of the Belt and Road Initiative.

Expert Commentary *

This case centers around tort liability concerning a foreign-related audit conducted by an accounting firm and has two issues in dispute: the application of law regarding the tort liability for compensation in a foreign-related audit; second, the legal basis for the accounting firm to bear the tort liability for compensation caused by the false audit report it issued against a third party, i. e. , the determination of the scope of "interested parties" in litigation over compensation liability for audit-related tort.

Ⅰ. The Application of Law Regarding the Tort Liability for Compensation in Foreign-related Audit

The determination of the applicable law is the first step in resolving foreign-related tort disputes. Article 44 of the *Law of the People's Republic of China on Choice of Law for Foreign-Related Civil Relationships* stipulates that the laws at the place of tort shall apply to liabilities for tort, but if the parties have a mutual habitual residence, the laws at the mutual habitual residence shall apply. If the parties choose the applicable laws by agreement after any tort takes place, the agreement shall prevail. The parties to this case did not reach any consensus

* Liu Xiaohong, President, Professor, and Doctoral Supervisor, Shanghai University of Political Science and Law; Member of the International Commercial Expert Committee of the Supreme People's Court of the PRC.

regarding the applicable law, nor did they share any mutual habitual residence, thus the laws at the place of tort shall apply. According to Article 187 of the *Opinions on Several Issues Concerning the Implementation of the General Principles of Civil Law of the People's Republic of China(for Trial Implementation)*("the Opinions")issued by the Supreme People's Court in 1988, the place of tort can be interpreted to include the place where a tort is committed and the place where the result of a tort takes place. Although the Opinions is no longer in effect as its superordinate law—the *General Principles of Civil Law of the People's Republic of China*—has lost force, this interpretation is still widely recognized in judicial practice. In this case, the Supreme People's Court confirmed this interpretation in the trial of the second instance.

The claims of F Company were about foreign-related torts. As claimed that the tort conducted by W & K had led to its failure to recover the financing funds, which made F Company suffered losses of creditor's rights, the losses occurred in China. Since the place where the tort was committed(Germany)was different from the place where the tort produced results(China), the applicable law should be determined by the court. In judicial practice, courts in different nations hold different opinions regarding the determination of the place of tort. For instance, Austrian courts have interpreted the place of tort as the place where the insults and influences are most felt, which usually coincides with the habitual residence of the victim. Germany adopts a more common principle, i. e., in principle, the laws at the place where the tort is committed apply in cross-border torts, however, laws at the place where the tort produces results may apply if the plaintiff so requests. Some scholars hold the opinion that applying the laws at the place where the tort is committed can be beneficial to protecting the expected interests of the actors, while applying the laws at the place where the tort produces results emphasizes the protection of the interests of the victims.

In this case, the courts of the first and second instance were unanimous on the issue of the application of law regarding the tort liability for compensation in foreign-related audit. Both courts determined that the laws at the place where the tort produced results, namely, Chinese law, shall apply. Taking the place where the tort produces results as the linking point not only conforms to the principle of the closest nexus, but also facilitates the trial of the case and provides reference for the extraterritorial application of Chinese law.

Ⅱ. The Determination of the Accountability Principles Applicable to the Defendant

The precondition of the plaintiff's request for W & K to compensate for its losses is that the defendant is liable for the losses. The accountability principle of tort liability is an important basis of determining the grounds, criteria or ultimate determinants of the tort liability to be borne by the actor. There are four constituent elements of general tort liability for fault: first, the tortfeasor commits a tort; second, the tortfeasor is at fault in committing the tort; third, the victim suffers from harm; fourth, there is causation between tort and harm. Besides the general tort liability for fault principle, Paragraph 2 of Article 1165 and Article 1166 of the *Civil Code of the People's Republic of China* provide for the principle of the presumption of fault and no-fault liability. The former presumes that the actor is at fault and shall subject to the tort liability where the actor cannot prove otherwise; and the latter refers to the stipulation that the assumption of the tort liability is not subject to the precondition that the actor is at fault. The application of both principles should be made according to the specific stipulations of the law, such as the joint dangerous act liability in Article 1170, the liability where a person without civil conduct capacity sustains any injury in educational institutions in Article 1199, the liability of the direct tortfeasor where an object is thrown out of a building in Paragraph 1 of Article 1254, and the liability where a pile of objects causes harm to another person in Article 1255 of the *Civil Code of the People's Republic of China.*

It is therefore obvious that the previously mentioned two accountability principles cannot be applied to the case where the plaintiff claims losses caused by the issuance of false report by the defendant, and instead, the principle of the general tort liability for fault shall apply. Among the four constituent elements, the act of the issuance of the fault report by the defendant meets the standard of "the tortfeasor commits a tort", thus the key to solve this case is whether the defendant is at fault in issuing this report and whether there is causation between the defendant's fault and the losses of the F Company.

Ⅲ. The Determination of the Scope of the "Interested Parties"

In this case, since F Company and W & K did not enter into any contract, there were no contractual relations between the two companies, and also no likelihood of breach of contract by the defendant. As a result, F Company can only serve as a third party whose interests are damaged in this case. In order to make a judgment on whether the defendant W & K bears any statutory duty of care to a specific third party, i. e. an interested party, it is necessary to determine whether F Company is among the interested parties suffering losses due to reasonable reliance on or use of a false audit report.

According to Paragraph 1, Article 2 of the *Certain Provisions of the Supreme People's Court on the Trial of Compensation Cases for Civil Tort Involving Accounting Firms Engaging in the Audit Business* ("the Provisions on Compensation for Audit-Related Tort") promulgated by the Supreme People's Court in 2007, with regard to a natural person, legal person or any other organization that suffers any loss due to reasonable reliance upon or use of the false report issued by an accounting firm in doing a deal with the audited entity or in carrying out trading activities relating to the stocks or bonds of the audited entity, he or it shall be determined as an interested party as prescribed in the Law on Certified Public Accountants. The courts of the first and second instance held different opinions regarding the interpretation of this paragraph. The High People's Court of Tianjin City interpreted the "interested party" as "any third party, who, although having no contractual relations with the accounting firm, is likely to use the financial information in the audit report issued by the accounting firm and make decisions based on its reliance on the audit report". Based on this interpretation, since the plaintiff F Company downloaded the audit report issued by W & K from the website of German securities market, trusted and used false information in the audit report to make loan transaction decisions, the plaintiff should be defined as an "interested party".

The Supreme People's Court held that the extensive interpretation lacked legal basis as it exceeded the scope of the interested parties stipulated in the judicial interpretation, and thereby corrected it. In the trial of the second instance, the Supreme People's Court limited the interested parties suffering losses due to reasonable reliance on or use of a false report issued by an accounting firm to two categories: entities suffering losses in doing a deal with the audited entity, namely, the creditor of the audited entity; and entities suffering losses in doing a deal relating to the stocks or bonds of the audited entity, namely, the investor of the audited entity in securities market. In this case, J AG wholly holds shares of J Hong Kong, which in turn wholly holds shares of J Sanitary Ware. J Sanitary Ware wholly holds shares of J Building. However, it is necessary to point out that the audit object of W & K was J AG. F Company was neither a party to the transaction with J AG, nor did it invest in the stocks or bonds of J AG in the securities market. Therefore, F Company does not fall into the scope of the interested parties under legal protection. It is not within the people's court's right to expand the scope in which interested parties are determined beyond the provisions of laws and judicial interpretations and hereby grant tort relief.

As the plaintiff F Company was not an interested party to the lawsuit, W & K did not bear the duty of care to the plaintiff, and was not at fault in committing the tort, thus lacking the second constituent element of the general tort liability for fault. Therefore, the defendant should not bear any tort liability.

In the trial of this case, the scope of the interested parties suffering losses due to reasonable reliance on or use of a false report issued by an accounting firm in Article 2 of the Provisions on Compensation for Audit-Related Tort is strictly limited, thus confining the tort compensation to a reasonable and legitimate extent. The judgment of the case fully utilizes the Civil Code, Law on Certified Public Accountants, Company Law and relevant judicial interpretations, and is in line with the judicial values of China. In addition, this case can serve as a reference for the trial of foreign-related tort cases involving the audit of accounting firms in the future.

Part V

Disputes Related to Companies

CASE 22

Singapore S-environment Technology Group Limited

v.

T Env-Tech Group(Fujian)Co., Ltd.

(Shareholder Capital Contribution) *

Basic Facts

T Env-Tech Group(Fujian)Co., Ltd. (hereinafter refered to as "T Env-Tech") is a wholly foreign-owned enterprise established by Singapore S-environment Technology Group Limited(hereinafter referred to as "S-Environment Tech")in China. On June 30, 2008, the registered capital of T Env-Tech was approved to be increased to CNY 380 million. On April 27, 2012, T Env-Tech filed a lawsuit on the grounds that S-Environment Tech had not fully paid its capital contribution, requesting the court to order S-Environment Tech to fulfill its shareholder capital contribution obligations, which is to pay an additional capital of CNY 45 million.

After a trial of first instance, the High People's Court of Fujian Province held that S-Environment Tech had not fulfilled its statutory obligation to fully pay the capital contribution, infringing upon the legal property rights of

* First Instance Case No.: (2013)Min Min Chu No. 43
Second Instance Case No.: (2014)Min Si Zhong No. 20

T Env-Tech. T Env-Tech had the right to demand that S-Environment Tech fulfill its capital contribution obligations and make up for the capital. Accordingly, it was ordered that S-Environment Tech pay a capital contribution of CNY 45 million to T Env-Tech. S-Environment Tech appealed to the Supreme People's Court.

Judgment

On June 11, 2014, the Supreme People's Court held an opening hearing of the case and rendered the judgment on the same day. The Supreme People's Court, in its second-instance judgment, held that, according to the provisions of Paragraph 1 of Article 14 of the *Law of the People's Republic of China on Choice of Law for Foreign-Related Civil Relationships*, the capital contribution obligations and other matters between foreign-invested enterprises in China and their foreign investors should be governed by the laws of China; the civil right capacity and civil act capacity of foreign investors' judicial managers and liquidators should be governed by the laws of the place where the foreign investor is registered. According to the *Singapore Companies Act*, during the period of judicial management, the powers and duties of the company's directors obtained according to the *Singapore Companies Act* and the company's bylaws are exercised and performed by the judicial manager. Therefore, the resolution made by the judicial manager of S-Environment Tech to appoint and dismiss the directors and legal representative of T Env-Tech was valid. Since the board of directors of T Env-Tech did not implement the resolution of the sole shareholder, S-Environment Tech, it led to a situation where the legal representative under the industrial and commercial registration was inconsistent with the legal representative appointed by the shareholder, which in turn led to the dispute. According to the *Company Law of the People's Republic of China*, the legal representative under the industrial and commercial registration has an announcement effect against third parties outside the company. If there is an external dispute involving the company's representative power, the industrial and commercial registration should prevail; for internal disputes between the company and the shareholders arising from the appointment and dismissal of the legal representative, the effective resolution of the shareholders' meeting should prevail, and the legal effect of the change of the legal representative within the company should be produced. The court concluded that the lawsuit did not represent the true intention of T Env-Tech, and therefore, the original judgment was revoked, and T Env-Tech's claim was dismissed.

Significance

This case is of great significance for the equal protection of the legal rights and interests of Chinese and foreign investors, the protection of shareholders' rights to choose managers, and the optimization of the legal environment for foreign investment. It was rated as one of the major cases of the 65th anniversary of the establishment of the Supreme People's Court. The case clarified rules for determining capacities of foreign companies' judicial managers and liquidators for enjoying civil-law rights and performing civil juristic acts within the territory of China, clearly defined the distinction rules for disputes over company representation rights, and enhanced the confidence of foreign investment in China. At the same time, this case was the first case in which the Supreme People's Court invited foreign envoys in China and overseas media to sit in on the trial and make a judgment in court, highlighting the image of China's fair and efficient judiciary.

Expert Commentary *

This case primarily involves the issue of changing the legal representative of a

* Yu Jinsong, Professor and Doctoral Supervisor, School of Law at Renmin University of China. Zhou Yifan, PhD candidate, School of Law at Renmin University of China.

foreign-invested enterprise.

The main points of contention in this case are whether the litigation representative authority of the parties and the qualification of their agents are valid; whether T Env-Tech's intent in filing the lawsuit is genuine; and whether the will of T Env-Tech is represented by the legal representative registered with the industrial and commercial authorities or by the one appointed by the shareholders. The High People's Court of Fujian Province held that T Env-Tech is a wholly foreign-owned enterprise registered in China, making it a Chinese legal entity. Under Chinese law, the registered legal representative and their expressed intent should prevail. The Supreme People's Court, however, ruled that the legal representative registered with the industrial and commercial authorities has a public notice effect and should be considered in external disputes involving third parties outside the company. In contrast, for internal disputes between shareholders and the company regarding the appointment and removal of the legal representative, the valid shareholders' meeting resolutions should be decisive. The divergence between the appellate and trial court rulings hinges on differences in the interpretation and application of relevant laws, including the *Company Law of the People's Republic of China* and the *Law of the People's Republic of China on Choice of Law for Foreign-Related Civil Relationships*.

Ⅰ. *Lex Societatis* and Its Application

This case first raises the issue of whether the litigation representative authority of Environmental Protection Technology Company (EPTC), a party to the lawsuit, is valid, which relates to the application of the *Lex Societatis* of the legal entity, as the capacity for civil rights and ability to act of a corporate legal entity are generally determined by its *Lex Societatis*.

The capacity of natural persons and legal entities to possess and exercise rights is determined by their *Lex Societatis*, a common practice internationally. A legal entity is a product of legal fiction, and its capacity to possess and exercise rights is conferred by its *Lex Societatis*. Determining the *Lex Societatis* of a legal entity can depend on either the law of the place of registration or the law of the principal place of business, depending on the country's regulations. For example, Article 154, Paragraph 1 of the *Swiss Federal Private International Law* of 1987 states that a company is subject to the law of the country of incorporation if it meets the requirements of registration or public notice. However, Paragraph 2 of the same article provides that if these conditions are not met, the law of the country where the company's actual management center is located shall apply. Article 14 of the *Law of the People's Republic of China on Choice of Law for Foreign-Related Civil Relationships* stipulates: "The laws at the locality of registration shall apply to such items as capacity for enjoying civil-law rights, capacity for performing civil juristic acts, organizational institutions, rights and obligations of shareholders, etc. of a legal person and its branch. If the main business place of a legal person is inconsistent with the locality of registration, the laws of the main business place may apply. The main business place of a legal person shall be its habitual residence. " S-Environment Tech, registered in Singapore, entered judicial management and liquidation under Singaporean law, granting its judicial manager and liquidator the authority to make decisions and initiate litigation on behalf of the company. Therefore, the Supreme People's Court and the Fujian Provincial High People's Court's decision to apply Singaporean law under Article 14 of the *Law of the People's Republic of China on Choice of Law for Foreign-Related Civil Relationships* to confirm S-Environment Tech's litigation standing was undoubtedly correct.

Ⅱ. The Scope of Application of a Legal Entity's *Lex Societatis*—Internal Affairs

The core issue in this case is whether the legal representative registered by

T Env-Tech or the legal representative appointed by a shareholders' meeting resolution is the true representative of the company's will. The trial court deemed company registration as the determining standard, while the appellate court ruled that a valid shareholders' meeting resolution should prevail. This raises the issue of applying relevant provisions of the *Company Law of the People's Republic of China*, particularly regarding whether the dispute falls within the company's internal affairs or external relations.

1. Internal Affairs of a Company are Generally Governed by the Law of the Place of Incorporation

A company's internal affairs primarily refer to the relationships between the company and its shareholders, directors, senior management, or agents. These internal matters are generally governed by the law of the place of incorporation, known as the "internal affairs doctrine," a cornerstone of company law. The specific content of internal affairs varies by country but generally includes the election or appointment of directors and officers, adoption of bylaws, issuance of company shares, holding of the board and shareholders' meetings, voting methods, shareholders' rights to inspect company records, amendments to the articles of incorporation, mergers and reorganizations, and reclassification of shares. Article 14 of the *Law of the People's Republic of China on Choice of Law for Foreign-Related Civil Relationships* explicitly mentions matters such as the organizational structure and shareholders' rights and obligations of legal entities.

The internal affairs doctrine is essentially a choice of law issue. The application of the law of the place of incorporation to a company's internal affairs is justified by certain important factors relevant to the choice of law, including: (a) the need to align with the international system, promoting international commercial relations; (b) ensuring certainty, predictability, and consistency in outcomes; (c) protecting the reasonable expectations of the parties; and (d) ease of determination and application.

For a company, uniform treatment of directors, senior management, and shareholders is a key objective, achievable only by subjecting these individuals to a single, unique legal framework. It is impractical to subject a company's internal affairs, such as its organizational structure or internal management, to different legal regimes. Only by applying a single, continuous, and equitable legal system to a company's internal affairs can ongoing, interdependent internal relationships be preserved, preventing the company from facing contradictory claims, thereby aiding parties in planning and enhancing certainty and predictability. Shareholders, directors, and senior management of a company typically expect their rights and obligations towards the company to be determined by the law of the place of incorporation, which also protects the reasonable expectations of parties with an interest in the company. Thus, in international practice, in the absence of clear applicable local law to the contrary, the law of the place of incorporation is almost always used to resolve issues related to a company's internal affairs.

Moreover, the rationale for applying the internal affairs doctrine is to respect the legal choices of the company's founders, managers, and shareholders. Unlike the more complex conflict analysis used in other legal fields, the internal affairs doctrine provides consistent legal choices for the company and its investors. The freedom of enterprises to choose their place of incorporation and apply the law of that place when operating internationally is a key expression of contractual freedom and autonomy, and the application of the law of the place of incorporation to internal matters respects and protects this autonomy.

2. External Acts of a Company Should Be Governed by the Applicable Law of the Specific Legal Relationship

A company's external acts involve legal relationships with third parties outside the company, such as entering contracts (e. g., purchasing raw materials, financing), torts, and property transfers. These matters should be governed by the applicable law of the legal relationship in question.

3. The Disputed Issue in This Case Concerns Internal Affairs and Should Be Governed by the Relevant Provisions of Company Law of the People's Republic of China

T Env-Tech is a wholly foreign-owned enterprise registered in China under Chinese law. Therefore, its *Lex Societatis* is Chinese law, and its disputes with its sole shareholder, S-Environment Tech, concerning its internal affairs should be resolved under Chinese Company Law.

According to the *Company Law of the People's Republic of China*, the shareholders' meeting of a limited liability company is the company's authority, with the power to elect and remove members of the board of directors. The board of directors, as the executive body of the shareholders' meeting, is obliged to implement its resolutions. In this case, S-Environment Tech, as the sole shareholder of T Env-Tech, has the right to appoint and remove T Env-Tech's directors and legal representative. Since S-Environment Tech entered judicial management and liquidation proceedings under Singaporean law, the judicial manager and liquidator, as the actual controllers of the company, have the authority to resolve to change T Env-Tech's legal representative and directors. T Env-Tech's board of directors should carry out the resolution of its sole shareholder, S-Environment Tech, to change the directors and legal representative. The Supreme People's Court's application of the rules regarding corporate governance in the *Company Law of the People's Republic of China* in this judgment is fully consistent with the principles of corporate governance and shareholder rights protection, as well as the provisions of Company Law.

Ⅲ. The Effectiveness of Company Registration

Under the *Company Law of the People's Republic of China*, a company must register its basic information and significant matters with the company registration authority as required by law. The legal representative of a company, as stipulated in its articles of association, should also be registered, and changes in the legal representative must be registered. Registration has a public notice effect, and actions taken by third parties based on registered matters should be valid. If a company changes its legal representative without registering the change, it cannot be asserted against third parties. The company registration system protects the interests of *bona fide* third parties who rely on the registration, thereby safeguarding transaction security and efficiency.

However, company registration does not have a binding effect on the internal governance relations of the company. According to Chinese Company Law's corporate governance system, the shareholders' meeting exercises the authority to appoint and remove company directors and the legal representative. Company directors and senior management are expected to diligently and faithfully serve the company. If they fail to perform their duties, the shareholders' meeting has the right to remove and replace them, resulting in internal legal effects that do not depend on registration. If the validity of the shareholders' meeting's decision to replace directors or the legal representative is denied based on registration, it could allow directors or the legal representative to evade the authority of the shareholders' meeting by delaying or refusing to register the changes, thereby acting independently of the company's highest authority. In such a case, the controlling shareholder (the sole shareholder in this case) could lose control over the company. Such a legal application would clearly contradict the provisions of the *Company Law of the People's Republic of China*, violate the spirit of internationally accepted corporate governance principles, and lead to contradictions and confusion in the relationship between the shareholders' meeting and directors (or legal representatives), jeopardizing both corporate governance and shareholder rights protection. Therefore, with regard to internal affairs, the validity of a company's actions cannot be determined solely based on registration. The Supreme People's Court's opinion that internal disputes between shareholders and the company concerning the appointment and removal of the legal representative should be governed by valid shareholders' meeting resolutions, rather than registration, is a correct understanding and application of the *Company Law of the People's Republic of China*, capturing the core spirit of corporate governance.

This judgment establishes corresponding judicial rules on the application of a company's *Lex Societatis*, the authority of company representation, and the relationship between the validity of the legal representative's actions and company registration, providing significant guidance for Chinese courts in handling similar foreign-related civil and commercial cases in the future.

CASE 23

Shandong H Investment Co. , Ltd.
v.
L K E Co. Pte. Ltd. (Singapore)
(Equity Transfer Contract) *

Basic Facts

E E A (Zhuhai) Co. , Ltd. (hereinafter referred to as "EEA") was originally a wholly foreign-owned enterprise. On September 14, 2010, it was transformed into a Chinese-foreign equity joint venture. and L K E Co. Pte. Ltd. (Singapore) (hereinafter referred to as "LKE") was one of its joint venture partners. In October 2010, LKE and Shandong H Investment Co. , Ltd. (hereinafter referred to as "H Company") signed an Agreement on Capital Increase and Share Expansion and they agreed that H Company would invest CNY 20 million in EEA and if LKE violated any clause of the Agreement and caused failure to achieve the purpose of the Agreement, H Company would have the right to terminate the Agreement and withdraw the funds invested for capital increase and share expansion. On December 6, 2010, both parties concluded another Equity Transfer Agreement and agreed that considering that EEA would apply

---

* First Instance Case No. : (2014) Zhu Zhong Fa Min Si Chu No. 16
Second Instance Case No. : (2015) Yue Gao Fa Min Si Zhong No. 224

for being restructured to a joint stock limited company(hereinafter referred to as “JSC”)and H Company would own 8 million shares of the target company after the restructuring. After October 10, 2013, H Company had the right to raise a claim of transferring equity shares of the target company within the limit of the original amount of capital contribution and LKE committed to purchasing the shares to be transferred in its own name or by a designated third party unconditionally. On January 27, 2011, all shareholders of EEA concluded an Agreement on Capital Increase and Share Expansion(hereinafter referred to as the “Share Expansion Agreement”). Under the Share Expansion Agreement, H Company subscribed to the increased capital of EEA at a premium and H Company accounted for 10% of equities of EEA. If any circumstance as agreed in the Agreement occurred, H Company had the right to terminate the Agreement after notifying LKE and to withdraw the investment made under this capital increased and shares expansion. After the Agreement was approved by the competent authority, all parties began equity transfer registration whereby H Company held 10.001% of the shares of EEA and LKE owned 76.499% of the shares of EEA. On the ground that LKE refused to perform the obligations of capital increase as agreed and failed to perform the liability of guarantee for repurchasing shares, H Company filed a lawsuit with the Intermediate People's Court of Zhuhai City of Guangdong Province and requested the Court to order that LKE should purchase the equities of EEA held by H Company and pay CNY 20 million and interest thereon.

Judgment

The Intermediate People's Court of Zhuhai City of Guangdong Province in the first instance held that, H Company's claim that LKE should purchase the equities of EEA held by H Company lacked factual and legal basis. Therefore, the Intermediate People's Court of Zhuhai City of Guangdong Province dismissed all claims of H Company. H Company refused to accept the judgment of first instance and appealed on the ground that the Agreement concluded by both parties was actually an agreement on adjustment of valuation of equity investment in nature and it had the right to claim equity withdrawal when the financial stocks company failed to be listed on the schedule.

The High People's Court of Guangdong Province, in the second instance, held that the content of the Equity Transfer Agreement was equity transfer affixed with factual conditions. Namely, only after EEA was restructured into a joint stock limited liability company could H Company transfer the equities of EEA it held to LKE. The stipulation of the Agreement on future facts did not violate the mandatory provisions of Chinese laws and administrative regulations and hence it should be identified as legally effective. An agreement on adjustment of valuation of equity investment was not a clause of valuation adjustment prepared for the purpose of rationally controlling risks when an investment company invested in the target company. In general, both parties would agree on the business operation objective within a fixed term. If the enterprise fails to realize the business operation objective within a fixed term, one party should make a payment or compensate for the losses of the other party. However, the restructuring of EEA to a joint stock limited company was not presented as the business operation objective in the Equity Transfer Agreement. Furthermore, it was not stipulated in the Agreement that as the shareholder, LKE should assume the liability of repurchasing equities if the target company EEA failed to complete the shareholding restructuring. In the performance of the Agreement by both parties, there was not a breach of contract that would bring about the termination of the Agreement. On June 9, 2011, H Company also obtained the equities of EEA. Therefore, the grounds relied upon by H Company for claiming the withdrawal of funds invested in the capital increase and share expansion in accordance with the Equity Transfer Agreement and the Agreement on Capital Increase and Share Expansion lacked factual and legal basis. Hence, the High People's Court of Guangdong Province delivered a judgment to dismiss the appeal and affirm the original judgment.

Significance

This case involves a Chinese domestic company investing in a Chinese-foreign joint venture by means of equity transfer. Its significance lies in determining the nature of the clause on the repurchase of equities as stipulated in the contract, whether it constitutes a new type of investment and financing method, namely an agreement on adjustment of valuation of equity investment, and whether such stipulation on the nature should be supported. On one hand, the judgment affirmed that for adapting to the high financing demands of the modern market economy, shareholders have the right to autonomously stipulate the content of adjustment of valuation of equity investment; On the other hand, the judgment followed the principle that the consensus on adjustment of valuation of equity investment must be clearly stipulated in the contract. In this case, the Equity Transfer Agreement involved did not set a business operation objective and did not stipulate that LKE should assume the liability of equity repurchase if EEA failed to complete the shareholding restructuring. It was determined that the true intention of both parties was restructuring EEA to a joint stock limited company. Therefore, the nature of the Equity Transfer Agreement was equity transfer affixed with factual conditions. Before the prerequisite that EEA was restructured to a joint stock limited company was satisfied, H Company had no right to claim that LKE should repurchase equities. Through literal interpretation, the judgment determined the intention of the parties on investment, effectively avoided random withdrawal of corporate capital, safeguarded stability in the joint venture relationship of Chinese and foreign investors, legally safeguarded the rights and interests of investors, and would play a significant role in the orderly development of new investment methods under the Belt and Road Initiative.

Expert Commentary *

The equity transfer dispute between a Chinese company H Company and a Singaporean company LKE, finally decided by the court of second instance in High People's Court of Guangdong Province in 2015, is a typical case of how Chinese domestic courts handle equity transfer disputes between Chinese and foreign shareholders in equity joint ventures (EJVs). The major issue before the court was whether the equity repurchase clause agreed upon by the Chinese and foreign parties in the contract should be identified as a new type of valuation adjustment mechanism (VAM) agreement in the Chinese capital market and, if so, whether the claims based upon the aforementioned clause should be supported.

The court of second instance partially corrected the reasoning in the decision of the court of first instance, affirmed the determination of basic facts and application of law, and upheld the decision of the lower court. This case demonstrates Chinese courts' respect for autonomy of equal commercial entities and the principle of equal treatment and equal protection for domestic and foreign investors.

I. Respecting Party Autonomy and Judicially Ensuring Good Faith Performance

The two parties in this case are investors (partners) from a Chinese-foreign joint

* Ding Ding, Professor and Doctoral Supervisor, School of Law at the University of International Business and Economics; Member of the International Commercial Expert Committee of the Supreme People's Court of the PRC.

venture. To facilitate the equity transfer, the parties signed multiple Capital Increase and Share Expansion Agreement and Equity Transfer Agreement successively. The dispute arises from the parties' differing understandings regarding the validity and interrelationship of these contracts. In accordance with the applicable *Law of the People's Republic of China on Chinese-Foreign Equity Joint Ventures* and its implementation regulations, the *Contract Law of the People's Republic of China* and relevant judicial interpretations in effect at that time, the court prudently determined the contracts' validity and their interrelationships by comparing the contents of different contracts mentioned above. In accordance with Article 1 of the *Provisions of the Supreme People's Court on Several Issues Concerning the Trial of Disputes Involving Foreign-Funded Enterprises (I)*, the court differentiates between contracts that have not yet been approved by foreign investment administration authorities and those that have been approved and do not contradict mandatory laws and regulations. The former are regarded as contracts that have not taken into effect, while the latter are considered valid contracts. Bearing in mind the balance of relationships between civil and commercial trials and administrative supervision, the court did not mechanically deny the validity of the contracts, but rather, through literal interpretation, compared different contract texts, ascertained the true intent of the parties, and identified the actual legal relationship, thereby reflecting the judiciary's respect for the parties' autonomy in negotiating contracts and voluntarily transferring (receiving) equity.

Both domestic and foreign investors should honor their commitments and fully fulfill their contractual obligations under legally binding contracts. Through a dialectical understanding and accurate grasp of the fundamental principles of civil and commercial adjudication, such as freedom of contract, equal protection, and good faith, and by respecting the autonomy of parties' agreements, including the agreement on the conditions of contractual performance, the court has reached solid judgments, guiding Chinese and foreign investors to perform their contracts in good faith. This approach effectively maintains the stability of relationships between investors and the reasonable expectations for the contract's objectives.

Ⅱ. Accurately Identifying the Nature of the Contracts and Making Categorization Prudently

In this case, H Company contended that the nature of the dispute was essentially about a VAM agreement, because the equity transfer agreement included share repurchase provisions. The court of second instance's analysis of the nature of the contract reflects the basic principles of dialectical understanding and accurately grasping of character in the civil and commercial trial long practiced by China's judiciary, adhering to a judgment philosophy that aligns logic with value.

First, for the widely practiced VAM agreement, commonly known as "bet-on agreement", the court of second instance clarified that it should not be categorized as one of the prescribed contract types in laws and regulations. In other words, even if an equity transfer contract contains VAM clauses, it cannot be classified under any specific type of named contract based on these clauses alone.

Second, the court of second instance used the method of literal interpretation to accurately refine the characteristics of VAM clauses. VAM clauses are used in the capital market as a means for reasonably controlling risk, they are agreed upon by the investor and the financing party when the investor invests in the target company. Typically, the investor and financing parties will agree on business objectives to be achieved within a fixed period, including listing and performance targets. If the target company fails to meet these objectives within the specified period, the financing party should make payments or compensations to the investor, which may include repurchasing equity. If the objectives are met, the investor may increase investment in the financing party or provide additional support or incentives.

Last, in practice, not all equity transfer agreements contain VAM clauses or are designed with equity valuation adjustments as a condition for equity repurchase. As demonstrated in this case, although there was equity repurchase agreement in the contract, the Chinese and foreign parties did not set a fixed period of time to achieve performance targets or listing target. Instead, the factual condition was set as the transformation of the target company from a limited liability company to a joint-stock company. Therefore, the court of second instance clarified that the factual conditions agreed upon by the parties for transferring equity transfer were that the registered capital of the target company had reached CNY 80 million and it had been transformed into a joint-stock company. If the conditions were met, after a specific date, H Company had the right to transfer its equity in the target company to LKE within the limit of its original investment amount. Accordingly, the court determined that the Equity Transfer Agreement should be characterized as an equity transfer subject to a future factual condition: H Company could transfer its equity in the target company to LKE only after the target company had been transformed into a joint-stock company. Furthermore, the aforementioned agreement did not stipulate that LKE, as a shareholder, would be responsible for equity repurchase if the target company failed to complete the transformation. The court of second instance thus concluded that, H Company's assertion that the nature of the agreement was a VAM agreement lacked factual basis and should not be supported.

Ⅲ. Equal Protection of Domestic and Foreign Investors Highlights the International Credibility of China's Judiciary

Foreign investment plays a crucial role in Chinese modernization. Stabilizing and attracting foreign investment need to build a market-oriented, law-based, and internationalized business environment. Regarding the relationship between the rule of law and high-level opening up, General Secretary Xi Jinping has pointed out that, the rule of law goes hand in hand with opening up; as the opening up process advances, the construction of foreign-related rule of law must also advance.

A high-level opening up cannot be achieved without sound laws and good governance. The rule of law is the best business environment. The proper resolution of disputes in equity transfers between domestic and foreign investors, as seen in this case, and equal protection for both domestic and foreign investors, are responsibilities and missions of the people's courts in creating a fair and just business environment.

The case went through two trials and the final judgment was published online. Ultimately, it effectively prevented the shareholders from arbitrarily breaching contracts and withdrawing investments, maintained stable relationship between Chinese and foreign investors in foreign-invested enterprises, and demonstrated the international credibility and influence of China's judiciary with high-quality adjudication.

CASE 24

G M Investment Limited
v.
Henan Y C Group Co. , Ltd. & Zhang A & Zhang B (Equity Transfer) *

Basic Facts

In July 2012, G M Investment Limited (hereinafter referred to as "G M Investment"), Henan Y C Group Co. , Ltd. (hereinafter referred to as "Y C Group"), and Huafeng Group, with approval, established the foreign-invested enterprise Y C Real Estate Company. In March 2016, G M Investment and Y C Group signed an Equity Transfer Agreement, agreeing that: G M Investment would transfer 40% of its equity in Y C Real Estate Company to Y C Group for CNY 100 million, which Y C Group would pay to G M Investment by March 31, 2016. The contract was to be established on the day upon signature or seal by all parties and effective upon the day approved by the approval authority. On April 11, 2016, the Pingdingshan Bureau of Commerce approved the equity transfer, but on the same day issued a notification stating that, due to Y C Real Estate Company's withdrawal of its application, the approval process for the

* First Instance Case No. : (2016)Yu Min Chu No. 19
Second Instance Case No. : (2017)Zui Gao Fa Min Zhong No. 651
Reopening Case No. : (2018)Zui Gao Fa Min Shen No. 3151

equity transfer would no longer proceed, and no approval certificate was issued. G M Investment consequently filed a lawsuit requesting Y C Group to pay the equity transfer price of CNY 100 million.

Judgment

The Supreme People's Court held that, starting from October 1, 2016, China has transitioned from an administrative approval system to a filing management system for establishing and making adjustments to foreign-invested enterprises other than those subject to special administrative measures for foreign investment access. For equity transfer contracts of foreign-invested enterprises that are not subject to the negative list for foreign investment access, administrative approval is no longer a requirement for determining the validity of the contract. Thus, the parties' agreement that "the contract shall come into effect upon the day approved of the approval authorities" no longer has the effect of limiting the conditions for the contract to come into effect, and the contract should be deemed effective. As the last date for Y C Group to pay the full amount had expired, so the court ordered Y C Group to pay the equity transfer price of CNY 100 million to G M Investment

Significance

Since October 1, 2016, China's foreign investment management system has undergone significant reforms, changing from a long-standing comprehensive approval system to a general filing system combined with an approval system under the negative list. Determining the nature of the filing and the effectiveness of contracts for foreign-invested enterprises with performance periods extending across the implementation date of the new legislation are urgent issues to be resolved in judicial practice. The ruling in this case established that filing process is no longer a condition for the effectiveness of contracts for foreign-invested enterprises that are not on the negative list. Consequently, equity transfer contracts for such enterprises that have not been approved are also considered effective. The judgment's established rules serve as an important guide for resolving disputes involving foreign-invested enterprises and for protecting the legitimate rights and interests of foreign investors.

Expert Commentary *

This case mainly involves the effectiveness rules of foreign investment contracts and how to regulate the rights and interests of foreign investors after the implementation of the negative list for foreign investment access in China.

Attention should be paid to the exploration and research of the following core key points in this case.

I. The Question of Which Country's Law Should Be Applied as the Governing Law in This Case

Applicable law is a unique concept in private international law, which refers to the specific substantive legal norms used to determine the rights and obligations of parties in international civil relations guided by conflict norms. The conflict norms mentioned in the above definition are norms stipulated by domestic laws or international treaties, indicating which laws should be applied to a certain foreign-related civil and commercial legal relationship. Therefore, they are also called legal application norms or legal choice norms. According to the prevailing theory in academia, the governing law has the following characteristics: (a) The governing law must be a substantive law that can determine the rights and

* Zhou Hanmin, Professor and Doctoral Supervisor; Standing Committee Member, National Committee of the Chinese People's Political Consultative Conference; Chairman of the Shanghai Public Diplomacy Association; Honorary Dean, School of Law at Shanghai University of International Business and Economics; Member of the International Commercial Expert Committee of the Supreme People's Court of the PRC.

obligations of the parties involved; (b) The governing law must be the substantive law designated by the conflicting norms; (c) The governing law is not a component of the logical structure of conflict norms, it must be determined in conjunction with specific facts of the case; (d) The governing law is not a general legal system or legal framework, but rather a specific set of "laws", that is, specific substantive legal norms or legal documents.

Due to the fact that one of the main parties in this case, G M Investment, has its registered address in Samoa, this case is a dispute over a foreign equity transfer contract arising from the performance of a Chinese-foreign cooperative enterprise contract, which belongs to a type of foreign-related civil and commercial case. According to Article 2, Paragraph 1 of the *Law of the People's Republic of China on Choice of Law for Foreign-Related Civil Relationships*, " The application of laws concerning foreign-related civil relations shall be determined in accordance with this Law. If there are otherwise special provisions in other laws on the application of laws concerning foreign-related civil relations, such provisions shall prevail. " At the same time, according to Article 467, Paragraph 2 of the *Civil Code of the People's Republic of China* (formerly Article 126, Paragraph 2 of the *Contract Law of the People's Republic of China*), "The law of the People's Republic of China shall apply to a contract for a Chinese-foreign equity joint venture, a contract for a Chinese-foreign contractual joint venture, or a contract for Chinese-foreign cooperative exploration and exploitation of natural resources performed in the People's Republic of China. " Therefore, the applicable law in this case shall be the laws of the People's Republic of China.

With the continuous promotion of the Belt and Road Initiative, exchanges and cooperation between Chinese and foreign enterprises have become increasingly frequent, and foreign enterprises have also taken an increasing step in "coming in". Among them, the proportion of contractual disputes between Chinese and foreign equity joint ventures and contractual disputes between Chinese and foreign contractual joint ventures has continued to enlarge. The application of the laws of which country as the governing law to determine the legal relationship between the rights and obligations of the parties not only becomes an important basis for resolving disputes, but also an important reference indicator for ensuring the orderliness and predictability of business activities. After clarifying the legal basis that "contracts between Chinese-foreign joint ventures and Chinese-foreign cooperative enterprises performed within the territory of the People's Republic of China shall be governed by the laws of the People's Republic of China", our country's laws can not only legally and reasonably resolve similar foreign-related contract disputes, but also maximize the maintenance of our legal system, thus establishing a fair, just, and open foreign-related investment order.

Ⅱ. Regarding the Validity of the Equity Transfer Contract Involved in This Case

We can discuss the validity of the disputed Equity Transfer Agreement in two stages.

The first stage is before September 30, 2016. According to Article 502(1) and(2)of the *Civil Code of the People's Republic of China* (formerly Article 44 of the *Contract Law of the People's Republic of China*), "A contract legally formed shall become effective upon its formation, except as otherwise provided by the law or agreed by the parties. With regard to contracts that are subject to approval as stipulated by relevant laws or administrative regulations, the provisions thereof shall be followed." In addition, Article 10 of the original *Law of the People's Republic of China on Chinese-Foreign Contractual Joint Ventures* (revised in 2000) stipulates that, " If a Chinese or foreign party wishes to make an assignment of all or part of its rights and obligations prescribed in the contractual joint venture contract, it must obtain the consent of the other party or parties and report to the examination and approval authority for approval." Detailed Rules for the Implementation of the Law of the People's Republic of China on Chinese-Foreign Contractual Joint Ventures Article 11 stipulates that, "[t]he joint ventures' agreements, contracts and articles of association shall enter into force as of the date of the issuance of the establishment approval documents by the examination and approval departments", in addition to the provision in Article 1, Paragraph 1 of the original Provisions of the Supreme People's Court on Several Issues Concerning the Trial of Disputes Involving Foreign-Funded Enterprises (I) that "Where a contract concluded during the formation, modification, etc. of a foreign-funded enterprise does not take effect until it is approved by the foreign-funded enterprise examination and approval organ in accordance with the laws and administrative regulations, it shall become effective upon the date of approval. If the contract is not approved, the people's court shall determine the contract as ineffective." Based on the relevant evidence in this case, it is disputed that the Equity Transfer Contract was not approved and the statutory requirements for the effectiveness of the contract were not met. Therefore, before September 30, 2016, the Equity Transfer Agreement has not come into effect.

The second stage is after October 1, 2016. According to Article 25 of the original *Law of the People's Republic of China on Chinese-Foreign Cooperative Joint Ventures* (revised in 2016), "A contractual joint venture whose formation does not involve the implementation of special access management measures as prescribed by the state shall be subject to recordation administration as to the approval items as mentioned in Article 5, Article 7, Article 10, Paragraph 2 of Article 12 and Article 24 of this Law. The special access management measures as prescribed by the state shall be issued by or issued with the approval of the State Council. "At the same time, the Ministry of Commerce issued in 2016 the original Interim Measures for the Recordation Administration of the Formation and Modification of Foreign-Funded Enterprises. Article 29 thereof stipulated that "Where the incorporation or modification of a foreign-funded enterprise accepted by the competent department of commerce prior to the entry into force of these Measures has not been approved and falls within the scope of recordation, the approval procedures shall be terminated and the foreign-funded enterprise or its investors shall undergo the recordation formalities under these Measures." It can be seen that according to the revised laws and regulations, the validity of the disputed Equity Transfer Contract has been transformed from an administrative approval matter to a filing management. Therefore, although the contract has not been filed yet and the relevant parties have declared that they will not apply for or assist in handling the filing procedures, whether it is filed or not is only a matter of contract performance and does not affect the effectiveness of the contract. Therefore, after October 1, 2016, the Equity Transfer Contract will come into effect.

According to Article 104 of the *Legislation Law of the People's Republic of China* (2023 Amendment), "Laws, administrative regulations, local regulations, autonomous regulations, separate regulations, and rules shall not be retroactive, except for the special provisions developed for the better protection of the rights and interests of citizens, legal persons, and other organizations." Our country's legislation adopts the principle of "from the old or the advantageous" in the issue of legal retroactivity. In the case where the elements of contract validity no longer exist due to legal modifications, the new law should be applied to determine the validity of the contract. The first and second instance judgments adopted this principle, which ultimately determined that the disputed Equity

Transfer Agreement came into effect on October 1, 2016.

The reason why the Equity Transfer Agreement in this case changed in effectiveness around October 1, 2016 is that after October 1, 2016, China implemented special management measures for foreign investment access, namely the negative list management mode for foreign investment access. As commonly stated, the so-called "negative list management mode" refers to the government's regulations on which economic sectors are not open. Except for the prohibited areas on the list, other industries, fields, and economic activities are allowed. The "negative list" is equivalent to a "blacklist" in the investment field, listing the areas and industries that companies cannot invest in. After October 1, 2016, equity transfer contracts of foreign-invested enterprises outside the negative list for foreign investment access shall be subject to the filing system. This filing is an informative filing and no longer constitutes an effective requirement for contracts of foreign-invested enterprises outside the negative list for foreign investment access. Correspondingly, the equity transfer contracts of such foreign-invested enterprises that have not been approved are also effective contracts. At the same time, the agreement between the parties regarding the equity transfer contract becoming effective from the date of approval by the approving authority no longer has the meaning of setting the conditions for the effectiveness of the contract.

At present, there are mainly two types of legal norms for adjusting the negative list management mode in China. One category is the Special Administrative Measures for Access of Foreign Investments in Pilot Free Trade Zones (Negative List), and the other is the national Special Administrative Measures (Negative List) for the Access of Foreign Investment. The former is orientated towards the Pilot Free Trade Zones, which is based on foreign investment laws and regulations, the Framework Plan for China (Shanghai) Pilot

Free Trade Zone, the Catalogue of Industries for Guiding Foreign Investment (Revised in 2011), etc. , and lists the admission measures for foreign investment projects and the establishment of foreign-invested enterprises in China (Shanghai)Pilot Free Trade Zone that are inconsistent with national treatment. This negative list is compiled according to the Classification and Codes of National Economic Industries (2011 edition) and includes 18 industry categories. The negative list is not applicable to the two industry categories of S public management, social security and social organizations, and T international organizations. The latter is aimed at the whole of China, and the negative list of market access mentioned includes prohibited access and restricted access categories. For prohibited access matters, market entities are not allowed to enter, administrative agencies are not allowed to approve or verify, and relevant procedures are not allowed to be processed; For restricted access matters, or applications submitted by market entities, administrative authorities shall make decisions on whether to grant access in accordance with laws and regulations, or market entities shall enter in compliance with government prescribed access conditions and methods; All types of market entities are allowed to enter industries, fields, businesses, etc. outside the negative list for market access on an equal footing in accordance with the law.

With the further promotion of the Belt and Road Initiative, especially with the establishment of the Shanghai Free Trade Zone in 2013, the "negative list management model" has become an important policy tool formulated by the Chinese government to attract foreign investment and improve the level of foreign investment liberalization. It clarifies the responsibilities and boundaries of the government's role in the form of a negative list for foreign investment access, fully leveraging the decisive role of the market in resource allocation. By reducing the number of items on the list, China continues to relax market access restrictions, promote the integration of domestic and foreign markets, and stimulate market vitality. The biggest advantage of this model is that, on one hand, it allows foreign-funded enterprises to conduct self inspection against this list and rectify the parts that do not meet the requirements in advance, thereby improving the efficiency of foreign investment entry; On the other hand, it can urge the government to delegate power and reduce unnecessary administrative measures, thereby enhancing the autonomy and flexibility of enterprises.

Ⅲ. How to Regulate the Rights and Interests of Foreign Investors Involved in This Case

The regulation of the rights and interests of foreign investors involves various aspects of the operation of foreign-invested enterprises in China, including but not limited to the relevant legal norms for their legitimate rights and interests in establishment, change, performance, and management.

Compared with the original *Law of the People's Republic of China on Chinese-Foreign Contractual Joint Ventures*, *Law of the People's Republic of China on Chinese-Foreign Equity Joint Ventures*, and *Law of the People's Republic of China on Wholly Foreign-Owned Enterprises* (referred to as the "Three Foreign Investment Laws") that adjusted and regulated the rights and interests of foreign investors, the *Foreign Investment Law of the People's Republic of China* promulgated in 2019 and implemented from 2020 to replace the original Three Foreign Investment Laws is not only a new fundamental law in the field of foreign investment, but also the first comprehensive and systematic foreign investment legislation in Chinese history. It provides more powerful institutional guarantees for further expanding opening up to the outside world and actively and effectively utilizing foreign investment under the new situation, and has milestone significance.

Article 2 of the *Foreign Investment Law of the People's Republic of China* stipulates, foreign investment in the territory of the People's Republic of China (hereinafter referred to as "within China") shall be governed by this Law. For the purposes of this Law, "foreign investment" means the investing activities within China directly or indirectly conducted by foreign natural persons, enterprises, and other organizations (hereinafter referred to as "foreign investors"), including the following circumstances: (a) A foreign investor forms a foreign-funded enterprise within China alone or jointly with any other investor. (b) A foreign investor acquires any shares, equities, portion of property, or other similar interest in an enterprise within China. (c) A foreign investor invests in any new construction project within China alone or jointly with any other investor. (d) Investment in any other manner as specified by a law or administrative regulation or the State Council. The issue of foreign equity transfer involved in this case is precisely an important content of the law in adjusting the daily business activities of foreign-invested enterprises.

The *Foreign Investment Law of the People's Republic of China* regulates the rights and interests of foreign-invested enterprises, including investment promotion, investment protection, investment management, and other contents. In addition to the negative list management mode mentioned in the second point of this article, the law also stipulates the following rules, such as establishing the principle of national treatment before admission; Improving the transparency of foreign investment policies; Ensuring equal participation of foreign-invested enterprises in market competition; Strengthening foreign investment services; Encouraging and guiding foreign investment in accordance with laws and regulations; Strengthening the protection of property rights for foreign-invested enterprises; Strengthening the constraints on the formulation of normative documents related to foreign investment; Encouraging local governments to abide by their commitments and fulfill their promises; Improving the complaint mechanism for foreign-invested enterprises; Clarifying the approval and filing system for foreign investment projects; Establishing a national foreign investment information reporting system; Establishing a security review system for foreign investment; etc.

It can be said that the *Foreign Investment Law of the People's Republic of China* highlights the main theme of actively expanding opening up to the outside world and promoting foreign investment. It adheres to the positioning of basic laws for foreign investment, links Chinese characteristics with international rules, and ensures consistency between domestic and foreign investment. It is an important measure to implement the decision-making and deployment of the Central Committee of the Communist Party of China to expand opening up to the outside world and promote foreign investment. It not only points out the correct direction for regulating the rights and interests of foreign-invested enterprises, but also marks a new stage of institutional opening up that emphasizes rules, regulations, and standards.

In summary, this case has established correct judgment rules in determining which country's law is applicable, evaluating the effectiveness of the disputed Equity Transfer Contract, and regulating the corresponding rights and interests of foreign investors. Although some of the relevant laws and regulations mentioned above may not have been introduced during the first and second instance trials and the sentencing of this case, the basic values of the rule of law, especially the core concepts of the effectiveness rules of foreign investment contracts after the implementation of the negative list for foreign investment access and how to regulate the rights and interests of foreign investors in foreign-related legal aspects, have been clearly reflected in this case. This case has guiding significance for Chinese courts to handle similar foreign-related civil and commercial cases in future.

Part Ⅵ

Disputes over Maritime Transport Contracts and Other Maritime Disputes

CASE 25

Zhejiang L Stainless Steel Co., Ltd.
v.
A. P. M Co.
(Maritime Cargo Transport Contract) *

Basic Facts

In June 2014, Zhejiang L Stainless Steel Co., Ltd. (hereinafter referred to as "L Company") exported a batch of stainless steel seamless products from Ningbo Port, China, to Colombo Port, Sri Lanka. The declared value of the goods was USD 366, 918. 97. L Company booked the shipment with A. P. M Co. (hereinafter referred to as "M Company") through a freight forwarder. The goods were loaded into four containers and shipped on June 28, 2014. At the time of shipment, L Company requested an electronic release. On July 9, 2014, L Company informed M Company via email through the freight forwarder that the goods had been shipped to the wrong destination and requested a port change or a shipment return. M Company replied on the same day that, since the goods were less than two days away from the destination port, a port change could not be arranged, and any return would need confirmation from the

* First Instance Case No.: (2015) Yong Hai Fa Shang Chu No. 534
Second Instance Case No.: (2016) Zhe Min Zhong No. 222
Reopening Case No.: (2017) Zui Gao Fa Min Zai No. 412

destination port.

The next day, L Company's freight forwarder asked if the goods could be returned on the same ship. M Company responded that "returning the goods on the same ship is not feasible; after the goods are unloaded at the destination port, they need to be cleared by the consignee at the destination, who then must apply to the local customs for the return. Only after customs approval can the return be arranged. " On July 10, 2014, L Company again requested the return of the goods, stating, "We need to arrange the return because we cannot clear the goods through customs; is there any other solution?" M Company did not reply to any further emails.

The goods arrived at the destination port around July 12, 2014. Upon L Company's request, M Company issued a full set of original bills of lading numbered 603 × × × × 80 on January 29, 2015. The bill of lading indicated L Company as the shipper, with V PVT Ltd. as both the consignee and the notifying party. The port of loading was Ningbo, China, and the port of discharge was Colombo. On May 19, 2015, L Company emailed M Company , stating that they had applied for a return shipment as per M Company's request. M Company then informed L Company that the goods in question had been auctioned.

Judgment

Ningbo Maritime Court of PRC ruled in the first instance that L Company should bear the risk of the loss of goods since it failed to take effective measures such as collecting the goods itself, leading to the goods being auctioned by customs. Therefore, the court dismissed L Company's claims. L Company appealed the decision, and the High People's Court of Zhejiang Province overturned the first-instance judgment, ordering M Company to compensate

L Company USD 183, 459. 49 and interest thereon within ten days from the date the judgment was delivered. The court of the second instance held that according to Article 308 of the *Contract Law of the People's Republic of China*, L Company had the right to request a port change or return shipment before M Company delivered the goods. After L Company requested a return, M Company neither refused explicitly to arrange the return nor informed L Company to handle it independently, making M Company liable for the loss of the goods, with the liability proportion set at 50%. Dissatisfied with the second-instance judgment, M Company applied for reopening to the Supreme People's Court, which subsequently reversed the second-instance judgment and upheld the first-instance judgment.

The Supreme People's Court held that the relationship between the *Contract Law of the People's Republic of China* and the *Maritime Law of the People's Republic of China* regarding the regulation of maritime transport and ship-related matters is one of general and special law. According to Article 89 of the Maritime Law, a shipper may request to cancel the contract before the ship departs from the loading port. In this case, L Company requested the carrier to return the goods or change the port while the goods were in transit. Since the Maritime Law does not stipulate the shipper's right to change the transport contract during the voyage, the case could apply Article 308 of the Contract Law, which provides for the shipper's right to change the transport contract. Based on the principle that special law takes precedence over general law, the provisions of Article 308 of the Contract Law, which pertain to general transport contracts, should be limited by the fundamental values and mandatory provisions of the Maritime Law when applied to maritime cargo transport contracts. The shipper's exercise of its right to change the transport contract under Article 308 of the Contract Law should not result in a significant imbalance of interests among the parties to the maritime cargo transport contract, nor should it force the carrier to breach its obligations to other shippers, such as maintaining a reasonable route, or deprive the carrier of its right to defend against the modification of the transport contract.

Given the large volume of cargo, the pre-determined routes, and the relatively fixed nature of the maritime transport involved, the shipper's request for a port change or return can sometimes be impractical and may disrupt the carrier's operations or cause significant harm to other shippers or consignees. Under these circumstances, it would be unfair to require the carrier to unconditionally comply with the shipper's request to change the transport contract. To reasonably balance the interests of all parties involved in the maritime cargo transport contract, while the shipper exercises its right to request changes, the carrier should also be entitled to certain defenses. If the change in the transport contract is not feasible or would severely impact the carrier's operations, the carrier may refuse the shipper's request for a port change or return but should promptly inform the shipper of the reasons for non-compliance. If the carrier's defense regarding the reasons for non-compliance is valid, there is no fault in the carrier not following the shipper's instructions to return or change the port.

The goods in this case were shipped via international liner service, and the ship carried not only L Company's four containers but also numerous other consignors' goods. The goods were loaded onto the ship on June 28, 2014, and arrived at the destination port around July 12, 2014. L Company requested M Company to return or change the port only on July 9, 2014, just two or three days before the destination port was reached. M Company's defense that it could not arrange a port change or return due to the voyage being nearly complete and the impracticality of returning the goods on the same ship aligns with the case's facts and is valid. Therefore, M Company's decision not to arrange a return or port change was not improper.

M Company delivered the goods to the destination port and no one claimed them. Unloading them at the destination, port terminal complied with Article 86 of the Maritime Law. M Company informed L Company by email on July 9, 2014, that the goods would reach the destination port in less than two days. L Company was aware of the approximate time of arrival and knew that no one would claim the goods at the destination port, yet it failed to take any action to address the situation for eight months, leading to the goods being auctioned by customs. Although L Company claimed that M Company had not fulfilled its duty of careful cargo management, it did not provide evidence proving improper cargo management by M Company. This claim by L Company lacks a basis. According to Article 86 of the Maritime Law , the costs and risks after unloading should be borne by the consignee, and M Company, as the carrier, is not required to bear the corresponding risks.

Significance

The applicability of Article 308 of the Contract Law to maritime cargo transport contracts has been a highly debated issue in both theoretical research and judicial practice. The reopening judgment in this case closely aligned with the facts, balanced the interests of all parties involved in the maritime cargo transport contract based on the principle of fairness in the Contract Law, and established a general rule for the application of Article 308 of the Contract Law to maritime cargo transport contracts. This case has unified the adjudication standards for related disputes and provides judicial experience for the ongoing revision of the Maritime Law. The reopening judgment, which supported the defenses of the foreign party, demonstrates that the people's courts apply the law strictly and protect the legitimate rights and interests of both domestic and foreign parties equally, highlighting China's favorable legal and business environment.

Expert Commentary *

This is the first case involving the dispute over the right to control under a contract for carriage of goods by sea in China.

The carrier of this case, M Company , transported a batch of stainless steel products consigned by the shipper L Company from Ningbo to Colombo. Around two (2) days before the arrival of the said goods at the port of destination, the shipper requested to change the port or ship back, and the carrier replied it was impracticable. The shipper asserted that the carrier should be held liable for a breach of contract for its failure to follow the instruction to change the port or ship back. The Supreme People's Court of the People's Republic of China formed a collegial panel to reopen this case, accurately applied laws, and made an impartial judgment on the dispute.

I . L Company as the Shipper Had the Right to Instruct the Carrier to Change the Port or Ship back

There is no relevant regulation on the right to control of goods in the *Maritime Law of the People's Republic of China* (hereinafter referred to as "Maritime Law"). Despite not being expressed explicitly as the clause of the right to control, Article 308 of the Contract Law has contents on the right to control. In the absence of relevant provisions in a special law, namely the Maritime Law in this case, the shipper's request to change the port or ship back according to related provisions of a general law, namely Article 308 of the Contract Law in this case, had a legal basis. In the view of the case-reopening collegial panel, "as

---

* Si Yuzhuo, Professor, Dalian Maritime University; Member of the International Commercial Expert Committee of the Supreme People's Court of the PRC.

far as L Company's request to the carrier to change the port or ship back the goods is concerned, given there are no provisions in the Maritime Law on the right of a shipper to request to change a contract for carriage of goods by sea during the voyage. Therefore, relevant provisions of the Contract Law apply to this case. Under Article 308 thereof, a shipper has the right to request to change a contract for carriage of goods by sea prior to the delivery by a carrier of the goods to a consignee". This Judgment demonstrated that, according to Article 308 of the Contract Law, a shipper is entitled to change a contract for carriage of goods during the period of responsibility of a carrier, and may request the carrier to change the port of delivery or ship back goods.

Ⅱ. M Company as the Carrier Should not Unconditionally Implement the Shipper's Request to Change the Contract

Only one provision relates to the right to change transport contracts in the Contract Law, and thus fails to establish a complete set of regulation in the change of transport contracts. The conditions for the change of transport contracts in the provision are the vital basis for constraining the possible abuse of such right by a shipper. In the light of the actual situation of the carriage of goods by international liners, a shipper, according to Article 308 of the Contract Law, when claiming to change transport contracts shall not lead to obvious injustice among all the stakeholders of the carriage of goods by sea, hinder the carrier's from performing its contractual obligations to other shippers, and deprive the carrier of the right to defense against the shipper's such right of claiming to change the contracts. If and when a shipper's instruction to change transport contracts may not be reasonably operable or may hinder the normal operation of the carrier, the carrier shall have the right to refuse performance. Now that there are no restrictive conditions for the right to change transport contracts in the chapter of Transport Contract under the Contract Law, the case-reopening collegial panel applied the general provisions, namely the principle of fairness, in the chapter of General Rules under the Contract Law, making up the absence of provisions in Article 308 of the Contract Law. In the view of the case-reopening collegial panel, notwithstanding a shipper had the right to request to change transport contracts, "...but both Parties to the said contract shall determine the rights and obligations of each Party following the principle of fairness as provided in Article 5 of the Contract Law". It would be obviously unfair to require a carrier to unconditionally obey the shipper's request to change a transport contract. To strike a reasonable balance between the interests of all Parties to a contract for carriage of goods by sea, whereas a shipper may exercise the right to request for change of a contract, the carrier shall also have the corresponding right to defense. If and when the change may render the corresponding performance of the changed contract impossible or may have serious impacts on the normal operation of the carrier, the carrier shall have the right to refuse the shipper's request to change the port or ship back with a written notification without delay to the shipper stating the reasons for such refusal.

Ⅲ. M Company Did not Have to Be Held Liable for the Damage of the Goods to L Company

Having refused to follow L Company's instruction to change the port of destination or ship back the goods, the carrier M Company shipped goods at the port of destination on July 13, 2014, and this batch of goods were auctioned by the customs after eight (8) months since L Company did not take delivery of goods. M Company's defense on its refusal to follow L Company's instruction was supported by the case-reopening collegial panel. That is to say, M Company did nothing wrong in refusing to carry out L Company's instruction of changing the port or shipping back. The subsequent loss of goods had no relation with the carrier's refusal to carry out the shipper's instruction of changing the contract, and evolved into a new legal relationship that no one took delivery of goods after they arrived at the port of destination, namely the carrier's right to dispose of goods. Article 86 of the Maritime Law provides that if the goods were not taken delivery of at the port of discharge or if the consignee has delayed or refused to take delivery of goods, the ship master may discharge the goods into warehouses or other appropriate places, and any expenses or risks arising therefrom shall be borne by the consignee. In the view of the case-reopening collegial panel, M Company, after transporting goods involved in the case to the port of destination, unloaded goods at the warehouse of the port of destination because no one took delivery of goods, which met the foregoing legal provision. All the costs and risks after the discharge of goods at the port of destination shall be borne by the consignee. So in this case, M Company as the carrier shall not be held liable for any costs and risks incurred thereafter. Thus, this dispute over a transport contract started with the shipper claiming the right to change the contract and ended with the carrier exercising the right to dispose of goods.

Ⅳ. Inspiration from This Case: Accurate Application of Laws is the Basis of Ensuring an Impartial Judgment in This Case

This case is a dispute over the contract for carriage of goods by sea with foreign factors. Now that both Parties to the dispute unanimously chose to apply the law of the People's Republic of China, according to the provisions of Article 3 of the *Law of the People's Republic of China on Choice of Law for Foreign-Related Civil Relationships*, and the case-reopening collegial panel applied the law of the People's Republic of China to hear this case. China's Maritime Law as a special law governing the relations arising from and/or pertaining to maritime transport and ocean vessels shall prevail, and where there are no provisions therein, provisions of relevant laws, including the Contract Law, shall apply. Given there are no provisions in the Maritime Law on the alteration of transport contracts, therefore, the case-reopening collegial panel applied Article 308 of the Contract Law. "Prior to delivery by a carrier of goods under a contract to the consignee, the shipper may require the carrier to suspend the shipment, ship back, change the place of arrival, or deliver to other consignees, but shall compensate the carrier for the loss he/she suffered". This is the relevant provision on the right to control of goods.

To maintain the connection between maritime transport laws and trade laws and to protect sellers in sales and purchases contracts as well as to meet the needs of a booming e-commerce, non-maritime transport conventions had already introduced some special provisions on the right to control of goods and the controlling parties, ① and the *United Nations Convention on Contacts for the International Carriage of Goods Wholly or Partly by Sea* (hereinafter referred to as "Rotterdam Rules") involving maritime transport also began to stipulate the right to control and the controlling party. ② Thus, it can be seen that both maritime and non-maritime conventions on international carriage of goods have related provisions on the right to control of goods.

The right to control means the right to change consignees and/or places of delivery, and/or to give other instructions that do not constitute changes to the transport contract and the right to modify such instructions prior to the arrival of goods at the place of destination. The provision of "suspension of transportation

① See Article 12 of the *Convention for the Unification of Certain Rules for International Carriage by Air* (Montreal Convention of 1999), Articles 12 and 14-16 of the *Convention on the Contract for the International Carriage of Goods by Road* (CMR), Articles 18-22 of the *Uniform Rules Concerning the Contract of International Carriage of Goods by Rail* (CIM-COTIF) and Articles 14-15 of the *Budapest Convention on the Contract for the Carriage of Goods by Inland Waterways* (CMNI).

② See Articles 50-56 in Chapter 10 of the Rotterdam Rules.

and return of goods" in Article 308 of the Contract Law goes beyond the scope of the right to control of goods in general. Rigid application of the provision of "return of goods" would have been unjust to the carrier of goods by sea. Rather than the judgment in favor of the carrier on the grounds that "return of goods" would lead to adverse consequences to the carrier and would violate the principle of fairness, the case-reopening collegial panel judged that the principle of fairness as provided in Article 5 of the Contract Law should be followed as a supplementary provision on the grounds that there are no provisions in Article 308 of the Contract Law on restrictive conditions for a shipper's exercise of its right to control, namely, no provisions on the carrier's right to defense against the right to control. Not only did such judgment conform to the provisions of law but also balanced the interests of both Parties. In Chapter 10 of the Rotterdam Rules, there are comprehensive and complete provisions on the right to control, including the subject, the scope, the period of its exercise, restrictive conditions, the legal consequences of its violation, and guarantee needed for its exercise, providing a reference for the improvement of China's Maritime Law in the future.

CASE 26

A Co., Ltd.'s Application to Establish a Maritime Liability Limitation Fund*

Basic Facts

The owner of the ROK-flagged vessel *EINON* is A Co., Ltd., and the ship has a gross tonnage of 2,030 tons. On June 5, 2014, while en route from Qinhuangdao to Tianjin Port to load cargo, the *EINON* entered an aquaculture area in the waters off Changli County and Laoting County, Hebei Province, causing damage to the aquaculture farms in the area. Among the affected farms, the farming zones of Guo X and Liu X were approximately 500 meters apart, with the vessel passing through in about 2 minutes. The farming zones of Liu X and Li A, et al., were about 9,000 meters apart, with the vessel passing through in about 30 minutes. At the time of the incident, the *EINON* was using British Chart No. 1249, which clearly indicated the existence of an aquaculture zone in the area where the incident occurred and delineated its boundaries. The vessel's pre-planned route for the voyage crossed through this aquaculture zone.

A Co., Ltd. filed an application with TianJin Maritime Court of PRC,

---

* First Instance Case No.: (2014) Jin Hai Fa Xian No. 1
Second Instance Case No.: (2015) Jin Gao Min Si Zhong No. 10
Reopening Case No.: (2015) Min Ti No. 15

stating that the *EINON* had received claims for damages related to the aquaculture farms. For the non-personal injury losses caused by this incident, A Co., Ltd., as the shipowner, applied to establish a maritime liability limitation fund, with a liability limit of 422,510 Special Drawing Rights (SDR) plus interest from June 5, 2014, until the date the fund is established.

Several affected aquaculture farmers, as interested parties, raised objections, arguing that A Co., Ltd. should establish separate limitation funds for each incident rather than a single limitation fund for the entire voyage.

On November 10, 2014, TianJin Maritime Court of PRC issued a civil ruling, granting A Co., Ltd.'s application to establish a maritime liability limitation fund. The fund amount was set at SDR 422,510 plus interest (calculated from June 5, 2014, until the date the fund is established, based on the benchmark one-year loan interest rate for financial institutions set by the People's Bank of China). A Co., Ltd. was required to establish the fund within three days from the effective date of the ruling, either in CNY or by providing a court-approved guarantee (the CNY amount would be calculated based on the SDR to CNY exchange rate on the effective date of the ruling). Failure to establish the fund within the stipulated time would result in the application being deemed automatically withdrawn. Guo X and Liu X, dissatisfied with the first-instance ruling, appealed to the High People's Court of Tianjin City. On January 19, 2015, the High People's Court of Tianjin City issued a civil ruling dismissing the appeal and upholding the original ruling. Guo X, Liu X, Li A, Zhao X, Qi X, Li B, and Qi X, dissatisfied with the second-instance ruling, applied for reopening.

Judgment

On August 10, 2015, the Supreme People's Court issued a civil ruling, deciding to hear the case. On September 29, 2015, the Supreme People's Court issued a civil ruling, overturning the civil rulings of the High People's Court of Tianjin City and TianJin Maritime Court of PRC, and rejecting A Co., Ltd.'s application to establish a maritime liability limitation fund.

The Supreme People's Court held that Article 212 of the *Maritime Law of the People's Republic of China* establishes the principle of "one accident, one limit; multiple accidents, multiple limits" for maritime liability limitation. The key to determining whether it is one accident or multiple accidents is to analyze whether the accidents were caused by the same underlying reason. If multiple accidents occur due to the same reason without an interruption in the causal link, it should be considered one accident. If the causal chain is interrupted and a new cause intervenes, forming a new causal relationship, it constitutes a new independent accident. In this case, the British chart used by the *EINON* clearly marked the boundaries of the aquaculture zone, but the crew set the course through the aquaculture zone, indicating significant negligence. Given the known likelihood of passing through a large aquaculture zone, the vessel should have heightened its lookout obligations to ensure safe navigation and avoid causing damage to the aquaculture zone. The argument by A Co., Ltd. that the crew's psychological state remained unchanged throughout the entire incident and that the causal chain was unbroken was not valid. Although the two accidents occurred due to "the same type of cause", namely the crew's negligence, they were not based on the "same cause", resulting in two separate accidents. According to the principle of "one accident, one limit", the vessel should establish different liability limitation funds for the two separate accidents. The first- and second-instance courts failed to comprehensively examine the location of the aquaculture zones, the causal relationship between the two accidents, and the subjective state of the parties involved, erroneously concluding that the vessel caused only one accident and allowing the establishment of a single fund. This mistake warranted correction according to law.

Significance

This case clarified the principle established by Article 212 of the Maritime Law, which enforces "one accident, one limit; multiple accidents, multiple limits" for maritime liability limitation. The key to determining whether there is one accident or multiple accidents lies in analyzing whether the accidents were caused by the same underlying reason. If multiple accidents occur due to the same cause without a break in the causal chain, they should be considered one accident. If the causal chain is interrupted and a new accident occurs, it should be considered a new independent accident. This judicial rule helps effectively protect the legitimate rights and interests of aquaculture farmers, regulates maritime navigation order, and provides guidance for the adjudication of cases involving applications to establish maritime liability limitation funds, with strong demonstrative and guiding significance.

Expert Commentary *

Ⅰ. The Applicability Criteria of the "Accident System"

1. "One Accident, One Limit"

Article 212 of the *Maritime Law of the People's Republic of China* provides: "the limitation of liability under Articles 210 and 211 of this law shall apply to the aggregate of all claims that may arise from an accident occurring on any distinct occasion against shipowners and salvors themselves, and any person for whose act, neglect or fault the shipowners and the salvors are responsible. " This

* Xia Yuanjun, Associate Professor and Head of the Maritime Law Department at the School of Law, Dalian Maritime University.

provision is referred to as the "accident system" in China, meaning that the limitation of liability for maritime claims can be invoked in the following situation: "one accident, one limit; multiple accidents, multiple limits".

The "accident system" is contrasted with the "voyage system", which means that a single compensation limit is determined for a voyage, regardless of the number of accidents that occur during that voyage, for relevant liable parties to invoke. Clearly, the "voyage system" tends to favor the interests of shipowners and other parties subject to limitation of liability for maritime claims. However, this system is rarely adopted in modern legislation on limitation of liability for maritime claims.

2. Determination of a "Single Accident"

The core of the "accident system" is how to determine accidents that occur in specific situations, i. e., the criteria for defining a "single accident". In this regard, China's legislation does not provide explicit provisions. The explanation provided in Article 181 of the *Answers to Practical Issues in Foreign-Related Commercial and Maritime Trials (I)* compiled by the Fourth Civil Division of the Supreme People's Court states: "The 'accident occurring on any distinct occasion' referred to in Article 210 of the Maritime Law means accidents that occur at the same time and in the same place due to the same cause. Multiple accidents that occur during the same voyage due to different causes or those that have no causal relationship with each other, even if they occur within a short period of time, are considered as two accidents occurring in two distinct occasions. The person liable must bear compensation responsibility equivalent to two liability limits." Therefore, determining whether an accident is "an accident occurring on any distinct occasion" hinges on analyzing the causal relationship leading to the accident. If multiple damages are caused by the same reason and there is no interruption in the causal chain, they should be recognized as a single accident. If the causal chain is interrupted, new reasons intervene, and the new reasons form a new causal relationship with new damages, it constitutes a new accident.

In this case, after M/V *EINON* entered Guo X's aquaculture area and caused damage, it continued, due to the inertia of the ship's movement and navigation regulations, into Liu X's aquaculture area which is 500 meters away, causing a second instance of damage. The cause of both damages was the crew's error in setting the route and inadequate lookout, which constitutes the same cause, and since the causal chain was not interrupted, the two damages and their causes should be considered as a single accident. After leaving Liu X's aquaculture area, M/V *EINON* entered open waters, traveled about 9, 000 meters, and approximately half an hour later entered the aquaculture area of Li A and others, causing damage again. Although the cause of this damage was of the same nature as the previous accident—negligence in navigation by the crew—it should not be considered a natural extension of the first accident's cause. This is because, after M/V *Saaraon* left Liu X's aquaculture area and before entering Li A and others' aquaculture area, the crew had ample time to correct their negligent state of mind and strengthen their lookout but failed to do so. During this period, the causal chain of the first accident was already interrupted, and the subsequent negligence in navigation by the crew constituted a new cause. Therefore, M/V *EINON* 's entry into Li A and others' aquaculture area should be considered a second accident. This shows that even though the causes of the two accidents were of the "same nature", due to the interruption of the causal chain, they cannot be regarded as stemming from the "same cause".

Ⅱ. The Content to Be Examined in the Procedure for Constitution of a Fund for Limitation of Liability for Maritime Claims

1. The Content Which Shall Be Examined

According to Article 83 of the *Interpretation of the Supreme People's Court on Several Issues Concerning the Application of the Special Maritime Procedure Law of the People's Republic of China*(hereinafter referred to as "Interpretation of Several Issues Concerning the Special Maritime Procedure Law"), where an interested party, in accordance with Article 106 of the *Special Maritime Procedure Law*, raises any objection against the establishment of a fund for limitation of liability for maritime claims by the applicant, the maritime court shall examine the applicant's qualification to establish the fund, the nature of the credit right involved in the accident, and the amount of the fund to be established.

The term "applicant's qualification" refers to whether the applicant is one of the parties entitled to invoke limitation of liability for maritime claims as stipulated in Articles 204, 205, and 206 of the Maritime Law. In this case, A Co., Ltd. is the owner of M/V *EINON*, which was involved in the accident. According to Article 204 of the Maritime Law, as the shipowner, A Co., Ltd. is entitled to invoke limitation of liability for maritime claims, and thus its qualifications comply with the legal requirements.

The term "nature of the credit right involved in the accident" refers to whether the claims for damages caused by the accident fall under the restricted claims specified in Article 207 of the Maritime Law. In this case, the damage claims put forward by Guo X, Liu X and other interested parties are all due to M/V *EINON* entering their aquaculture areas. These claims fall under Article 207, Paragraph 1, Item (1) of the Maritime Law, as property damage claims directly related to the operation of the ship. Therefore, the nature of the credit right involved in this accident also complies with legal requirements.

The term "amount of the fund to be established" refers, according to Article 108, Paragraph 3 of the Special Maritime Procedure Law, to the limit of liability for maritime claims plus the interest accrued from the date of the accident to the date of the fund's establishment. In this case, M/V *EINON* has a gross tonnage of 2, 030 tons. According to Article 210, Paragraph 1, Item (2) of the Maritime Law, the limit of liability for maritime claims should be 422, 510 Special Drawing Rights (SDR). Accordingly, the amount A Co. , Ltd. applied to establish for the fund includes this limitation amount plus the interest accrued from the date of the incident, i. e. June 5, 2014, until the date of the fund's establishment.

In summary, A Co. , Ltd. 's application to establish the fund for limitation of liability for maritime claims in this case meets the review conditions specified in Article 83 of the Interpretation of Several Issues Concerning the Special Maritime Procedure Law.

2. The Content Which Shall not Be Examined

The content to be examined in the procedure for constitution of a fund for limitation of liability for maritime claims, stipulated by Article 83 of the Interpretation of Several Issues Concerning the Special Maritime Procedure Law, does not include the circumstances specified in Article 209 of the Maritime Law concerning the loss of the right to limit liability for maritime claims. In other words, whether the applicant is subject to the loss of the right to limit liability for maritime claims under Article 209 of the Maritime Law is not part of the review content of the procedure for constitution of a fund for limitation of liability for maritime claims. The courts in the first instance, second instance, and reopening all affirmed this point, unanimously holding that the objectors' arguments that A Co. , Ltd. , knowing that the disputed nautical chart indicated the aquaculture area, still recklessly traversed the area and caused damage, thus losing the right to limit its liability, pertain to substantive issues and are not part of the review content for the application to establish the fund.

Ⅲ. Conclusion

This case involves the applicability criteria of the "accident system" and the review content of the procedure for constitution of a fund for limitation of liability for maritime claims. The judges in this case applied the relevant provisions of the Maritime Law and the Special Maritime Procedure Law to make their rulings. Their perspectives were clear, reasoning thorough, and the outcomes appropriate. On one hand, the judges creatively applied the theory of causality to interpret the applicability criteria of the "accident system", addressing shortcomings in the current legislation. On the other hand, the judges, based on clear provisions in the judicial interpretation, strictly distinguished between substantive and procedural issues of the system of limitation of liability for maritime claims. This fully upheld the significant importance and special value of the procedure for establishing a fund for limitation of liability for maritime claims.

CASE 27

Ministry of Transport Nanhai Rescue Bureau
v.
A G Investment Co. & Hong Kong A Co. Ltd. Shanghai Representative Office (Maritime Salvage Contract) *

Basic Facts

A G Investment Co. (hereinafter referred to as the "Investment Company") owns the *Gabriel*, a Greek-flagged oil tanker carrying 54, 580 tons of Cabinda crude oil. On August 12, 2011, at around 5 : 00 AM, the *Gabriel* ran aground near the northern channel of the Qiongzhou Strait. The ship and its cargo were in danger, posing a severe threat to the marine environment. Following the incident, the Investment Company immediately authorized the Shanghai Representative Office of Hong Kong A Co. Ltd. (hereinafter referred to as the "Shanghai Representative Office") to send an urgent email to the Ministry of Transport Nanhai Rescue Bureau (hereinafter referred to as the "NRB") regarding the grounding of the *Gabriel*. The email requested the NRB to arrange for two tugboats to conduct the salvage operation based on their expertise and

* First Instance Case No. : (2012)Guang Hai Fa Chu No. 898
Second Instance Case No. : (2014)Yue Gao Fa Min Si Zhong No. 117
Reopening Case No. : (2016)Zui Gao Fa Min Zai No. 61

agreed to the NRB's quoted price.

The NRB, entrusted by the Investment Company, provided rescue, transportation, and guarding services, but the Investment Company failed to pay the salvage fees. The NRB requested the court to order the Investment Company and the Shanghai Representative Office to jointly pay the salvage fees of CNY 7, 240, 998. 24 plus interest thereon.

On March 28, 2014, Guangzhou Maritime Court of PRC issued a first-instance civil judgment, ordering the Investment Company to pay the NRB CNY 6, 592, 913. 58 plus interest and dismissing the NRB's other claims. Dissatisfied with the first-instance judgment, the Investment Company appealed. On June 16, 2015, the High People's Court of Guangdong Province issued a second-instance civil judgment, overturning Guangzhou Maritime Court's judgment and ordering the Investment Company to pay the NRB CNY 2, 561, 346. 93 plus interest, while dismissing the NRB's other claims. The NRB, dissatisfied with the second-instance judgment, applied for case-reopening.

Judgment

On July 7, 2016, the Supreme People's Court issued a civil judgment in the reopening, overturning the second-instance judgment of the High People's Court of Guangdong Province and upholding the first-instance judgment of Guangzhou Maritime Court of PRC.

The Supreme People's Court determined that this case involves a maritime salvage contract dispute. The People's Republic of China is a party to the 1989 International Convention on Salvage (hereinafter referred to as the "Salvage Convention"), and the principles established by the Salvage Convention should be followed in this case. Since the Investment Company is a Greek company and the *Gabriel* is a Greek-flagged oil tanker, the case involves foreign elements. All parties chose to apply the laws of the People's Republic of China during the litigation. According to Article 3 of the *Law of the People's Republic of China on Choice of Law for Foreign-Related Civil Relationships*, the laws of the People's Republic of China shall apply to this case. *Maritime Law of the People's Republic of China*, as a special law that regulates maritime transport and ship-related relations, should take precedence. Where the *Maritime Law of the People's Republic of China* does not provide, other relevant Chinese laws, such as the Contract Law, shall apply.

Maritime salvage is a traditional international maritime legal institution, with specific provisions in both the Salvage Convention and *Maritime Law of the People's Republic of China*. Article 12 of the Salvage Convention and Article 179 of the *Maritime Law of the People's Republic of China* establish the principle of "no cure, no pay" for the payment of salvage remuneration. Article 13 of the Salvage Convention, along with Articles 180 and 183 of the Maritime Law, further provide the standards and specifics for assessing remuneration under this principle. These provisions specifically govern maritime salvage contracts based on the "no cure, no pay" principle. At the same time, the Salvage Convention and China's Maritime Law allow parties to stipulate other terms for determining salvage remuneration. Therefore, in addition to "no cure, no pay" salvage contracts governed by the Salvage Convention and *Maritime Law of the People's Republic of China*, employment-based salvage contracts may also be formed based on the parties' agreement.

Based on the facts established in this case, the Investment Company and the NRB, after thorough consultation, explicitly agreed that the Investment Company would pay the remuneration regardless of the success of the salvage, and that the NRB would not be responsible for any incidents occurring during the operation to refloat the *Gabriel*. According to this agreement, the NRB's entitlement to salvage remuneration was not directly linked to the success of the salvage, and the remuneration was calculated based on pre-agreed fixed rates and fees, such as per horsepower-hour of the salvage vessels and labor costs, rather than the value of the property saved. Consequently, the salvage contract in this case does not fall under the "no cure, no pay" salvage contracts defined by the Salvage Convention and China's Maritime Law, but rather constitutes an employment-based salvage contract.

Regarding the payment conditions and standards for remuneration under an employment-based salvage contract, neither the Salvage Convention nor *Maritime Law of the People's Republic of China* provides specific provisions. The first- and second-instance courts, by applying factors outlined in Article 180 of the *Maritime Law of the People's Republic of China* to adjust the fixed rates agreed upon in the employment-based salvage contract, made an error in the application of the law. This case should have been governed and determined according to the relevant provisions of China's Contract Law regarding the rights and obligations of the parties. The NRB's request for the Investment Company to pay the full amount of the agreed salvage remuneration based on their contract was not inappropriate.

In conclusion, the court of second instance erred in applying the *Maritime Law of the People's Republic of China* and in determining that the Investment Company should pay salvage remuneration based on the proportion of the value of the rescued vessel to the total value of the rescued property. The first-instance court also erred in applying the law, but since its adjustment of the relevant rates was based on the parties' contractual agreement, and the NRB did not exercise its litigation rights to object to this adjustment, the first-instance judgment can be upheld.

Significance

In a context where there have long been disputes over certain key issues regarding the application of the 1989 International Convention on Salvage in both international and domestic cases, the Supreme People's Court, through its handling of this case, for the first time clarified its views on the interpretation and application of the Convention's principles and related provisions. Additionally, it provided an accurate interpretation of the relevant provisions of the *Maritime Law of the People's Republic of China*. This case serves as a valuable precedent for the international maritime judiciary in handling similar cases and is of great significance in enhancing China's voice and influence in international maritime adjudication, as well as elevating the international standing of China's maritime judiciary. The ruling, requiring the Investment Company to pay the salvage remuneration to the NRB according to the salvage contract, also has important implications and far-reaching effects in promoting and encouraging maritime salvage, preventing marine pollution, and protecting the safety of life, property, and the marine environment.

Expert Commentary *

This is the first case for the dispute over an employment contract for salvage tried by the Supreme People's Court of the People's Republic of China (hereinafter referred to as "SPC") and is an important case guidance.

Ⅰ. Nature of Employment Contract for Salvage

The phrase, Employed Salvage Service, an idiomatic expression in China, means the salving Party makes the salvage efforts upon the request of and according to the requirements of the salved Party and, regardless of the results of such

* Si Yuzhuo, Professor and Doctoral Supervisor, Dalian Maritime University; Member of the International Commercial Expert Committee of the Supreme People's Court of the PRC.

efforts, receives corresponding remunerations based on an agreed pay rate or a fixed pay. Therefore, for an employment contract for salvage, there are two constitutive elements including no relation of the salvage remunerations to the salvage efforts and a pay rate or a fixed pay. This is a popular practice in the salvage service market in China, and there are no definitive legal provisions on the employed salvage services, so the principle of autonomy of will is widely followed. The facts in this case that SPC found were upon full consultation, Investment Company and NRB clearly agreed that whether or not the rescue was successful, Investment Company should pay the corresponding remunerations, and NRB should not be held liable for any accident in the course of the refloating operation to *Gabriel* tanker. Hence, SPC determined that the contract for salvage in this case was an employment contract for salvage rather than "No Cure, No Pay" contract for salvage defined in the Convention and the Maritime Law. This judgment clearly distinguished an employment contract for salvage from "No Cure, No Pay" contract for salvage, clarifying that it is a contract for salvage of completely different nature. A "No Cure, No Pay" contract for salvage is an ancient legal system of maritime salvage peculiar to the Maritime Law, whereas an employment contract for salvage is classified as a contract of maritime services by constitutive elements of a contract. ①

Ⅱ. Application of Laws Concerning the Remunerations for the Employed Salvage Services

Gabriel tanker is a Greek tanker and its shipowner, Investment Company, is a Greek company. Therefore this case was one involving foreign elements. Now that during the hearing stage of the court, both Parties to the dispute expressly agreed upon the application of the laws of the People's Republic of China, according to Article 3 of the *Law of the People's Republic of China on Choice*

① 参见司玉琢、吴煦:《雇佣救助的法律属性及法律适用》,载《中国海商法研究》2016年第3期。

of Law for Foreign-Related Civil Relationships, the laws of the People's Republic of China shall be the governing law for handling the substantial dispute in this case. If and when an employment contract for salvage falls within the scope of Chapter 9 Maritime Salvage of the Maritime Law, it as a special law governing the relations arising from and/or pertaining to maritime transport and ocean vessels shall prevail. Where provisions of the Maritime Law are inconsistent with those of the Convention to which China is a party, according to Article 4 of the *Interpretation of the Supreme People's Court on Several Issues Concerning the Application of the Law of the People's Republic of China on Choice of Law for Foreign-Related Civil Relationships (I)*, the provisions of the Convention shall be applied by a people's court according to Article 268(1)of the Maritime Law. Namely, "if any international treaty concluded or acceded to by the People's Republic of China contains provisions differing from those contained in this Law, the provisions of the relevant international treaty shall apply, unless the provisions are those on which the People's Republic of China has announced reservations. " That is to say, if and when China's Maritime Law applied to this case, wherever related provisions in the Maritime Law differed from those in the Convention, the latter should prevail. Given the employment contract for salvage in this case had been characterized by the case-reopening collegial panel of SPC as not being a "No Cure, No Pay" contract for salvage as defined in the Convention and the Maritime Law, and there exist no definitive provisions on the remunerations for the employed salvage services either in the Maritime Law and the Convention, therefore, SPC applied related provisions in the Contract Law to determining the issues concerning the remunerations for the employed salvage services in this case, complying with rules of application of laws, and the adjustment to the fixed rate agreed upon by the Parties in the employment contract for salvage made by Guangzhou Maritime Court and

Guangdong High People’s Court according to related factors as prescribed in Article 180 of the Maritime Law was error in the application of law.

Ⅲ. Apportionment of the Remunerations for the Employed Salvage Services

The core issue at dispute in this case was, in essence, the apportionment of the remunerations for the employed salvage services among all Parties concerned. The shipowner of *Gabriel* tanker claimed that the remunerations for the employed salvage services was the salvage remunerations, and should be apportioned *pro rata* among the owners of the ship and the goods on board according to Article 183 of the Maritime Law rather than being exclusively borne by the shipowner. Hence, this dispute reverted to the issue that whether or not the Convention and the Maritime Law should apply to the employed salvage services. If and when the legal system of maritime salvage peculiar to the Convention and the Maritime Law in whole did not apply, there was no need to debate on the application of the Convention and the Maritime Law concerning the remunerations for the employed salvage services, and further, of course, the application of Article 183 of the Maritime Law, whereas relevant provisions of the Contract Law directly applied. The remunerations for the employed salvage services were only binding on both Parties of the contract rather than a third party(the shippers) not involving in the contract. In short, having fulfilled its obligations under the employment contract for salvage and completed its payment of all the remunerations for the employed salvage services, the salved Party might as well request to share or reimburse corresponding costs with the shippers based on its own contractual stipulations with the shippers concerned. Yet, if and when the Convention and the Maritime Law applied in whole or in part to the employment contract for salvage, there was the need to make an idiographic analysis of the application of the proportional remuneration clause in the Convention or the Maritime Law to the remunerations for the employed salvage services in this case.

Article 180 of the Maritime Law deals with ten major considerations in calculating the maritime salvage remunerations under a "No Cure, No Pay" contract for salvage, while Article 183 thereof the provision on the proportional apportionment of maritime salvage remunerations among the shipowner and all the shippers. Despite being consistent in contents with Article 13 of the Convention, there are no clear relations between the two aforesaid Articles of the Maritime Law, leaving the Maritime Law with a loophole. ① In contrast, there are close relations between the provisions on remunerations and the remuneration apportionment in Article 13 of the Convention, in which Article 13(1)deals with the standards for calculating maritime salvage remunerations under a "No Cure, No Pay" contract for salvage(consistent in contents with Article 180 of the Maritime Law), and Article 13 (2) provides that the remunerations determined in Article 13(1)shall be apportioned among the owner of the ship and the stakeholders of other properties on board according to the salvaged vessel and the values of other properties. There is a definitive restriction to the scope of the remunerations in this provision of the proportional remuneration payment, that is to say, the remunerations mean the one determined in Article 13 (1), namely, the remunerations determined based on the principle of "No Cure, No Pay" rather than any and all remunerations in a general sense. Although the remunerations for the employed salvage services defined only according to Article 183 of the Maritime Law can also be apportioned *pro rata*, it is obviously inconsistent with the provisions in Article 13 of the Convention. When provisions of the Maritime Law are inconsistent with related ones of international conventions to which China is a party, the latter shall prevail. Hence, Article 13 of the Convention shall apply. The remunerations for the employed

① 参见张文广:《"加百利"轮海难救助合同纠纷再审案判决评析》,载《法律适用》2016 年第 8 期。

salvage services are not determined according to Article 13 (1) of the Convention, but according to the fixed rate agreed upon by the salving Party and the salved Party consultation on the basis of equality, and thus the salved Party has no right of defense for proportional apportionment. In the view of SPC, Article 183 of the Maritime Law applies to "No Cure, No Pay" contract for salvage, and the contract in this case was an employment contract for salvage. Therefore, it was not inappropriate for NRB to request Investment Company to make full payment of the agreed salvage remunerations on the grounds of its contract with Investment Company.

Ⅳ. The Legal Significance of the Judgment in This Case

In practice, an employment contract for salvage has been much more used by three major marine rescue bureaus① in China than "No Cure, No Pay" contract for salvage. In a healthy and orderly salvage market, full awareness of the nature of employment contract for salvage, its application of laws and its pattern of liability for the remunerations for the employed salvage services has direct bearing on their benefits of salvors. This case carries practical significance and theoretical value: (a) Expenses on employed salvage services (remunerations) are not the salvage remunerations under the principle of "No Cure, No Pay". The salvage remunerations secured by the maritime lien of ships are the salvage remunerations under the principle of "No Cure, No Pay", while the expenses on employed salvage services are not the claims secured by the maritime lien of ships;② (b) the salvage remunerations to be apportioned *pro rata* among the owner of the ship and the stakeholders of other properties on board must be the salvage remunerations under the principle of "No Cure, No Pay" rather than fixed expenses from employed salvage services (remunerations); and (c) the

① Three major rescue bureaus in China are NRB, Shanghai Rescue Bureau and Yantai Rescue Bureau.

② See Article 4(1)(3) of the *International Convention on Maritime Liens and Mortgages* of 1993.

entitlement of salvors using employed salvage services to the limitation of liability for maritime claims or claims for general average on employed salvage service expenses are beyond the scope of salvage legal relations, and shall be judged according to relevant provisions on subjects of right to the limitation of liability for maritime claims① or the constitutive elements of general average. ② The conclusion of this case raised strong repercussions both in the maritime salvage sector worldwide and the theoretical cycle of the Maritime Law, and won extensive praise in all circles. A special issue focusing on this case was added to the U. K. 's Chinese Maritime and Commercial Law Reports. Out of more than 1, 670 cases tried by people's courts across the country in 2016, this one was cited among the "Top 10 Cases of 2016 Contributing to the Development of Rule of Law" based on strict screening by adjudication divisions under SPC and high people's courts across the country and the democratic vote and evaluation from the Dispute Review Board. Although China is not a case-law country, this case not only carries important guiding value for its judicial practice but also delivers significant effects on its maritime legislation.

---

① See Article 204 of the *Maritime Law*.

② See Article 193 of the *Maritime Law*.

CASE 28

H Shipping S. A.
v.
Shanghai S F Chemical Co. , Ltd. & D K
(Cargo Damage under a Contract for Carriage of Goods by Sea) *

Basic Facts

On August 23, 2008, the 1001. 53 tons of phenol involved in the case was loaded on board at the Port of Huelva, Spain, and the carrier D K issued a clean bill of lading (B/L). Shanghai S F Chemical Co. , Ltd. (hereinafter referred to as "S Company") acquired the B/L after endorsement and took delivery of the cargo from the port of discharge, Qingdao Port. Due to the increase in the chromaticity of the phenol during the carriage, S Company suffered cargo damage and thus filed a lawsuit, requesting D K and the actual carrier H Shipping S. A. (hereinafter referred to as "H Company") to jointly compensate for the losses of CNY 8, 347, 849. 57 and the interest losses thereof, etc.

---

* First Instance Case No. : (2009)Qing Hai Fa Hai Shang Chu No. 277
Second Instance Case No. : (2011)Lu Min Si Zhong No. 131
Reopening Case No. : (2013)Min Ti No. 6

Qingdao Maritime Court of PRC calculated the amount of compen-sation for the cargo damage based on the expenses of repairing the cargo and ordered D K and H Company to jointly compensate S Company with CNY 3, 715, 676. 30 for cargo losses and the interest thereof, while dismissing other claims by S Company. The High People's Court of Shandong Province partially revised the judgment by adopting the actual value difference method. H Company applied to the Supreme People's Court for reopening.

Judgment

On December 6, 2013, the Supreme People's Court rendered a reopening judgment, holding that: as Article 55 of the *Maritime Law of the People's Republic of China* stipulates that, "[t]he damage to the goods shall be calculated on the basis of the difference between the values of the goods before and after the damage, or on the basis of the expenses for the repair. The actual value shall be the value of the goods at the time of shipment plus insurance and freight." This case did not involve repair expenses, so the damage to the goods should be calculated based on the difference between the values of the goods, that is, the difference between the CIF (Cost, Insurance and Freight) before and after the cargo is damaged. Article 55 of the Maritime Law excludes compensation for market price losses, so the carrier has no liability for the market price losses of the phenol involved in the case. The depreciation rate method should be adopted in this case, that is, the market value of the intact cargo at the destination port minus the sales value of the damaged cargo, divided by the market value of the intact cargo, to obtain the depreciation rate, and then use the depreciation rate to calculate the losses in value caused by damage in transportation to the cargo. Accordingly, the judgments of the first and second instance courts were revoked, H Company and D K were ordered to compensate S Company with

CNY 2, 055, 837. 30 for cargo losses and the interest thereof jointly, and the other claims of S Company were dismissed.

Significance

This case is on a dispute over cargo damage compensation in a contract for carriage of goods by sea. There are foreign-related factors and the parties did not dispute the application of the *Maritime Law of the People's Republic of China* to resolve the dispute in this case. According to Article 55 of the Maritime Law, there are two methods for calculating the amount of compensation for cargo damage caused by the carrier during the liability period: based on the difference between the actual value of the cargo before and after damage or the repair expenses of the cargo. The judgment of the first instance court calculated the amount of cargo damage compensation based on the repair expenses of the cargo, but according to the ascertained facts, the damaged cargo in this case was not actually repaired. The second instance court adopted the actual value difference method, but did not deduct the losses caused by the decline in the market price of the cargo. The reopening judgment adopted the calculation method of depreciation rate to determine the compensation amount for the cargo involved, which excluded the impact of market price fluctuations on the amount of the compensation for the damage to the cargo. The method conforms to the provisions of the *Maritime Law of the People's Republic of China*, and has been adopted by maritime judicial practice. This case improved the calculation rules for the amount of cargo damage compensation, effectively regulated the international shipping order, and provided significant guidance for future judicial practice.

Expert Commentary *

This case primarily concerns a dispute over the compensation for cargo damages in a contract for international carriage of goods by sea.

The focus of controversy in this case is how to determine the compensation amount of cargo damages involved. The parties to the case have the following main controversial issues: (a) whether the increase in the color degree of the phenol constitutes cargo damages; (b) the identification of the responsible party for cargo damages; (c) the determination of the compensation amount of cargo damages. The first trial court, the appeal court, and the Supreme People's Court all confirm that the increase in the color degree of the phenol exceeding the standards contractually agreed, constitutes cargo damages; that the carrier and the actual carrier should bear compensation liability for the phenol damages jointly and separately. However, there are differences in the application and understanding of Article 55 of the *Maritime Law of the People's Republic of China* regarding the calculation method of cargo damages compensation amount among the three levels of courts. Qingdao Maritime Court, being the first trial court, calculated the compensation for cargo damages based on the method of Cost of Cargo Repair. The High People's Court of Shandong Province, being the appeal court, believed that the method of Actual Value Difference should apply to determine the compensation amount of cargo damages. However, the Supreme People's Court, as the reopening court, considered that the appeal court's

---

* Guo Ping, Professor and Doctoral Supervisor at the School of Law and the Institute of Foreign-related Rule of Law Studies, Sun Yat-sen University; Distinguished Researcher at the Southern Marine Science and Engineering Guangdong Laboratory (Zhuhai).

Yan Lingcheng, PhD candidate, School of Law at Sun Yat-sen University; Member, Marine Strategy and Law Team at the Southern Marine Science and Engineering Guangdong Laboratory (Zhuhai).

non-adoption method of the first-trial court was not improper, but the appeal court did not deduct the market value in the calculation of the damages of the goods. Ultimately, the method of Cargo Depreciation Rate was applied properly to calculate the compensation amount for cargo damages involved in the reopening case. Compared with the decisions from Qingdao Maritime Court of PRC and the High People's Court of Shandong Province, the judgment of the Supreme People's Court not only protects the civil rights of the parties in this case legally and fairly but also provides a reference for the current and future maritime judicial practice in China.

Ⅰ. Legal Provisions for the Calculation of Cargo Damages Compensation Amount in Contract for International Carriage of Goods by Sea

The *Maritime Law of the People's Republic of China* clearly stipulates that Chapter 4 Contracts of Carriage of Goods by Sea shall apply to the international contracts for carriage of goods by sea only. The port of loading and port of discharging in this case was a port in Spain and Qingdao PRC separately, therefore the cargo transportation contract involved in the dispute is a typical international contract of carriage of goods by sea. Based on the reference to relevant international maritime conventions, Article 55 of the Maritime Law makes specific provisions for the damages or loss of cargo in the international contract of carriage of goods by sea. Article 55(1) provides that, the amount of indemnity for the loss of the goods shall be calculated on the actual value of the goods; the amount of indemnity for the damage of the goods shall be calculated on the difference in the actual value before or after the damage of the goods or the repair expenses of the goods. The actual value of the goods shall be calculated on the value of the goods at the time of loading, insurance fees, plus freight. According to Article 55 (2) of the Chinese Maritime Law, when the actual value of the goods is determined, the costs that are saved or unpaid due to the loss or damages of the goods shall be deducted thereof.

Article 55(1) of the Maritime Law provides different calculation methods of compensation amount for cargo loss or damages that occurred in the contract for international carriage of goods by sea. The calculation method of compensation for cargo damages include both the method of Actual Value Difference and the method of Cost of Goods Repair. According to Article 55(2), the actual value of the goods refers to the value of the goods at the time of loading plus insurance fees and freight. That is, the CIF term commonly used and recognized in international trade.

In fact, the provisions of the *Maritime Law of the People's Republic of China* on the calculation method of compensation for cargo damages are different from the provisions of the *Civil Code of the People's Republic of China* and international maritime conventions. According to Article 833 of the *Civil Code of the People's Republic of China*, which is originally from Article 312 of the *Contract Law of the People's Republic of China* ①, the compensation amount for cargo damages should be determined according to the agreement of the parties. If the parties have not agreed on the compensation or the agreement is unclear on this issue, according to Article 510 of the *Civil Code of the People's Republic of China*, the parties may agree upon a supplementary terms through consultation. If a supplementary agreement cannot be reached, such terms shall be determined in accordance with the relevant provisions of the contract or usage of trade. If the compensation amount still cannot be determined according to Article 510 of the *Civil Code of the People's Republic of China*, the amount shall be calculated according to the market price at the place of delivery or the place where the goods should be delivered, unless laws or administrative

① The Chinese Contract Law has been nullified by the Chinese Civil Code after the latter came into force from January 1, 2020.

regulations have other special provisions on the method of compensation calculation and compensation limitation. The *Civil Code of the People's Republic of China* shall not apply to the contract for international carriage of goods by sea if the *Maritime Law of the People's Republic of China* provides clearly.

Further, Article 55 of the Maritime Law is also different from the relevant international maritime conventions, such as the 1968 *Hague-Visby Rules*, which has been accepted by most shipping and trade countries in the world. Article 2 of the 1968 *Hague-Visby Rules* clearly stipulates that the amount of compensation for cargo damages should be determined according to the commodity exchange price at the place of discharge or the place where it should be discharged. If there is no commodity exchange price, it should be determined according to the market price at that time and place of the discharging of the goods. If there is no commodity exchange price or market price, it should be determined on the reference of the price of the same type and quality of goods. The provisions of Article 22 of the 2008 Rotterdam Rules are similar to the provisions of the *Hague-Visby Rules*.

The reasons that Article 55 of the *Maritime Law of the People's Republic of China* differs from the international maritime conventions or the Chinese Civil Code might lay in the following aspects. On one hand, when the *Maritime Law of the People's Republic of China* was drafted in the 1980s, China did not have a mature regime of commodity exchange at that time, nor had a market price that met the needs of economic development. Therefore, the legislators did not completely adopt the provision as *Hague-Visby Rules* although there are several provisions of *Maritime Law of the People's Republic of China* almost same as those of *Hague-Visby Rules*, but adopted a calculation method that is more in line with the actual economics conditions of China at that time. On the other hand, the time of promulgation of relevant civil laws including the *Civil Code of the People's Republic of China* is later than that of the *Maritime Law of the People's Republic of China*, and the nature of international carriage of goods by sea is more professional, technical, and risky compared to costal transportation. Although there is a general principle that new law shall be superior to old law in China, the *Civil Code of the People's Republic of China* allows other laws and administrative regulations to provide for the calculation method and compensation limitation separately, so the *Maritime Law of the People's Republic of China* as a special law of the *Civil Code of the People's Republic of China* shall have priority for the application in this case.

In summary, Article 55 of the *Maritime Law of the People's Republic of China* is not quite clear whether the actual value includes the indirect loss, or market value loss, so the ambiguity of the provision shall be clarified in judicial practice.

Ⅱ. The Reasonable and Proper Calculation Method for the Determination of the Actual Value of Goods

To some extent, although the decisions in the judgment of the first trial court and the appeal court in this case have some differences on whether the increase in the color degree of the phenol constitutes cargo damages and the determination of the responsible party for cargo damage, the judicial conclusions are consistent generally. In other words, both the first trial court and the appeal court believed that the increase in the color degree of the phenol constitutes cargo damages, and the carrier and the actual carrier should bear the compensation liability for cargo damages to the consignee. However, there is a significant difference in the judgment of the above two courts in determining the compensation amount for cargo damages, which is also the core issue of the dispute of this case. Regarding the determination of the compensation amount for cargo damages, the first trial court and the appeal court applied the method of Cost of Goods Repair and the method of Actual Value Difference respectively. However, the Supreme People's Court applied the method of Cargo Depreciation Rate to calculate the actual value of cargo damages is more rational and legal.

First, it is unreasonable for the first trial court to determine the compensation amount for cargo damages in this case based on the method of Cost of Goods Repair. The so-called method of Cost of Goods Repair means that the amount of loss shall be determined based on the actual repair costs incurred after the goods suffer damages. According to the evidence and the facts in this case, it was quite clear that there were no actual repairing costs occurred indeed. So, the decision of the first trial court was not rational, which was made on the method of Cost of Goods Repair on the reference of the expert opinions provided by the cargo claimant solely and the written statements of the predicted repair costs from professional companies.

Second, although the appeal court did not adopt the method of Cost of Goods Repair as the first trial court, instead of the method of Actual Value Difference, which had also some irrationality. The so-called method of Actual Value Difference means that the amount of cargo damage compensation shall be determined based on the price difference before and after the goods are damaged. Obviously, the market price of the goods involved in the case has changed significantly from the time of loading, through the carriage of goods by sea, until the goods were delivered to the consignee at the port of discharge. Although the appeal court calculated cargo damages based on the method of Actual Value Difference, the court did not take into account the fact that the market price might fluctuated during the longer period while the goods were transported by sea from one country to another, nor considered the market price comprehensively. The judgment of the appeal court only determined the actual value of the damaged goods based on the evidence provided by the claimant only, which showed a lower sales price than the market price. Obviously, the judgment of the appeal court does not comply with the principle of fairness in civil activities, nor conforms to the principle of balance between ship interests and cargo interests embodied in the *Maritime Law of the People's Republic of China*. Therefore, the judgment might cause the carrier and the actual carrier to bear extra commercial risks that the consignee should bear.

Finally, the method of Cargo Depreciation Rate used by the Supreme People's Court in this case is rational and legal. The reopening court confirmed correctly the basic fact that no cargo damage repairing costs incurred, and further pointed out that it is not suitable to adopt the method of Cost of Goods Repair. At the same time, the decision of the Supreme People's Court corrected unreasonable aspects of the judgment of the appeal court on the application of the method of Actual Value Difference. Considering the price of goods had fluctuated sharply from the beginning of the voyage to the goods delivered in the discharging port, the reopening court pointed out clearly that the legislative intention of Article 55 of the *Maritime Law of the People's Republic of China* in the calculation of the actual value of goods should not include the commercial risks brought by market price changes that the consignee should usually bear. The Supreme People's Court proposed innovatively that the method of Cargo Depreciation Rate should be used in this case. It means that the actual value of damaged cargoes shall be calculated by subtracting the sale value of the damaged goods from the market value of the intact goods at the discharging port, then the differences between the market prices of damaged cargo and intact cargo shall be divided by the market value of the intact goods, and then the depreciation rate is obtained. The compensation amount shall be calculated based on the depreciation rate. Therefore, the method of Cargo Depreciation Rate used by the reopening court in this case not only explained the meaning of the actual value of goods in Article 55 of the *Maritime Law of the People's Republic of China* correctly, but also took into account the fact that the commercial risks resulted from the international carriage of goods by sea. Furthermore, the judgment was made in reference to the principles of fairness as well as the principle of reasonable foresight. The judgment from the Supreme People's Court helps to clarify the ambiguous of Article 55 of the *Maritime Law of the People's Republic of China* which has significant guiding for future judicial practice in the trial of similar cases.

At present, the method of Cargo Depreciation Rate has been accepted and recognized by the maritime judicial practice in China, and the judgment of this case is helpful to maintain the order of international shipping effectively and promoting the high-quality development of international economics and trade in China.

CASE 29

Xuzhou T Metal Resources Co. , Ltd.
v.
S C Shipping, S. A. & Tokyo S Co. , Ltd.
(Contract for Carriage of Goods by Sea) *

Basic Facts

On December 29, 2010, Xuzhou T Metal Resources Co. , Ltd. (hereinafter referred to as "Xuzhou T Company") and CJ Company entered into a sales contract, under which Xuzhou T Company agreed to purchase 50, 000 tons (± 10%) of Indonesia laterite nickel from CJ Company. On January 28, 2011, the vessel *Maritime Lijiang*, jointly owned by the carrier, S C Shipping, S. A. and Tokyo S Co. , Ltd. , arrived at the Indonesian North Conaway Port to load the cargo. Due to concerns about the high moisture content of the cargo, the vessel decided to stay at the North Konawe Port anchorage from February 12, 2011, to open the hatches for drying and to conduct sampling and inspection. The vessel then sailed for two days, arriving at Davao Port in the Philippines on March 29, 2011, to continue drying and inspecting the cargo. On May 16, it departed Davao Port and arrived at its destination, Lianyungang, on May 23. CJ

* First Instance Case No. : (2011) Hu Hai Fa Shang Chu No. 753
Second Instance Case No. : (2013) Hu Gao Min Si (Hai) Zhong No. 24

Company, the consignor, obtained the full set of original clear order bill of lading issued by the carrier for the goods. Xuzhou T Company obtained this set of original bill of lading via payment by way of letter of credit. Xuzhou T Company filed a lawsuit to Shanghai Maritime Court of PRC on June 28, 2011 on the grounds that the carrier had breached the obligations of non-deviation and reasonable dispatch, and requested Shanghai Maritime Court of PRC to order the carrier to compensate for the loss arising out of the drop of market price, CNY 14. 14 million, and the interest thereon.

Judgment

Shanghai Maritime Court of PRC, in the first instance, ruled that the carrier's actions of suspending the voyage, drying, and inspecting the cargo at the loading port and Davao Port did not constitute unreasonable deviation and did not violate the obligation of due dispatch. Therefore, the court dismissed Xuzhou T Company's claims. Dissatisfied with the judgment, Xuzhou T Company appealed. The High People's Court of Shanghai City, in the second instance, held that *Maritime Lijiang's* stay by deviating from Davao Port was deemed as unreasonable deviation; however, since Xuzhou T Company could not prove the objectivity and reasonableness of the loss arising from the resale of its goods, the court dismissed the appeal and upheld the original judgment. Both Parties were dissatisfied with the judgment of the second instance and applied for reopening.

Upon review, the Supreme People's Court held that upon the mutual agreement of the two parties, the dispute arising in this case shall be governed by the laws of the People's Republic of China. China is the signatory state to International Convention for the Safety of Life at Sea, 1974, according to which, the International Maritime Solid Bulk Cargoes(IMSBC)Code(hereinafter referred to as "Bulk Cargoes Code") became effective to China as of January 1, 2011. In accordance with the Bulk Cargoes Code, the consignee shall, prior to loading, provide the captain or his representative with a statement and inspection certificate containing proper information on the moisture, transportable moisture limit (TML) and other relevant information for goods that may be liquefied, so that necessary measures could be taken to properly stow and safely transport the goods. Except for those loaded on a vessel exclusively built up for that purpose or a vessel equipped with exclusive equipment, goods that may be liquefied shall only be loaded and shipped where the actual moisture is lower than the TML. Both inspection reports and other evidence provided by the consignor and carrier failed to set forth the TML applicable to goods with the size larger than 7 millimeters or with the size of 6.7 millimeters and the TML applicable to the whole batch of goods. Therefore, the reason and evidence of the carrier based on which it judged that the goods were not fit for safe transportation at the loading port was relatively sufficient, and thus the vessel's arrival at Davao Port shall be deemed as reasonable deviation. In light of the above, the Court dismissed the applications for reopening of both parties.

Significance

This case is about contract for carriage of goods by sea between two countries covered by the Belt and Road Initiative. The Supreme People's Court's reopening review and ruling carry at the following significance: First, it fills a gap in international maritime rules and put forward a reasonable adjudication standard. The Bulk Cargoes Code has express provisions on the comparison method regarding the moisture of single fine particles and their TML, but does not have specific provisions on the comparison regarding bulk solid cargoes, which are a combination of single fine particles and goods of large volumes (whether to compare the overall moisture with the TML of fine particles, or compare the moisture of the fine particles of the same type to the TML of fine particles of the same type) as in this case. The inspection report issued by the consignor and carrier did not set forth the TML of goods with a size larger than 7 millimeters or with the size of 6. 7 millimeters, as well as the TML of the whole batch of goods (which is likely to be attributable to the restraints of the flow table test). However, after a purposive interpretation of the system and context of applicable terms under the Bulk Cargoes Code by the Supreme People's Court, it held, in the spirit of maintenance of safety of maritime transportation, that the TML as referred to in the Bulk Cargoes Code shall refer to the TML of the whole batch of goods, rather than mere TML of fine particles contained therein. Additionally, the transportability of goods shall be determined by comparing the moisture content of the whole batch of goods and the TML of the whole batch of goods. Since the inspection report issued by the consignor did not mention the moisture content and the TML of the whole batch of goods, the carrier had reasonable ground to determine that the goods were not fit for safe transportation.

Second, this ruling plays a leading and guiding role in maintaining maritime transportation safety between the countries covered by the Belt and Road Initiative (BRI). Nickel ores are bulk solid goods that are easily liquefied. When the actual moisture content exceeds TML, nickel may be subject to liquefaction, resulting in a loss of stability of the vessel and hence the wreckage of the vessel. A number of risks and complexities exist for transportation of this type of goods, including false statement by the consignor of moisture content, the lack of representativeness of sample collection and inspection, rainy weather at the time of stacking in open areas and loading, etc. Thus, the carrier is obligated to diligently conduct observation, inspection and monitoring, and shall timely raise doubts to the consignor when it has reasonable ground to doubt the transportability of the goods, and may reject the loading. This case is a successful example of timely avoidance of ship wreckage regarding a vessel carrying solid goods that may be liquefied. The Supreme People's Court, on the ground that the carrier had reasonable ground to believe that the moisture content in the goods was excessively high, upheld the suspension of voyage and drying goods and other reasonable measures taken by the carrier, decided that it was an embodiment of the principle of maintaining maritime transportation safety.

Expert Commentary *

This case involves a dispute over carriage of goods by sea with foreign elements, taking place in a country under the BRI. The primary issue concerns the carrier's deviation from the agreed route under a maritime cargo transport contract. The key argument focuses on whether the carrier conducted an unreasonable deviation. The essence of resolving this dispute lies in clarifying the test for assessing the reasonableness of the carrier's deviation. If such tests are absent, how should this gap be filled? The ruling in this case effectively filled the gap in the relevant criteria, making it a pivotal case related to the BRI.

Based on the facts of this case, the analysis proceeds as follows.

Ⅰ. The Need of Filling the Gap in the Bulk Cargoes Code to Ensure Maritime Transport Safety under the BRI

In this case, the vessel involved was carrying bulk solid nickel ore with a mixture of fine particles and larger lumps. Southeast Asian countries under the BRI, such as Indonesia and the Philippines, are major producers of nickel ore,

* Chu Beiping, President, Professor(T2)and Doctoral Supervisor, Shanghai Maritime University.

with global demand growing over the past decade. Nickel ore, being a bulk solid cargo, is prone to liquefaction, which can cause vessel instability or capsizing if its moisture content exceeds the Transportable Moisture Limit(TML).[①]

The parties to the contract chose Chinese law as the governing law for dispute resolution. The transportation of this cargo, being bulk solid prone to liquefaction, is subject to the mandatory application of the Bulk Cargoes Code, which is enforceable under Chinese law. However, while the Bulk Cargoes Code clearly outlines the comparison between moisture content and TML for fine particles, it does not provide specific guidelines for mixed bulk solid cargo, such as the one in this case, creating a regulatory gap.

Ⅱ. Balancing the Interests of Parties in BRI Maritime Transport Contracts Requires Filling the Gap in the Bulk Cargoes Code

Deviation occurs when a carrier departs from the standard route while performing the agreed voyage under a maritime cargo transportation contract. Article 49 of the *Maritime Law of the People's Republic of China* imposes an obligation on the carrier not to deviate from the agreed route. Deviation is categorized as unreasonable or reasonable. It is he carrier's duty not to conduct unreasonable deviation.[②]

Unreasonable deviation typically occurs when the carrier intentionally or recklessly deviates, knowing it could cause loss, thus breaching the obligations under the maritime cargo transport contract. In such cases, the carrier loses its right to limit liability and exemption from liability.

---

① According to reports, during the same period as the shipment of in question, three vessels carrying nickel ore—the *Jian Fu Star*, *Nasco Diamond*, and *Hong Wei*—sank while en route from Indonesia to China between October 27 and December 3, 2010, resulting in the loss of 44 Chinese crew members. Additionally, from December 25, 2011, to August 14, 2013, three more vessels transporting Indonesian nickel ore—the Vietnamese-flagged *Vinalines Queen*, Panamanian-flagged *Harita Bauxite*, and Hong Kong-flagged *Trans Summer*—also sank, leading to the deaths of 37 crew members.

② Article 59 of China's Maritime Law.

However, due to the unique nature of maritime navigation, some deviations are not considered blameworthy and may even be legally encouraged, known as reasonable deviation. Reasonable deviation does not constitute a breach of the transport contract, and the carrier generally does not bear liability for loss, damage, or delay resulting from such deviation.

Deviation is a factual determination, and according to Article 49, Paragraph 1 of the *Maritime Law of the People's Republic of China*, there are three standards for determining deviation: the agreed route, customary route, or geographical route. In this case, no specific route was agreed upon by the parties, but after loading, the vessel stayed at the anchorage for an extended period, then deviated to a nearby port (Davao Port) not on the customary or geographical route and stayed there for a long time, clearly constituted deviation.

The reasonableness of the deviation reflects a value judgment (e. g., safeguarding maritime safety). Article 49, Paragraph 2 of the *Maritime Law of the People's Republic of China* stipulates that deviations for the purpose of saving or attempting to save lives or property at sea, or other reasonable deviations are considered reasonable. ① Therefore, there are two criteria to determine reasonable deviation:

Deviation for the purpose of maritime rescue. The deviation is justified by the need to perform a rescue, regardless of whether the rescue was actually carried out or successful, and the rescue target is not limited to life or property, ② reflecting the legislative value of encouraging maritime rescue.

Other reasonable deviations. The term "other reasonable deviations" is a catch-all provision, not explicitly defining "reasonable". From an equity

① Similar Provision can be found in Article 4, Paragraph 4 of the *Hague-Visby Rules*.

② It should be noted that under common law, deviation solely for the purpose of salvaging another vessel's property does not constitute reasonable deviation.

perspective, "reasonable" refers to balancing the interests of both parties. For example, deviation to avoid a conflict zone at sea would be reasonable as it aligns with both parties' safety interests, whereas deviation merely for the convenience of refueling is clearly unreasonable.

In this case, while the carrier's deviation is not in dispute, determining whether it was reasonable hinges on whether the cargo (bulk solid nickel ore with mixed fine particles and larger lumps) was safe for transport. If the cargo was unsafe, then the deviation was for navigational safety, and thus reasonable. If the cargo was safe, the deviation lacked a legitimate safety basis and would be considered unreasonable.

Determining the safety of the bulk solid nickel ore requires applying the Bulk Cargoes Code. However, the Bulk Cargoes Code does not explicitly define safety standards for transporting mixed bulk solid cargo like that in this case.

Ⅲ. Filling of the Gap in the Bulk Cargoes Code Reasonably

In this case, the trial court held that the safety of the cargo should be judged by comparing the moisture content of the fine particles to the TML for similar fine particles, concluding that the nickel ore was unsafe for transport and that the carrier's deviation to dry the cargo was reasonable. However, the appellate court disagreed, ruling the deviation unreasonable.

The Supreme People's Court found that the TML stipulated by the Bulk Cargoes Code refers to the TML for the entire batch of cargo, not just the fine particles, and that the safety of the cargo should be determined by comparing the moisture content of the entire batch with its TML. Furthermore, the Supreme People's Court ruled that, in the absence of an inspection report indicating the moisture content and TML for the entire batch, the carrier had reasonable grounds to judge the cargo as unsafe, thereby justifying the deviation.

The Bulk Cargoes Code, established under the framework of the

International Convention for the Safety of Life at Sea, 1974 (SOLAS), aims to promote the safe loading and transport of solid bulk cargo, reflecting a legislative value of ensuring maritime safety. The Supreme People's Court's interpretation of the Bulk Cargoes Code as applying the TML to the entire batch of cargo reasonably fills the regulatory gap and improves international maritime adjudication rules. This promotes maritime safety and aligns with the legislative goal of ensuring safe navigation for parties involved in maritime transport contracts, including those in BRI countries.

CASE 30

A. P. M-M AS
v.
Shenzhen Branch of Shanghai C X Logistics Co. , Ltd. & Shanghai C X Logistics Co. , Ltd.
(Container Demurrage in a Contract for Carriage of Goods by Sea) *

Basic Facts

In January 2010, Shenzhen Branch of Shanghai C X Logistics Co. , Ltd. (hereinafter referred to as "Shenzhen Branch of C Company") entrusted A. P. M-M AS(hereinafter referred to as "M Company")to ship five containers of goods from Huangpu, Guangdong of China to New Delhi, India. On February 23, the goods arrived at the port of destination. The consignor constantly changed the consignee since then, yet no one took delivery of the goods. On February 21, 2011, the goods were auctioned by Newport Customs in Mumbai, India. On February 28, the customs issued a delivery order, instructing M Company to hand over the goods to the buyer of the auction. On February

* First Instance Case No. : (2012)Guang Hai Fa Chu No. 329
Second Instance Case No. : (2013)Yue Gao Fa Min Si Zhong No. 162
Reopening Case No. : (2015)Min Ti No. 119

27, 2012, M Company filed a lawsuit seeking a judgment that Shenzhen Branch of C Company and Shanghai C X Logistics Co., Ltd. jointly bear the demurrage charges of INR 8, 026, 425 (equivalent to CNY 1, 029, 554. 51 as per the exchange rate on the filing date)for the containers, calculated from March 1, 2010.

Judgment

The case was tried by Guangzhou Maritime Court of PRC at first instance and by the High People's Court of Guangdong Province at second instance. Both courts held that this case was a dispute over a contract for the carriage of goods by sea, with a one-year limitation period starting from the date when the right holder knew or should have known of the infringement upon their rights. The reason of the violation of M Company's rights was that the containers provided by M Company were occupied beyond the contracted period of time, and the damage continued uninterrupted until the goods were auctioned by the customs. Then the damage caused by the detention of containers can be calculated according to the suspension. Therefore, the limitation period for M Company to exercise the right of claim should be calculated from the date on which the goods delivery notice was issued by the Newport Customs, Mumbai, India, which is from February 28, 2011 to February 27, 2012. Consequently, the first trial lawsuit filed by M Company did not exceed one-year's limitation period. Due to the failure to take delivery, the containers involved in the case were occupied for a long period of time and could not be put into transport and production in the meantime. The shipper, Shenzhen Branch of C Company, should be liable for compensation, and the container demurrage charges shall be limited to the price of repurchasing new containers. Therefore, it was decided that Shenzhen Branch of C Company and Shanghai C X Logistics Co., Ltd. should jointly compensate M Company for the demurrage charges of the five containers involved of CNY 150, 000. Shenzhen Branch of C Company and Shanghai C X Logistics Co. , Ltd. applied for reopening to the Supreme People's Court, which was granted.

Upon review, the Supreme People's Court held that, after the goods involved in the case were transported to the port of destination, the consignee designated by the Shenzhen Branch of C Company did not collect the goods, causing the containers provided by the carrier M Company in performance of the transport contract to be occupied for a long time and unable to be put into another turnover, thus constituting a breach of contract. M Company was entitled to request the compensation of excessive use of the containers from the shipper Shenzhen Branch of C Company for contractual damages due to the delayed performance of the obligation to return the containers in accordance with the contract for carriage of goods by sea. According to the Supreme People's Court's Reply to the "Limitation Period of the Carrier's Requirement for Claims against Shippers, Consignees, or B/L Holders with regard to the Carriage of Goods by Sea", the limitation period for the claim is one year, counting from the date on which M Company knew or should have known that its rights had been infringed. According to the confirmation of all parties, the shipper Shenzhen Branch of C Company should pay M Company the container demurrage charges from March 1, 2010, and M Company's right to claim the payment of the container demurrage charges had already been generated since March 1, 2010, which was the time that M Company knew or should have known that its rights had been infringed. Shenzhen Branch of C Company made a promise through email on March 30 that the shipper would bear the container's demurrage charges, which constituted the suspension of limitation as stipulated in Article 267 of the *Maritime Law of the People's Republic of China*. Therefore, this case should be counted from March 30, 2010. M Company filed a lawsuit on February 27, 2012, which had exceeded the one-year limitation period, and lost its right for suit. The Supreme People's Court overturned the first and second instance judgments and dismissed M Company's claims.

Significance

With the slowdown of global trade growth, the shipping market has also experienced a continuous downturn, resulting in the emergence of a large number of maritime disputes. These disputes have evolved from traditional cargo damage and marine insurance claims to those extending throughout the supply chain. Among these, the ratio of disputes over demurrage charges for containers in maritime cases have been rising, with growing challenges in areas such as defining legal relationships, calculating demurrage, and determining the start of the limitation period. The standards of domestic judicial practice in China on the aforementioned types of cases have lacked uniformity, and international approaches to these disputes vary, creating challenges for shipping companies in practical operations. The Supreme People's Court's reopening and ruling in this case provided a clear determination on the nature of disputes over container demurrage charges under maritime cargo transport contracts and the applicable limitation period. The ruling, being a foreign-related maritime judgment, has garnered significant attention and concern from both domestic and international shipping companies. The judgment not only protected the shipping companies' right to claim compensation for demurrage charges but also clarified how they should assert their rights within the statutory limitation period. It provided legal support for shipping companies to actively use legal means to safeguard their legitimate rights and interests, thereby establishing a unified standard for Chinese maritime judicial practice. The Belt and Road Initiative is a critical measure for building a strong maritime nation, and fair and efficient judiciary is essential for ensuring a healthy economic environment under this strategy. The adjudication of this case played a key role in providing judicial protection for the Belt and Road Initiative, ensuring the equal protection of the legal rights of both domestic and foreign parties, enhancing the international credibility of China's maritime judiciary, and creating a favorable rule of law environment for the Belt and Road Initiative.

Expert Commentary *

This case involves a dispute in connection with the performance of the contract ofcarriage of goods by sea between M Company and Shenzhen Branch of C Company due to the overdue use of cargo containers. The main issues of dispute in the case focus on four aspects: first, how to determine the legal relationship between the parties; second, what standards should be employed to calculate container overtime usage fees claimed by the carrier; third, whether the container overtime usage fees (also referred to as container demurrage) can be deducted from the proceeds of the customs auction of the goods; and fourth, whether M Company's lawsuit has exceeded the statute of limitations. Given the increasing frequency of such disputes in the field of carriage of goods by sea in recent years, the adjudication of this case has significant guiding importance for maritime judicial practice in China.

Ⅰ. Determination of the Legal Relationship between the Parties

In this case, the booking note (also referred to as consignment note) indicates M Company as the carrier, while the party handling the cargo shipment and delivering the goods for transport was Shenzhen Branch of C Company. This branch explicitly requested M Company to issue a bill of lading in its shipping instructions and acknowledged its obligation to pay the prepaid

* Fu Tingzhong, Professor and Doctoral Supervisor, School of Law at Tsinghua University.

freight. The bill of lading was not issued only because the freight payment was not made. According to the definition established in Article 42 of the *Maritime Law of the People's Republic of China*, the person by whom or in whose name or on whose behalf a contract of carriage of goods by sea has been concluded with a carrier are being considered as the shipper. In this sense, a carriage of goods by sea contract relationship existed between Shenzhen Branch of C Company and M Company. The subsequent failure to collect the goods at the destination port falls under the category of a third party failing to fulfill its obligations. According to Article 121 of the *Contract Law of the People's Republic of China*, applicable at the time of the dispute, if a party's breach of contract was caused by a third party, the breaching party must assume liability towards the other party. Since Shenzhen Branch of C Company did not have legal person status and lacked independent civil liability capacity, it should share responsibility with its mother company (Shenzhen Branch of C Company, headquartered in Shanghai) to M Company. Based on this legal relationship, Guangzhou Maritime Court of PRC, the High People's Court of Guangdong Province, and the Supreme People's Court all correctly determined the legal relationship between the parties.

Ⅱ. Regarding the Compensation Standard for Container Overtime Usage Fees

In the field of carriage of goods by sea, if the containers are provided by the carrier, the shipper or consignee is obligated not only to promptly collect the goods at the destination port but also to return the containers to the carrier in a timely manner. In this case, due to the failure to collect the goods at the destination port, the five containers involved were occupied for an extended period, resulting in evident economic losses for M Company. According to Article 113 of the Contract Law, Where a party fails to perform its obligations under the contract or its performance fails to conform to the agreement and cause losses to the other party, the amount of compensation for losses shall be equal to the losses caused by the breach of contract, including the interests receivable after the performance of the contract, provided not exceeding the probable losses caused by the breach of contract which has been foreseen or ought to be foreseen when the party in breach concludes the contract. Considering the common practices in international shipping, the first and second instance courts accepted the container overtime usage fee calculation standard published on M Company's website. They rejected Shenzhen Branch of C Company's argument that no agreement on the compensation standard had been reached, thus refusing to pay the fees. Simultaneously, based on the Contract Law's stipulation that the non-breaching party has a duty to mitigate losses, and in combination with Articles 87 and 88 of the Maritime Law—which grant the carrier a lien to the goods to exercise their claims and authorize the carrier to apply to the court for an order on the selling the goods by auction—the second instance court deducted the losses that expanded due to M Company's delay in exercising its rights from the determined compensation amount. Therefore, the first and second instance courts' determination of the compensation amount is correct and accurate.

Ⅲ. Regarding the Offset of Container Overtime Compensation with Customs Auction Proceeds

Under normal circumstances, according to the terms of a carriage of goods by sea contract, if non-delivery goods at the port of destination are sold by the carrier or auctioned by the carrier through a court application, the proceeds from the auction are naturally controlled by the carrier and used to settle debts. The breaching party also has the right to request that the carrier offset the compensation amount from the auction proceeds. However, in this case, a letter from Mumbai Customs described the five containers' goods involved as "Chinese goods evading taxes". It can thus be inferred that Mumbai Customs treated the goods as smuggled items and confiscated them according to customs law. Consequently, M Company cannot be permitted to receive the auction proceeds from the confiscated items. Therefore, Shenzhen Branch of C Company's claim to offset the container overtime usage fees with the proceeds from the customs auction was not viable, unless there was an exception stipulated by law. Since Shenzhen Branch of C Company failed to prove that Indian laws allow the carrier to receive such auction proceeds, it must bear the legal consequences of being unable to provide evidence. Consequently, it is reasonable and lawful for the first and second instance courts to reject Shenzhen Branch of C Company's claim.

IV. Regarding the Starting Date of the Statute of Limitations

In this case, since both parties chose to apply Chinese law in the contract, the statute of limitations should be determined according to Chinese law. *Maritime Law of the People's Republic of China*, as a special law within civil law system, stipulates a one-year statute of limitations for claims arising from carriage of goods by sea contracts, starting from the date the carrier delivers or should have delivered the goods, as per Article 257. Although the Maritime Law does not explicitly specify the statute of limitations for the carrier's claims against the shipper, consignee, or holder of bill of lading, the Supreme People's Court clarified in a 1997 response to the High People's Court of Shandong Province that, in the absence of specific legal provisions, the one-year limitation period specified in the first paragraph of Article 257 should be applied by analogy. However, this period should start from the date when the right holder knew or should have known that their rights were infringed. In this case, while both parties agreed on the one-year statute of limitations, they differed in the interpretation of the date about infringement of the right. Shenzhen Branch of C Company argued that M Company should be considered aware of the infringement starting from the day after the free rental period of the containers expired. According to this calculation, M Company's claim would have exceeded the statute of limitations. However, M Company contended that, after the containers entered the free rental period, the shipper did not abandon the goods and continuously changed the consignee. It was only upon receiving the customs notification that M Company became aware that the goods were being treated as smuggled and confiscated. Thus, M Company argued that the statute of limitations should start from the day of receiving the customs notification. According to this interpretation, M Company believed that the statute of limitations had not expired.

In both the first and second instances of the case, Guangzhou Maritime Court of PRC and the High People's Court of Guangdong Province supported M Company's position, recognizing the date of Mumbai Customs' notification to M Company about the auction as the date when the carrier became aware of the infringement of the rights. However, in the reopening, the Supreme People's Court, based on legal provisions and analysis of the actual circumstances at the port of destination, supported Shenzhen Branch of C Company's argument. The court determined that the statute of limitations should start from the day the containers entered the chargeable period after the free rental period ended. This approach clearly embodied the judicial principle of "basing judgments on facts and ruling according to the law".

A comprehensive review of the entire proceedings of this case reveals that the courts at all levels have equally respected the litigation rights of both domestic and foreign parties, carefully considered the interests and claims of each side, and avoided using simplistic, mechanical, or rigid language in their judgments. The conclusions reached were persuasive. Notably, during the reopening phase, the Supreme People's Court not only identified the nature of the breach by the reopening applicant but also confirmed that the respondent's claim had indeed exceeded the statute of limitations. The court affirmed the factual determinations of the first and second instance courts while also pointing out existing discrepancies, making the judgment convincing. This approach ensured that the winning party understood the basis of their success, while the losing party comprehended the reasons for their defeat.

At the global level, along with the development of trade, advances in technology, and changes in transportation modes, new situations will continue to emerge in the field of international transport. Therefore, the promotion of typical cases like this one is crucial for addressing complex issues that arise in judicial practice. In this sense, the adjudication of this case not only highlights the spirit and principles of judicial fairness but also provides valuable experience for judicial bodies at all levels to handle difficult cases arising in new circumstances.

CASE 31

N G Sea Shipping Pte. Ltd.
v.
Shenzhen A U I Logistics Co., Ltd. & Dalian K Co., Ltd.
(Contract for Carriage of Goods by Sea) *

Basic Facts

On February 25, 2017, C Shipping (Dalian) Co., Ltd., on behalf of N G Sea Shipping Pte. Ltd. (hereinafter referred to as "N G S"), issued a bill of lading stating the consignor as N G S, with the port of loading being Dalian, China, and the port of discharge being Nhava Sheva, India, for a total of 6 containers. The goods under the bill of lading were discharged at the port of discharge on March 23, 2017, and the discharge port agent for N G S issued a delivery notice to the consignee. As of December 5, 2019, the containerized goods under this bill of lading remained unclear at the terminal and was under the control of Indian customs with no party taking delivery. N G S filed a lawsuit requesting Shenzhen A U I Logistics Co., Ltd. (hereinafter referred to as "Shenzhen A U") to return the container or compensate for its value along with interest, and to be jointly and severally liable for the payment of the demurrage fees, storage fees, port charges, and other associated costs and interest.

* First Instance Case No.: (2018) Liao 72 Min Chu No. 758

Judgment

Dalian Maritime Court of PRC held that, since N G S claimed that the law specified in the bill of lading should apply in this case, and Shenzhen A U's letter of indemnity explicitly stated the agreement to incorporate all terms of the bill of lading (including all terms on the reverse side, as well as jurisdiction and governing law clauses) as part of the carriage contract, Shenzhen A U and N G S had reached a consent regarding the choice of applicable law. According to the primary clause and the applicable law clause on the reverse side of the bill of lading, the law of Singapore, as specified in Clause 27 (1) on the reverse side, should apply to this case. Based on the findings of the entrusted legal investigation regarding the relevant provisions of Singaporean law applicable to the dispute, the court ruled that Shenzhen A U shall pay the demurrage fees and interest, as well as container damages, to N G S.

Significance

A core procedural issue in the adjudication of foreign-related cases lies in determining the applicable law. When the governing law is a foreign law, it is crucial to accurately ascertain and correctly apply the specific content of that foreign law. The precise determination and application of foreign law are essential for handling foreign-related civil and commercial cases in accordance with the law and for fostering a law-based business environment. This case involved a dispute over contract of carriage of goods by sea adjudicated under Singaporean law as agreed upon by the parties. The court, through the entrusted legal research service agency, ascertained the relevant provisions of Singaporean law related to the dispute and accurately applied them to determine the liabilities of the parties. Neither party appealed after the first-instance judgment, reflecting their recognition of the litigation procedure and the judgment result in this case. This case achieved the goal of accurately identifying and applying foreign law to resolve the dispute and provided valuable experience for accelerating the establishment and improvement of the legal mechanism for the identification and application of foreign law.

Expert Commentary*

Ⅰ. The Determination of Applicable Law

The claimant, in this case, was domiciled in Singapore. The port of discharge was in India, which makes this case a foreign-related civil case in accordance with the provisions of Articles 1(1) and 4 of the *Interpretation of the Supreme People's Court on Several Issues Concerning the Application of the Law of the People's Republic of China on Choice of Law for Foreign-Related Civil Relationships (Ⅰ)*. The legal relationship involved in this case was that of a contract for international carriage of goods by sea. According to Article 269 of the *Maritime Law of the People's Republic of China* (hereinafter referred to as "the Maritime Law"), the parties to the contract may choose the law applicable to such contract. The bills of lading are evidence to the contract of carriage of goods by sea. In the present case, the defendant submitted to the claimant's agent a guarantee letter for cargo discharge explicitly recorded the parties' consent to incorporate all the terms (including all the back terms and jurisdiction and the clause of application of the law) of the bills of lading as part of the contract of carriage. The parties did not dispute the authenticity of the two bills of lading in question, and based on the agreement of the paramount clause on the back of the bills of lading and the clause of the applicable law, the judge held that Singaporean law as agreed in the clause on the back of the bills of

* Song Meixian, Associate Professor, School of Law at Dalian Maritime University.

lading should be applied. The court, by commissioning a legal identification service to identify the provisions of Singaporean law relevant to the dispute in question, upon accurate application of the law, ruled that the shipper should pay damages for containers detention interests to the carrier, and loss of containers, among other things.

Ⅱ. Identifying the Legal Relationship between the Parties

The two bills of lading involved in the case both recorded that the shipper was the defendant X Co., Ltd., indicating that the bills of lading issued by C Shipping (Dalian) Co., Ltd. on behalf of the carrier (N G S) were accepted by Shenzhen A U, and these two bills of lading were used as the evidence to the contract for carriage of goods by sea between Shenzhen A U and N G S. This proves that there was a contractual relationship as evidenced by bills of lading between Shenzhen A U as the shipper and N G S as the carrier, and the contractual relationship was established and valid in accordance with the law. K Co., Ltd. was the actual shipper of the cargo and had no contractual relationship of carriage with the carrier. Therefore, the judge did not support the claim that the shipper, Shenzhen A U, was the agent of K Co., Ltd.

Ⅲ. Obligations to Receive Goods and Related Legal Liabilities under the Contract for Carriage of Goods by Sea

In Singaporean law, when a carrier claims damages under a bill of lading due to no one taking delivery of the goods at the port of discharge, the lawful defendant shall be determined in accordance with the contracting party named in the bill of lading, i. e., the contracting shipper. The shipper recorded in the bill of lading is Shenzhen A U, which was the eligible defendant in this case. Therefore, the judge did not support the argument that since Shenzhen A U was not the consignee, N G S had no right to claim damages from it.

Ⅳ. Calculation of Detention Charges

In accordance with the Singaporean laws, where the rates are agreed in the terms on the front and back of the bill of lading and the methods of inquiry have been informed by carriers, such rates upheld by the carriers are binding, So, in the present case, claims for container detention charges shall be based on the rates published on the company's homepage LINES. COSCOSHIPPING. COM as agreed in the bill of lading. However, the time of calculation of detention was not indefinite, and the calculation period shall be in accordance with the Singaporean law, in the absence of precedent under the Singaporean law, the case law from common law countries such as the United Kingdom shall apply. Referring to *MSC Mediterranean Shipping Company S. A. v. Cottonex Anstalt, UK*, detention charges are calculated from the end of the shipper's free use period agreed in the bill of lading (the free use period starts when the container is discharged from the vessel) towards the end of when the purpose of the contract is frustrated (i. e. the shipper cannot return the container) or the shipper abandons the performance of the contract (i. e. the shipper no longer fulfills the obligation to return the container), and cannot be calculated indefinitely. When the shipper fails to return the container, the container is equivalent to being damaged and should be compensated; if the loss can be reduced but not reduced, the relevant party needs to bear the corresponding responsibility.

After it was clear that N G S had known that the consignee could not perform the obligation to return the container within a reasonable period of time, neither the shipper nor the consignee had expressed their intention to continue to perform the contract nor to pay the detention charges as agreed in the contract, and the purpose of the contract as evidenced by the two bills of lading was frustrated on May 25, 2017 and June 4, 2017, respectively, and the calculation of detention charges shall be stopped since then. With regard to the claim for the return of the containers or compensation for the value of the container, following the Court of Appeal judgment in *MSC Mediterranean Shipping Company S. A. v. Cottonex Anstalt*, it was held in this case that the 6 containers that were still under customs control at the time of the trial, and that the shipper could not return the container, were equivalent to being damaged, and compensation should be paid. The judge investigated and learned the market price of the same type of new container purchased in May 2017, and determined the amount of compensation in turn.

V. Conclusion

Foreign-related civil and commercial trials require to appropriately allocate the parties' responsibility to ascertain foreign law, and it is clear that the court has the main responsibility to ascertain foreign law when applying foreign law *motu proprio*. On determining that the law applicable in this case was Singaporean law, the court in this case acted to ascertain foreign law and applied Singaporean law and the case law of the U. K. professionally and appropriately to resolve the parties' disputes.

In the international carriage of goods by sea, non-taking delivery of the goods is mainly due to reasons such as market price fluctuations, sales contract disputes, and the quality of the transported goods themselves, in order to avoid further losses of the consignee itself. In container transportation, if the consignee does not collect the goods in time, in addition to the potential loss of freight under the contract for carriage, the carrier will also incur various additional costs such as container storage and detention. In view of the fact that the carriage of goods by sea involves multiple parties such as the carrier, the shipper, the consignee or the holder of the bill of lading, and the legal relationship is complex, disputes are likely to arise on issues such as the applicable law, the subject of the obligation to take delivery of the goods, and the bearing of costs at the port of discharge.

In this case, the common law principle of privity of contract was fully and accurately grasped when determining the relevant legal liability for the non-taking delivery of goods at the port of discharge. When determining the reasonable calculation period of detention charges, this case did not mechanically apply the method of calculating the overdue use time of containers recognized by U. K. precedents, but fully considered the specific case facts and applied the law, which provides exemplary reference value for the trial of cases applying foreign law.

CASE 32

Shanghai G I Co. , Ltd.
v.
Chongqing H Engineering(Group)Co. , Ltd.
(Contract for Freight Forwarding at Sea)*

Basic Facts

On November 12, 2014, Shanghai G I Co. , Ltd. (hereinafter referred to as "G Company") signed a carriage contract with Chongqing H Engineering (Group) Co. , Ltd. (hereinafter referred to as "Chongqing H Company"), stipulating that G Company would handle the shipment of 161 vehicles and equipment on behalf of Chongqing H Company, with the port of loading being Shanghai, China, and the port of discharge being Hodeida Port of Yemen (HODEIDAH). After the successful delivery of the goods at the destination port, Chongqing H Company failed to pay G Company the necessary expenses under the carriage contract as agreed. On February 4, 2015, Chongqing H Company issued a letter of payment commitment to G Company, stated that due to the unstable situation in Yemen and the sudden death of the King of Saudi Arabia, it failed to receive within the agreed time the project pre-payments

* First Instance Case No. : (2015)Hu Hai Fa Shang Chu No. 1668
Second Instance Case No. : (2016)Hu Min Zhong No. 4

from the Saudi project fund, and thus delayed payment to G Company. And it promised to pay all outstanding fees by March 2, 2015. However, it failed to pay the aforesaid fees since then. In the trial, Chongqing H Company claimed exemption of liability by invoking the clause of *force majeure* on the grounds of war in Yemen, where the port of destination was located. It was found upon investigation that the goods involved in the case were originally intended to be used in the construction of the Amran-Aden Expressway, a project undertaken by Chongqing H Company in Yemen. Members of the project team had withdrawn to China during the event of evacuation from Yemen in March 2015, so the project was put on hold.

Judgment

Shanghai Maritime Court of PRC held that the war broke out in the country where the destination port was located affected the highway construction project, thus affected the solvency of Chongqing H Company, but it could not exempt the payment obligation to G Company because of its inability to receive the contractual payments under the Highway construction project. Therefore, the court ruled that Chongqing H Company must pay the outstanding fees. The second-instance court upheld the original judgment.

Significance

There are many countries under the Belt and Road Initiative (BRI), with complex and diverse political, economic, ethnic, religious, legal, cultural and geographical conditions. In the process of going global to participate in overseas investment, cooperation and construction, it is inevitable to encounter *force majeure* events such as political turmoil, war, strikes, natural disasters or other unpredictable situation changes and this case is a typical example of such disputes. Yemen, the destination involved in the contract for carriage of goods by sea in this case, is one of the countries under the BRI, and the cargo transported were used for major infrastructure construction projects undertaken by Chinese enterprises through overseas bidding. The occurrence of disputes was related to the sudden change in the situation in Yemen, so it was of practical significance to accurately clarify the responsibility and risk burden of the contracting parties under similar incidents to protect the overseas investment interests of enterprises in accordance with law and encourage and promote enterprises to participate in the construction of BRI. The judgment of this case clarified that the client of the maritime freight forwarding contract cannot be exempted from its contractual obligations it should assume for the freight forwarder under the failure of the investment project, so as to avoid the improper transfer of unexpected risks in the field of overseas investment and construction projects to the shipping industry chain that provided logistics guarantee services. The aforesaid principle should also apply to contracts for the carriage of goods by sea and other relevant contracts for providing materials and financing to overseas investment projects, and can be used as a reference for the handling of future similar cases relating to the BRI.

Expert Commentary *

In the case of the maritime freight forwarding contract dispute between Chongqing H Company and G Company, Shanghai Maritime Court of PRC ruled in the first instance in support of the request of G Company to claim Chongqing H Company for the arrears of sea freight and port miscellaneous charges. It was upheld by the judgment of the second instance of the High People's Court of Shanghai City.

---

* Xu Guoping, Professor and Doctoral Supervisor, School of Law at Shanghai Maritime University.

Ⅰ. Right of Prior Performance Defense & Right of Uneasy Defense

1. Right of Prior Performance Defense

In Article 3 "Fees and settlement" of the transportation agreement signed by Chongqing H Company and G Company, it was agreed that Chongqing H Company should pay G Company in full within 30 working days after receiving the bills of lading, the original declaration forms and the special invoices of expenses from G Company. G Company delivered 15 of the 17 customs export goods declaration forms involved in the case to Chongqing H Company, and two original customs export goods declaration forms were not delivered.

According to Article 67 of the Contract Law①, the parties bear debts to each other, and there is a sequence of performance. If the party performing first fails to perform, the other party performing later has the right to refuse its request for performance. If the performance of the obligation by the party performing first fails to comply with the agreement, the party performing later has the right to reject its corresponding request for performance. The two parties agreed on the order of delivery of documents by G Company and payment by Chongqing H Company. As the first party to perform, G Company had not delivered all the original customs declaration forms, and the performance of obligation was not in line with the contract, which belongs to the situation of defective performance. Chongqing H Company, as a party to the subsequent performance, was only entitled to refuse to pay the fees corresponding to the benefits of the two undelivered customs declaration forms.

2. Right of Uneasy Defense

According to Article 68 of the Contract Law②, a party that should perform its obligations first may suspend performance if there is conclusive evidence that

---

① Now Article 526 of the *Civil Code*.

② Now Article 527 of the *Civil Code*.

the other party has any of the following circumstances: (a)the business situation has seriously deteriorated; (b) transferring property or withdrawing funds in order to evade debts; (c)loss of business reputation; or (d) other circumstances in which the ability to perform obligations is lost or may be lost.

The right of uneasy defense is different from the right of prior performance defense and the right of simultaneous performance defense. The right of defense to prior perform and the right of defense to perform simultaneously, also known as the right of rejection to performance obligation, its normative purpose is to exert pressure on the other party. The party exercising the right of uneasy defense may suspend the performance of an obligation or further terminate the contract if the party who should first perform its obligation does not or may not be able to perform. This case concerned a maritime freight forwarding contract dispute. G Company had completed the shipment of the goods entrusted by the Chongqing H Company and the goods involved had successfully arrived at the port of destination. G Company delivered all the bills of lading involved in the case to Chongqing H Company and completed its entrusted maritime cargo transport affairs. The obligations of G Company had been basically fulfilled. The purpose of refusing to deliver the two customs declaration forms was to pressure the other party to perform its obligation, which was not completely consistent with the function of exercising the right of uneasy defense stipulated in the Contract Law. If there was no agreement on the order of performance, G Company could exercise the right of defense of simultaneous performance and refuse to deliver the two customs declaration forms.

Ⅱ. *Force Majeure* Exemption

The courts found that the goods involved were originally to be used for the construction of the Amran-Aden Highway project undertaken by Chongqing H Company in Yemen. Due to the war in the Republic of Yemen, the project team members withdrew from Yemen through the evacuation operation, and the project was shelved. Chongqing H Company argued that its failure to pay in full the relevant costs involved in the case was due to the *force majeure* caused by the war in the Republic of Yemen, which caused it to be unable to receive the advance payment from the project in the Republic of Yemen, and it could be exempted from liability according to law. The courts did not adopt the defense opinions of Chongqing H Company.

The courts held that the case was a dispute over a maritime freight forwarding contract, and there was no evidence of *force majeure* that caused Chongqing H Company to be unable to pay the freight forwarder the fees under the freight forwarding contract after the goods entrusted by Chongqing H Company had been successfully transported to the port of destination. Even if the reasons mentioned by Chongqing H Company constituted *force majeure*, the consequences caused by them have nothing to do with the performance obligations of Chongqing H Company under the maritime freight forwarding contract in this case.

According to Article 117(2) of the Contract Law, *force majeure* refers to unforeseeable, unavoidable and insurmountable objective circumstances. It is generally believed that *force majeure* events include: (a) Floods, earthquakes, tsunamis, volcanic eruptions and other natural disasters. (b) War and other social anomalies. Article 117(1) of the Contract Law [Article 590(1) of the Civil Code] stipulates that if a contract cannot be performed due to *force majeure*, it shall be partially or completely exempted from liability based on the impact of *force majeure*, except as otherwise provided by law. Article 118 of the Contract Law [Article 590(1) of the Civil Code] stipulates that if a party is unable to perform the contract due to *force majeure*, it shall notify the other party in a timely manner to mitigate the loss possibly caused to the other party, and shall provide proof within a reasonable period of time. Debtors claiming exemption need to prove that: *force majeure* events occurred; failure to perform the contract due to *force majeure*.

Continental law generally opposes against that monetary obligation cannot be paid. The *force majeure* exemption shall not apply in the event of failure to perform a monetary obligation, but only in the event of delay in the performance of a pecuniary obligation.

If the debtor fails to perform the contract due to *force majeure*, the liability exempted according to Article 117(1)of the Contract Law refers to the liability for breach of contract, that is, if the debtor is unable to fulfill the payment due to *force majeure*, it does not constitute breach of contract. Article 107 of the Contract Law(Article 577 of the Civil Code) stipulates that if a party fails to perform its contractual obligations or fails to perform its contractual obligations as agreed, it shall be liable for breach of contract, such as continuing to perform, taking remedial measures or making compensation for losses. Which kind of liability for breach of contract is the debtor exempted from due to *force majeure*? The prevailing view is that the exemption from *force majeure* is limited to the debtor's liability for damages.

Therefore, even if Chongqing H Company could prove that the war in Yemen was *force majeure*, which caused its delay in paying the money involved in the case, its liability can be exempted only from damages. G Company still had the right to claim Chongqing H Company to pay the arrears of sea freight and other payments.

Ⅲ. Reference Significance for Commercial Subjects to Participate in the Construction of the BRI

The destination of the maritime cargo transport contract in this case was Yemen, one of the countries under the BRI, and the goods transported were used for major infrastructure construction projects undertaken by Chongqing H Company through overseas bidding. The Chongqing H Company claimed that its inability to fulfill its payment obligations under the contract in question was caused by the war in Yemen. Therefore, it is of practical significance to accurately identify the contractual obligations and responsibilities of contract parties in the context of similar events to protect and promote enterprises' participation in the construction of the BRI according to law.

The judgments of this case made it clear that the principal of the maritime freight forwarding contract cannot be exempted from its contractual obligations to the trustee under the maritime freight forwarding contract since its investment project cannot be performed. The judgments of this case, on the basis of identifying the adverse impact of unexpected events in the field of overseas investment and construction on investors, distinguished different legal relationships and avoided the adverse consequences of the failure of the client's overseas investment by the international freight forwarding company as the trustee of the maritime freight forwarding contract. The judgments of this case have reference significance for dealing with contract disputes related to foreign-related goods sales, maritime cargo transportation, financing, and so on.

CASE 33

Fujian Y Soybean Co. , Ltd.

v.

R Shipping Co. , Ltd.

(Liability for Maritime Property Damage) *

Basic Facts

On February 28, 2017, more than 60, 000 tons of Brazilian soybeans in bulk ordered by Fujian Y Soybean Co. , Ltd. (hereinafter referred to as "Y Company") from abroad were loaded on the ship *Megalohari* owned by R Shipping Co. , Ltd. (hereinafter referred to as "R Company")and shipped from Paranagua Port in Brazil to Songxia Port in Fuzhou, China. After payment, Y Company obtained the full set of documents under the letter of credit, including the bill of lading. Upon the arrival of goods at the destination port, Y Company discovered abnormalities in the cargo during unloading. Inspection revealed that a significant portion of the cargo contained impurities, carbonized particles, and heat-damaged grains, randomly distributed in the cargo hold, indicating that these conditions existed at the loading port. There was no evidence of large-scale water damage or mold at the discharge port. Y Company commissioned an

* First Instance Case No. : (2017)Min 72 Min Chu No. 712
Second Instance Case No. : (2019)Min Min Zhong No. 1495

inspection agency to inspect the damaged goods and drew a conclusion that the actual loss of goods amounted to CNY 20,026,172.98. On the grounds that the carrier violated the obligation to provide the information of cargo grade and quality index while filling a clean bill of lading resulting in the loss of the opportunity to refuse to pay and caused losses, and therefore Y Company filed a claim with the court, seeking an order for R Company to compensate for the loss of the goods, interest and pre-litigation costs of arresting ship, etc.

Judgment

Xiamen Maritime Court of PRC held that this case was a foreign-related case, and both parties cited Chinese laws, especially the Maritime Law, to support their respective claims, which should be regarded as the parties agreed to choose the application of Chinese laws to resolve the dispute. This case should judge whether R Company had violated its statutory obligations and whether there was any fault based on the relevant provisions of the Maritime Law. R Company's failure to note remarks on the soybean quality index involved in the case did not violate statutory obligations, and it was not at fault for issuing the clean bill of lading, which did not constitute an infringement against Y Company. The loss of Y Company was caused by the failure of the seller to supply the goods in accordance with the standard stated in the quality certificate of the goods, which was a risk under the trade contract and shall not be borne by the carrier. Based on this judgment, Y Company's claim was dismissed. Y Company appealed, but later withdrew the appeal during the second-instance proceedings.

Significance

In this case, the holder of the bill of lading filed a claim on the grounds that the carrier failed to fulfill the obligation to provide the information of cargo grade and quality index on the bill of lading resulted in the loss of the right to refuse payment of the letter of credit. The Maritime Law only contains a general provision on remarks on the status of the goods that should be noted by the carrier at the time of issuing the bill of lading. In practice, there are disputes over how to grasp the standards of remarks. The judgment of Xiamen Maritime Court made a thorough analysis on this case in light of practice in international trade and international shipping. The judgment correctly interpreted the Maritime Law and clarified that cargo grade and quality index did not belong to the scope of remarks on the carrier's bill of lading. The requirement for the carrier to remark on the surface condition of the goods shall be raised on the basis of the operating conditions. It is consistent with the rules including the common sense and usual standards of judgment that the carrier did not consider the surface condition of the goods poor when the abnormal particles of the goods were not intensively clumped. Therefore, determining that the carrier's issuing a clean bill of lading did not violate the obligation to remark on the cargo grade and quality index properly balanced the interests of both the shippers and the carriers, and safeguarded the liquidity of bills of lading in international trade.

Expert Commentary *

This case mainly concerns the obligation of the carrier to endorse the bill of lading in the carriage of goods by sea.

The focus of the dispute in this case is: whether the act of issuing a clean bill of lading by the carrier of the carriage of goods by sea constitutes an infringement on the consignee and the holder of the bill of lading. The Maritime Court of Xiamen City of Fujian Province held that whether the carrier of the

* Fu Benchao, Research Fellow, Doctoral Supervisor, and Associate Dean of the School of Law, Shandong University; Director, Institute of Marine and Maritime Law; Director, Center for Judicial Practice Research.

carriage of goods by sea violated its contractual obligations or statutory obligations by failing to make comments on the surface condition of the goods involved in the case was the basis and key for judging whether it constitutes an infringement and bears responsibility. The consignee or the holder of the bill of lading had not provided evidence to prove that there was a special agreement on the endorsement of the bill of lading between the consignee and the carrier, and the carrier's act of issuing a clean bill of lading did not constitute an infringement on the consignee or the holder of the bill of lading.

In the trial of this case, Xiamen Maritime Court of PRC accurately identified the cause of the case, correctly applied the law, and strictly assigned the burden of proof, which achieved good legal, social and political effects.

Ⅰ. Accurate Identification of the Cause of a Case—the Basis of Trial

The cause of a civil case is an important part of the name of a civil case, a summary of the nature of the legal relationship between the litigants, and an important means for the people's court to manage civil cases. The establishment of a scientific and perfect civil case system is conducive to facilitating the parties to conduct civil litigation, unifying the standards for the application of law in civil cases.

In order to facilitate the parties to conduct civil litigation and standardize the work of civil filing, trial and judicial statistics of the people's courts, the Supreme People's Court has issued Provisions on Cause of Action for Civil Cases, according to which the causes of civil cases should be determined according to the nature of the civil legal relationship of the parties to the dispute. In principle, the expression of the cause of action is determined to be "nature of legal relationship" plus "dispute", and generally does not contain elements such as the focus of the dispute, the subject matter, the infringement mode, etc., which helps to improve the accuracy of judicial statistics in civil cases, and provides a more valuable reference for people's courts' judicial decision-making.

In this case, when Xiamen Maritime Court of PRC filed the case, the cause of the case was determined to be a dispute over the contract for carriage of goods by sea, but in the trial of the case, the court found that most of the impurities, carbonized particles, heat damaged particles, etc. in the cargo found at the port of discharge were already existed at the port of loading. The loss claimed by the consignee or the holder of the bill of lading did not arise during the transport of the goods on the sea, and the focus of the dispute in this case was whether the carrier should bear the infringement liability for not making a note on the surface condition of the goods involved in the case. On the basis of ascertaining the above facts, Xiamen Maritime Court of PRC promptly changed the cause of action to a dispute on liability for maritime property damage, which laid a solid foundation for the correct trial of the case.

Ⅱ. Correct Choice of the Application of Law—the Key to Trial

The application of law is a legal issue that the court must touch upon after finding out the facts of the case. Choosing the right law and applying the law correctly is the key link to settle disputes after finding out the facts of the case, and it is also the basic guarantee for the authority of the judgment. Compared with general maritime disputes, the application of law of the foreign-related maritime cases is more complicated because it involves the review of conflict law norms and the application of governing law.

In order to clarify the application of law in foreign-related civil relations, reasonably solve foreign-related civil disputes, and safeguard the legitimate rights and interests of the parties, China formulated the *Law of the People's Republic of China on Choice of Law for Foreign-Related Civil Relationships*, which covers the applicable rules of law in civil subject-persons, real rights, creditor's rights, intellectual property rights, etc. In order to correctly apply Law on Choice of Law for Foreign-Related Civil Relationships, the Supreme People's Court specifically promulgated Interpretation on Some Issues in Application of the Law of the People's Republic of China on Choice of Law for Foreign-Related Civil Relationships (Ⅰ) and Interpretation on Some Issues in Application of the Law of the People's Republic of China on Choice of Law for Foreign-Related Civil Relationships (Ⅱ). The law application standards of the people's court in the trial of foreign-related civil and commercial cases are specified in detail.

In this case, Xiamen Maritime Court of PRC found that the case had foreign-related factors based on the fact that the defendant was a foreign legal person and the port of shipment of the goods was in Brazil. The tort of the litigant in this case occurred in Brazil, but both parties invoked Chinese law to support their respective claims, it should be regarded as an agreement between the two parties to choose to apply Chinese law to settle the dispute. Article 44 of Law on Choice of Law for Foreign-Related Civil Relation-ships stipulates: "Tort liability shall be governed by the law of the jurisdiction where the tort is committed; provided, however, that it shall be governed by the law of the parties' jurisdiction of habitual residence if their habitual residences are located in the same jurisdiction. Where the parties agree to choose the law to govern the tort liability after the occurrence of a tort, the law they choose to apply shall prevail." Xiamen Maritime Court, according to the above provisions of the law, determined that the applicable law to resolve the dispute in this case is the law of China, which is undoubtedly correct.

Ⅲ. Reasonable Distribution of Burden of Proof—the Core of Trial

The distribution of the burden of proof in civil litigation refers to the reasonable distribution of the burden of proof among the subjects of litigation, that is, the reasonable allocation of the burden of proof among the plaintiff, the defendant and the third party. The problem to be solved in the distribution of burden of proof is, first of all, who should bear the burden of proof on what facts, and who should bear the adverse litigation consequences when the facts of the disputed case are unclear. In the field of civil procedure theory, the distribution of burden of proof is the core content of the system of burden of proof, which is considered as "the backbone of civil procedure".

Article 64, Paragraph 1 of the Civil Procedure Law stipulates that, "A party shall have the responsibility to provide evidence in support of its own propositions." In accordance with the provisions of the Civil Procedure Law and in light of the actual work of the people's courts in civil trial and execution, the Supreme People's Court issued Interpretation on the Application of the Civil Procedure Law of the People's Republic of China. Article 90 of the Interpretation provides that, "A party shall provide evidence to prove the facts on which his claims are based or to repudiate the facts on which the claims of the opposing party are based, unless it is otherwise prescribed by any law."

In this case, after examining the evidence submitted by both parties, Xiamen Maritime Court of PRC held that the evidence submitted by the consignee or the holder of the bill of lading could not prove its claim that the carrier should add annotations on the bill of lading, that the grade and quality index of the goods involved were not within the scope of the carrier's annotations, and that the carrier did not have the objective conditions to suspect that the surface condition of the goods was abnormal. The carrier, based on normal intelligence and usual judgment criteria, made a judgment that the goods were in normal condition on the surface, which is in line with common sense. The above-mentioned determination of Xiamen Maritime Court of PRC conforms to the principle of distribution of burden of proof in the Civil Procedure Law of China, and its judgment method of comprehensive judgment of burden of proof combined with shipping practice was reasonable, fair and objective.

Ⅳ. Proper Consideration of the Effect of the Case—the Value of the Trial

In this case, Xiamen Maritime Court of PRC held that the carrier in this case had the right to make comments on the appearance of the goods in poor condition in strict accordance with the provisions of the Maritime Law on the annotation obligation of the carrier, but whether the carrier issues a clean bill of lading or not should be based on the surface condition of the goods that can be observed and found only from the appearance according to the usual method. No additional excessive requirements should be placed on the carrier to issue a clean bill of lading, thereby dismissing the claims of the consignee and the bill of lading holder. After the judgment, although the consignee and the bill of lading holder appealed, they reached a settlement with the carrier in the second instance, and the dispute between the two parties was successfully resolved.

Xiamen Maritime Court of PRC clearly pointed out in the judgment of this case that to judge whether the surface condition of the goods transported by sea is good, it is necessary to have certain professional standards, and it should not require the captain and the crew to be experts in the various types of goods shipped at the same time, and it should not put forward additional excessive requirements for the carrier to issue a clean bill of lading. The above-mentioned determination of the carrier's performance of its obligations to endorse bills of lading is in line with the practice of the maritime cargo transport industry and has been widely recognized by all sectors of society. In handling this case,

Xiamen Maritime Court of PRC fully implemented the principle of equal protection of the legitimate rights and interests of both Chinese and foreign parties, which was unanimously recognized by both parties. The successful settlement of this case has achieved good legal, social and political effects, and has made important contributions to ensuring high-quality co-construction of the BRI, creating a law-based business environment, and enhancing the international credibility and influence of China's judiciary.

CASE 34

Disputes Arising from the Abandonment of the Sierra Leone-Flagged Vessel *LEDOR* by Albanian Shipowner G Shipping SH. P. K. *

Basic Facts

In October 2011, the Sierra Leone-flagged vessel *LEDOR*, carrying 20, 000 tons of imported iron ore for a large Chinese state-owned enterprise, ran aground in Putian, Fujian Province, China, on its way from Chennai Port, India, to Nantong Port, Jiangsu Province, China. Maritime authorities deemed the vessel to be at risk of breaking apart, sinking, endangering lives, and polluting the marine environment. They requested the shipowner to submit a rescue plan, including measures for cargo and onboard oil transfer. The consignee also demanded the shipowner to discharge the cargo locally, but these requests went unheeded. The vessel was old and dilapidated, with its ballast tanks and some cargo holds damaged, and its certificates expired. The Albanian vessel owner, G Shipping SH. P. K, was unable to make the vessel continue its voyage, so it abandoned the vessel along with over a dozen foreign crew members and cargo in Putian, Fujian Province.

In July 2012, the consignee filed an application for a maritime injunction

* First Instance Case No. : (2012)Xia Hai Fa Shang Chu No. 356, etc.

and preservation of maritime claim, requesting the detention of the ship and forced unloading. The Albanian captain and 17 Syrian crew members on board sued the vessel owner for unpaid wages; the consignee sued the vessel owner for cargo losses, etc. ; the fish farmers who suffered losses by virtue of the grounding of the vessel and the companies that provided anti-pollution services, supplies of materials and fuel, and agency services to the vessel during its grounding period also filed lawsuits one after another for related expenses, thereby leading to a series of complex and challenging cases of different types.

Judgment

Xiamen Maritime Court of PRC accepted these cases and promptly ordered the auction of the vessel, issued public notices, and notified relevant creditors to register their claims. The ship was eventually sold at a price exceeding the shipowner's expectations. The court also conducted public hearings for the various disputes arising from the vessel's grounding, with final judgments rendered in May 2013. Following this, the court convened a creditors' meeting to distribute the auction proceeds in accordance with legal provisions.

Significance

This case is a typical example of successfully handling a series of complex and difficult disputes under the circumstances that a foreign vessel owner abandoned its vessel. Through the efficient organization of the vessel auction, the convening of a creditors' meeting, and the distribution of the auction proceeds in accordance with the law, the people's court ensured that the rights and interests of domestic and foreign creditors were realized in a timely manner and safeguarded the unimpeded and orderly operation of the Maritime Silk

Road. During the enforcement of maritime preservation and injunction, the court designated a state-owned shipping agent to provide shipping agency services for the abandoned vessel. After the lawful sale of the vessel, Xiamen Maritime Court of PRC contacted the Public Security Bureau to handle the visas and exit procedures for this group of foreign crew members based on their special circumstances, which providing these seafarers with full humanitarian assistance.

Expert Commentary *

The case is a series of disputes caused by the Sierra Leonean vessel *LEDOR*, abandoned by the owner after stranding during the voyage. The number of cases involved in this series was large (33), and the procedures were complex. It covered both substantive disputes, involving contract of carriage of goods by sea, claim for damages to mariculture, contracts of the employment of crew, marine salvage, ship pollution responses, pilotage contract, agency contract, supply contract, etc. It also included maritime special procedure cases such as pre-litigation applications for security for maritime claims, maritime injunctions, and procedures for registration of creditor's claims and receipt of payments. In response to the above series of cases, Xiamen Maritime Court of PRC exercised jurisdiction and judicial activity, heard the case in a fair and efficient way, thus equally protected the legitimate rights and interests of both Chinese and foreign parties, won their praise, and achieved the unity of the legal, social and political effect.

First of all, the case is a typical example of Xiamen Maritime Court of PRC harnessing their role in adjudication and guaranteeing the construction of

* Qu Tao, Associate Professor, East China University of Political Science and Law; Director, International Shipping Law Research Center.

the BRI.

In this case, *LEDOR* loaded 22, 000 tons of iron ore powder from Chennai Port, India to Nantong Port, China. The Vessel departed from India, registered in Sierra Leone, owned by G Shipping SH. P. K. from Albanian, and had a crew of 17 Syrians. It is known that India, Sierra Leone, Albania and Syria are all members of the BRI. Therefore, this case is a typical example of the construction of the BRI. Through the fair and efficient trial of the series of cases, Xiamen Maritime Court of PRC harnessed its role in adjudication, thereby ensuring the orderly and smooth flow of the Maritime Silk Road.

Secondly, Xiamen Maritime Court of PRC used maritime special procedures in accordance with the law, fully leveraged the decisive role of procedural safeguard function, thus ensuring the fair and efficient handling of the case.

In this case, after the stranding of *LEDOR* in the waters of Putian, Fujian Province, the shipowner neither took measures satisfying the requirements of the local maritime authorities to get out of danger, nor accepted the consignee's order for unloading the cargo nearby.

At that time, the Vessel was fully loaded with cargo in unfavorable conditions such as old hull, damaged ballast tank and part of the hold, expired certificates, etc. The prolonged stranding not only seriously threatened the safety of the Vessel and the marine environment, but also caused damage to the legitimate rights and interests of the consignee, crew and others. After repeated negotiations with the shipowner to no avail, the consignee applied to Xiamen Maritime Court of PRC for a pre-litigation maritime claim for preservation and maritime injunction, requesting the arrestment of *LEDOR* and compulsory discharge of the cargo on the Vessel.

According to the *Special Maritime Procedure Law of the People's Republic of China* (hereinafter referred to as the "Maritime Procedure Law"), security for a maritime claim refers to the coercive measures taken by a maritime court against the property of the person against whom the claim is made on the basis of an application by a maritime claimant in order to guarantee the fulfillment of the maritime claim. Maritime injunction refers to coercive measures taken by a maritime court against a person against whom a claim was made ordering an act or omission on the basis of an application by a maritime claimant in order to protect his or her lawful rights and interests from being infringed.

Maritime injunction is essentially a form of preservation. In urgent cases, parties can apply for a security for a maritime claim or maritime injunction to the maritime courts at the place where the property to be preserved is located or where the maritime dispute has arisen before prosecution. In this case, based on the consignee's application for the security for a maritime claim, the Court decided to arrest *LEDOR* and issued the order; additionally, based on the consignee's application for maritime injunction, the cargo on *LEDOR* was forced to be discharged at Putian Port.

The purpose of arresting a vessel as security for a maritime claim is to order the person against whom the claim is made to provide a guaranty to the maritime court or the claimant. The limitation period for arresting a vessel as security for a maritime claim is 30 days. If the limitation period for arresting vessels has expired, the person against whom the claim is made has not provided a guarantee, and it is not suitable to continue to arrest a vessel, the maritime claimant may, after initiating proceedings or applying for arbitration, apply to the maritime court which arrested the vessel to auction the vessel. An application for the auction, as a form of maritime claim for preservation, is an extension of the application for arrest of a ship.

In this case, the Court ruled that after the arrest of the ship, the shipowner of *LEDOR* did not provide any guarantee. In addition, the poor condition of the vessel and the increasing costs made it unsuitable to continue arrestment. Therefore, after initiating proceedings, the claimants applied to the Court for the auction of the Vessel. Upon receipt of the application, Xiamen Maritime Court of PRC conducted an investigation and gave a ruling to approve the auction. When a maritime court orders to auction a ship, it shall issue a public notice through newspaper or other news media. The purpose is to notify the situation of the auction, including matters of registration of creditor's claims to be processed. However, both rounds of public auctions failed, due to the relatively depressed ship market at the time, as well as the old age (30 years) and poor condition of the Vessel. The Court eventually sold the Vessel in accordance with the law and preserved her value. In short, measures taken by Xiamen Maritime Court of PRC to arrest the Vessel as security for a maritime claim and auction laid a solid foundation for the fair and efficient handling of this series of cases.

In order to ensure that claims relating to the vessel being auctioned can be are fairly paid, a special procedure is established, namely the procedure for registration of creditor's claims and receipt of payments. After a maritime court issues a public notice ruling for the mandatory auction of a vessel, creditors shall apply, during the period of the public notice, for the registration of the claims related to the vessel to be auctioned.

In this case, during the period of public notice, apart from the fact that the consignee had sued the shipowner for compensation for the loss of the cargo, 17 foreign crew members sued the shipowner for the payment of their wages, and the farmers who suffered damage as a result of the beaching and stranding of *LEDOR*, as well as those who provided ship pollution response services, fuel and material supply services, and shipping agency services during the period of stranding also filed lawsuits against the shipowner, requested compensation for the losses and payment of expenses, and applied for registration of their claims. This led to a series of litigation and confirmation proceedings, totaling 33 cases. Xiamen Maritime Court of PRC held hearings on each of the above 33 cases within two months after the sale of the Vessel and rendered judgments in the first instance. After hearing and confirming the creditor's rights, the Court organized the convening of a creditors' meeting and distributed the money obtained from the auction in accordance with the order for receipt of payment provided by the *Maritime Law of the People's Republic of China* as well as other relevant laws. To this end, the series of disputes arising from *LEDOR* has been successfully concluded.

In this case, Xiamen Maritime Court of PRC acted according to local conditions, lawfully applied the maritime special procedures such as security for maritime claims, maritime injunctions, procedure for registration of creditor's claims and receipt of payments, giving full play to the safeguard role of procedures for substantive trial, and ensuring that the case was handled fairly and efficiently.

Finally, Xiamen Maritime Court of PRC upheld the idea of active justice, gave full play to the humanitarian spirit, implemented judicial assistance to foreign crew members, and protected the legitimate rights and interests of Chinese and foreign parties equally.

From October 4, 2011, when *LEDOR* stranded, to July 5, 2012, when the judge boarded the Vessel to serve an order to arrestment and issue a maritime injunction, *LEDOR* remained in Putian waters for nine months. The shipowner had long been in arrears with the wages of the crew, amounting to USD 435, 000. And 17 crew members claimed that the cargo would not be unloaded at the port until they were paid. During this period, only supplies to maintain basic survival standards were provided to the ship by the shipowner. After the arrest, the shipowner cut off supplies completely, resulting in the 17 crew members on board facing a serious survival crisis. They were completely controlled by emotions, and refused to cooperate with the court. In the face of all kinds of difficulties, Xiamen Maritime Court of PRC mainly adopted the following measures, thus opening up the situation and making breakthroughs and progress in the case.

First, the court fully exerted the humanitarian spirit, mobilized all forces to rescue crew members in distress, helped crew members to solve the practical difficulties they face, and eventually gained the trust of crew members to cooperate with the court in the implementation of the compulsory unloading and the auction of the vessel.

Second, judicial assistance was provided to foreign crew members, so as to legally and effectively protect their interests. A dispute over contracts of the employment of seamen arose between the parties because the shipowner owed wages to the crew. In order to safeguard the legitimate rights and interests of the crew, the judge publicized the law of China in various forms, and guided them to claim their wages by legal means. In response to a letter from the Syrian Embassy requesting assistance in protecting the rights of the Syrian crew, Xiamen Maritime Court of PRC coordinated with Chinese lawyers to sue on behalf of the crew, requested the shipowner to pay the wages owed to the crew and exercising maritime liens against *LEDOR* according to law. Beyond that, Xiamen Maritime Court of PRC helped the crew get a portion of their wages by persuading the consignee to advance the funds, thereby gaining their trust and making them actively cooperate with the Court in completing the compulsory discharge of the cargo, the auction of the Vessel and other items of work. Meanwhile, Xiamen Maritime Court of PRC also practically fulfilled the solemn promise of equal protection of Chinese and foreign parties.

Third, in order to solve the various difficulties encountered in the process of handling the case, Xiamen Maritime Court of PRC fully drew on the concept of active justice, proactively coordinated and communicated with the local frontier inspection station, customs, public security bureau, ZC, MSA, and other departments, which ultimately enabled the case to be resolved in a fair and efficient manner.

In short, this case is a typical example of the maritime court playing a judicial role and serving to guarantee the construction of the BRI. It not only vividly embodies the idea of active justice, equally protecting the interests of both Chinese and foreign parties, but also realizes the unity of legal, social, and political effect. Beyond that, it enhances the international credibility and influence of China's maritime justice and creates a more stable, fair, transparent, and predictable law-based business environment for high-quality BRI cooperation.

CASE 35

Dalian Oceanic and Fishery Bureau
v.
O Transportes Maritimos Ltda & Britannia Steam Ship Insurance Association Ltd.
(Compensation for Marine Pollution Damage) *

Basic Facts

A Portuguese oil tanker *Arteaga* (77, 399 gross tons) ran aground at the Dalian Xianjiao Reef (38°57. 34′N, 121°54. 53′E) on April 3, 2005, with the main body of the tanker damaged and oil leaked, resulting in pollution to the ocean. The owner and oil pollution damage insurer for the tanker were O Transportes Maritimos Ltda and Britannia Steam Ship Insurance Association Ltd., respectively. On May 23, 2005, Dalian Oceanic and Fishery Bureau filed a lawsuit with Dalian Maritime Court of PRC , seeking joint compensation from O Transportes Maritimos Ltda and the Insurance Association for damages amounting to CNY 59. 076 million (including a loss of marine environmental capacity and marine ecological service function of CNY 56. 476 million as well as investigation and appraisal cost of CNY 2. 60 million).

---

* First Instance Case No. : (2015) Da Hai Shi Wai Chu No. 120
Second Instance Case No. : (2013) Liao Min San Zhong No. 00146
Reopening Case No. : (2015) Min Shen No. 1637

Judgment

Dalian Maritime Court of PRC ruled in the first instance that the Oceanic and Fishery Bureau, as an agency that exercises marine environmental supervision and management power in accordance with the law, was a qualified subject to request compensation for oil pollution damage in this case; however, the Oceanic and Fishery Bureau failed to prove that it had actually taken mitigation measures after the pollution accident. On the contrary, according to the report of the Judicial Appraisal Office, National Marine Environmental Monitoring Center, the ocean affected by the oil leakage had been restored without any remedial measures taken. Therefore, the court dismissed the claim of the Oceanic and Fishery Bureau. The Bureau was not satisfied with the judgment and appealed.

The High People's Court of Liaoning Province, in the second instance, held that the ocean ecological losses claimed by the Bureau comprised marine ecological value loss and loss of marine environmental capacity, which were claims for ocean environment damages; the Bureau had delivered a certificate proving its payment of CNY 500, 000 for loss assessment and monitoring cost during the hearing of the second trial. Such payment shall be deemed reasonable and shall be borne by O Transportes Maritimos Ltda. As such, the High People's Court of Liaoning Province delivered a judgment of second instance to overturn the judgment of first instance, which ordered O Transportes Maritimos Ltda to indemnify the Bureau for the cost of loss assessment and monitoring cost of CNY 500, 000, but dismissed other claims of the Bureau. The Bureau was dissatisfied with the judgment of second instance and applied to the Supreme People's Court for reopening.

Upon review, the Supreme People's Court held that the People's Republic of China was a signatory state to the 1992 International Convention on Civil Liability for Oil Pollution Damage, and thus the judgment of first instance and the judgment of second instance properly applied the Convention in the determination of this case. In accordance with Paragraph 6, Article 1 of the Convention, damages for environment damage shall be limited to expenses reasonably incurred or to be incurred in the recovery of the affected ocean. As provided in Paragraph 4, Article 3 of the Convention, no pollution claims shall be filed against any vessel owner, except those in compliance with the Convention. Whether the Bureau's claim for marine ecological environment loss was compensable depended on whether it fell within the scope of compensation provided by the Convention. The Bureau failed to present evidence to prove that it had actually taken measures to restore the affected ocean and incurred expenses in that regard. It claimed in its loss assessment report that the amount of CNY 55. 20 million spent on polluted water treatment fell under the category of "reasonable recovery actions to be taken". However, as seen from the inspection result issued by the North China Sea Environmental Monitoring Center, State Oceanic Bureau and the Judicial Appraisal Office, National Marine Environmental Monitoring Center, on April 28, 2005, which was 25 days after the oil spill, the water quality of the affected ocean had not exceeded the Class 2 water quality standard; By October 2005, the ocean environment had recovered, and the Bureau had not presented evidence to show the necessity of polluted water treatment for such ocean. As such, the judgments of first instance and second instance had not erred in ruling that the expenses above did not fall under the category of expenses incurred in the recovery action taken or to be taken under the Convention. The ruling by the Supreme People's Court on December 29, 2015 dismissed the application filed by the Bureau for reopening.

Significance

This case is a dispute over ocean environmental pollution damages that occurred in a region under the Belt and Road Initiative(BRI). The parties involved are a Spanish company (shipowner) and a British company (oil pollution liability insurance insurer). Moreover, this case is also between parties from countries of the BRI. The Supreme People's Court played a leading and guiding role by properly implementing Several Opinions on Provision by People's Courts of Judicial Services for the Building of the Belt and Road Initiative (BRI) (Fafa [2015] No. 9), as a responsible ocean country, will strictly interpret the Convention in good faith and in accordance with the ordinary meanings of terms therein and their context, by reference to the purpose and intent of the Convention and consistent with Vienna Convention on the Law of Treaties. Specifically, the environmental damages under the 1992 International Convention on Civil Liability for Oil Pollution Damage shall be limited to expenses reasonably incurred in the recovery (including monitoring and assessment expenses), in order to ensure consistency, steadiness and foreseeability in the application of international conventions. Under the current convention system, there are unique aspects to compensation for ship-source oil pollution damage. However, certain parties, due to their inability to properly apprehend the spirit of the Convention, file claims for ocean ecological damage caused by vessel-leaked oil pollution based on the marine ecological losses and loss of marine environmental capacity instead of expenses in the recovery. This is inconsistent with the provisions of the Convention, and is expressly excluded from the permitted damages under the Convention. The judgment for this case is significant in that it would play a guiding role in accurately assessing claimed amounts by agencies exercising ocean environment supervision and management authority.

Expert Commentary *

Ⅰ. The Application of Law

According to the provisions of Paragraph 2 of Article 142 of the General Principles of Civil Law that was in force at that time, if international treaties concluded or acceded to by China provide rules are at variance with those in the civil laws of China, the international treaties shall apply, except for the provisions that China has declared reservations. This is the so-called "principle of priority treaties in application". This principle continued to be upheld by the *Interpretation of the Supreme People's Court on Several Issues Concerning the Application of International Treaties and International Practices in the Trial of Foreign-Related Civil and Commercial Cases*, which would come into effect in 2024. China is a party to the 1992 International Convention on Civil Liability for Oil Pollution Damage (hereinafter referred to as the "CLC"), and China has not declared a reservation to the convention, so the convention will take precedence over China's domestic law to apply. Specifically, the location of the oil spill from the vessel *Atigo* in question was in China's waters, which met the scope of the application stipulated in Article 2 of the Convention. The *Atigo* was a tanker carrying bulk oil cargoes and met the definition of "vessel" under Article I of the CLC; The vessel *Atigo* was loaded with and spilled persistent hydrocarbon mineral oil (crude oil), which met the definition of "oil" under Article I of the CLC. Therefore, the Court was correct in applying the CLC in the present case to determine the rights and obligations of the parties.

Ⅱ. The Subject of the Claim

The CLC does not clearly stipulate the claimant parties of claims, so the relevant

---

* Zhu Zuoxian, Dean, Professor, and Doctoral Supervisor at the School of Law, Dalian Maritime University.

provisions of China's domestic law should be applied. Environmental damage does not fall under the category of general property or personal injury, and there are many debates at the academic and practical levels as to who should be the claimant party for marine environmental damage. It is generally believed that the relevant administrative authorities can be the legitimate parties of making claims for damage to the marine environment, which bases upon the ownership of natural resources by the State including marine resources, and when marine environment suffers pollution damage, the competent administrative authority has the right to file a lawsuit for compensation on behalf of the State. It should be pointed out that not all administrative organs can bring a lawsuit on behalf of the State in their own names for compensation arising from damage to a natural resource, only the competent administrative authority that are expressly provided for and authorized by law to assume the function of being in charge of a natural resource can have such entitlement. Paragraph 2 of Article 114 of the Marine Environmental Protection Law stipulates: "Where a person pollutes the marine environment, destroys the marine ecology, and causes heavy losses to the state, the department exercising the right to supervise and manage the marine environment in accordance with the provisions of this Law shall file a claim for compensation fordamages on behalf of the state against the responsible person." According to this legal provision and the establishment of the administrative organs of local people's governments in China, Dalian Municipal Oceanic and Fishery Bureau is a department that exercises the right to supervise and manage the marine environment involved in the case in accordance with the law, and it was a qualified entity to claim compensation for oil pollution damage in this case.

Ⅲ. The Scope of Compensation for Damage to the Marine Environment

Article I(6) of the CLC provides that: "Pollution damage means: (a) loss or damage outside the ship caused by the release or discharge of oil from a ship, wherever such leakage or discharge occurs, provided that compensation for environmental damage(excluding loss of profits from such damage)is limited to the cost of reasonable restoration measures actually taken or to be taken, (b)the costs of preventive measures and further loss or damage caused by preventive measures." In addition, Article III (4) of the CLC provides that no claim for compensation for pollution damage may be brought against the owner of a ship except in conformity with the Convention.

In accordance with the Vienna Convention on the Law of Treaties, to which China is a contracting party, the meaning of the terms of a treaty should be interpreted in good faith in accordance with their context and with reference to the object and purpose of the treaty. The CLC clearly defines compensation for environmental damage, i. e. it is limited to "the cost of reasonable restoration measures that have actually been taken or will be taken", and it is intended to negate the various abstract losses of a so-called environmental damage assessment with hypothetical and inferential elements. During the drafting of the Convention, there was a consensus that in practice it is difficult to quantify environmental damage, and that the amount of abstract loss calculated solely on the basis of theoretical models should not be compensated. In addition, the ocean has a strong self-recovery capacity(a greatest potential for natural recovery), and ship oil spills generally do not cause permanent damage to the marine environment, but taking reasonable recovery measures after the oil spill can improve the self-purification rate of the ocean, so the CLC ultimately only recognizes the cost compensation for reasonable restoration measures. In this case, the Bureau of Marine Fisheries had no evidence to prove that it had taken actual restoration measures to the contaminated sea area and incurred costs, and according to the conclusion of the relevant test report, the water quality of the contaminated sea area in this case did not exceed the Class II standard of marine water quality 25 days after the oil spill accident had not taken any restoration measures, and the relevant marine environment had been fully restored by October 2005. The court therefore rightly found that the above costs were not the costs of reasonable restoration measures actually taken or to be taken under the Convention.

It should be pointed out that the determination of the scope of compensation for environmental damage in the CLC and China's domestic legal system is not consistent. For example, Article 1235 of the Civil Code stipulates that: "Where ecological damage is caused in violation of the state regulations, the state authorized agencies or the organizations authorized by law have the right to request the tortfeasor to compensate the following losses and expenses: (1)losses caused by loss of service function from the time the ecological environment is damaged to the time the restoration is completed; (2)losses caused by permanent damage to the function of the ecological environment; (3)expenses for investigation, appraisal, and assessment of the damage to the ecological environment; (4)expenses for cleaning-up the pollution and restoring the ecological environment; and (5)other reasonable expenses incurred to prevent the occurrence or aggravation of the damage." Obviously, the scope of compensation for environmental damage under the Civil Code is broader than that of the Convention, but based on the basic principle of the priority of the treaty in application, the scope of compensation stipulated in the Convention cannot be exceeded in judicial practice. In this regard, it should be further recognized that CLC is a balanced result of difficult negotiations and consultations between different stakeholders of the international community, and to a certain extent, it also reflects a policy of protection for ship owners engaged in shipping industries with special maritime risks in terms of its limitation of the scope of compensation for environmental damage.

Ⅳ. Conclusion

This case fully demonstrates that Chinese courts adhere to the basic principle of *Pacta Sunt Servanda*, and has important guiding significance for how to accurately apply 1992 CLC which China has entered into: First, to correctly apply the principle of "priority application of the treaty", in the trial of ship oil pollution cases with foreign-related elements, the first thing to determine whether the Convention will be applied is based on the territorial scope, the scope of the ship and the scope of oil to which the Convention applies. Second, in view of the fact that the CLC does not have specific provisions on the subject of claims, the subject of the claim for environmental damage caused by oil pollution from ships in China's waters shall be determined in accordance with the relevant provisions of China's domestic law. Third, it is necessary to fully grasp the particularity of the scope of compensation for oil pollution damage caused by ships under the CLC, and the basis for claiming compensation for damage to the marine environment should be the cost of reasonable restoration measures.

Part Ⅶ

Disputes over the Validity of Arbitration Agreements and Disputes over the Application for Recognition and Enforcement of Foreign Arbitral Awards

CASE 36

Zhejiang Y Petrochemical Co. , Ltd. v. I Technology Co. , Ltd. (Luxembourg) (Application for Confirming the Effect of the Arbitration Clause) *

Basic Facts

On April 28, 2003 and June 15, 2003, Zhejiang Y Petrochemical Co. , Ltd. (hereinafter referred to as "Y Company") and I Technology Co. , Ltd. (Luxembourg) (hereinafter referred to as "I Company") signed two technology licensing agreements, in which they agreed that, "The arbitration shall take place at China International Economic Trade Arbitration Centre (CIETAC), Beijing, P. R. China and shall be settled according to the UNCITRAL Arbitration Rules as at present in force". On July 11, 2012, I Company filed an application for arbitration with the China International Economic and Trade Arbitration Commission. On October 29, 2012, on the grounds that the arbitration agreed upon by both parties was in essence *ad hoc* arbitration which is not permitted by China's Arbitration Law, Y Company filed an application with the Ningbo Intermediate People's Court an application to declare the invalidity of the

* First Instance Case No. : (2012) Zhe Yong Zhong Que No. 4

arbitration clause.

Judgment

After concluding the procedure of application for verification from the Supreme People's Court, the Intermediate People's Court of Ningbo City of Zhejiang Province rendered on March 17, 2014 a final ruling, in which it noted that, although the expression "take place at" used by the parties in arbitration clauses is usually followed by a distinct location, according to the principle of in favoring to the parties' intention to arbitrate (" *in favorem validitatis* "), it could also be interpreted as an indication that the parties have agreed on the choice of a specific arbitration institution. Despite the inaccuracy of the Chinese expression of the arbitration institution in the arbitration clause, it could be deduced from the abbreviation, CIETAC, that the arbitration institution chosen by the parties is the China International Economic and Trade Arbitration Commission in Beijing. The Court, therefore, ruled that the arbitration clause in this case is not in violation of the Arbitration Law of China, and denied in its final ruling of the application of Y Company for confirming the invalidity of the arbitration clause.

Significance

This case marked the first time that a Chinese court recognized the validity of a clause where the parties agreed to have arbitration administered by a permanent Chinese arbitration institution according to the UNCITRAL Arbitration Rules. The court clarified that the clause referred to institutional arbitration rather than *ad hoc* arbitration. In this case, the court adopted the principle of in favoring to the parties' intention to arbitrate (" *in favorem validitatis* ") in the interpretation of the contractual term which meaning is bifurcated between the parties, and affirmed that, in the case the power of the arbitration institution is authorized in default by the arbitration clause, the parties' agreement to authorize an institution to adopt the arbitration rules other than its own in handling their dispute should be interpreted that this arbitration institution handles the arbitration proceeding according to applicable arbitration rules. This case demonstrates its model significance in promoting the construction of a diversified dispute resolution mechanism, supporting the internationalization of Chinese arbitration, and enhancing the public confidence in arbitration.

Expert Commentary *

This case addresses the validity of the arbitration clause. The arbitration clause states, "The arbitration shall take place at the China International Economic Trade Arbitration Centre (CIETAC), Beijing, P. R. China and shall be settled according to the UNCITRAL Arbitration Rules as at present in force."

When determining the validity of an arbitration clause, the first step is to ascertain the governing law applicable to the arbitration clause. The usual practice is to follow the law agreed upon by the parties; if no agreement is specified, the applicable law is determined according to relevant conflict of laws rules. In this case, both parties agreed that Chinese law would govern the validity of the arbitration clause, and the court respected this choice in its deliberation. It is important to note that the place of arbitration is clearly Beijing, and the applicable procedural law is Chinese Arbitration Law. Therefore, in the absence of any other agreement, the applicable law (*lex arbitri*) should be Chinese law. Moreover, even applying conflict of laws principles, the

* Teresa Cheng, Part-time Professor, Tsinghua University; Recipient, Grand Bauhinia Medal and Justice of the Peace title; Member of the International Commercial Expert Committee of the Supreme People's Court of the PRC.

law most closely connected to the matter should be the law of the place of arbitration, which is Chinese law in this case. The ruling does not specify the governing law of the contract, but if it were Chinese law, then the clarity regarding the governing law of the arbitration clause would be further strengthened. In some English cases, when the governing law of the arbitration clause is not agreed upon, there is a tendency to apply the governing law of the contract rather than the law of the place of arbitration, though this approach has faced criticism and may be revised in future to align with international practices. Notably, Article V of the New York Convention also stipulates that in the absence of an agreement, the courts in the country where enforcement is sought should apply the law of the place of arbitration to determine the validity of the arbitration clause. In summary, applying the law of the place of arbitration to determine the validity of the arbitration clause is the safest approach, consistent with international practice, conflict of laws principles, and considerations under the New York Convention when enforcing awards.

Chinese Arbitration Law requires that the arbitration clause to specify an arbitration institution, with clear definitions of the arbitration institution provided in the law. Therefore, in compliance with the rule of law, the determination of whether an arbitration institution meets legal requirements should follow what is set out in the Chinese Arbitration Law, rather than altering legal interpretations through judicial practice. In this case, there are two points of contention regarding the arbitration institution. First, whether the term "at" in the arbitration clause indicates a specific arbitration institution or merely a place of arbitration. Second, whether the name " China International Economic Trade Arbitration Centre (CIETAC)" designates the "China International Economic and Trade Arbitration Commission (CIETAC). " On the first point, the court prioritizes the parties' intention to arbitrate, interpreting "at" as referring to an arbitration institution, despite its apparent reference to a place. This approach supports the parties' intent to arbitrate and is well-founded. Parties rarely specify the exact location of hearings within the arbitration clause, as the UNCITRAL Arbitration Rules or other rules typically grant the parties and tribunal the authority to decide the hearing location as needed. Therefore, the court's interpretation is correct. The phrase "arbitration at a specific location" typically indicates the place of arbitration. However, the clause in question not only states that arbitration should take place in Beijing but also specifies "at the China International Economic Trade Arbitration Centre (CIETAC)," suggesting both an objective and subjective intent to designate the "China International Economic Trade Arbitration Centre (CIETAC)" as the institution.

The court's handling of the next issue is also critical; merely supporting arbitration does not automatically validate the designated arbitration institution's legality. The court notably recognized the use of "(CIETAC)" in the arbitration clause, leading to the reasonable conclusion that the intended institution is the China International Economic and Trade Arbitration Commission (CIETAC), based on Interpretation (Ⅲ) of the Arbitration Law. This case illustrates the court's pro-arbitration stance, but also highlights a potential issue: the naming differences between "arbitration centre" and "arbitration commission" in China's arbitration institutions could lead to unnecessary disputes. It is suggested that any changes in the names of arbitration institutions be accompanied by appropriate publicity and explanations (including clarifying that specifying previous names does not affect the management rights of the institution) to safeguard the parties' intent to arbitrate.

Ad hoc arbitration refers to arbitration not administered by an institution. The arbitration clause in this case specifies an institution that complies with Chinese Arbitration Law, generally meeting the requirements for institutional arbitration under Chinese Arbitration Law. However, the applicant objected on the grounds that the UNCITRAL Arbitration Rules are designed for *ad hoc* arbitration. First, the UNCITRAL Arbitration Rules are not to be used exclusively for *ad hoc* arbitration. Second, most current institutional arbitration rules are based on the UNCITRAL Arbitration Rules. Third, it is internationally acceptable for arbitration institutions to administer arbitrations under the UNCITRAL Arbitration Rules, though the institution's involvement might be limited. While institutions generally prefer to use their own rules, they are willing to accommodate the parties' wishes to provide administration service. Therefore, unless explicitly stated otherwise, institutions can adminsiter cases using the UNCITRAL Arbitration Rules. It is important to note that it is not always possible for institutions to administer arbitrations using rules from another institution. For example, it is set out in the ICC Rules that only the ICC can administer arbitration using its rules. Another potential issue of institution administering UNCITRAL Arbitration Rules is fees. However, as long as the institution can handle fees flexibly, this should not be problematic. For example, by agreeing on case administration fees with the parties or clearly stating how the applicable fees will be charged when using the UNCITRAL Arbitration Rules. It is important to clarify that these are administrative matters and do not affect the validity of the arbitration clause.

The applicant's other argument was that the arbitration had been conducted as *ad hoc* arbitration. The manner in which arbitration is conducted does not change the substantive nature of the arbitration clause, which is a matter of legal determination. In a previous Hong Kong case under the dual arbitration regime of the now repealed Arbitration Ordinance, the court held that the arbitration under review was substantively an international arbitration and even though both parties and the arbitrator believed and conducted the case as if it was a domestic arbitration, the parties are precluded from applying for leave to appeal on a point of law which was a recourse against award available only for the domestic regime. This demonstrates that the legal nature of an arbitration does not change based on the parties' understanding.

This case, decided in 2014, demonstrates that Chinese courts have substantial experience and a deep understanding of the legal issues concerning the validity of arbitration clauses, as well as a clear pro-arbitration stance, making them arbitration-friendly courts.

CASE 37

S International Trading(Shanghai)Co., Ltd.
v.
Shanghai G L Development Co., Ltd.
(Application for Recognition and Enforcement of Foreign Arbitral Award) *

Basic Facts

On September 23, 2005, Shanghai G L Development Co., Ltd. (hereinafter referred to as "G L Company") and S International Trading (Shanghai) Co., Ltd. (hereinafter referred to as "S Company") signed a contract on supply of goods by means of invitation for bids. The contract stipulated that S Company should transport the equipment to the construction site before February 15, 2006. If any disputes arise, they should be submitted to the Singapore International Arbitration Centre for arbitration. The two parties had a dispute during the performance of the contract. G L Company filed an application for arbitration with the Singapore International Arbitration Centre, requesting the termination of the contract and the suspension of payment for goods. S Company filed counterclaims in the arbitration proceedings, requesting payment of all goods, interest, and compensation for other losses. In November 2011, the

* First Instance Case No.: (2013)Hu Yi Zhong Min Ren(Wai Zhong)No. 2

Singapore International Arbitration Centre issued an arbitral award, dismissing G L Company's arbitration claims and upholding S Company's arbitration counterclaims. G L Company paid part of the money, but the remaining unpaid amount under the arbitral award and interest totaled CNY 51, 338, 723. S Company, based on the *New York Convention on the Recognition and Enforcement of Foreign Arbitral Awards* (hereinafter referred to as "New York Convention"), applied to the First Intermediate People's Court of Shanghai City for the recognition and enforcement of the arbitral award made by the Singapore International Arbitration Centre. G L Company objected, arguing that the award should not be recognized or enforced because both parties were Chinese entities, the contract was performed domestically, and thus the civil relationship lacked a foreign element. Therefore, the civil relationship involved in the case did not have a foreign related element, and the agreement between both parties to submit disputes to a foreign arbitration institution for arbitration was invalid. If the arbitral award involved was recognized and enforced, it would violate the public policy of China.

Judgment

The First Intermediate People's Court of Shanghai City, after reporting the case progressively to the Supreme People's Court and receiving its reply, ruled to recognize and enforce the foreign arbitral award in accordance with the provisions of the New York Convention.

The key issue regarding the validity of the arbitration clause stipulating submission of disputes to a foreign arbitration institution was whether the contractual relationship in question involves foreign-related elements. If foreign elements were present, the arbitration clause would be valid; otherwise, it would not. Upon examining the actual circumstances of the parties involved and the characteristics of contract performance in this case, pursuant to Article 1 (5) of the Supreme People's Court's Interpretation on Several Issues Concerning the Law on Choice of Law for Foreign-Related Civil Relationships (Ⅰ), the Court determined that the contractual relationship in dispute qualifies as a foreign-related civil legal relationship. Specific reasons include: first, although S Company and G L Company are both Chinese legal entities, their registered offices are within the China (Shanghai) Pilot Free Trade Zone, and both are wholly foreign-owned enterprises closely associated with foreign investors. Second, the performance characteristics of the contract in this case involved foreign-related elements, as the equipment in question was first imported into the China(Shanghai)Pilot Free Trade Zone under bonded supervision from outside China, and then the formalities for customs clearance and tax payment were handled at appropriate time according to the needs of performance of the contract. The equipment involved was circulated from the pilot free trade zone to the outside place. At this point, the formalities for import of the goods have been completed. The process of the contract's subject matter also exhibited certain characteristics of international sales of goods. Therefore, the arbitration clause in question was valid. Moreover, the content of the arbitral award did not contravene Chinese public policy, so recognizing and enforcing the arbitral award does not violate Chinese public policy. Meanwhile, the ruling noted that G L Company actively participated in the entire arbitration process, asserting the validity of the arbitration clause, and partially complied with the obligations determined by the arbitral award after its issuance. In this context, G L Company's subsequent objection to the validity of the arbitration clause as grounds for refusing to recognize and enforce the arbitral award did not accord with recognized legal principles such as estoppel, good faith, and fairness. Therefore, G L Company's objection was not supported.

Significance

The pilot free trade zones serve as fundamental platforms, key nodes, and strategic supports for advancing China's Belt and Road Initiative (BRI). Aligning with international practices, supporting the development of pilot free trade zones, and enhancing international arbitration and other non-litigation dispute resolution mechanisms help strengthen China's international legal credibility and influence. This ruling, delivered in the context of reforms to facilitate investment and trade in the pilot free trade zones, emphasizes the importance of recognizing foreign elements in contracts between wholly foreign-owned enterprises within the pilot free trade zones and confirms the validity of the arbitration clause. By invoking the principle of estoppel, the court upheld the New York Convention's pro-enforcement policy, reflecting China's commitment to fulfilling its international treaty obligations. The case also sets a precedent for the breakthrough reform of allowing pilot free trade zones enterprises to choose foreign arbitration, contributing to the development of replicable and scalable judicial experiences within the pilot free trade zones. On December 30, 2016, the Supreme People's Court issued the Opinions on Providing Judicial Safeguards for the Construction of Pilot Free Trade Zones, stipulating that arbitration agreements between foreign-owned enterprises registered in the free trade zones to submit commercial disputes to overseas arbitration should not be deemed invalid solely on the ground that their disputes lack foreign elements. It further specifies that if one or both parties are foreign-invested enterprises registered in the pilot free trade zones and agree to submit commercial disputes to overseas arbitration, the court will not support claims that the arbitration agreement is invalid after the arbitration award is rendered on the grounds that the agreement lacks foreign elements. These provisions help to create a more stable and predictable legal environment for business under the Belt and Road Initiative.

Expert Commentary *

According to the law or policy of the People's Republic of China ("PRC"), parties who are entities registered in the Mainland of China and conclude a contract without a foreign element are not allowed to agree to solve their disputes by arbitration outside the Mainland of China. Such agreements are considered to be against the PRC public policy and considered to be null and void and of no effect.

In the recent judgment issued by the First Intermediate People's Court of Shanghai City ("Shanghai Court") in the enforcement of a Singapore award, the losing party resisted enforcement on the ground that: both parties were PRC entities registered in the Shanghai Pilot Free Trade Zone (PFTZ); they were not allowed to agree and submit the disputes to Singapore International Arbitration Centre ("SIAC"); therefore the arbitration clause was null and void and of no effect and against PRC public policy. However, this was rejected by the Shanghai Court on the ground that there was a "foreign element" in this case since both parties were wholly foreign-owned enterprises. Hence, submitting to SIAC arbitration is permissible and the arbitration clause is valid.

To the international arbitration community, I submit this is a welcomed decision. It shows the pro-enforcement altitude by the Shanghai Court or indeed the PRC courts in general. It also makes good common sense that the successful party seeking enforcement can smell a strong "foreign element" in that it is wholly foreign-owned by the well-known group, S Company, albeit it is a

---

* Philip Yang, Honorary Chairman, Hong Kong International Arbitration Centre; Member of the Shanghai Arbitration Commission; President, Shanghai International Arbitration Academy (SHAC Academy); Member of the International Commercial Expert Committee of the Supreme People's Court of the PRC.

subsidiary registered at the Shanghai PFTZ.

However, this welcomed, and to me, a correct decision, also brought up a lot of issues in the current situation in the PRC. Namely, there are now 22 provinces having had PFTZs and more is to be expected. There can be more liberal policies in order to attract companies setting up and conducting businesses at the PFTZs, while enjoying tax and other benefits. These companies can be wholly foreign-owned (like S Company or indeed the losing party Shanghai G L Company), partly foreign-owned or even local funded PRC companies.

So far, important and authoritative guidance on this issue is contained in the Opinions on Providing Judicial Safeguards for the Construction of Pilot Free Trade Zones published by the Supreme People's Court on December 30, 2016. In Section 9[①], the first paragraph clearly indicates that if the contracting parties are wholly foreign-owned companies registered at the PFTZs, then the contracts have "foreign elements" and agreeing to resolve their disputes by arbitration outside the Mainland of China is permissible. However, the second paragraph deals with partly foreign-owned companies registered at the PFTZs is less clear. First, it is in a different paragraph, suggesting it to be different from

① Section 9: "Correctly determine the validity of arbitration agreements, and regulate the judicial review of arbitration cases. Where a foreign enterprise registered in the FTZ is bound to submit cross-border arbitration for commercial disputes, the relevant arbitration agreement shall not be invalidated on the ground that the dispute does not involve foreign factors. Where one party or both parties concerned which are foreign-funded enterprises registered in the FTZ have agreed to submit cross-border arbitration for commercial disputes, after the occurrence of a dispute, the parties concerned submit the dispute for arbitration abroad but then claim to not acknowledge, recognize or execute the award on the ground of invalidity of the arbitration agreement after the relevant award is made, the people's court shall not uphold such request; where the other party concerned did not raised an objection to the validity of the arbitration agreement in the arbitration procedure, but claims that the arbitration agreement is invalid and refuses to acknowledge, recognize or execute the award therefor on the ground that the relevant dispute does not involve any foreign factor after the award is made, the people's court shall not support the request."

the first paragraph that deals with wholly foreign-owned companies. Second, the wording suggested that only in a case of waiver and/or estoppel in the sense that the losing party participated in foreign arbitration without challenging the validity of the arbitration agreement, then the losing party cannot raise it when it comes before the PRC courts for enforcement. But this hardly works in practice. For example, if the parties agree to London arbitration, even if the main contract is expressly stated to be governed by PRC law, the "separable" arbitration agreement is going to be governed by English law. There is no way the arbitration clause or agreement would be held null and void because of the PRC law or public policy to restrain Mainland Chinese entities from agreeing to submit their disputes to foreign arbitration. In that case, when the London award is published, it seems the losing party would be prevented from raising the argument before the enforcement courts in the PRC that the arbitration agreement is null and void by reason of PRC public policy.

Needless to say, Section 9 did not touch on what if local funded companies registered in the PFTZs agree to submit to foreign arbitration. Would the factor of registration in the PFTZs alone be adequate to satisfy the requirement of "foreign element"?

With growing popularity of PFTZs, it is expected more and more China-related, high-quantum and important commercial contracts would be entered into by entities registered in these PFTZs. Hence the Supreme People's Court has a continuous task in issuing guidance, and providing certainty to the commercial world on what can or cannot be done in drafting the arbitration agreement. Afterall, an arbitration clause is no longer a "midnight clause" to the commercial people, as it was the case 20–30 years ago.

CASE 38

Application by B Industries, Inc. (U. S. A)for Recognizing and Enforcing Foreign Arbitral Award*

Basic Facts

B Industries, Inc. (hereinafter referred to as "B Company"), as the seller, and Guangzhou Z Trading Co. , Ltd. (hereinafter referred to as "Z Company"), as the buyer, signed a Contract and a Supplementary Agreement in Guangzhou. Article 16 of the Contract stipulates: " Any dispute arising from or in connection with this contract shall be settled by both parties through friendly negotiation. If no settlement can be reached through negotiation, it shall be submitted to the Commission on Arbitration of the International Chamber of Commerce(ICC)for arbitration at the project location in accordance with international practice. The award made by the arbitration commission is final and binding on both parties. Unless otherwise provided for by the arbitration commission, the arbitration fee shall be borne by the losing party. The arbitration shall be conducted in both Chinese and English. " The "project" as mentioned in the arbitration clause was "Guangzhou Liede Sewage Treatment Plant(Phase IV)" as listed in Article 3 of the Supplementary Agreement, and located in Guangzhou. A dispute subsequently arose over the performance of the contract,

* First Instance Case No. : (2015)Sui Zhong Fa Min Si Chu No. 62

and B Company filed an arbitration application to the Secretariat of the International Court of Arbitration of the International Chamber of Commerce. A sole arbitrator of the ICC issued a final award in Guangzhou. The B Company later applied to the Intermediate People's Court of Guangzhou City of Guangdong Province for the recognition and enforcement of the aforementioned arbitration award.

Judgment

The Intermediate People's Court of Guangzhou City of Guangdong Province, upon review, held that the arbitral award in question was an arbitral award made by a foreign arbitration institution in the mainland of China and could be regarded as a foreign-related arbitral award in China. If the respondent failed to enforce the award, B Company may apply to the intermediate people's court at the place where the respondent's domicile or property was located in accordance with the provisions of the Civil Procedure Law on the enforcement of a foreign-related arbitral award. As B Company filed an application for the recognition and enforcement of the arbitration award in accordance with the New York Convention or the Arrangement between the Mainland and the Hong Kong Special Administrative Region, the legal basis was obviously erroneous. Therefore, the Intermediate People's Court of Guangzhou City of Guangdong Province ruled to terminate the review process, advising B Company to file a new application for enforcement in accordance with the law.

Significance

After being reported to and approved by the Supreme People's Court, this case established a precedent by clarifying the rules for determining the status of arbitral awards made by foreign arbitration institutions within the mainland of

China. Such awards are to be regarded as foreign-related arbitral awards under Chinese law, confirming that they can be directly enforced in the mainland of China. This ruling enhances the internationalization of China's arbitration system, projects a judicial image supportive of arbitration, and marks a milestone in the opening up of China's arbitration sector and its development toward greater internationalization.

Expert Commentary *

This case serves as a landmark example of how an arbitration award rendered by a foreign arbitration institution within the Mainland of China is recognized as a foreign-related arbitration award. It provides robust judicial support for foreign arbitration institutions conducting business in the Mainland of China. The significance of this case lies in its affirmation of the validity of arbitration agreements stipulating that foreign arbitration institutions can conduct arbitration in the Mainland of China, and in further clarifying the legal basis for enforcing such arbitration awards. This removes obstacles for foreign arbitration institutions operating in the Mainland of China.

The question of whether foreign arbitration institutions can conduct arbitration within the Mainland of China has long been a challenge in Chinese judicial practice. It touches on issues related to the opening of the Chinese legal market and the extent to which Chinese courts adhere to international treaties, such as the New York Convention. Over the past several decades, Chinese courts have faced numerous cases involving judicial review of arbitration proceedings conducted by foreign arbitration institutions in the Mainland of China. However,

* Fuldien Li, Chair Professor, School of Law at Soochow University, Taiwan, China; Honorary Chairman, Taiwan Arbitration Association of China; Member of the International Commercial Expert Committee of the Supreme People's Court of the PRC.

due to gaps in existing Chinese laws and inconsistent rulings by different courts, this issue remained unresolved. It was only after the establishment of a judicial review system for arbitration under the supervision of the Supreme People's Court that progress was made. It was not until the 2013 case "Applicant Anhui L Packaging and Printing Co., Ltd. v. Respondent B A S. R. L"① that the Supreme People's Court explicitly recognized the validity of arbitration agreements that allow foreign arbitration institutions to conduct arbitration in the Mainland of China, which then gave parties the confidence to agree to such arrangements.

The 2015 State Council's Plan for Further Deepening Reform and Opening Up in the China (Shanghai) Pilot Free Trade Zone marked the first instance where foreign arbitration institutions were permitted to establish a presence in the Shanghai Free Trade Zone, leading to further expansion of China's arbitration market as a highlight of the new era of high-level opening-up. The 2019 State Council's Overall Plan for the Lingang New Area of the China (Shanghai) Pilot Free Trade Zone further allowed renowned foreign arbitration and dispute resolution institutions to conduct arbitration business in the new area, signifying substantive progress in the reform of allowing foreign arbitration institutions to arbitrate in the Mainland of China. Against the backdrop of an increasingly open arbitration market, the judiciary's role in providing support is crucial. This case, made in such a context, underscores the arbitration-friendly stance of the people's court.

First, this case identified the "place of arbitration" as the standard for determining the nationality of the arbitration award, thereby enriching the legal

① Reply of the Supreme People's Court to the Request for Instructions on Application for Confirming the Validity of an Arbitration Agreement in the Case of Anhui L Packaging and Printing Co., Ltd. v. B A S. R. L, No. 13 [2013] of the Fourth Civil Division of the Supreme People's Court.

connotation of the "place of arbitration" in Chinese judicial practice and promoting alignment with internationally accepted rules. Although China ratified the New York Convention in 1986, there have been challenges in fully integrating it into Chinese law. Under the New York Convention, the "place of arbitration" is a core legal concept with three legal implications: (a) it determines the nationality of the arbitration award and is a prerequisite for the Convention's application; (b) it influences the applicable law governing the arbitration agreement, as well as the substantive and procedural aspects of arbitration; and (c) it grants the courts of the place of arbitration the power to set aside arbitration awards, thereby affecting the award's validity. However, for 20 years after joining the New York Convention, neither China's Arbitration Law nor Civil Procedure Law provided a clear definition of the "place of arbitration." It was not until the 2006 Interpretation of the Supreme People's Court on Certain Issues Concerning the Application of the Arbitration Law of the People's Republic of China that the "place of arbitration" was first introduced as a critical connecting factor in determining the validity of arbitration agreements. This view was later adopted by Article 18 of the 2010 Law on Choice of Law for Foreign-Related Civil Relationships, thereby filling a gap in Chinese law. This series of actions, however, only introduced the concept of "place of arbitration" without addressing how to determine the nationality of arbitration awards. This case precisely fills that gap by providing guidance, formally establishing that Chinese courts will use the place of arbitration as the standard for determining the nationality of arbitration awards, further aligning China's arbitration judicial review process with internationally accepted rules, and promoting the internationalization of Chinese arbitration.

Second, this case clarified that arbitration awards rendered by foreign arbitration institutions in the Mainland of China will be subject to the judicial review standards applicable to foreign-related arbitration awards, meaning that such awards will be treated as foreign-related arbitration awards under Chinese law. This provides judicial support for the enforcement of arbitration awards rendered by foreign arbitration institutions in the Mainland of China. Under the framework of the Arbitration Law and the Civil Procedure Law, Chinese courts adopt a dual-track approach to judicial review of domestic and foreign-related arbitration awards. For domestic arbitration awards, courts primarily rely on Article 58 of the Arbitration Law, which is designed based on the realities of the development of China's arbitration system, and allows courts to review not only the validity of the arbitration agreement, the scope of the award, and the fairness of the arbitration procedure, but also certain substantive issues such as whether the evidence on which the award is based is forged or whether the opposing party concealed evidence that would affect the fairness of the award. For foreign-related arbitration awards, Chinese courts primarily rely on Article 291 of the Civil Procedure Law, which essentially follows the procedural review standards advocated by Article 5 of the New York Convention. Therefore, this case clarifies that if parties choose to arbitrate in the Mainland of China, the annulment and enforcement of the award will be strictly reviewed according to the procedural review standards set forth in Article 5 of the New York Convention, without involving the substantive aspects of the arbitration award. This dispels concerns foreign parties may have about choosing to arbitrate in the Mainland of China and reflects the people's court's arbitration-friendly stance, supporting the opening up of China's arbitration market.

Currently, China is actively promoting the establishment of international arbitration centers in Beijing, Shanghai, Guangzhou, Shenzhen, and Hainan, and the revision of the Arbitration Law is accelerating. This case highlights the positive role of foreign-related judicial work in strengthening the rule of law in foreign-related matters and provides judicial support for building the Belt and Road Initiative(BRI), establishing international arbitration centers, and creating global legal services centers. It also points the way for China's arbitration system to further align with internationally accepted rules and the global arbitration market.

CASE 39

Application by N R I Pte. Ltd. for Recognition and Enforcement of the Arbitral Award of the Hong Kong International Arbitration Centre *

Basic Facts

From September 2015 to September 2016, N R I Pte. Ltd. (hereinafter referred to as "N R I") entered into four separate sales contracts with F Company, X Company, B Trading Company, and F Company for the purchase of metallurgical coke and other products. Each of the four contracts stipulated that disputes would be governed by English law and resolved through arbitration at the Hong Kong International Arbitration Centre (HKIAC) in the Hong Kong Special Administrative Region. Subsequently, N R I had disputes with the four companies regarding the performance of the contracts. N R I filed four separate arbitration applications for the performance of the four batches of goods. The Hong Kong International Arbitration Centre, upon N R I's application, consolidated the four arbitration proceedings into one arbitration proceeding and ruled that the four companies should jointly and severally pay N R I. N R I applied to the Tianjin Third Intermediate People's Court for recognition and enforcement of the arbitration award. F Company, B Trading Company, and

* First Instance Case No.: (2019)Jin 03 Ren Gang No. 1

F Company argued that the contracts separately signed by N R I and each company have arbitration clauses, the same contract cannot bind multiple respondents at the same time, and the arbitral tribunal consolidated the arbitrations between N R I and each company into one arbitration, which violated the arbitration rules.

Judgment

The Third Intermediate People's Court of Tianjin City reviewed the case and found that the multiple contracts signed between N R I and the respective companies all contained arbitration clauses. However, none of these contracts could bind multiple respondents simultaneously. The application of the "Single Arbitration under Multiple Contracts" procedure to these four cases did not meet the condition stipulated in Article 29 of the Hong Kong International Arbitration Centre's 2013 Institutional Arbitration Rules that "all parties to the arbitration are bound by each arbitration agreement giving rise to the arbitration " for the application of this procedure. However, within the time period after the constitution of the arbitral tribunal when the parties were expressly granted the right to object, none of the four companies formally raised any objections and instead participated in the arbitration proceedings. According to Article 29. 2 of the 2013 Institutional Arbitration Rules, which provides that, "[T] he parties waive any objection, on the basis of the commencement of a single arbitration under Article 29, to the validity and/or enforcement of any award made by the arbitral tribunal in the arbitration, in so far as such waiver can validly be made", and based on Article 31, which provides that, a party who knows or ought reasonably to know that any provision of, or requirement arising under, these Rules including the arbitration agreement(s) has not been complied with and yet proceeds with the arbitration without promptly stating its objection to such non-compliance, shall be deemed to have waived its right to object. It should be deemed that the four companies have waived their right to object to the application of this procedure.

The case was reported to the Supreme People's Court for review, and the Supreme People's Court ruled to recognize and enforce the arbitral award in question.

Significance

This case involves an international sales contract dispute between a Chinese company and a company in a Belt and Road Initiative country. After arbitration by the Hong Kong International Arbitration Centre, the foreign company applied to the Chinese court for recognition and enforcement of the arbitration award. The case highlights the legal considerations surrounding the consolidation of multiple arbitrations into a single proceeding. The court, by applying the Hong Kong International Arbitration Centre arbitration rules, effectively upheld the procedural rights of the parties involved in the arbitration. As the Belt and Road Initiative (BRI) continues to expand, Hong Kong's international arbitration institutions have become a preferred platform for resolving disputes related to the Belt and Road Initiative (BRI) projects. This case demonstrates the strong judicial support provided by Chinese courts in recognizing and enforcing awards under the arrangement for mutual enforcement of arbitral awards between the Mainland of China and Hong Kong SAR, thereby offering robust legal protection for parties resolving Belt and Road disputes in Hong Kong SAR.

Expert Commentary *

In international trade, large-scale transactions often involve chain transactions

* Wang Guiguo, Senior Professor in the Humanities and Social Science, Director of the Institute of International Strategy, Zhejiang University; President, the Belt and Road International Research Institute (Hong Kong); Member of the International Commercial Expert Committee of the Supreme People's Court of the PRC.

and batch deals, and the contracts are typically signed with standardized templates. As a result, the dispute resolution clauses are often similar, and the disputes themselves tend to be highly comparable. However, due to the principle of privity of contract, arbitration clauses signed by the parties generally only bind the contracting parties. Unlike litigation, arbitration cannot easily consolidate related cases through court decisions, which, to some extent, reduces the efficiency of dispute resolution in arbitration and increases the financial burden on the parties involved. Over the past decade, the international arbitration community has paid significant attention to the issue of consolidated arbitration. Arbitration institutions have sought to promote consolidated arbitration by adjusting their rules, aiming to improve the efficiency of dispute resolution while respecting the parties' autonomy. The dispute in this case reflects the efforts by arbitration institutions, such as the Hong Kong International Arbitration Centre (HKIAC), to explore consolidated arbitration, demonstrating their intention to enhance dispute resolution efficiency by adjusting rules. However, judicial review by the courts serves as the final safeguard of arbitration fairness, and any modification or reform of arbitration rules often requires judicial confirmation. The court's ruling in this case clarified the boundaries of consolidated arbitration rules through lawful and meticulous legal interpretation, respecting the parties' autonomy. The significance of this case is particularly evident in the following two aspects:

On one hand, it further clarified the judicial review under the Arrangement Concerning Mutual Enforcement of Arbitral Awards between the Mainland and the Hong Kong Special Administrative Region (hereinafter referred to as the "Hong Kong Arrangement"), and adhered to procedural review standards. The Hong Kong Arrangement is a pioneering judicial system that aligns with the "One Country, Two Systems" framework, enabling the recognition and enforcement of arbitral awards between the Mainland of China and Hong Kong SAR after the latter's return to China. Article 7 of the Hong Kong Arrangement sets forth standards for the recognition and enforcement of arbitral awards that are largely consistent with Article V of the New York Convention, ensuring a smooth transition in the relevant judicial systems following Hong Kong's return. In this case, the court strictly adhered to Article 7 of the Hong Kong Arrangement when reviewing the grounds for refusing recognition and enforcement presented by the parties. The court enforced the relevant provisions in the absence of violations, fully reflecting its stance of not intervening in substantive disputes, emphasizing the restrained and arbitration-friendly nature of judicial review, and enhancing the parties' trust in the court's arbitration judicial review.

On the other hand, while respecting the principle of party autonomy, and based on the principle of good faith, the arbitration rules were meticulously and appropriately interpreted by drawing on common law doctrines related to "estoppel". This approach upheld the arbitral tribunal's independence in rendering decisions and supported the arbitration institution's goal of enhancing dispute resolution efficiency through the design of arbitration rules. The court respected the arbitral tribunal's independence and supported the arbitration institution's goal of improving dispute resolution efficiency through rule design. The court's analysis in the ruling acknowledged that although the arbitral tribunal did not fully comply with Article 29.1 of the 2013 Institutional Arbitration Rules concerning consolidated arbitration, this provision does not prohibit consolidated arbitration but requires that certain conditions be met. These include: the arbitration agreements binding all parties involved in the arbitration, the arbitration agreements involving common legal or factual issues, the claims being related to or arising from the same transaction or series of transactions, and the compatibility of the arbitration agreements with each other. Clearly, the facts of the case did not meet these conditions. However, Article 29. 2 of the rules allows the parties to waive these conditions, either explicitly or implicitly through their actions. Article 31 of the 2013 Institutional Arbitration Rules states, "A party who knows or ought reasonably to know that any provision of, or requirement under, these Rules (including one or more of the arbitration agreements) has not been complied with, and yet proceeds with the arbitration without promptly raising an objection, shall be deemed to have waived the right to object." Therefore, a comprehensive examination of the above provisions clarifies that the conditions for consolidated arbitration must be met and emphasizes the importance of respecting the parties' autonomy, allowing for objections. At the same time, the rules also emphasize that if a party waives the right to object, the arbitral tribunal can still decide on consolidated arbitration according to the rules. In this case, the court found that although the respondents had expressed opposition during the initial notification of the arbitration application by HKIAC and reserved their right to object, they did not formally object during the period when the tribunal was constituted and explicitly granted them the opportunity to do so Instead, they participated in the arbitration proceedings, which constituted a *de facto* waiver of their rights. Therefore, through a systematic analysis of the 2013 Institutional Arbitration Rules, the court demonstrated that the relevant provisions essentially codify the principle of "estoppel". The reasons provided by the parties did not constitute a violation of their agreement in the arbitration proceedings, and their conduct in waiving their rights during the arbitration while raising objections during the recognition and enforcement process violated the principle of good faith. Consequently, the court recognized and enforced the arbitral award in question.

International commercial arbitration is a dynamic and evolving legal system, with rules adapting to changes in business interactions. As international commercial arbitration increasingly becomes a complete legal service system, arbitration institutions, as key pillars of this system, have placed greater emphasis on reforming relevant issues in recent years, hoping to implement these reforms through arbitration rules to enhance the capacity for dispute resolution. Judicial review by the courts, as a critical component of the international commercial arbitration system, determines the legality of arbitration activities and the effectiveness of arbitral awards. It needs to support the development of the international commercial arbitration landscape and the adjustment of rules, while maintaining the fundamental principles of arbitration. In this case, the court's decision upheld the bottom line of judicial review and respected the autonomy of the parties, while maximally supporting the arbitral tribunal's independence and the arbitration institution's rule-making and case management authority, thereby promoting efficiency in dispute resolution and fostering the positive development of the international commercial arbitration system.

Part Ⅷ

Disputes over the Applications for Recognition and Enforcement of Foreign Civil and Commercial Judgments

CASE 40

Application by F Co., Ltd. (Poland) for the Recognition and Enforcement of a Judgment by a Court of the Republic of Poland*

Basic Facts

Due to a dispute arising from a sales contract with F Co., Ltd. (Poland) (hereinafter referred as "F Company"), N Y Company (hereinafter referred as "N Company") filed lawsuits with the District Court in Zielona Góra (Sąd Okręgowy w Zielonej Górze) and the District Court in Opole (Sąd Okręgowy w Opolu), Poland respectively in 2004 and 2006, against F Company for an amount of USD 65, 454 and interest thereon. Both the aforesaid Polish courts rejected N Company's claims, but the Court of Appeal in Wrocław (Sąd Apelacyjny we Wrocławiu) in Poland turned over the judgments and supported the claims of N Company. Subsequently, the Supreme Court of Poland ruled to revoke the judgment of the Court of Appeal in Wrocław and remanded the case for retrial. On April 8, 2009, the Court of Appeal in Wrocław rendered its judgment, rejecting N Company's request and ordering it to return to F Company the payment of amount of USD 54, 521 and related litigation expenditure which F Company paid according to the first judgment of the Court

* First Instance Case No.: (2013) Zhe Yong Min Que No. 1

of Appeal in Wrocław. The final judgment rendered by the Court of Appeal in Wrocław took effective on May 12, 2009. On April 8, 2011, F Company submitted by post service to the Intermediate People's Court of Ningbo City (hereinafter referred as "Ningbo Court") materials related to its application for the recognition and enforcement of the judgment of the Court of Appeal in Wrocław. On February 5, 2013, F Company submitted other supplementary materials and the case was formally registered. N Company raised objections, claiming that F Company's application had expired the time limit for applying a compulsory enforcement of the judgment and that the lawyer who represented N Company in the proceedings in Poland was unauthorized.

Judgment

The Intermediate People's Court of Ningbo City of Zhejiang Province held that, since there is an Agreement on Judicial Assistance in Civil and Criminal Matters between China and the Republic of Poland, whether the judgment should be recognized should be reviewed in accordance with relevant provisions of the Civil Procedure Law of China and the relevant provisions of the agreement. According to China's then applicable legal provisions concerning the time limit for applying for the enforcement and those concerning suspension and termination of the statute of limitations, the statutory period for the application of F Company had not expired. Furthermore, during the court proceedings in Poland, it is the same lawyer who had been authorized in general in a power of attorney issued by N Company to participate in the proceedings on behalf of it. In addition, N Company received the payment of USD 54, 521 and related compensation of its litigation expenditure paid by F Company. Therefore, the lawyer's act of representing N Company should be considered valid. On March 12, 2014, the Ningbo Court rendered its final ruling, recognizing the civil judgment numbered I ACa 231/9 rendered on April 8, 2009 by the Court of Appeal in Wrocław, Poland.

Significance

To date, China has concluded bilateral agreements regarding judicial assistance in civil and commercial matters with more than 30 countries. Some of these agreements stipulate requirements concerning the mutual recognition and enforcement of civil and commercial judgments. This case demonstrates the commitment of Chinese courts to fulfilling judicial assistance agreements, recognizing and enforcing foreign civil and commercial judgments according to law, and upholding the legitimate rights and interests of both domestic and foreign parties.

Expert Commentary *

This case is a classic example of a Chinese court recognizing and enforcing foreign civil and commercial judgments based on bilateral judicial assistance treaties between China and other countries. In this case, the respondent, N Company, presented two reasons for refusing to recognize and enforce the judgment of the Wrocław Court of Appeal (I ACa 231/9) in Poland.

First, whether under Polish law or China's Civil Procedure Law, the application for enforcement exceeded the time limit. Regardless of the legality of the judgment itself, F Company no longer had the right to apply for recognition and enforcement of this judgment.

Second, during the retrial procedure ordered by the Supreme Court of

* Xiao Yongping, Senior Professor of Humanities and Social Sciences, Director of the Institute of International Law, Wuhan University; Member of the International Commercial Expert Committee of the Supreme People's Court of the PRC.
Luo Xiaoke, PhD candidate, Institute of International Law at Wuhan University.

Poland, which led to the Wrocław Court of Appeal's I ACa 231/9 judgment, N Company neither appointed a lawyer to participate in the litigation, nor received any court summons, decisions, or judgments. Therefore, I ACa 231/9 judgment violated Article 20(3)and(4)of the *1987 Sino-Polish Treaty on Legal Assistance in Civil and Criminal Matters*(hereinafter referred to as "the 1987 Sino-Polish Treaty"), and thus the Ningbo Court should refuse to recognize and enforce this judgment.

The prerequisite for the Ningbo Court to make a correct ruling on the above issues is to apply the appropriate rules. According to Article 265 of China's Civil Procedure Law(2007 Amendment), which provides that where a legally effective judgment made by a foreign court needs to be recognized and enforced by a people's court of the PRC, the parties may directly apply to the intermediate people's court of the PRC with jurisdiction for recognition and enforcement, or the foreign court may request the people's court for recognition and enforcement in accordance with the provisions of international treaties concluded or acceded to by that country and the PRC, or in accordance with the principle of reciprocity. The 1987 Sino-Polish Treaty came into effect on February 13, 1988. Therefore, Ningbo Court must first look for appropriate legal rules within the 1987 Sino-Polish Treaty to resolve the issues mentioned above.

Regarding the first issue, according to Article 11 of the 1987 Sino-Polish Treaty, "the requested authority shall provide judicial assistance in accordance with its domestic laws." Therefore, Ningbo Court should apply the provisions of China's Civil Procedure Law concerning the time limit for applying for the enforcement of foreign court judgments. Since China's Civil Procedure Law does not specifically stipulate this time limit, the general provisions of Article 215 of China's 2007 Civil Procedure Law regarding the application for enforcement should be applied, which states, "The time limit for the submission of an application for enforcement shall be two years. The suspension or termination of the time limit for the submission of an application for enforcement shall be governed by the provisions on the suspension or termination of the statute of limitation. The time limit prescribed in the preceding paragraph shall be calculated from the last day of the period specified by a legal document for its performance. If a legal document specifies an installment performance, the time limit shall be calculated from the last day of the period specified for each installment of performance. If a legal document does not specify the period of performance, the time limit shall be calculated from the day when the legal document takes effects."

In this case, the Wrocław Court of Appeal made the I ACa 231/9 judgment on April 8, 2009, which took effect on May 12, 2009. On April 8, 2011, F Company sent the relevant documents to Ningbo Court to apply for recognition and enforcement of the judgment. Due to incomplete application documents, Ningbo Court did not file the case. On February 5, 2013, F Company submitted supplementary documents to the Ningbo Court. The above facts indicate that F Company first applied for recognition and enforcement within two years after the I ACa 231/9 judgment took effect, thus interrupting the limitation period for applying for recognition and enforcement. The period for applying for recognition and enforcement should be recalculated, and the period from February 5, 2013, when F Company submitted supplementary materials, was within two years of the first application, thus the application did not exceed the statutory period.

It is worth noting that when Chinese courts determine whether the application documents are complete, according to Article 541 of the Interpretation of the Civil Procedure Law, parties must submit written applications to the intermediate people's court with jurisdiction to recognize and enforce legally effective judgments or rulings made by foreign courts. The application must be accompanied by the original judgment and a verified Chinese translation. If there is a bilateral judicial assistance treaty between the foreign country and China, the party must submit relevant documents according to the treaty's provisions. Article 17 of the 1987 Sino-Polish Treaty clearly states, "The following documents should be attached to requests for recognition and enforcement of judgments: (1) a copy of the judgment consistent with the original. If the copy does not indicate that the judgment has taken effect and can be enforced, a certificate from the court confirming its effectiveness and enforceability should be attached; (2) a certificate of service or other documents proving the judgment has been served; (3) documents proving that the losing party has been lawfully summoned and, if lacking litigation capacity, has received appropriate representation; (4) the request and the documents mentioned in the preceding items, verified and translated into the language of the requested party or English." Therefore, when determining whether the applicant's documents are complete, Chinese courts should refer to Article 17 of the above judicial assistance agreement.

Regarding the second issue, Article 20 of the 1987 Sino-Polish Treaty lists the reasons for refusing recognition and enforcement as follows: "(1) The judgment was made by a court without jurisdiction according to the laws of the Contracting Party where recognition or enforcement is sought; (2) The judgment has not taken effect or cannot be enforced according to the laws of the Contracting Party that made the judgment; (3) The losing party was not lawfully summoned by the court according to the laws of the Contracting Party that made the judgment; (4) The party was deprived of the opportunity to defend themselves, or was deprived of proper representation when lacking litigation capacity; (5) A court in the territory of the Contracting Party where recognition or enforcement is sought has already made a final judgment on the same case involving the same parties, is currently hearing the case, or has recognized the final judgment of a third country's court on the same case; (6) Recognition or enforcement of the judgment would be detrimental to the fundamental principles of law or public order of the Contracting Party where recognition or enforcement is sought." The court should rule on the second objection by the respondent based on this Article.

The respondent claims that N Company did not appoint a lawyer to participate in the litigation and did not receive any court summons, decisions, or judgments, thus violating Article 20 (3) and (4) of the 1987 Sino-Polish Treaty. However, the respondent did not clarify whether this constitutes "not lawfully summoned by the court" or "deprived of the opportunity to defend" according to Polish law. In fact, in the lawsuits in the Zielona Gora Reginal Court, the Opole Reginal Court, and Wrocław Court of Appeal before March 26, 2008, N Company entrusted Agnieszka Kanawka to participate in the litigation with a Power of Attorney, which granted Agnieszka Kanawka general authorization, indicating that N Company recognized the judgment regardless of whether it was favorable or unfavorable. Furthermore, N Company received USD 54, 521 and PLN 34, 600 paid by F Company according to the second-instance judgment of the Wrocław Court of Appeal. The Supreme Court of Poland and the Wrocław Court of Appeal, which retried the case, are reasonable to believe that Agnieszka Kanawka was authorized to represent N Company in the subsequent litigation, and Agnieszka Kanawka indeed participated in the litigation on behalf of N Company. Therefore, whether under Polish Civil Procedure Law or Chinese Civil Procedure Law, the above situation cannot be regarded as "the losing party was not lawfully summoned by the court" or "the party was deprived of the opportunity to defend."

According to China's Civil Procedure Law (2024 Amendment) and the judicial practice of Chinese courts, when handling applications for recognition and enforcement of foreign court judgments, the people's court should first examine whether the foreign country and China have concluded or jointly participated in an international treaty according to Article 299 of the Civil Procedure Law. If there is an international treaty, the issues should be handled according to the treaty. If there is no international treaty, or if the international treaty does not stipulate the relevant rule, the provisions of China's Civil Procedure Law should be applied. Even if it should be handled according to the international treaty, sometimes the treaty rules may also refer to the provisions of China's or foreign civil procedure law. The court need to determine the applicable law based on the rules of relevant international treaties and specific case circumstances.

It is worth noting that when Chinese courts handle cases applying for recognition and enforcement of foreign court judgments, they usually require the applicant to submit an application along with the following documents: (a) the original judgment or a verified copy; (b) a document proving that the judgment has taken legal effect; (c) for default judgments, a document proving that the foreign court lawfully summoned the absent party. However, if the judgment or ruling has already explained the situations in items (b) and (c) above, no other proof documents are needed. If the judgment and other documents submitted by the applicant are in a foreign language, they should be accompanied by a Chinese translation stamped by a translation agency. If the documents submitted by the applicant are formed outside the territory of China, they should be notarized and certified, or follow the proof procedures stipulated in the relevant international treaty concluded between China and the country where the documents were formed. If these requirements are inconsistent with the requirements of the bilateral judicial assistance agreements or multilateral international treaties concluded between China and other countries, the case should be handled according to the relevant treaties. As to applications lacking certain documents, we suggest Chinese courts place the case on file first and then require the applicant to supplement the materials to fully protect the rights and interests of the winning party in the foreign court judgment.

CASE 41

Application by K Group AG for the Recognition and Enforcement of the Civil Judgment by Singapore High Court*

Basic Facts

K Group AG (hereinafter referred to as “K Group”) is a joint stock company incorporated in Switzerland. In its application submitted to the Intermediate People’s Court of Nanjing City of Jiangsu Province in June 2016, it claimed that it had disputes with Jiangsu T Industry (Group) Import & Export Co., Ltd. (hereinafter referred to as “T Group”) arising from a sales contract and both parties reached a settlement agreement. Since T Group failed to perform the settlement agreement, K Group filed a lawsuit with Singapore High Court based on the agreed jurisdiction clause in the settlement agreement. Singapore High Court made an effective judgment. Since T Group and its properties were within the territory of China, it requested the Intermediate People’s Court of Nanjing City of Jiangsu Province to recognize and enforce such Singapore judgment. T Group claimed in its statement that there were no provisions on the mutual recognition and enforcement of judgments and awards in the Treaty on Judicial Assistance in Civil and Commercial Matters between the People’s Republic of

---

* First Instance Case No.: (2016) Su 01 Xie Wai Ren No. 3

China and Republic of Singapore. Pursuant to Article 282 of the Civil Procedure Law of the People's Republic of China, the application of K Group should be dismissed.

The Intermediate People's Court of Nanjing City of Jiangsu Province found out that T Group did not appear in court despite being legally summoned by Singapore High Court. Singapore High Court made a default judgment on October 22, 2015 that T Group should repay USD 350, 000, the interest thereof and expenses to K Group. T Group also received such judgment. In January 2014, Singapore High Court once recognized and enforced the civil judgment given by the Intermediate People's Court of Suzhou City of Jiangsu Province.

Judgment

The Intermediate People's Court of Nanjing City of Jiangsu Province held that the civil judgment in the case was given by Singapore High Court. China and Singapore did not conclude or jointly participate in any international treaty on the mutual recognition and enforcement of effective civil and commercial judgments. However, since Singapore High Court once enforced a civil judgment given by a Chinese court, according to the principle of reciprocity, the Chinese courts may recognize and enforce qualified civil judgments given by the Singaporean courts. After review, the judgment in the case did not violate the basic principles of Chinese laws or the state sovereignty, security and public interest. Therefore, on December 9, 2016, in accordance with the provisions of Article 282 of the *Civil Procedure Law of the People's Republic of China*, it was ruled to recognize and enforce the civil judgment(No. O13[2016], High Court, Singapore) given by the High Court of the Republic of Singapore on October 22, 2015.

Significance

This case marks the first instance where a Chinese court recognized and enforced a commercial judgment from a Singaporean court. Article 282 of the *Civil Procedure Law of the People's Republic of China* stipulates that the basis for recognizing and enforcing a judgment given by a foreign court is an international treaty or the principle of reciprocity. At present, China has only concluded treaties on judicial assistance for mutual recognition and enforcement of civil and commercial judgments with less than 1/3 of the countries under the Belt and Road Initiative(BRI). Therefore, the determination of whether there is a relationship of reciprocity between both countries is crucial to whether the commercial judgments given by the courts of countries under the Belt and Road Initiative(BRI) can be recognized and enforced by the Chinese courts. According to the precedent where the Singaporean court recognized and enforced the judgment given by the Chinese court, this case recognized the existence of a reciprocal relationship between China and Singapore for the first time and further recognized and enforced the commercial judgment given by the Singaporean court based on the principle of reciprocity. This is not only a milestone in the mutual recognition and enforcement of commercial judgments between China and Singapore, but will also effectively promote the practice of judicial cooperation in the field of recognition and enforcement of civil and commercial judgments among countries under the Belt and Road Initiative (BRI).

Expert Commentary *

This case involved the issue of recognition and enforcement of a judgment made

* He Qisheng, Professor and Doctoral Supervisor, School of Law at Peking University.
Wang Yahan, Associate Professor, School of Law at Henan University.

by a foreign court in China.

In 2016, in the case of K Group's application for recognition and enforcement of a Civil Judgment made by the High Court of the Republic of Singapore (hereinafter referred to as "K case"), Nanjing Intermediate People's Court recognized and enforced the Judgment of Singapore High Court for the first time based on the principle of reciprocity. The Ruling of Nanjing Intermediate People's Court not only promotes the mutual recognition and enforcement of the judgments between China and Singapore, but also has a leading value in the application of the principle of reciprocity in China's courts.

Ⅰ. The Issue of Reciprocity Involved in K Case

According to the Ruling of K case, Nanjing Intermediate People's Court conducted the following examination and analysis based on the provisions of China's Civil Procedure Law: firstly, Singapore High Court summoned legitimately to T Group, who did not participate in the court trial, but received the relevant judgment. The Judgment made by Singapore High Court met the requirements of due process. Secondly, in the field of recognition and enforcement of the judgments, there are no international treaties concluded and jointly participated in between China and Singapore, but Singapore High Court recognized and enforced the Civil Judgment of Suzhou Intermediate People's Court of Jiangsu Province in 2014. "In accordance with the principle of reciprocity, China's courts can recognize and enforce the civil judgments of Singaporean courts that meet the requirements." Thirdly, Nanjing Intermediate People's Court through examination held that the judgment of Singaporean court did not violate the basic principles of China's law(s) or national sovereignty, security, and social and public interests. In conclusion, Nanjing Intermediate People's Court made a ruling to recognize and enforce the Civil Judgment of

No. 013 made by Singapore High Court. The Ruling of this case clarified the identified criterion of reciprocity in China's judicial practice which is based on whether there was a precedent in the original hearing country to recognize and enforce the judgments of China's courts.

It is remarkable to see that on August 31, 2018, taking the K case as an opportunity, the Supreme People's Court of the People's Republic of China (hereinafter referred to as "SPC") and the Supreme Court of the Republic of Singapore jointly signed the Memorandum of Guidance Between the Supreme People's Court of the People's Republic of China and the Supreme Court of Singapore on Recognition and Enforcement of Money Judgments in Commercial Cases (hereinafter referred to as "Guidance Memorandum"), which further clarifies the scope and conditions of mutual recognition and enforcement of the judgments between two countries. Article 6 of Guidance Memorandum stipulates there is no treaty between two countries that the judgment of one party can be recognized and enforced in the court of the other party. Under such circumstances, according to the provisions of China's Civil Procedure Law, China's courts can recognize and enforce the judgments of Singaporean courts on the basis of reciprocity in accordance with the application of applicants.

Ⅱ. The Leading Value of K Case on the Interpretation of Reciprocal Relationship

As the first case of recognizing and enforcing the judgment of a foreign court based on the principle of reciprocity and one of typical cases under the construction of the Belt and Road Initiative, K case in China is not only a turning point concerning recognition and enforcement of the judgments of foreign courts in judicial practice, but also a driving force for recognition and enforcement of the judgments of foreign courts to push on the construction of the Belt and Road Initiative. This case shows China's positive attitude to strengthen international cooperation in the field of recognition and enforcement of the judgments, and also reflects China's intention to promote cooperation through reciprocity.

Although Nanjing Intermediate People's Court still adopts the standard of factual reciprocity for the determination of reciprocity, this case reflects the progress of China's foreign-related judicial practice to a certain degree, and pushes forward the trend of China's courts to recognize the judgments of foreign courts with factual reciprocity.

In 2017, having accepted the case of the Applicant Liu X and the Respondents Tao X and Tong X who applied for recognition and enforcement of the civil judgment of a foreign court, Wuhan Intermediate People's Court recognized and enforced the Judgment of California State Court, the United States, on the basis of factual reciprocity. ① In March 2019, Qingdao Intermediate People's Court of Shandong Province recognized and enforced a Civil Judgment concerning a debit and credit dispute made by Suwon District Court of the Republic of Korea, and held that the judgment of the court in the Republic of Korea met the requirements of China's principle of reciprocity. ② In August 2019, Wenzhou Intermediate People's Court of Zhejiang Province followed the ruling analysis of K case and once again recognized and enforced another Judgment made by Singapore High Court. ③ Therefore, the principle of reciprocity began to play the side of its positive cooperation in China, rather than just as a reason to refuse the judgments of foreign courts.

① See the Civil Ruling of Wuhan Intermediate People's Court of Hubei Province, (2015) E Wuhan Zhong Min Shang Wai Chu Zi No. 00026.

② See the Civil Ruling of Qingdao Intermediate People's Court of Shandong Province, (2018)Lu 02 Xie Wai Ren No. 6.

③ See the case of G D Group Co, Ltd. , Chen A and Chen B's application for recognition and enforcement made by the judgment of the court and the arbitration award, a Civil Ruling made by Wenzhou Intermediate People's Court of Zhejiang Province, (2017)Zhe 03 Xie Wai Ren No. 7.

With the promotion of the construction of the Belt and Road Initiative, SPC has also launched a series of work to actively push forward recognition and enforcement of the judgments made by foreign courts. In 2015, SPC issued the *Opinions of the Supreme People's Court on Several Issues Concerning People's Court Providing for Judicial Services and Safeguards for the Construction of the Belt and Road Initiative*, among which Article 6 clarifies to strengthen international judicial assistance, to protect the legitimate rights and interests of Chinese and foreign parties, and to enable reciprocity to play a more active role in the future judicial practice. At the Second China-ASEAN Chief Justice Forum in 2017, China and ASEAN countries also reached a consensus on presumptive reciprocity in Nanning Declaration. Compared with judicial practice, the standard of presumptive reciprocity established in Nanning Declaration was further relaxed, which meant as long as the other country does not refuse to recognize and enforce it on the ground that there is no reciprocal relationship, it can be presumed that there is reciprocity. ①

In conclusion, the flexible interpretation of K case has opened a new situation of China's foreign judicial cooperation in the field of recognition and enforcement of the judgments, and has also enabled China's judgments to be recognized and enforced by more and more countries.

① On June 8, 2017, China and ASEAN countries reached eight consensus in the Nanning Declaration on issues such as international judicial assistance in this region, among which Article 7 provides "... a country that has not yet concluded an international treaty on the recognition and enforcement of foreign civil and commercial judgments, in the judicial process of recognizing and enforcing the civil and commercial judgments of the other countries, if the courts of the other countries do not have the precedent of refusing to recognize and enforce the civil and commercial judgments in the home country on the ground that there is no reciprocity, it can be presumed that there exists a reciprocal relationship with the other country within the scope prescribed by its domestic laws".

CASE 42

Application for the Recognition and Enforcement of a Judgment by a Court of the Republic of Korea between Cui X and Yin X*

Basic Facts

On November 6, 2009, a resident in the Republic of Korea (ROK) Yin X borrowed KRW 80,000,00 from Cui X . Because Yin X did not repay the borrowing, Cui X filed a lawsuit with the Suwon District Court in ROK. On July 20,2017, the Suwon District Court made a judgment to order Yin X to pay Cui X KRW 80,000,000 and the interest arising therefrom. As the habitual residence of Yin X was located in Chengyang District, Qingdao City, Shandong Province, China and Yin X's main property is in China, Cui X applied to the Intermediate People's Court of Qingdao City of Shandong Province for recognition and enforcement of the judgment given by the Suwon District Court of ROK.

Judgment

The Intermediate People's Court of Qingdao City of Shandong Province held that the Seoul District Court had recognized the civil judgments of the

* First Instance Case No.: (2018)Lu 02 Xie Wai Ren No. 6

Intermediate People's Court of Weifang City of Shandong Province, and Intermediate People's Court of Qingdao City could recognize and enforce the qualified civil and commercial judgments of the ROK's courts in accordance with the principle of reciprocity. The judgment involved in case was made in accordance with the ROK's Civil Procedure Law and has already taken effect, and the recognition and enforcement of the judgment does not violate the basic principles of Chinese law or national sovereignty, security, social and public interests, so the judgment shall be recognized and enforced.

Significance

The application of the principle of reciprocity not only affects a country's courts' recognition and enforcement of foreign judgments, but also affects the recognition and enforcement of domestic judgments in foreign courts. The Seoul District Court in ROK had previously recognized a judgment by the Intermediate People's Court of Weifang City of Shandong Province. In its judgment confirming the effective judgment of Chinese court, the Seoul District Court in ROK stated that if it recognizes the judgment of the Chinese court by the reciprocal relationship, but the Chinese court still refuses to recognize the judgment of the ROK's court on the grounds that there is no reciprocal relationship with ROK, the ROK's courts will no longer maintain the opinion that there is a reciprocal relationship between the two countries. Based on the principle of reciprocity, this case recognized and enforced the judgment of the ROK's court, actively maintained the reciprocal relationship between China and ROK, and promoted the recognition and enforcement of judgments between the two countries. It plays a positive role in promoting the economic and trade cooperation and exchanges between the two countries and enhancing the confidence of market players under the Belt and Road Initiative(BRI).

Expert Commentary *

The following have been involved in this case.

Ⅰ. The Reciprocity Mechanism Regarding Recognizing and Enforcing Foreign Judgments

The principle of reciprocity, also known as the principle of mutual equivalence, emphasizes that the measures taken by one country must be consistent with or equivalent to those taken by another country under similar circumstances. Reciprocity is divided into reciprocity under a domestic law and reciprocity under a treaty. The former refers to the reciprocity principle enshrined in the domestic law of a country, according to which judgments rendered in a foreign country will be enforced under the same conditions provided in that country's law for the enforcement of the addressed state's judgments. The latter refers to reciprocity established by a bilateral or multilateral international treaty. Reciprocity under a treaty is, to some extent, of certainty and compulsion, and hence can be a relatively thorough solution to the problem of extraterritorial recognition and enforcement of court judgments. However, there is currently no international reciprocity treaty in force in the international community, and bilateral judicial assistance treaties are very limited. Therefore, reciprocity under a domestic law remains the primary basis for recognizing and enforcing foreign judgments.

Reciprocity under a domestic law generally includes *de facto* reciprocity and *de jure* reciprocity. *De facto* reciprocity requires actual precedents demonstrating that the foreign country has recognized and enforced a domestic judgment which can prove the reciprocity relationship between the two countries. *De jure*

* Du Xinli, Director of the Arbitration Institute, Professor, and Doctoral Supervisor, China University of Political Science and Law; Member of the International Commercial Expert Committee of the Supreme People's Court of the PRC.

reciprocity exists when the legal system of a foreign country includes a provision that grants foreigners the same rights as its own citizens, under which foreign judgments can be recognized and enforced in domestic courts.

Ⅱ. Recognizing and Enforcing Foreign Judgments According to "*De Facto* Reciprocity"

According to the provisions of the Civil Procedure Law, in the absence of a judicial assistance treaty between two countries, the recognition and enforcement of foreign court judgments should be reviewed based on the principle of reciprocity. The ruling in this case was made in 2019, at which time neither laws nor judicial interpretations explicitly addressed the standards for applying the principle of reciprocity. As a result, courts across different regions adopted a conservative and cautious approach in determining reciprocity, applying the "*de facto* reciprocity" standard. Specifically, when adjudicating cases involving the recognition and enforcement of foreign judgments, if there is no judicial assistance treaty and no precedent of the foreign country recognizing and enforcing Chinese judgments, courts generally concluded that a reciprocal relationship did not exist. Therefore, when a party applies to a Chinese court for the recognition and enforcement of a foreign court judgment, the court's task is to examine whether there is a precedent of that foreign country recognizing and enforcing a Chinese judgment.

In this case, the Intermediate People's Court of Qingdao City, upon verifying that there was no treaty between China and ROK regarding the mutual recognition and enforcement of court judgments, determined that the principle of reciprocity should be applied. The court ultimately found a *de facto* reciprocity relationship based on the fact that a ROK's court had recognized and enforced a judgment from the Intermediate People's Court of Weifang City of Shandong Province. Consequently, the Chinese court enforced the ROK's judgment in accordance with the Civil Procedure Law. The outcome of this case further strengthened the reciprocal relationship between China and ROK in the recognition and enforcement of judgments.

It is worth noting that on December 31, 2021, the Supreme People's Court issued the Minutes of the National Symposium on Foreign-Related Commercial and Maritime Trial Work, which provided guidelines on the application of the principle of reciprocity. Article 44 of the Minutes clarified the standard for determining reciprocity, adopting a more flexible approach that is no longer limited to examining whether there is a precedent of a foreign court enforcing Chinese judgments. In recent years, Chinese courts have investigated ROK's law in related cases and found that, under similar conditions, Chinese civil and commercial judgments can be recognized and enforced by ROK's courts. Consequently, several ROK's court judgments have been recognized and enforced by Chinese courts.

Ⅲ. Review Conditions for Recognizing and Enforcing Foreign Judgments

Both substantive and formal requirements necessary for the recognition and enforcement of foreign judgments should satisfy the law of the country where the recognition and enforcement of such judgments are sought. In this case, the Intermediate People's Court of Qingdao City of Shandong Province shall recognize and enforce the judgment according to the conditions provided for in the *Civil Procedure Law of the People's Republic of China*. In accordance with the Civil Procedure Law, for a people's court to recognize and enforce a foreign judgment, three basic conditions must be met: (a) The foreign judgment has taken legal effect; that is, it is a judgment in force. (b) China and the foreign country have signed or participated in international treaties on the recognition and enforcement of civil and commercial judgments, or there is a reciprocal relationship between the two countries. (c) The recognition and enforcement of the judgment does not impair the fundamental principles of law, national sovereignty, security, or public interest. In this case, the Intermediate People's Court of Qingdao City of Shandong Province reviews the ROK's judgment according to the aforementioned conditions. First, this judgment involves a loan relationship between the applicant and the respondent, and its recognition is not against our national social and public interest. Second, the applicant presents evidence that the judgment has been served and taken effect and its notarization and authentication proves a judgment in force. Finally, the Intermediate People's Court of Qingdao City of Shandong Province concludes that the judgment meets the conditions required by Chinese law and orders to recognize and enforce it accordingly.

CASE 43

China S and M Enterprise Management Investment Company v. Russia S Marine Products Unlimited & O International Economic and Technical Cooperation Company (Claim of Objection to Enforcement by a Person Who is Not a Party to the Case) *

Basic Facts

In October 2000, the Arbitration Court of Sakhalin Region of the Russian Federation ruled that O International Economic and Technical Cooperation Company (hereinafter referred to as "O Cooperation Company") should pay Russia S Marine Products Unlimited (hereinafter referred to as "S Company") the total USD 3007, 319. 2 in principal amount and RUB 83, 490 in Russian federal taxes. Upon the application of S Company, the High People's Court of Heilongjiang Province, as the court of first instance, ruled in January 2004 to recognize and enforce the award, ordering the freezing of O Cooperation Company's CNY 63 million equity and dividends in the said company's Finance

* First Instance Case No. : (2017) Hei Min Chu No. 209
Second Instance Case No. : (2019) Zui Gao Fa Min Zhong No. 1429

Company. In September 2011, O Cooperation Company and China S and M Enterprise Management Investment Company (hereinafter referred to as "S Investment Company") entered into an Equity Transfer Agreement agreeing that O Cooperation Company would transfer CNY 63 million equity in its Finance Company held on its behalf by O Cooperation Company to S Investment Company for a price of CNY 63 million. On the same day, O Cooperation Company issued a written statement confirming that it had no objection to the Equity Transfer Agreement. Subsequently, S Investment Company filed a lawsuit with the People's Court of Hejian City of Hebei Province, requesting confirmation that the CNY 63 million equity in question was its property. On March 29, 2012, the People's Court of Hejian City of Hebei Province ruled that S Investment Company had ownership of the equity in question. On June 5, 2017, S Investment Company filed an application of objection of enforcement with the court of first instance, namely the High People's Court of Heilongjiang Province. The application was rejected. S Investment Company then filed a claim of an enforcement objection. The High People's Court of Heilongjiang Province dismissed S Investment Company's claim. S Investment Company refused to accept the judgment, and appealed to the Supreme People's Court.

Judgment

The Supreme People's Court held in the second instance that whether or not to execute the subject matter of execution of the judgment depends on whether the person who is not a party to the case has civil rights sufficient to preclude compulsory execution. In a claim of the execution objection by a person who is not a party to the case, the rights claimed by the non-party should be substantive rights in nature that can preclude the people's court from compulsory execution of the subject matter of execution of the judgment. At the time when S

Investment Company and O Cooperation Company entered into the Equity Transfer Agreement, the equity in question had been ordered to be frozen by the High People's Court of Heilongjiang Province. According to Article 26 of the Provisions of the Supreme People's Court for the People's Courts to Seal up, Distrain and Freeze Properties in Civil Enforcement and Article 26 of the Several Opinions on the Rational Allocation and Scientific Operation of Execution Power of the Supreme People's Court, property that has been sealed up or frozen cannot be requested to be subject of confirmation of property ownership. In addition, the equity transfer payment of S Investment Company had not been actually paid, and the equity transaction had not been completed. Therefore, S Investment Company cannot enjoy the ownership of the equity in question, and there is no effective judgment to determine the ownership of the equity in question. S Investment Company cannot prove that it has civil rights sufficient to preclude compulsory execution of the subject matter of execution of judgment in this case. Therefore, the first-instance judgment dismissing S Investment Company's lawsuit was upheld, and S Investment Company's appeal was dismissed.

Significance

In this case, the foreign arbitration award was recognized by the people's court and the property in question was sealed up in the process of enforcement. However, the person to be enforced tried to evade enforcement by transferring the sealed-up property and filed another lawsuit to confirm the ownership of the sealed-up property. The people's court enforced the foreign arbitration award in accordance with the law, and not only dismissed the enforcement objection application, but also, in the subsequent execution objection claim, determined that the transferee's behavior was not in good faith in accordance with the judicial interpretation. At the same time, it promptly retried the effective judgment of confirmation of rights in another related case, reflecting the various effective measures taken by Chinese courts to ensure the cross-border enforcement of arbitration awards, and vigorously safeguarding the legitimate rights and interests of civil subjects in the countries under the Belt and Road Initiative (BRI).

Expert Commentary *

This case primarily involves the lawful exclusion of objections to enforcement from a person who is not a party to the case, in order to ensure the effective enforcement of a foreign arbitration award.

The case arose when S Company (a Russian company, the applicant in the arbitration proceeding and the applicant for enforcement) applied to enforce the share values registered under O Cooperation Company (the respondent in the arbitration case and the respondent for enforcement). S Investment Company claimed rights to the shares, leading to an outsider's objection to enforcement. The central issue to be resolved in this case is whether the outsider, or a non-party to the case, S Investment Company holds civil rights over the shares in question sufficient to exclude the enforcement by the people's court. Both the first instance and appeal courts determined that S Investment Company does not possess genuine and actual ownership of the disputed shares, and therefore, the people's court's enforcement of the Russian arbitration award cannot be prevented.

There are three issues to be discussed in this commentary. The first issue

---

* Shi Jingxia, Wu Yuzhang Chair Professor and Doctoral Supervisor, Renmin University of China; Member of the International Commercial Expert Committee of the Supreme People's Court of the PRC.

concerns the necessity of establishing the mechanism under which a non-party to the case may lodge objections to the enforcement of a judgment or award, and the principles of adjudication in this case. Both China and Russia are member states of the 1958 New York Convention Recognizing and Enforcing Foreign Arbitration Awards. Under the Convention, Chinese courts have an international obligation to enforce Russian arbitration awards unless they violate China's public interests. In this case, after the Chinese court decided to enforce the Russian arbitration award and freeze the shares held by the respondent O Cooperation Company, S Investment Company, a non-party to the arbitration case claimed rights to the shares based on the transfer of share values. S Investment Company applied to unfreeze the shares, leading to the objection to enforcement from a non-party to the case.

According to Articles 236 and 238 of the PRC Civil Procedure Law (2023 Amendment), if a non-party to the case claims ownership or other rights sufficient to prevent compulsory enforcement of the subject matter, they can file an objection with the court to prevent the court from compulsory enforcement of the specific subject matter. Article 321, Paragraph 1 of the Interpretation of the Supreme People's Court on the Application of the Civil Procedure Law of the People's Republic of China states that in the case that a non-party to the case objects to enforcement, the people's court, after trial, shall handle the case according to the following circumstances: if the non-party to the case enjoys civil rights over the subject matter of enforcement sufficient to prevent compulsory enforcement, a judgment shall be rendered to prevent the enforcement of the subject matter; if the non-party to the case does not enjoy civil rights over the subject matter of enforcement sufficient to prevent compulsory enforcement, a judgment shall be rendered to dismiss the lawsuit.

From these provisions, it can be seen that the principle of "appearance of rights" is an important principle in judicial adjudication. Its function is to ensure transaction security and stimulate market vitality, but it may also lead to substantive injustice and harm the interests of the actual rights holder. Therefore, as a remedy procedure provided to non-party to the case during the enforcement stage, the objections to enforcement from a non-party to the case concern both procedural and substantive law. The adjudication must protect the legitimate rights of non-party to the case while without infringing on the legitimate rights of the creditors.

Article 310, Paragraph 1 of the Judicial Interpretation of the Civil Procedure Law stipulates the scope of the trial for non-party objections to enforcement. It states that if, after a trial, the court determines that the non-party to the case enjoys civil rights over the subject matter sufficient to prevent compulsory enforcement, it shall rule that the subject matter shall not be enforced. Conversely, if the non-party to the case does not enjoy such rights, the court shall dismiss their claim. Therefore in the present case, whether the subject matter of enforcement should be enforced depends on whether S Investment Company holds civil rights over the disputed shares sufficient to prevent compulsory enforcement. Such rights must be of a nature, like ownership, that can prevent the people's court from compulsory enforcement of the subject matter. Consequently, the main issues examined by the courts in both the first instance and appeal processes were whether S Investment Company holds rights over the subject matter, the nature of those rights, and whether those rights are sufficient to prevent the enforcement of the Russian arbitration award by Chinese courts under treaty obligations.

The second concerns whether S Investment Company holds actual rights to the disputed shares. According to the facts established by the court, S Investment Company claimed that it signed an Shares Transfer Agreement with

O Cooperation Company, an affiliate of the respondent, in 2011. However, at that time, the share in question held by O Cooperation Company, the respondent, had already been frozen by the High People's Court of Heilongjiang Province through an enforcement ruling, and this freeze had been announced by the industrial and commercial authorities. Owners of assets frozen by the court are prohibited from freely disposing of them, including actions such as transferring ownership, setting up mortgages, or handling title transfers. Article 26 of the Provisions of the Supreme People's Court for the People's Courts to Seal up, Distrain and Freeze Properties in Civil Enforcement stipulates that any transfer or creation of rights burdens or other actions that hinder enforcement by the person subjected to enforcement regarding already seized, detained, or frozen property cannot oppose the enforcement applicant. If a non-party to the case occupies the seized, detained, or frozen property or takes other actions that hinder enforcement without court approval, the court can, based on the enforcement applicant's request or *motu proprio*, release the occupation or eliminate the hindrance. Therefore, S Investment Company's signing of the Shares Transfer Agreement with O Cooperation Company to acquire the disputed shares was not done in good faith. Additionally, although S Investment Company filed a lawsuit with the People's Court of Hejian City of Hebei Province in 2012, requesting confirmation of its ownership of the disputed shares on the grounds that O Cooperation Company had not registered the transfer of the shares as agreed, it had never actually paid the transfer price for the shares. Consequently, the shares transaction was never completed, and no effective judgment has confirmed the ownership of the disputed shares either.

Based on the above facts and legal grounds, S Investment Company's claim to prevent the compulsory enforcement of the disputed shares on the grounds of being the actual rights holder lacks factual and legal basis. Both courts in the first instance and appeal process determined that S Investment Company's agreement with O Cooperation Company to transfer the disputed shares was not made in good faith, and thus, S Investment Company cannot lawfully claim rights to the disputed shares. Consequently, the courts ruled that the compulsory enforcement by the people's court on the disputed shared cannot be prevented.

The third issue involves whether O Cooperation Company's status as the nominal holder of the disputed shares prevents compulsory enforcement. Article 32, Paragraph 3 of the PRC Company Law stipulates that a company must register its shareholders' names with the company registration authority, and any changes must also be registered. Without such registration or change, it cannot oppose third parties.

Consequently, industrial and commercial registration serves as a public record of a company's shares information, and creditors of the registered shareholder have the right to rely on the shares information recorded by the registration authority. This reliance interest must be legally protected. Even if the actual contributor of the shares does not match the registered shareholder, the law prioritizes protecting the rights of the registered shareholder's creditors. Since the actual contributor of the shares does not have the legal status of a registered shareholder in external relations, they cannot use internal agreements with the registered shareholder to oppose the registered shareholder's creditors. Therefore, creditors of the registered shareholder are entitled to apply for compulsory enforcement of the shares based on the ownership recorded in the industrial and commercial registration.

In this case, regardless of whether O Cooperation Company is the actual contributor of the disputed shares, since the shares are registered under O Cooperation Company, S Investment Company, as a creditor of O Cooperation Company, is entitled to apply for compulsory enforcement of the disputed shares according to the PRC law. Therefore, S Investment Company's argument that O Cooperation Company is merely the nominal holder of the shares is insufficient to exclude the compulsory enforcement by Chinese courts of the disputed shares. S Investment Company's claim in this regard cannot be upheld.

Although this case involves a non-party's objection to enforcement, it holds special significance because what is to be enforced is a Russian arbitration award. As a member state of the 1958 New York Convention, Chinese courts have long actively fulfilled their international obligations under the Convention, maintaining a good record of recognizing and enforcing foreign arbitration awards, with very few cases of refusal to recognize and enforce. This case once again demonstrates the proactive stance of Chinese courts in supporting arbitration and enforcing awards, including those rendered in other jurisdictions. In the present case, when faced with a valid Russian arbitration award, the Chinese court first decided to enforce it and then froze the respondent's disputed property during the enforcement process. However, when the respondent attempted to evade enforcement by transferring the frozen shares and initiating another lawsuit to confirm the ownership of the frozen shares, the court comprehensively investigated the facts and accurately applied the law. It not only rejected the non-party's objection to enforcement but also, in the subsequent non-party's objection to enforcement lawsuit, determined that the non-party's transfer of shares was not in good faith based on the PRC laws and judicial practice. The people's court promptly retried the effective judgment confirming ownership in another case, fully demonstrating the proactive measures taken by Chinese courts to ensure the cross-border enforcement of arbitration awards and effectively protecting the legitimate rights and interests of civil entities in countries participating in the Belt and Road Initiative(BRI).

CASE 44

Application of S Construction Co., Ltd. for the Recognition and Enforcement of the Civil Judgments by the Singapore State Courts*

Basic Facts

On May 15, 2020, S Construction Co., Ltd. (hereinafter referred to as "S Company"), registered in Singapore, filed a lawsuit against Chinese citizen Pan X in the Singapore State Courts for a civil dispute involving private lending. After the Singapore State Courts issued a summons and statement of claim with the court seal, they were served to Pan X by S Company's lawyer. After two failed attempts at service, the lawyer, in accordance with a court order, posted the documents on the door of Pan X's residence. The order of the Singapore State Courts stated that: service of the summons and statement of claim with the statement of claim, together with a copy of a court order issued hereby, may be effectively effected by posting it on the front door of a certain address in Singapore (which is Pan X's last known address), and by registered mail with AR to that address. The summons, statement of claim and court order served on Pan X in this manner shall be deemed to be due and proper service. Since Pan X did not appear in court, the Singapore State Courts

* First Instance Case No.: (2022)Zhe 03 Xie Wai Ren No. 4

issued a judgment on August 23, 2020, ordering Pan X to pay S Company SGD 118,225. 8 and interest thereon. S Company then applied to the court of Pan X's residence, the Intermediate People's Court of Wenzhou City of Zhejiang Province, for recognition and enforcement of the aforementioned civil judgment.

During the review by the Intermediate People's Court of Wenzhou City of Zhejiang Province, Pan X confirmed that the address listed in the order issued by the Singapore State Courts was his residence in Singapore and did not object to the aforementioned judgment of the Singapore State Courts. S Company confirmed that Pan X had fulfilled part of the judgment.

Judgment

The Intermediate People's Court of Wenzhou City of Zhejiang Province, after review, found that although China and Singapore have not concluded or jointly participated in any international treaties on the mutual recognition and enforcement of effective judicial documents, since Singapore High Court has previously enforced civil judgments of Chinese courts, based on the principle of reciprocity, Chinese courts can, in accordance with the provisions of Article 288 of the Civil Procedure Law of China, recognize and enforce civil judgments of Singaporean courts that meet the conditions. Although this case was a default judgment, Pan X had been legally summoned; the judgment had come into effect and did not violate the basic principles of the laws of the People's Republic of China or China's sovereignty, security, or public interest. Therefore, it was ruled that the legal effect of the judgment in question should be recognized.

Significance

This case is an example of how people's courts in China have applied the principle of reciprocity to recognize civil and commercial judgments of courts in countries under the Belt and Road Initiative(BRI). In the absence of a bilateral judicial assistance agreement between China and Singapore on the mutual recognition and enforcement of effective civil and commercial judgments, and without being a party to any relevant international treaties, this case clarified the application standards of the principle of reciprocity and actively promoted the mutual recognition and enforcement of civil and commercial judgments between China and Singapore. It is a good embodiment of the spirit of the Memorandum of Guidance between the Supreme People's Court of The People's Republic of China and the Supreme Court of Singapore on Recognition and Enforcement of Money Judgments in Commercial Cases. It has positive significance for ensuring high-quality joint construction of the Belt and Road Initiative(BRI) and creating an open, inclusive and rule-of-law-based international business environment.

Expert Commentary *

This case primarily concerns the recognition and enforcement of foreign civil and commercial judgments by Chinese courts, including the legal basis and review standards for such recognition and enforcement.

Ⅰ. Legal Basis for the Recognition and Enforcement of Foreign Civil and Commercial Judgments by Chinese Courts

Article 299 of the current Civil Procedure Law of the People's Republic of China clearly stipulates the recognition and enforcement of foreign civil and commercial judgments and rulings. Accordingly, Chinese courts shall recognize and enforce foreign judgments and rulings that have legal effect if the

---

* Li Wanqiang, Associate Dean, Professor, and Doctoral Supervisor, School of Law at Xi'an Jiaotong University.

Liu Hong, the Director of the Arbitration Research Center at the Xi'an Arbitration Commission.

application or request is based on an international treaty to which China is a party, or on the principle of reciprocity, provided that such judgments do not violate the fundamental principles of Chinese law, or harm China's sovereignty, security, or public interest. If recognition is granted, an enforcement order may be issued in accordance with the relevant provisions of the Civil Procedure Law.

Thus, there are two legal bases for applying for the recognition and enforcement of foreign civil and commercial judgments in China: international treaties and the principle of reciprocity. China has signed bilateral agreements or treaties with 35 countries that include provisions on the recognition and enforcement of foreign civil and commercial judgments, all of which have come into effect. Additionally, the International Convention on Civil Liability for Oil Pollution Damage, to which China is a party, also includes provisions for recognizing and enforcing relevant civil judgments from other contracting states.

The case involves the recognition and enforcement in China of a civil judgment rendered by a Singaporean court. China and Singapore signed the Treaty on Judicial Assistance in Civil and Commercial Matters, which came into effect in April 1999. However, this treaty only addresses issues such as the service of judicial documents, the taking of evidence, and the recognition and enforcement of arbitral awards, without providing for the recognition and enforcement of civil and commercial judgments. Therefore, there is no international treaty basis for applying for the recognition and enforcement of Singaporean civil and commercial judgments in China.

In the absence of an international treaty, the Intermediate People's Court of Wenzhou City of Zhejiang Province decided whether to recognize and enforce the Singaporean court's judgment based on the principle of reciprocity. The court applied the "factual reciprocity" standard, which involves determining whether a precedent exists where a foreign court has recognized or enforced a judgment of a Chinese court, thereby establishing a reciprocal relationship between the two countries. After review, the Intermediate People's Court of Wenzhou City of Zhejiang Province confirmed that the Singapore High Court had previously enforced a civil and commercial judgment of a Chinese court. Based on this, it ruled that despite the absence of a bilateral or multilateral international treaty between China and Singapore regarding the mutual recognition and enforcement of judgments, Chinese courts could still recognize and enforce qualified Singaporean civil and commercial judgments.

It is noteworthy that on August 31, 2018, the Supreme People's Court of China and the Supreme Court of Singapore signed a Memorandum of Guidance on Recognition and Enforcement of Money Judgments in Commercial Cases. The handling of this case is consistent with the spirit of that Memorandum.

As China continues to expand its openness, its courts have adopted a more open and inclusive stance on the recognition and enforcement of foreign civil and commercial judgments. On June 8, 2017, the Nanning Statement, adopted at the second China-ASEAN Justice Forum, suggested that where no international treaty exists regarding the recognition and enforcement of foreign civil and commercial judgments, courts in both countries could presume the existence of a reciprocal relationship, provided that there are no precedents of refusal by the other country's courts to recognize and enforce such judgments on the grounds of lack of reciprocity. This is known as "presumed reciprocity". Moreover, Article 44 of the Minutes of the National Symposium on Foreign-Related Commercial and Maritime Trials, published by the Supreme People's Court in December 2021, identified three situations in which a reciprocal relationship could be presumed: (a) where the foreign court's laws allow the recognition and enforcement of civil and commercial judgments of Chinese courts; (b) where a mutual understanding or agreement on reciprocity exists between China and the foreign court's country; or (c) where a reciprocal commitment has been made through diplomatic channels between China and the foreign court's country, and there is no evidence that the foreign court's country has previously refused to recognize or enforce a Chinese court's judgment on the grounds of lack of reciprocity.

Ⅱ. Review Standards for the Recognition and Enforcement of Foreign Civil and Commercial Judgments by Chinese Courts

Generally, Chinese courts adhere to the principle of "non-substantive review" when recognizing and enforcing foreign civil and commercial judgments, meaning that they do not review the correctness of the substantive issues of the judgment. Instead, the review focuses on whether the procedural rights of the parties were protected during the foreign court's proceedings and whether the judgment violates China's public order. Although the Civil Procedure Law in effect at the time of this case only required the review of whether the foreign court's judgment violates China's fundamental principles of law or national sovereignty, security, or public interest, in practice, Chinese courts' reviews are not limited to these factors.

Article 10 of the 2018 China-Singapore Memorandum of Guidance on Recognition and Enforcement of Money Judgments in Commercial Cases listed six grounds for challenging a Singaporean court's judgment, including: (a) the judgment violates the fundamental principles of Chinese law or harms national sovereignty, security, or public interest; (b) the judgment was obtained by fraud; (c) the party was not duly notified of the judicial proceedings or was not given a reasonable opportunity to defend; (d) the members of the adjudicating panel had a personal interest in the outcome of the case; (e) the party without litigation capacity was not properly represented; or (f) a Chinese court is already adjudicating or has already rendered a final and conclusive judgment on the same dispute between the same parties, or has recognized or enforced a final and conclusive judgment or arbitral award on the same dispute from a third country.

In this case, although the judgment was rendered in absentia, the defendant, Pan X, was duly summoned according to Singaporean law, and there was no violation of the principle of due process or any other grounds for refusing recognition and enforcement. Therefore, the judgment was recognized and enforced in China.

Article 300 of the current Civil Procedure Law of China explicitly states that Chinese courts shall not recognize and enforce foreign judgments or rulings under the following circumstances: (a) the foreign court lacked jurisdiction over the case; (b) the respondent was not duly summoned or, though duly summoned, was not given a reasonable opportunity to present their case, or the party lacking litigation capacity was not properly represented; (c) the judgment or ruling was obtained by fraud; (d) a Chinese court has already rendered a judgment or ruling on the same dispute, or has recognized a judgment or ruling on the same dispute from a third country's court; (e) the judgment or ruling violates the fundamental principles of Chinese law or harms China's national sovereignty, security, or public interest. This provision provides a more comprehensive and specific legislative framework for the review standards that Chinese courts should adhere to when recognizing and enforcing foreign civil and commercial judgments.